दलित साहित्य के आगामी मोड़

दलित साहित्य के आगामी मोड़

(दलित विमर्श का नया दृष्टिकोण)

सम्पादक

रामप्रताप नीरज

वाणी प्रकाशन

प्रकाशन के उत्कृष्टतम 63 वर्ष

सजिल्द पहला संस्करण : 2026

vaniprakashan.com

वाणी प्रकाशन

4695, 21-ए, दरियागंज, नयी दिल्ली-110 002

फ़ोन : + 91 11 23273167, 23275710

शाखाएँ

अशोक राजपथ, पटना-800 004, बिहार

कॉफ़ी हाउस कैम्पस, महात्मा गांधी मार्ग, प्रयागराज-211 001, उत्तर प्रदेश

महात्मा गांधी अन्तरराष्ट्रीय हिन्दी विश्वविद्यालय, वर्धा-442 001, महाराष्ट्र

sales@vaniprakashan.in
vaniprakashan@gmail.com

Dalit Sahitya Ke Aagami Mod
Edited by Rampratap Neeraj

ISBN : 978-93-7112-246-7
Dalit Literature

मूल्य : ₹ 795

जी.एस. ऑफ़सेट, दिल्ली-110 032 में मुद्रित

वाणी प्रकाशन का लोगो मक़बूल फ़िदा हुसैन की कूची से

समर्पण

दलित लेखन के–
उन सभी सम्मानित पुरोधाओं को सादर,
जिन्होंने ग्रामीण शोषण-अत्याचार की यातनाएँ झेलकर
दलित साहित्य को आकार दिया।

सम्पादकीय

दलित साहित्य के आगामी मोड़ लेखन की एक नयी दृष्टि !

भारतीय दलित साहित्य समिति, ग्रेटर नोएडा के तत्त्वावधान में विगत 23 दिसम्बर 2023 को 'वर्तमान परिप्रेक्ष्य में दलित लेखन का स्वरूप और बदलाव की स्थिति : एक विमर्श' विषय पर अखिल भारतीय दलित लेखक सम्मेलन का आयोजन किया गया था, जिसमें देश के विभिन्न प्रदेशों के ख्यातिप्राप्त दलित रचनाकारों ने प्रतिभागी के रूप में भाग लिया। इस सन्दर्भ में मेरा यह विशेष सौभाग्य रहा कि यह अखिल भारतीय दलित लेखक सम्मेलन मेरे संयोजन में आयोजित किया गया था।

सम्मेलन में विद्वान दलित रचनाकारों के बीच लम्बी बहस के पश्चात् इस निष्कर्ष पर पहुँचा गया कि दलित लेखन आज जिस चौराहे पर खड़ा है, उसे और भी गतिशील बनाना अपेक्षित है, जिससे लेखन के स्वरूप में स्पष्ट बदलाव देखा जा सके। इसी क्रम में यह भी कहा गया कि यह महती ज़िम्मेवारी दलित रचनाकारों के कन्धों से तब तक नहीं उतर सकती जब तक उद्देश्यमूलक दलित रचनाएँ हिन्दी दलित साहित्य को एक मज़बूत आकार प्रदान नहीं करतीं।

दलित रचनाओं के मूल्यांकन से पहले हमें इस बात पर पूरी तरह ग़ौर करना चाहिए कि गाँवों और क़स्बाई जीवन जीने वाले वहाँ के ज़मींदारों और नवधनाढ्य वर्ग के तथाकथित बड़ी जाति द्वारा शोषण-अत्याचार के पश्चात् दलित साहित्य उसकी अन्तिम परिणति है, जिस दर्पण में उन ग़रीबों का सताया जीवन स्पष्ट झलकता है। शोषण का यह सिलसिला गाँवों में आज़ादी के पूर्व और उसके बाद तक बेरोक-टोक जारी रहा। तब ग़रीब दलितों की जुबान सिल चुकी थी और बँधुआ मज़दूरी को ही अपनी ज़िन्दगी की नियति मानकर उन्होंने जी-हुजूरी का आचरण सिर से पाँव तक ओढ़ लिया था। हालाँकि सन् 1947 में देश को आज़ादी मिलने के साथ ही सन् 1950 में ही भारत सरकार द्वारा देश के सभी राज्यों में ज़मींदारी

उन्मूलन क़ानून लागू कर ज़मींदारी प्रथा पूरी तरह समाप्त कर दी गयी थी। जहाँतक उत्तर प्रदेश और बिहार की बात है तो यहाँ का ज़मींदारी उन्मूलन बिल 1949 में ही लागू कर दिया गया था। यह सही है कि सरकार द्वारा ज़मींदारी प्रथा ख़त्म की जा चुकी थी बावजूद इसके गाँव के उन ज़मींदारों के रुतबा पर इसका कोई ख़ास असर नहीं पड़ा। मैं इस सन्दर्भ में पहले भी यह कह चुका हूँ कि गाँव के ग़रीब मज़दूरों पर ज़मींदार मालिक द्वारा निरन्तर किये गये दर्द की दास्तान का प्रस्तुतीकरण ही दलित साहित्य है। इस अर्थ में दलित रचनाकारों ने उन सताये गये अपने भाइयों के दर्द की अनुभूति क़रीब से देखने की कोशिश की, क्योंकि कहीं न कहीं से वे भी उनके इस अत्याचार से अछूते नहीं थे, और वही अनुभूत जीवन का दर्द दलित साहित्य के रूप में उभरकर सामने आया जो आज उन तथाकथित बड़ी जातियों के लिए गले की फाँस बनता दिखा।

आज का दलित साहित्य दलित लेखन को पूरी तरह जस्टीफ़ाई करता है। वैसे, उत्तर भारत में दलित लेखन की शुरुआत सन् 1914 में हीरा डोम की 'अछूत की शिकायत' शीर्षक भोजपुरी कविता से हो गयी थी, जो मूलतः तत्कालीन समाज के बड़े लोगों द्वारा ग़रीब दलितों को उपेक्षित भाव से देखने और उनके द्वारा उन पर अवर्णीय शोषण-अत्याचार करने के विरोध में लिखी गयी थी। तब गाँवों में छुआछूत, जाति-पाँति का भेदभाव चरम शिखर पर था। लेकिन हिन्दी क्षेत्रों में दलित लेखन की विधिवत शुरूआत सन् 1980 से मानी जा सकती है। इस दौर के दलित साहित्य के अवलोकन से ऐसा प्रतीत होता है कि दलित रचनाकार और बुद्धिजीवी ने अपने पूर्वजों के सामाजिक तिरस्कार के प्रतिशोध स्वरूप आज का दलित साहित्य दिया है।

समाज में जैसे-जैसे परिस्थिति बदलती जाती है, सामाजिक दायरा उसके अनुरूप बढ़ता जाता है जो प्रकृति का नियम भी है। वैसे, यह तमाम आलोचक और विद्वान साबित कर चुके हैं कि सामाजिक भेदभाव और असमानता से उपजे आक्रोश की अभिव्यक्ति ही दलित साहित्य है। उड़ीसा के चर्चित दलित साहित्यकार बकौल डॉ. बासुदेव सुनानी के—वहाँ के एक शूद्र आदिकवि सारला दास ने 14वीं शताब्दी में जाति-पाँति तथा ऊँच-नीच के सामाजिक भेदभाव को मिटाने का संकल्प लेते हुए पहला आन्दोलन शुरू कर दिया था। वहीं के एक और विचारक भीमा भोई, जिनका जन्म 1850 में हुआ था उन्होंने मात्र 25 वर्ष की आयु में ही 1875 से ब्राह्मणवाद के ख़िलाफ़ मोर्चा खोल दिया। उन्होंने ब्राह्मणों द्वारा अपने हित में अछूतों की अवहेलना और हेय दृष्टि से देखने के विरोध में यहाँतक कह दिया कि इस देश में सिर्फ़ दो ही जाति हैं, एक पुरुष और दूसरी महिला। ब्राह्मणों द्वारा स्थापित जाति-पाँति एक ढोंग

के सिवा और कुछ नहीं है, यह महज़ समाज को बाँटने का एक षड्यन्त्र है। उड़ीसा के ही तीसरे विचारक बलराम दास ने 15वीं शताब्दी में छुआछूत जैसे सामाजिक अभिशाप के विरोध में आन्दोलन शुरू कर दिया था। इस सन्दर्भ में यही सच्चाई है कि उड़ीसा में दलित साहित्य की शुरुआत इन्हीं विचारक साहित्यकारों की स्वस्थ विचारधारा से मानी जा सकती है। डॉ. सुनानी ने महाराष्ट्र के दलित पैन्थर आन्दोलन का कोई सकारात्मक प्रभाव वहाँ के दलित लेखन का प्रेरणास्रोत रहा, ऐसा उन्होंने स्वीकार नहीं किया है।

19वीं शताब्दी के मध्य में महाराष्ट्र में सामाजिक असमानता और छुआछूत के विरोध का स्वर ज़रूर फूटा जो इस सामाजिक विभेद का आक्रोश था। इसकी पृष्ठभूमि में कई सन्त-महापुरुषों का विशेष योगदान रहा है। तत्कालीन सामाजिक व्यवस्था में अभिशप्त जीवन जीनेवाले दलितों की दशा को अपनी पीड़ा मानकर भक्तिकालीन कवियों में रैदास और सन्तमत के प्रवर्तक सन्त कबीर ने अपनी 'वाणी' और 'साखी' के माध्यम से 'मनुस्मृति' और ख़ासकर समाज में व्याप्त घोर ब्राह्मणवादी विचारधारा पर कड़ा प्रहार किया है। अछूतों के लिए मन्दिर में प्रवेश से वंचित रहने की स्थिति को देखते हुए सन्त रैदास ने कहा–मन चंगा तो कठौती में गंगा। वहीं सन्त कबीर ने पत्थर को भगवान मानने से इनकार करते हुए यहाँतक कह दिया कि–

पाहन पूजै हरि मिलै तो मैं पूजूँ पहाड़,
ताते ये चक्की भली पीस खाये संसार।

इसी कड़ी में दलित साहित्य के सम्यक् विकास में मराठी चिन्तक और सामाजिक क्रान्ति के अग्रदूत महात्मा ज्योतिराव फुले का कम बड़ा योगदान नहीं कहा जा सकता है, जिस से मराठी और हिन्दी दलित साहित्य को पल्लवित-पुष्पित होने का अपेक्षित अवसर प्राप्त हुआ। उस समय सामाजिक व्यवस्था सिर्फ़ ब्राह्मणों के हाथ में थी, जहाँ पानी पीने के लिए कुआँ से पानी भरने तक की मनाही थी। दलित समाज के लोग गन्दी नाली या फिर बरसात से खेत में जमा पानी को छानकर पीने पर विवश थे। उस वक़्त का ऐसा सामाजिक नज़ारा और दलितों के लिए कठोर अत्याचार का प्रावधान किसी के भी रोंगटे खड़े कर देने के लिए काफ़ी है।

महात्मा फुले की चिन्तनधारा और सामाजिक बदलाव के सन्दर्भ में विद्वान रचनाकार ने जो उद्गार व्यक्त किया है उसे यहाँ देखना अत्यन्त प्रासंगिक प्रतीत होता है–वंचितवाणी पत्रिका के पृष्ठ 11 पर उल्लिखित प्रेमचन्द पातंजलि का विचार इस रूप में देखा जा सकता है–'11 अप्रैल 1827 में पुणे के सतारा में जन्मे

महात्मा ज्योतिराव फुले उन्नीसवीं सदी में सामाजिक क्रान्ति के अग्रदूत थे। उन्होंने समाज को धार्मिक्र, सामाजिक व आर्थिक दासता से मुक्त करने और समानता तथा स्वतन्त्रता के अ धार पर नये समाज की रचना की संकल्पना की थी।'

तत्कालीन सामाजिक व्यवस्था में अछूत दलितों का सर्वांगीण विकास के मद्देनज़र महात्मा ज्योतिराव फुले ने नारी शिक्षा पर ज़्यादा बल दिया। उनके इस चिन्तन के पीछे यह तर्क रहा कि जबतक दलित नारियाँ शिक्षित होकर अपने अधिकार को पूरी तरह जान-समझ नहीं लेती हैं, तबतक वे न तो अपने परिवार और न अपने समाज के उत्थान में निर्णायक भूमिका निभा सकतीं। दूसरी बात दलित समाज की बेहतरी के लिए यह अपेक्षित है कि गाड़ी के दोनों पहिये एक समान हों। अपने इसी उद्देश्य से महात्मा फुले ने सन् 1848 में पुणे के भिड़ेवारी इलाक़े में देश की प्रथम कन्या पाठशाला खोली और सावित्रीबाई फुले को देश की प्रथम दलित महिला अध्यापिका होने का गौरव प्राप्त हुआ।

मैं इस बिन्दु पर क़ायदे से बात रखना चाहता हूँ कि दलित साहित्य चाहे मराठी हो या हिन्दी या फिर देश की किसी अन्य भाषाओं का दलित साहित्य, निस्सन्देह वह महात्मा ज्योतिराव फुले और बाद के डॉ. अम्बेडकर दर्शन से प्रभावित है। इस सन्दर्भ में मेरा ऐसा इसलिए मानना है कि महाराष्ट्र में महात्मा फुले और बाद के डॉ. अम्बेडकर के दर्शन में साम्य है। वे दोनों ही सामाजिक क्रान्ति के अग्रदूत रहे हैं। डॉ. अम्बेडकर ने अपने बचपन से जो सामाजिक विषमता का दंश झेला और तत्कालीन घोर ब्राह्मणवादी व्यवस्था के तहत जिन प्रताड़नाओं के बीच उनका जीवन रहा, उसका उनपर गहरा प्रभाव पड़ा। विदेश से बार एट लॉ करने के पश्चात् जब भारतीय राजनीति में वे सक्रिय हुए उनदिनों अंग्रेज़ शासकों के कम लेकिन ब्राह्मणवादी सामाजिक व्यवस्था तत्कालीन अत्याचारी ब्राह्मणों के हाथ में ज़्यादा थी। बाबा साहेब डॉ. अम्बेडकर के सामने तब बड़ी चुनौती थी कि समाज के हाशिये पर जीवन जी रहे अन्तिम क़तार के व्यक्तियों को वह कैसे मुख्यधारा से जोड़ें। आज़ादी के पूर्व और उसके बाद भी सवर्णों का आदेश गाँव एवं क़स्बों में चलता था। शोषण अत्याचार की इस भयावह स्थिति का नज़ारा तब कुछ और ही था। डॉ. अम्बेडकर ने धैर्य के साथ उसका सामना किया। भारतीय संविधान निर्माता के रूप में जब वे स्वतन्त्र भारतीय सरकार में क़ानून मन्त्री बने इसके बाद निस्सन्देह उन्होंने दलित नारियों के उद्धार और सम्पूर्ण दलित समाज के उत्थान-विकास पर सवाल उठाना शुरू कर दिया। इसके साथ दलितों में चेतना जगाने के उद्देश्य से देश के सम्पूर्ण दलित समाज को संगठित होने का नारा देते हुए 9 मार्च को उन्होंने

कहा–'शिक्षित बनो, संगठित हो, संघर्ष करो।' उनका यह कथन दलित समाज के लिए ऐसा अमोघ अस्त्र साबित हुआ कि दलितों ने संगठित होकर संगठन के महत्त्व को क़ायदे से समझने की कोशिश की और बाद में वही अधिकार प्राप्ति के लिए संघर्ष का मज़बूत आधार बना।

हम इस सच्चाई को ईमानदारी से स्वीकारते हैं कि सामाजिक विषमता के विरोध में सबसे पहले महाराष्ट्र में सामाजिक आन्दोलन की चिंगारी भड़की। यह आन्दोलन मूलतः मराठी चिन्तक महात्मा ज्योतिराव फुले और बाद के बाबासाहेब डॉ. भीमराव अम्बेडकर के क्रान्तिकारी चिन्तन और दर्शन से प्रभावित होकर दलित समाज में आकार लेने लगा। इस दलित साहित्य के मुखिया मराठी कथाकार बाबूराव बागुल के साथ दलित पैन्थर साहित्यिक आन्दोलन के प्रमुख नामदेव ढसाल रहे। वैसे, साहित्य और समाज में कोई भी आन्दोलन अकेले खड़ा नहीं किया जा सकता है। ज़ाहिर है, इनके साथ मराठी साहित्यकारों-कथाकारों की एक लम्बी फ़ेहरिस्त रही जिनमें सर्वश्री दया पवार, अरुण कांबले, शान्ताबाई कांबले, अन्ना भाउ, राजा ठाले, लक्ष्मण गायकबाड़, शरण कुमार लिंबाले, नरेन्द्र जाधव, शंकर रावत खरात, उर्मिला पवार तथा शेखर पवार के नाम मुख्य रूप से लिये जा सकते हैं।

देश के प्रायः हर प्रान्तों में आज के बुद्धिजीवी दलित अपने समाज की बेहतरी के लिए अपने-अपने क्षेत्र में निरन्तर सिर्फ़ संघर्षरत ही नहीं, बल्कि उनके लेखन के परिणाम भी सकारात्मक हुए हैं। उनकी चाहे जिस विधा की रचना हो, उनमें उन दलित रचनाकारों के अतीत की झलक ज़रूर मिलती है। अर्थात अपने गाँव और क़स्बे में उन्होंने जो जीवन जिया है, अपनी आँखों जो सामाजिक विषमता, शोषण-अत्याचार और छुआछूत जैसा अभिशाप झेला है उनकी रचनाओं में वह पृष्ठभूमि स्पष्ट परिलक्षित होती है, जो समय की माँग भी है। दलित रचनाकारों में अधिकांश सर्वहारा वर्ग से ही आते हैं। ज़ाहिर है, उन्होंने समाज में जो कुछ देखा और भोगा है उसमें आज की सच्चाई का ही ताना-बाना होता है। ख़ासकर सन् 1980 से पूर्वोत्तर भारत के हिन्दी दलित साहित्य में जो कुछ लिखा जा रहा है उस आक्रोश का नज़रिया उनका शोषण-अत्याचार का जीवन रहा है, जिसे जस्टीफ़ाई करने में आज के दलित साहित्यकार एक क़दम भी पीछे नहीं रहे हैं। हाँ, मैं इसे भी ईमानदारी से स्वीकारता हूँ कि दलित समाज के कुछ तथाकथित ऐसे रचनाकार भी हैं, जिनका शुरुआती जीवन कैसा रहा है यहाँ इसपर कुछ नहीं कहा जा सकता, लेकिन आज वे ज़रूरत से ज़्यादा सुविधाभोगी हैं, जिसके कारण सामाजिक दायित्वबोध की उन्हें थोड़ी भी परवाह नहीं रह गयी है। वैसे, अधिकांश दलित रचनाकार आज भी समाज की बेहतरी के लिए अपनी रचनाओं में उनकी पीड़ा तलाशते नज़र आते हैं।

अखिल भारतीय दलित लेखक सम्मेलन में इस पर लम्बी बहस के पश्चात् यह मान्यता निर्धारित की गयी कि आज दलित साहित्य जिस मोड़ पर खड़ा है, वहाँ से उसके लेखन की धारा बदलना अनिवार्य शर्त है। अब उसके आनेवाला स्वरूप धारदार एवं गतिशील होगा, जिसमें जीवन का अनुभूत यथार्थ बोलता नज़र आयेगा। सवाल हमारे हक़ के उद्‌देश्य प्राप्ति का है, यह सच है लेकिन लेखन के क्रम में इस बात का मुकम्मल ध्यान रखना होगा कि इससे लेखन की मर्यादा सुरक्षित रहे, जिससे हमारा साहित्य सर्वग्राह्य हो सके।

'दलित साहित्य के आगामी मोड़' के रचनाकारों की फ़ेहरिस्त एक नज़र देखना मैं अपना नैतिक सम्पादकीय दायित्व मानता हूँ ताकि उनके प्रति न्याय हो सके। इस क्रम में सर्वप्रथम देखते हैं दिल्ली के परिपक्व दलित रचनाकार डॉ. कुसुम वियोगी दलित-ग़ैरदलित साहित्यकारों के लिए नया नाम नहीं है। 'दलित लेखन पर सार्थक बहस : एक वक्तव्य' उनकी वैचारिक समझ को दर्शाता है। हिन्दी विश्वविद्यालय, हावड़ा (पश्चिम बंगाल) के कुलपति प्रो. विजय कुमार भारती आज के दलित लेखकों में सर्वाधिक चर्चित नाम है, जिनका सुलझा नज़रिया उनकी लेखकीय प्रतिभा को सामने लाकर खड़ा कर देता है। इनका 'वर्तमान परिप्रेक्ष्य में दलित लेखन का नज़रिया' शीर्षक निबन्ध दलितों के प्रति सकारात्मक दृष्टिकोण को रेखांकित करता है। डॉ. एन. सिंह दलित लेखन का एक बेहद जाना-पहचाना नाम है, जिनके बारे में कुछ विशेष कहने से ज़्यादा अच्छा 'दलित साहित्य के प्रेरणास्रोत' निबन्ध को एक नज़र देखना है। डॉ. जयप्रकाश कर्दम दलित लेखन का जाना-पहचाना नाम है जिनका 'दलित साहित्य में सौन्दर्य की अवधारणा : एक दृष्टि' निबन्ध उनके परिचय के लिए पर्याप्त है। 'वर्तमान दलित साहित्य का स्वरूप और लेखन के आगामी मोड़ की तलाश' लेख डॉ. रामप्रताप नीरज के दलित लेखन का नज़रिया दलित समाज की समस्या को कितनी दूर तक जस्टीफ़ाई करता है यह आनेवाला वक़्त तय करेगा। उड़ीसा के चर्चित दलित रचनाकार डॉ. वासुदेव सुनानी का लेख 'दलित की सामाजिक अस्मिता और संस्कृति' उनके गहन अध्ययन और गम्भीर चिन्तन को दर्शाता है। 'साँप' उपन्यास से विशेष चर्चित उपन्यासकार-कथाकार रत्नकुमार साँभरिया ने राजस्थान के रेत को ही सिर्फ़ देखा है, ऐसा नहीं है। उन्होंने दलित समाज और ख़ासकर हाशिये पर जीनेवालों के दर्द पर मरहम लगाने का जो प्रयास किया है उनका निबन्ध 'राजस्थान दलित साहित्य : सृजन और समस्याएँ' उनके दलित लेखन को पूरी तरह रेखांकित करता है। नागपुर (महाराष्ट्र) की बेहद चर्चित दलित लेखिका डॉ. सुशीला टाकभौरे की उपलब्धियों की चर्चा से बेहतर है उनके निबन्ध

'वर्तमान परिप्रेक्ष्य में दलित लेखन का मूल्यांकन और बदलाव की पहल' को देखना जो उनकी परिपक्व लेखकीय प्रतिभा का मुकम्मल दस्तावेज़ है। 'हिन्दी कविता का नया तेवर और नज़रिया' निबन्ध आज के सर्वाधिक चर्चित कवि मदन कश्यप के लेखन का पक्का सबूत प्रस्तुत करता है। दलित लेखन का एक मज़बूत नाम ईश कुमार गंगानिया (दिल्ली) ऐसे दलित रचनाकार हैं जो किसी परिचय के मोहताज कभी रहे ही नहीं। उनका लेख 'वर्तमान परिप्रेक्ष्य में दलित लेखन का मूल्यांकन और बदलाव : एक विकल्प' उनकी प्रतिभा की सार्थकता दिखलाने में सक्षम है। अहमदाबाद (गुजरात) के डॉ. धीरजभाई वणकर एक संवेदनशील दलित रचनाकार हैं, जिनका निबन्ध 'हिन्दी दलित कहानी : दलित चेतना के परिप्रेक्ष्य में' उनके परिचय के लिए काफ़ी है। हिन्दी साहित्य के एक अत्यन्त चर्चित नाम राकेश रेणु संवेदनशील लेखकों की फ़ेहरिस्त में काफ़ी प्रतिष्ठित रहे हैं। उनका लेख 'प्रतिरोध और बेचैनी का साहित्य है दलित साहित्य' एक ख़ास मिशन के साथ चलता दिखाई देता है। डॉ. बजरंग बिहारी तिवारी (दिल्ली) आज के जाने-माने समालोचक हैं। उनका 'अखिलेश की कहानियों में दलित जीवन : एक मूल्यांकन' निबन्ध में उनके गम्भीर लेखकीय पक्ष की बेहद साफ़ तस्वीर देखी जा सकती है। प्रगतिशील दृष्टिकोण का दूसरा नाम डॉ. भाषा सिंह (दिल्ली) है, जिनकी रचना कशमकश के बीच सामाजिक यथार्थ को उकेरने में सक्षम दिखती है। उनका 'मनुवाद के ख़िलाफ़ दलित महिला लेखन' उनके परिचय के लिए काफ़ी है। चर्चित नवगीतकार जगदीश पंकज दलित लेखन के क्षेत्र में कोई नया नाम नहीं है। 'दलित साहित्यकार रचनाकार और वैचारिकी' निबन्ध उनके श्रम का एक सफल दस्तावेज़ है। उज्जैन (मध्य प्रदेश) की दलित लेखिका डॉ. तारा परमार अपने सशक्त दलित लेखन के लिए जानी जाती हैं। उनका लेख 'सामाजिक न्याय के लिए दलित लेखन का औचित्य' ख़ुद उनका परिचय देने में सक्षम है। देहरादून (उत्तराखण्ड) के दलित रचनाकार डॉ. राजेश पाल दलित लेखन के क्षेत्र में एक चर्चित हस्ताक्षर हैं, जिनका निबन्ध 'दलित साहित्य की परम्परा, कविता एवं समकालीन चुनौतियाँ' उनकी प्रतिभा के परिचय के लिए काफ़ी है। 'दलित साहित्य का सौन्दर्य, सिद्धान्त एवं सामाजिक सरोकार' दलित रचनाकार और चिन्तक हीरालाल राजस्थानी का बेहद श्रमसाध्य निबन्ध है जो उनकी सजग दलित चेतना को दर्शाता है। 'वर्तमान परिप्रेक्ष्य में दलित साहित्य के स्वरूप की रूपरेखा' निबन्ध युवा दलित रचनाकार सतीश खनगवाल की ताज़ा प्रतिभा और उद्देश्यमूलक लेखकीय नज़रिया को पूरी तरह जस्टीफ़ाई करता है। 'दि डार्केस्ट डेस्टिनी' उपन्यास से चर्चित डॉ. राजकुमारी 'राजसी' (हरियाणा)

आज के दलित लेखन की महत्त्वपूर्ण महिला हस्ताक्षर हैं। 'दलित साहित्य के आईने में स्त्री विमर्श' उनका ख़ुद-ब-ख़ुद परिचय देता है। 'दलित साहित्य की अन्तर्यात्रा और लेखन की आवश्यकता' निबन्ध युवा दलित रचनाकार डॉ. अमित धर्मसिंह की प्रतिभा को उकेरने के लिए पर्याप्त है, जिसमें उनकी पहचान जुड़ी होती है। बलविन्द्र सिंह 'बलि' युवा दलित रचनाकारों की सूची में एक मज़बूत नाम है, जिनका निबन्ध 'वर्तमान परिप्रेक्ष्य में दलित लेखन का स्वरूप और बदलाव पर बहस' उनके लेखन की सार्थकता को दर्शाता है।

'दलित साहित्य के आगामी मोड़' की भूमिका मैं और ज़्यादा लम्बी नहीं करना चाहता कि इसका मूल उद्देश्य ही भटककर रह जाये, जिससे सम्मानित पाठकों और विद्वान समालोचकों को न्याय करने में किसी असहज परिस्थिति से जूझना पड़े।

अन्त में दलित विमर्श पर नये दृष्टिकोण के साथ यह पुस्तक मैं असंख्य सुहृदय पाठकों तथा सुधी समीक्षकों को सौंपते हुए उनसे अपेक्षित न्याय की सम्भावना समेटे इस पुस्तक के प्रकाशक के प्रति विनम्र आभार प्रकट करता हूँ।

तथास्तु!

एफ-200, बीटा-2
ग्रेटर नोएडा-201308

अनुक्रम

दलित लेखन पर सार्थक बहस : एक वक्तव्य

–डॉ. कुसुम वियोगी

दलित साहित्य का मूल्यांकन इसी बात से समझना चाहिए कि आज इस साहित्य की पहचान ब्लेक लिटरेचर की तरह वैश्विक पहचान बन चुकी है जो विभिन्न विधाओं में आ रहा है। यूँ तो दुनिया में दो ही संघर्ष नज़र आते हैं, एक रंगभेद दूसरा जाति भेद। भारतीय परिप्रेक्ष्य में भेदवादी संस्कृति के विरुद्ध लिखा गया साहित्य ही दलित साहित्य है।

सच कहा जाये तो...

साहित्य वही जो समाज के निम्नतर व्यक्ति की गरिमा को प्रतिष्ठापित कर एक आदर्श व्यक्ति, परिवार और समाज का निर्माण कर, राष्ट्र की मुख्य धारा में शामिल करने का निरन्तर प्रयास करे अर्थात व्यक्ति द्वारा व्यक्ति की गरिमा को स्थापित करना दलित साहित्य का मूल उद्देश्य होना चाहिए! जिसकी भारतीय संविधान में भी विधि सम्मत व्याख्या की गयी है।

सच कहें तो दलित साहित्य सामाजिक न्याय एवं परिवर्तन का साहित्य है। हमें परम्परागत रूढ़िगत विचारों को छोड़ नवोन्मेष विचारधारा को अपनाने की महती ज़रूरत है। जो तर्क, न्याय और विज्ञान पर आधारित हो।

हमें मार्क्सवादी, जनवादी विचारकों के दोहरे चरित्र को समझना और उजागर करना बहुत ज़रूरी है, जिन्होंने विभिन्न विमर्श को लाकर दलित साहित्य आन्दोलन को खण्डित/विभाजित किया है। हमारे साहित्यकारों को अन्ततः बुद्ध, कबीर, ज्योतिबा फुले, अम्बेडकर की ज़मीन पर ही चलना और खड़ा होना पड़ेगा, तभी इस साहित्य की सफल सार्थकता है।

दलित साहित्य ने परम्परावादी साहित्यकारों के सामाजिक, साहित्यिक, सांस्कृतिक, धार्मिक उपनिवेशवाद को तोड़ा है जो हमारे साहित्य आन्दोलन की एक

बड़ी उपलब्धि और सफलता है, तो वहीं नामकरण को लेकर दलित साहित्य और अम्बेडकरवादी साहित्य के नाम पर लेखकों में गफलत भी बनी हुई है जिससे बाहर निकलना होगा। तत्कालीन परिस्थितियों में यह ज़रूरी था। आन्दोलन के क्रमिक विकास में पुरातन छूटता है तो कुछ नवीन जुड़ता भी है। आज नवीनता को आत्मसात करना या अपनाना ज़रूरी बन जाता है। अब हम सबको भविष्य के लिए रिपब्लिकन राइटर्स एसोशियन के नाम से जुड़कर भविष्य की रणनीति बनानी चाहिए; जो बदलाव का अगला चरण हो, ऐसी मेरी मान्यता है। जो संविधान सार सम्म्त भी रहेगा और दलित, अम्बेडकरवादी साहित्य, बहुजन साहित्य की अवधारणा से मुक्त भी होगा। हमें शाब्दिक तकनीकी को भी समझना पड़ेगा। साथी विद्वान इस पर अपनी राय-मशविरा रख सकते हैं। एक उदाहरण से बात समझी जा सकती है आर्य लोग भारत में बाहर से आये, मूलनिवासी संस्कृति के विरुद्ध भगवाई सनातन को पुरातन संस्कृति बताकर मूलनिवासी की अवधारणा को समाप्त करने का एक कुटिल षड्यन्त्र रच कर चल रहे हैं जिसे समझकर काउंटर करना आज बहुत ज़रूरी है, जो सम्यक् लेखन से ही सम्भव है।

वर्चस्ववादी समाज अपने वर्चस्व को ज़िन्दा रखने के लिए हमारे संगठनों में घुसपैठ कर नये-नये विमर्श खड़ा कर आन्दोलन की एकजुटता को दिग्भ्रमित कर तोड़ता है और हम सब अलग-अलग खेमों में विभाजित हो, उनके हाथों सफलता का ध्वज थमा देते हैं। इससे सतर्क रहने की भी ज़रूरत है।

एफर्मेटिव एक्शन को एकज़ीक्यूट कराने के Principal of Diversity को राष्ट्रीय स्तर पर लागू कराने के लिए साहित्यिक दबाब बनाना बहुत ज़रूरी है। Reservation privileges को इस सरकार ने अपने कुटिल चातुर्य से लगभग समाप्त ही कर दिया गया है। इसलिए Principal of Diversity को लागू कराने के लिए साहित्यकारों को राजनीति पर दबाव भी बनाना पड़ेगा तभी कुछ रिज़र्वेशन के एवज़ में हासिल किया जा सकता है। जिसकी जितनी भागीदारी उसकी उतनी हिस्सेदारी के लिए समवेत स्वर मुखर कर एक नये जनान्दोलन को खड़ा करना होगा नहीं तो निम्न तल का व्यक्ति और अधिक दब-कुचलकर रह जायेगा। रामराज्य के नाम पर सामाजिक समरसता का ढोल पीटकर, सनातन का भगवा चोला पहन, देश के सरकारी-ग़ैरसरकारी संस्थानों का अपहरण कर जो चीरहरण हो रहा है वह किसी से छुपा नहीं है। रोटी रोजगार से विमुख कर, धर्म की अफ़ीम से समाज के युवाओं में मदहोशी फैलाई जा रही है, जो विचारणीय है।

अन्ततः अपनी बात को विराम देते हुए मैं डॉ. नीरज जी के एकल प्रयास की भूरि-भूरि सराहना ही नहीं अपितु उनका तहेदिल से अभिनन्दन करता हूँ, जिन्होंने एक लम्बे अन्तराल से चली आ रही संवाद शून्यता को भरने का प्रयास किया है।

एक बात और अवश्य कहना चाहूँगा कि अकादमी प्रोफ़ेसरों को अपने सिर से अहम् का टोकरा उतार, अकादमिक-नॉन अकादमिक के भेद को समाप्त कर आपसी सम्मान की गरिमा को बनाये रखना बहुत ज़रूरी है। अहम् के मिथ्या हथियार डाल नयी पीढ़ी के लेखकों को स्नेह और वरिष्ठों का सम्मान करना सीखना चाहिए। जिन्होंने दलित साहित्य आन्दोलन की एक पुख्ता ज़मीन तैयार कर भावी लेखकों के समक्ष एक विरासत सौंपी है। आपसी मैत्री, बन्धुता का अभाव खलता है जो हम सब की एक बड़ी कमज़ोरी भी है। अतः सबसे जुड़ें सबको जोडें की मंगलकामना के साथ अपनी बात समाप्त करता हूँ और विभिन्न राज्यों से पधारे साहित्यकारों का हार्दिक अभिनन्दन भी।

जय भीम, जय भारत, जय संविधान।

वर्तमान परिप्रेक्ष्य में दलित लेखन का नज़रिया

–प्रो. विजय कुमार भारती

- हिन्दी का दलित लेखन पाँचवें दशक में प्रवेश कर चुका है अब दलित लेखन हाशिये पर नहीं, बल्कि मुख्यधारा का हिस्सा बन चुका है। अत: दलित लेखन का विस्तार तो हुआ है परन्तु उसकी चुनौतियाँ भी बढ़ी हैं।

- दलित साहित्य परम्परागत साहित्य से अलग तो है परन्तु विच्छिन्न नहीं है। इसलिए कि वर्ण व्यवस्था के विरोध की परम्परा बहुत पुरानी है। हिन्दी साहित्य के आदि काल में सरहपा ने वर्ण व्यवस्था का विरोध किया। हालाँकि वे ब्राह्मण थे। भक्तिकाल के प्राय: कवियों ने वर्ण व्यवस्था का विरोध किया था परन्तु व्यवस्था के समाधान के लिए ईश्वर कृपा पर निर्भर थे, इसलिए आन्दोलन नहीं था, विरोध ज़रूर था। 'दलित' शब्द आधुनिक काल का शब्द है। आधुनिक काल में फुले, डॉ. अम्बेडकर ने इसे आन्दोलन का रूप दिया। दलित साहित्य परम्पराओं को नकारता है। नकार आवश्यक है परन्तु ख़तरा यह है कि नकार फ़ैशन की तरह न हो जाय। नकार के लिए नकार एक कमज़ोर प्रवृत्ति है। यह समझने की ज़रूरत है कि नकार की दिशा कितनी सही है। वरना 'अकविता' आन्दोलन के नकार की तरह दलित साहित्य का भी हश्र होगा। कुसुम वियोगी की कविता है–'शहरी स्त्री' इसमें नकार भी है और विस्तार भी। इस नकार में स्त्री के साथ पुरुष की सहभागिता मौजूद है। 'पुरुष किचन में रोटी बेल रहा है' यह सवाल दलित–ग़ैर-दलित सभी से जुड़ता है।

- सबसे पहली चुनौती दुहराव की है। उसमें भी नारे का दुहराव। नारे को भी मौलिक ढंग से लिखा जा सकता है। विषयवस्तु के अन्तर्गत 'संविधान की देन'। कविता के अन्तर्गत यह दुहराव अधिक है। संविधान एक गम्भीर विषय है परन्तु यह उथले ढंग से आ रहा है। लेखन में संविधान बचाने का नारा भर

है। कैसे बचाना है यह दृष्टि नहीं है। इसी तरह कमर में झाड़ू, गले में हाँडी आदि का दुहराव है। दुहराव को तोड़ने के लिए निर्मम आलोचकों की एवं सम्पादकों की ज़रूरत है।

- सवाल यह है कि दलित लेखन में कोई बदलाव आ रहा है या नहीं; उसकी अन्तर्वस्तु का कितना विस्तार हुआ है; उसकी भाषा शैली में किस प्रकार का परिवर्तन हुआ है। यह भी समझना होगा कि उसका पाठक कौन है। सिर्फ़ दलित है या ग़ैर-दलित भी। अर्थात दलित साहित्य सिर्फ़ दलितों के लिए लिखा जाना चाहिए या पूरे समाज के लिए। इसका उत्तर इस सवाल में है कि डॉ. अम्बेडकर का चिन्तन सिर्फ़ दलित समाज को बदलने के लिए है या पूरे समाज को बदलने के लिए। 'शिक्षा के बदले छात्रों की राजनीति में दिलचस्पी, पतन का कारण', 'बुद्धिवाद हमारे राजनीतिक-सामाजिक जीवन की बुनियाद हो', 'राजनीतिक समता के लिए ज़रूरी है, स्वतन्त्र राजनीतिक अधिकार', 'शिक्षित बनो, आन्दोलन करो, संगठित हो, आत्मविश्वास बनाये रखो, कभी धीरज न खोना', 'लड़के-लड़कियों को पढ़ाइए, परम्परागत कामों में उलझाकर न रखिए', 'पूँजीपतियों की कृपा से मेहनतकशों का कल्याण होना असम्भव है'–कहने की आवश्यकता नहीं कि ये विचार सिर्फ़ दलित समाज के लिए नहीं, पूरे भारतीय समाज के हित में हैं। (बाबासाहब डॉ. अम्बेडकर, सम्पूर्ण वाङ्मय, खण्ड-39)
- दलित लेखन की केन्द्रीय विषयवस्तु जाति का प्रश्न है। परन्तु जाति का प्रश्न जितना सरल दिखता है उतना है नहीं। परिस्थितियों के परिवर्तन के फलस्वरूप यानी राजनीतिक विसंगतियों, पूँजीवाद की विकृतियों, बाज़ार के दबाव, भूमण्डलीकरण, जनमाध्यमों की निष्क्रियता आदि के कारण जाति के के प्रश्न और भी जटिल हो चुके हैं। इस सन्दर्भ में महावीर राज़ी की कहानी 'भाग्य विधाता' एक महत्त्वपूर्ण कहानी है।
- दलित लेखन की सभी पाठकों की पाठकीय चेतना में किस तरह की अभिवृद्धि कर रहा है, यह विचारणीय प्रश्न है। अभी भी ग़ैर-दलित, दलित लेखन एवं पाठन से परहेज़ करता है। इसका एक कारण है–दलित लेखन को हम सामाजिक प्रश्न बनाने के बजाय दलित प्रश्न की तरह प्रस्तुत करते हैं और दूसरा यह कि हमारे सामाजिक संस्कार जातिवाद से ग्रस्त हैं। इसी वजह से हमारे पाठकीय संस्कार भी जातिवाद से ग्रस्त हो जाते हैं। यह भी सच है कि

हम ग़ैर-दलितों का हस्तक्षेप स्वीकार नहीं करते, संवाद नहीं करते। भारत के प्राय: शिक्षण संस्थान डॉ. अम्बेडकर के प्रति उदासीन हैं। किसी शिक्षाविद् के प्रति उदासीनता अत्यन्त दुर्भाग्यपूर्ण है।

- आज का दलित चिकित्सा, पूँजी, बाज़ार एवं सामाजिक-सांस्कृतिक विसंगतियों के बीच पिस रहा है, देखना यह है कि दलित लेखन के अन्तर्गत ये प्रश्न आ रहे हैं या नहीं। दूसरी तरफ़ साहित्यकार के सामने राजनीतिक सत्ता तन्त्र की चुनौतियाँ भी कम नहीं हैं। सत्ता तन्त्र लेखक का सिर्फ़ इस्तेमाल करना चाहता है। आज का लेखक सत्ता तन्त्र के अन्तर्गत दलित को किस प्रकार देख रहा है, इसे भी लेखन के अन्तर्गत आना चाहिए।
- डॉ. अम्बेडकर के पास एक बड़ा नैतिक मूल्य था इसी वजह से वे जाति के उन्मूलन के पक्ष में थे। उनके इस नज़रिये को दलित लेखन किस प्रकार ग्रहण कर रहा है, यह आज विचार करने की ज़रूरत है। कहीं ऐसा तो नहीं कि जाति के सन्दर्भ को उद्घाटित करते हुए लेखक जाने-अनजाने में जातिवाद को मज़बूत कर रहा है या जातिवाद के विरुद्ध सामूहिक संघर्ष से चूक रहा है। इस सन्दर्भ में 'सलाम' एक महत्त्वपूर्ण कहानी है। डॉ. अम्बेडकर के लेखन में वे सभी ग़ैर-दलित मौजूद हैं, उनकी प्रशंसा मौजूद है जिन्होंने सामाजिक परिवर्तन में डॉ. अम्बेडकर का साथ दिया था। परन्तु वर्तमान दलित लेखन में ग़ैर-दलितों, विशेषत: सवर्ण समाज की उपस्थिति कम दिखती है। वास्तविकता यह है कि किसी भी व्यक्ति के निर्माण में किसी जाति विशेष की भूमिका नहीं होती, समाज की सामूहिक भूमिका होती है। दलित समाज के उत्थान में विभिन्न समाज के सामाजिक कार्यकर्ता, आन्दोलनकर्ता, राजनीतिज्ञ, प्रशासक, शिक्षाविद् की भूमिका रही है। अत: इन पर गहराई से विचार करने की आवश्यकता है।
- इसी तरह आतंकवाद, दुनिया के लिए बड़ी चुनौती है, वैसे ही युद्ध, वैसे ही अपराध। ऐसे परिवेश में घिरे दलित की क्या स्थिति है, इस पर भी लिखा जाना चाहिए।

दलित लेखन अनुभव को महत्त्व देता है, अनुभव का यथार्थ दलित लेखन का आधार है। सवाल यह है कि अनुभव की प्रामाणिकता को लेकर लेखक या आलोचक क्या सोचता है। कभी-कभी हमारा अनुभव हमें धोखे में भी रखता है। अनुभव की परिपक्वता भी होती है। जब हम अनुभव की गहराई में नहीं

उतर पाते तो अनुभव कच्चा ही रह जाता है। हमारे पूर्वग्रह हमारे अनुभव को विषाक्त बना देते हैं।

- दलित लेखन के सन्दर्भ में इसकी पड़ताल करने की ज़रूरत है कि क्या दलित लेखन सामाजिक आन्दोलन है या राजनीतिक आन्दोलन? इसकी दिशा स्पष्ट होनी चाहिए। वर्तमान समय में राजनीतिक आन्दोलन का सम्बन्ध राजनीतिक स्वार्थ की पूर्ति से जुड़ गया है। बल्कि वर्तमान समय का संकट है निःस्वार्थ राजनीतिक नेतृत्व का अभाव। बाबासाहब कहते थे–बेईमान नेताओं से बचकर रहिए। यद्यपि सामाजिक आन्दोलन का उद्देश्य राजनीतिक आन्दोलन से बड़ा होता है। राजनीतिक आन्दोलन के भी बड़े सामाजिक उद्देश्य हो सकते हैं। परन्तु वर्तमान परिस्थितियों में राजनीतिक आन्दोलनों के सामाजिक उद्देश्य पर से भरोसा उठाता जा रहा है। अतः लेखक को सावधान रहने की आवश्यकता है कि कोई अपने राजनीतिक फ़ायदे के लिए लेखक का इस्तेमाल तो नहीं कर रहा है। साहित्य में यह क्षमता होती है कि वह बड़े से बड़े स्वार्थी को उसके स्वार्थ का एहसास करा देता है। परन्तु लेखक यदि वह स्वार्थ के दलदल में ख़ुद फँस जाय तो।
- रचना में सन्दर्भ बड़े महत्त्वपूर्ण होते हैं। सन्दर्भों का दिखावा भी होता है और सन्दर्भों की सार्थकता भी होती है। मदन कश्यप की कविता 'बुलडोजर' जिसमें आइंस्टीन का सन्दर्भ आता है और फिर परमाणु का ख़तरा। कोई भी रचना या आलोचना अपने सन्दर्भों की संकीर्णता के कारण नहीं, व्यापकता के कारण महत्त्वपूर्ण होती है। तुलसीराम की 'मुर्दहिया' इस अर्थ में महत्त्वपूर्ण आत्मकथा बन जाती है। वे सन्दर्भों की व्यापकता से दलित चेतना का निरन्तर विस्तार करते हैं। वैसे ही मोहनदास नैमिशराय की कहानी 'घायल शहर की एक बस्ती' साम्प्रदायिक समस्या को दलित सन्दर्भों से जोड़ती हुई वर्गभेद की सच्चाई को भी प्रस्तुत करती है।
- डॉ. अम्बेडकर शिक्षा पर विशेष बल देते थे परन्तु देखने की आवश्यकता है कि आज शिक्षा व्यवस्था की चुनौतियाँ कितनी जटिल हुई हैं विशेषतः भूमण्डलीकरण के प्रभाव के फलस्वरूप। दलित और ग़ैर-दलित सभी महँगी शिक्षा से त्रस्त हैं।
- इसी प्रकार दलित संगठनों की भी वास्तविकता पर लेखकों का ध्यान जाना चाहिए। यदि उनमें कोई विकृति पैदा हुई है तो उस पर भी लिखा जाना चाहिए।

संगठन के नाम पर धन उगाही तो नहीं हो रही है। क्योंकि यह लोकतन्त्रीकरण की प्रक्रिया में बाधक है।

- आज भी लोग डॉ. अम्बेडकर को सीमित कर रहे हैं और हम इस साज़िश का हिस्सा बन रहे हैं। दलित मुद्दे के अतिरिक्त जो मुद्दे अम्बेडकर के यहाँ हैं, भारतीयता की अवधारणा के निर्माण में सहायक हैं। इसलिए हमें अम्बेडकर के नज़रिये को ठीक तरह से पहचानते हुए दलित लेखन का विस्तार करने की आवश्यकता है।
- मीडिया एवं पत्रकारिता में दलित स्त्री किस स्थिति में है। विशेषत: डिजिटल मीडिया में दलित की जगह कितनी है। मुख्यधारा की पत्रकारिता में दलित किस स्थिति में है। दलित पत्रकारिता की पहुँच ग़ैर-दलित समाज तक हुई है या नहीं, इस पर ग़ौर किया जाना चाहिए।
- दलित स्त्री, पितृसत्ता एवं पुरुष सत्ता से किस प्रकार संघर्ष कर रही है। यह चुनौती आज भी है। इन प्रश्नों के तहत पुरुषों के लेखन में स्त्रियों की उपस्थिति कम है। विशेषत: वे सवर्ण स्त्रियाँ और इसके चित्र भी लेखन के अन्तर्गत उपस्थित होने चाहिए। अन्तर्जातीय विवाह की क़ीमत कई सवर्ण स्त्रियों ने जान देकर चुकाई है, जिसका सम्बन्ध अम्बेडकर के 'जाति उन्मूलन' आन्दोलन से है। सविता अम्बेडकर की उपेक्षा भी आज चिन्ता का विषय है।
- दलित लेखन के इतिहास को सम्पन्न करने के लिए हमें इतिहास और मिथक का फ़र्क़ समझने की आवश्यकता है। मिथक को इतिहास की तरह ट्रीट नहीं किया जा सकता। इससे हमारा इतिहास बोध विपन्न होगा। ईश कुमार गंगानिया की कविता 'इतिहास' सच्चे इतिहास बोध की कविता है। सच्चा इतिहास बोध हमें अतीत में नहीं भटकाता, बल्कि वर्तमान की चुनौतियों से जूझने के लिए प्रेरित करता है। इतिहास बोध की परम्परा में नैमिशराय जी का 'हिन्दी दलित साहित्य का इतिहास', संजीव का उपन्यास 'प्रत्यंचा' एवं कँवल भारती का 'चन्द्रिका प्रसाद जिज्ञासु' आदि महत्त्वपूर्ण हैं। मिथकों को लेकर व्यर्थ में ऊर्जा ख़र्च करने की आवश्यकता नहीं है। मिथकों के बदले नये विषयों की ओर मुड़ने की ज़रूरत है।
- आज ज़रूरत है दलित समाज के निकट जाकर लेखन को समृद्ध करना। इस सन्दर्भ में रतन कुमार सांभरिया का उपन्यास 'साँप' महत्त्वपूर्ण है। सँपेरे को

दलित सन्दर्भों में विश्लेषित करना सही अर्थों में दलित लेखन का विस्तार है। इस उपन्यास की महत्ता उसकी मौलिकता की वजह से है। सँपेरे पहले-पहले तमाशबीन नज़रिये से देखे गये। पर अब साँभरिया जी ने उन्हें दलित सन्दर्भों का हिस्सा बनाकर हमारी तमाशबीन दृष्टि को ध्वस्त किया है।

- दलित लेखन वैचारिक संवादों से ही समृद्ध हो सकता है। आज विभिन्न प्रान्तों के दलित लेखकों को संवाद करने की आवश्यकता है। इससे स्पष्ट होगा कि किस भाषा के दलित लेखक किस दिशा में आगे बढ़ रहे हैं और कहाँ पीछे रह गये हैं। इससे संकीर्णताएँ टूटेंगी। इसलिए दलित लेखकों को बहुभाषी संवाद करने की आवश्यकता है।

- आज दलित ही नहीं, हर आदमी के लिए चिकित्सा एक गम्भीर चुनौती बन चुकी है। चिकित्सा जगत में महँगाई, रिश्वतख़ोरी और अनैतिकता काफ़ी बढ़ी है। अतः देखने की आवश्यकता है कि चिकित्सा जगत में दलितों की स्थिति कितनी गम्भीर है। कोरोना संकट में दलित समाज की स्थिति काफ़ी बदतर रही, विशेषतः सफ़ाईकर्मियों की आज भी स्थिति बदतर बनी हुई है। मुर्दाघरों में काम करने वाले दलितों की ज़िन्दगी कम नारकीय नहीं है। सफ़ाईकर्मियों के रोज़गार में भी काफ़ी धाँधली है। इस पर लिखने की आवश्यकता है। हिन्दी में 'नरक यात्रा' (ज्ञान चतुर्वेदी) के बाद चिकित्सा जगत की वास्तविकता पर दलित लेखन शायद नहीं हुआ है।

- भूमण्डलीकरण के बाद बाज़ार का काफ़ी विस्तार हुआ है। औद्योगीकरण और बाज़ार के विस्तार से दलितों के जीवन में बदलाव आया है। परन्तु जो ग़रीब दलित है उसकी यातनाएँ और बढ़ी हैं। बाज़ार आज हर आदमी का बड़े प्यार से शोषण कर रहा है। आज वह सारे सामाजिक प्रश्नों पर भारी पड़ रहा है और दलित प्रश्नों पर भी। आज बाज़ार सिर्फ़ आर्थिक संस्थान भर नहीं है बल्कि एक मानसिकता का रूप ग्रहण कर चुका है। देखने की आवश्यकता है कि दलित बाज़ार के सम्मोहन में कितना फँसा है और कितना त्रस्त है।

- सौन्दर्यशास्त्र का प्रश्न भी अधूरा है। रस का प्रश्न यदि हिन्दी साहित्य में अप्रासंगिक हो चुका है तो दलित साहित्य में प्रासंगिक कैसे हो सकता है। 'आक्रोश' को ग्यारहवाँ रस घोषित कर क्या हम रस की ओर लौट रहे हैं। दलित साहित्य के केन्द्र में वैचारिकता एवं संवेदना है : वैज्ञानिकता एवं

सामाजिकता है। यदि सौन्दर्य है भी तो उसका मार्ग सामाजिकता से होकर जाता है और उसका लक्ष्य भी सामाजिक है।

- अन्ततः कहा जा सकता है कि तमाम चुनौतियों के बावजूद दलित साहित्य अपना विस्तार कर रहा है। नयी पीढ़ी नयी सोच के साथ आगे बढ़ रही है। पर उसे और गति और ऊर्जा की आवश्यकता है।

दलित साहित्य के प्रेरणास्त्रोत

–डॉ. एन. सिंह

बौद्ध साहित्य

अबतक के अध्ययन से हम इस निष्कर्ष पर पहुँचे हैं कि दलित साहित्य का जन्म उत्पीड़न की कोख से हुआ है। आर्यों के बाद भारत के मूल निवासियों और आर्यों के बीच लम्बे समय तक संघर्ष में यहाँ के मूल निवासी अपनी पराजय के बाद हाशिये पर धकेल दिये गये और आर्यों का वर्चस्व स्थापित हो गया। कालान्तर में उन्होंने ऐसे-ऐसे नियम बनाये जिसने मनुष्य के एक बहुत बड़े समूह को दस्यु से दास और फिर अस्पृश्य बना दिया तथा ब्राह्मण वर्ग ने सारे विशेषाधिकार सुरक्षित कर लिए। इस वर्चस्ववादी प्रवृत्ति के विरुद्ध इतिहास में सबसे बड़ा विद्रोह गौतम बुद्ध ने किया। चूँकि सिद्धार्थ स्वयं राजकुमार थे, इसलिए उनका प्रभाव भारत की बहुसंख्यक जनता पर पड़ा। इसके बाद उन्होंने बुद्धत्व प्राप्त कर जो सिद्धान्त दिये वे लोकतान्त्रिक थे। उन्होंने पूजा-उपासना का अधिकार शूद्रों को ही नहीं, बल्कि स्त्रियों को भी दिया। इसके उपरान्त उन्होंने हिन्दू धर्म के मूल ईश्वर के अस्तित्व पर प्रश्नचिह्न लगा दिया। जहाँ हिन्दू धर्म, अपनी मान्यताओं पर, जो धर्मग्रन्थों में वर्णित थी, तर्क करने वालों को नास्तिक कहकर, धर्म से बाहर कर देता था, वहीं गौतम बुद्ध ने कहा 'आनन्द यह मैं कह रहा हूँ, इसलिए इस पर विश्वास मत करना, तर्क की कसौटी पर कसना, और जब खरा उतरे, तब मानना।' तो गौतम ने अपने धर्म में तर्क को प्रधानता दी। इसलिए बौद्ध धर्म को एक वैज्ञानिक धर्म माना जाता है। बुद्ध के इन सिद्धान्तों के आधार पर बौद्ध साहित्य की रचना की गयी, जिसमें मानव और मानव के बीच जाति, धर्म और वर्ण के आधार पर किसी प्रकार का कोई भेदभाव नहीं बरता गया। इसलिए बौद्ध साहित्य, दलित साहित्य का प्रेरणास्त्रोत बना। आगे

चलकर जब डॉ. अम्बेडकर ने बौद्ध धर्म ग्रहण कर लिया, तो पूरा दलित समाज ही बौद्धधर्म की ओर आकर्षित हुआ। मराठी में तो कुछ लोगों ने यह आवाज़ उठाई कि दलित साहित्य को बौद्ध साहित्य ही कहा जाये, लेकिन पहचान के संकट ने ऐसा नहीं होने दिया। डॉ. प्रेमशंकर ने बुद्ध के इस विद्रोह को रेखांकित करते हुए लिखा है कि "जाति व्यवस्था के विरोध में संघर्ष सामाजिक एवं संस्कृति के साथ-साथ साधनात्मक स्वरूप भी लेने लगा था। भगवान गौतम बुद्ध ने शूद्रों एवं दासों के प्रति मानवीय गरिमा के द्वार सबलतापूर्वक खोल दिये थे। धम्मपद ने ब्राह्मण वर्गों की जन्मगत उच्चता पर प्रश्नचिह्न लगा दिया था। इसका परिणाम यह हुआ कि सम्राट अशोक ने ब्राह्मण को भी न्याय के समक्ष अन्य वर्गों के साथ समान रूप से प्रस्तुत कर दिया, परन्तु बौद्धधर्म की महायान शाखा ने जाति व्यवस्था पर कठोरतापूर्वक चोट की। चर्यापदों की प्रतीकात्मक शैली इसका प्रमाण है कि सर्वप्रथम दलित एवं निम्न जातियों को अभिव्यक्ति का सुअवसर इसी समय मिला।" बुद्ध ने अपने धम्म पद में–

"न जटाहि न गोन्तहि न जच्चां होति ब्राह्मणो"

धम्मपद, ब्राह्मण वग्गो, 293/11, पृ. 297

कहकर ब्राह्मण की जन्मगत श्रेष्ठता पर प्रश्नचिह्न लगा दिया था जो वर्ण व्यवस्था पर सीधी चोट थी। इसलिए दलित साहित्य की प्रेरणा का एक महत्त्वपूर्ण स्रोत बौद्ध साहित्य को कहा जा सकता है।

सिद्ध और नाथ साहित्य

अधिकांश सिद्ध और नाथ मूलतः बौद्ध थे। इनका विरोध हिन्दू वर्चस्ववादियों से मूलतः साधना पद्धति और उनके विचार-आचार की अतिरेक वाली उस पद्धति से था, जिसने मनुष्यों को अस्पृश्य बना दिया था और अपने मन्दिरों में प्रवेश तथा धर्मग्रन्थों के पठन-पाठन से भी वंचित कर दिया था। श्री माता प्रसाद ने लिखा है कि–"आठवीं शताब्दी के मध्यकाल में सहजयान के सिद्ध सम्प्रदाय के आचार्य सरहपा हुए।" ये सरहपा ही सिद्धों के गुरु हुए, जिन्होंने ब्राह्मण का विरोध करते हुए लिखा है–

ब्राह्मण न जानते भेद, यों ही पढ़े ये चारों वेद।
मट्टी पानी कुश लेई पठन्त, घर बैठे अग्नि होमन्त।।2।।
एक दण्डी त्रिदण्डी भगवा भेसे, ज्ञानी होके हँस उपदेसे।
मित्थे ही जग वह भूले, धर्म, अधर्म जानत तुत्थे।।3।।

वर्ण अचार प्रमाण रहित, अच्छर भेद।
अनन्त को पूजई घरे भंजई, तऊ न लागे लेप।।4।।

इन चौरासी सिद्ध कवियों में पैंतीस शूद्र थे। इन सभी सिद्ध कवियों ने वर्णव्यवस्था, जाति प्रथा तथा ब्राह्मण वर्चस्व का खुला विरोध किया। इसी प्रकार नाथों के गुरु गोरखनाथ (गोरक्षनाथ) ने शूद्र को पढ़ाने की बात कही है।

सिद्ध और नाथों की वाणी का अध्ययन करने के उपरान्त डॉ. प्रेमशंकर ने अपना निष्कर्ष इस प्रकार दिया है–"नाथ सिद्ध कवियों में कई शूद्र नाथ सिद्ध कवि थे। इन्होंने जाति व्यवस्था, ब्राह्मणवादी संस्कृति और साहित्य के विरोध में सशक्त अभिव्यक्ति के द्वारा अपने संघर्ष को जीवन्त रखा है।"

सन्त साहित्य

हिन्दी साहित्य के मध्यकाल में तीन काव्य धाराएँ स्पष्ट रूप से दिखाई देती हैं। एक राम और कृष्णमार्गी-काव्यधारा, दो निर्गुण काव्यधारा और तीसरी प्रेममार्गी काव्यधारा। इस काल में एक ओर सूर, तुलसी और मीरा आदि भक्त कवि, राम और कृष्ण के गीत गा रहे थे, वहीं दूसरी ओर सन्त कबीर और रैदास ब्राह्मणवादी व्यवस्था, वर्ण और जाति व्यवस्था का विरोध कर रहे थे। वहीं तीसरी ओर जायसी आदि हिन्दू मिथक और कथाओं में इस्लामी रंग भर सूफ़ी कलाम प्रस्तुत कर रहे थे। यह पूरा काव्य-परिदृश्य, हमें तीन संस्कृतियों के संघर्ष का परिदृश्य प्रतीत होता है। एक ओर तुलसीदास 'रामचरित मानस' के रूप में 'मनुस्मृति' की रचना कर रहे थे, जो शूद्र को ढोल, गँवार और पशु की श्रेणी में रखकर ताड़न का अधिकारी घोषित कर रहे थे तथा बता रहे थे कि राम तो केवल गाय और ब्राह्मण की रक्षा के लिए अवतार लेते हैं, अतः समस्त भारतवासियों को चेतावनी दी जाती है कि वे समस्त गुणों से रहित तथा चरित्रहीन ब्राह्मण की भी पूजा करें। वहीं कबीरदास उसी ब्राह्मण से पूछ रहे थे कि यदि तू ब्राह्मणी का जाया है, तो दूसरे रास्ते से क्यों नहीं आया? प्रकारान्तर से वे कह रहे थे, इस संसार में एक रास्ते से पैदा होने वाले समस्त मानव समान हैं। तो प्रश्न यह पैदा होता है कि एक ही समय में असमानता का षड्यन्त्र रचने वाले कौन थे? और मानवता को समानता के सूत्र सौंपने वाले कौन थे? ब्राह्मण तुलसीदास, उस युग में भी 'मनुस्मृति' रचकर मानवीय यातना को ईश्वरीय विधान बता रहे थे और कबीर (जुलाहा) तथा रैदास (चमार) आदि उस युग में समानता के सूत्र रच रहे थे। मध्यकाल के सन्त कबीर, रैदास, पीपा, धन्ना, सहजोबाई आदि ने ईश्वर को अपने मन के अन्दर ही ढूँढ़ा और पाया। यह आकस्मिक नहीं था, बल्कि

एक विवशता थी क्योंकि हिन्दुओं ने इन्हें अपने मन्दिरों में जाना तथा अपने धर्मग्रन्थों को पढ़ना वर्जित कर रखा था। अतः इन्होंने अपने मन को ही मन्दिर माना। इसके उपरान्त रैदास ने जन्माधारित वर्णव्यवस्था पर चोट की, जो व्यक्ति को जन्म लेते ही उच्च और निम्न बनाती है।

उपर्युक्त समस्त तथ्यों पर विचार करने के उपरान्त डॉ. प्रेमशंकर लिखते हैं कि–"मध्यकाल में निर्गुण शाखा के अनेक कवि रैदास, पलटू, दादू आदि ने अपनी सबल अभिव्यक्ति के द्वारा संघर्ष एवं काव्य में अपने व्यवसाय तथा जाति की स्थिति को बेझिझक प्रस्तुत कर सांस्कृतिक, साहित्यिक एवं साधनात्मक क्रान्ति को जीवन्त रखा। दलित सन्तों की वाणी ओजस्वी एवं विरोधपरक थी। धार्मिक जाति व्यवस्था एवं अन्धविश्वासों के प्रति विरोध, सामाजिक असमानता के प्रति नकारात्मकता, परम्परागत सांस्कृतिक मूल्यों को चुनौती, साहित्यिक मिथक, प्रतीक, छन्द और भाषा के विद्रोह का स्तर इन दलित सन्तों की अभिव्यक्ति का विषय रहा है।" इसी कारण दलित साहित्य का प्रेरणा स्रोत सन्त साहित्य को मानते हुए श्री माताप्रसाद लिखते हैं कि–"सन्तों के विचारों से दलित जाति को प्रेरणा मिली, उनमें आत्मविश्वास जाग्रत हुआ।"

उपर्युक्त विवेचन से स्पष्ट होता है कि वर्तमान दलित साहित्य में ब्राह्मणवादी व्यवस्था के प्रति जो विद्रोह दृष्टिगोचर होता है, वह सन्त साहित्य की निर्गुण धारा की ही देन है। इसी मार्ग पर चलकर आज दलित साहित्य अपना विकास कर रहा है।

डॉ. अम्बेडकर की विचारधारा एवं साहित्य

दलित साहित्य को सबसे अधिक डॉ. अम्बेडकर के जीवन और साहित्य ने ही प्रभावित किया है। शताब्दियों से अशिक्षा, अज्ञान एवं दरिद्रता के अँधेरे में भटकते हुए इस वर्ग को डॉ. अम्बेडकर एक सूर्य के रूप में प्राप्त हुए। जिसने उन्हें समता, शिक्षा, सम्मान का प्रकाश प्रदान किया। डॉ. अम्बेडकर को अपने बचपन में ही अस्पृश्यता के अभिशाप का आभास हो गया था। इस सम्बन्ध में डब्ल्यू.एन. कुबेर ने लिखा है कि–छुआछूत का प्रहार कितना भीषण है, इसका अहसास अम्बेडकर को छात्र जीवन में ही हो गया था। एक गाड़ीवान ने उन्हें और उनके भाई को अपने साथ गाड़ी में नहीं बैठने दिया था। अम्बेडकर और उनका भाई मसूर रेलवे स्टेशन से गोरेगाँव जा रहे थे। उन्होंने एक गाड़ी भाड़े पर तय की। अभी गाड़ी कुछ ही दूर चली थी कि गाड़ीवान को यह पता चल गया कि ये लड़के किस जाति के हैं। उसने जाने से इनकार कर दिया। इन दोनों बच्चों ने गाड़ीवान को दुगना किराया दिया।

भीमराव के बड़े भाई ने गाड़ी हाँकी और गाड़ीवान गाड़ी के पीछे-पीछे पैदल चला कि कहीं छूत का भूत न चढ़ जाये। पूरे रास्ते उन्हें पीने के लिए पानी तक नहीं मिला। अम्बेडकर को अब पता चला कि वे ऐसी अभागी जाति में पैदा हुए हैं, जिसे छूना पाप है। एक और कटु अनुभव यह था कि कोई नाई उनके बाल नहीं काटता था और भीम की बहन को ही उनके बाल काटने पड़ते थे। अछूतों के लिए यह निरादर भाव सर्वत्र व्याप्त था। छात्र जीवन में भी ऐसे कटु अनुभव होते रहे। अध्यापक उनकी कॉपी को नहीं छूते थे। वे सवर्ण छात्रों के साथ खेल नहीं सकते थे। इस कारण डॉ. अम्बेडकर के मन में हिन्दुओं और हिन्दू धर्म के प्रति अपार घृणा पैदा हो गयी थी। सेवा के दौरान उन्हें जो अनुभव हुए, वे रोंगटे खड़े करने वाले हैं। जब वे बड़ौदा पहुँचे, तो उन्हें लेने के लिए स्टेशन पर कोई नहीं आया। रहने के लिए उन्हें एक भी जगह नहीं मिली। किसी भी होटल में उन्हें प्रवेश नहीं मिला। कोई भी मकान मालिक उन्हें किरायेदार के रूप में रखने को तैयार नहीं था। अन्त में, नाम बदलकर उन्होंने एक पारसी के होटल में आश्रय लिया। मालिकों को जब असलियत का पता चला, तो उन्हें मारने दौड़े। अपने दफ़्तर में भी उन्हें बहुत ही अपमानजनक व्यवहार मिला। पतित होने के डर से चपरासी फ़ाइलों को उनके ऊपर या मेज़ पर फेंक देता था। उन्हें पीने को पानी नहीं मिलता था। अत: डॉ. अम्बेडकर ने अपना सम्पूर्ण जीवन दलित समाज को अस्पृश्यता के इस अभिशाप से मुक्ति दिलाने में लगा दिया।

डॉ. अम्बेडकर की पुस्तकों तथा भाषणों को महाराष्ट्र सरकार के शिक्षा विभाग ने 'राइटिंग्स एंड स्पीचीज' नाम से 14 खण्डों में प्रकाशित किया। बाद में भारत सरकार ने जब डॉ. अम्बेडकर फ़ाउंडेशन, दिल्ली की स्थापना की, तो उसने भी डॉ. अम्बेडकर के इस सम्पूर्ण साहित्य का प्रकाशन किया। अम्बेडकर के इस साहित्य का विभिन्न भाषाओं में अनुवाद होता रहा और दलितों में चेतना का प्रसार होता रहा। उन्होंने 'प्रबुद्ध भारत', 'बहिष्कृत भारत' तथा 'मूक नायक' आदि पत्रों का सम्पादन किया, जिससे दलितों को अभिव्यक्ति के महत्त्व का पता चला और जब डॉ. अम्बेडकर ने मराठी में अपनी आत्मकथा 'आमी कसा झालो' (मैं कैसे बना) लिखी, तो मराठी दलित लेखकों में आत्मकथा लिखने की होड़ सी लग गयी। उपर्युक्त तथ्यों से स्पष्ट होता है कि दलित साहित्य की प्रेरणा का स्रोत वर्तमान काल में तो डॉ. अम्बेडकर का जीवन, साहित्य और विचारधारा ही है। सभी भाषाओं के दलित लेखक एकमत से इसे स्वीकार करते हैं।

मराठी दलित साहित्य

मराठी में दलित चेतना के उद्‌भव को कुछ लोग बुद्धकाल में तलाश करते हैं और कुछ लोग भक्ति साहित्य में और कुछ लोग महात्मा ज्योतिराव फुले के सामाजिक चिन्तन में। सत्य यह है कि दलित साहित्य की प्रेरणा का स्रोत डॉ. अम्बेडकर के विचार, विचारधारा और उनकी जीवन दृष्टि में है और उनके द्वारा दलित मुक्ति के उद्‌देश्य से शुरू किये गये मुक्ति के आन्दोलन में है। इनकी विचारधारा और जीवन दृष्टि के पीछे भगवान बुद्ध तथा महात्मा फुले के विचार हैं, जिसे उन्होंने विरासत के रूप में पाया।

महाराष्ट्र में भक्ति आन्दोलन की शुरुआत 13वीं सदी में होती है। उस काल में दो सम्प्रदायों का प्रारम्भ होता है। एक महानुभाव सम्प्रदाय और दूसरा चारकरी सम्प्रदाय। इसी चारकरी सम्प्रदाय में विभिन्न जातियों के सन्तों ने भक्ति और भक्तिपरक रचनाओं से पददलित जनता में अपना महत्त्वपूर्ण स्थान बना लिया था। इन सन्तों में चोखा मेला (महार), सन्तगोरा (कुम्हार), सेना (नाई), सावता (माली), जनाबाई (दासी) जैसे सन्तों ने भक्ति का आनन्द केवल मन्दिर कलश के दर्शन करके ही लिया। इसलिए चोखा मेला की वाणी में अस्पृश्यता की वेदना सर्वत्र दिखाई देती है, लेकिन उनके पुत्र कर्ममेला के स्वर में विद्रोह भी है। यही वेदना और विद्रोह आगे चलकर मराठी दलित साहित्य में अभिव्यक्त हुआ है।

डॉ. अम्बेडकर 1927 से 1930 तक महाराष्ट्र में जलस्रोतों पर समान अधिकार एवं मन्दिर प्रवेश जैसे सामाजिक सवालों से टकरा रहे थे, जिसमें लाखों दलित स्त्री-पुरुष उनके साथ थे। इसी समय कुछ जनकवि अपनी वाणी से महाराष्ट्र में जनजागृति का काम कर रहे थे। इन लोकगीतों में जातिगत भेदभाव, अस्पृश्यता आदि का चित्रण हुआ है। यही परम्परा धीरे-धीरे आगे चलकर मराठी कविता में परिणत हुई। सामाजिक रूढ़ियों का विरोध करने वाले कवियों में किसन फागु वनसोडे, शहिर हेगडे, वामनराव कर्डक, दीनबन्धु शेगाँवकर, ना. रा. शेंडे, मधु कोसारे आदि के नाम लिए जा सकते हैं।

जिन कवियों की कविता में विद्रोह के स्वर विद्यमान हैं, उनमें नामदेव ढ़साल, दया पंवार, ज.बी. पंवार, अर्जुन डांगले, वामन निम्बालकर, आदि के नाम महत्त्वपूर्ण हैं। वर्तमान पीढ़ी में यशवन्त मनोहर और शरणकुमार लिम्बाले आदि कवि सक्रिय हैं। मराठी में 'अस्मितादर्श' 'आम्ही' और 'विद्रोह' जैसी साहित्यिक पत्रिकाओं का प्रकाशन प्रारम्भ हुआ, तो साहित्यिक विमर्श और अन्य विधाओं की ओर

भी मराठी के दलित साहित्यकारों का ध्यान गया। इन विधाओं में सबसे अधिक ख्याति आत्मकथाओं को प्राप्त हुई। इन आत्मकथाओं का प्रकाशन 'अस्मितादर्श' पत्रिका ने 'मी आणि माझे लेखन' (मैं और मेरा लेखन) अंक से प्रारम्भ किया है। 'अमिस्तादर्श' पत्रिका के दीपावली विशेषांक सन् 1976 में जिन साहित्यकारों के आत्मकथन प्रकाशित हुए थे, उनमें सर्वश्री ना.रा. शैंडे, केशव मेश्राम, बन्धुमाधव, राजा ढाले, योगीराज बाघमारे, ज.बी. पंवार प्रमुख हैं।

कुछ आत्मकथाएँ पुस्तक रूप में भी छपी हैं। इनमें 'बलूत' (अछूत) दयापंवार, 'आठवाणीचे पक्षी' (यादों के पंछी) प्र.ई. सोन काम्बले, 'मुक्काम पोस्ट देवाचें गोठणे' (अन्त्यज) माधव कोड विलकर, 'तराल अन्तराल' शंकर राव खरात, 'अपरा' (पराया) लक्ष्मणमाने, 'कांठ यावर ची पोर्ट' उत्तम तूपे, 'रामनगरी' : रामनगरकर 'अक्करमाशी' : शरणकुमार लिम्बाले, 'छोरा कोल्हाटी का' : किशोर शान्ताबाई काले आदि प्रमुख हैं।

मराठी दलित साहित्य की पराकाष्ठा यह है कि वहाँ पर कुछ दलित स्त्रियों ने भी आत्मकथाएँ लिखी हैं। जिन दलित महिला लेखिकाओं की आत्मकथाएँ प्रकाशित हुई हैं, उनमें मल्लिका अमरशेख, शान्ताबाई, बेबी ताई कांबले, जनाबाई गिरहे, मुक्ता सर्वगौड़, कुमुद पाण्डे, शान्ताबाई दाणी के नाम विशेष रूप से उल्लेखनीय हैं।

मराठी दलित साहित्य में उपन्यास और कहानी ने भी उपस्थिति दर्ज करवायी है। दलित रंगमंच भी वहाँ पर एक महत्त्वपूर्ण भूमिका का निर्वाह कर रहा है। इस समय दलित साहित्य ही मराठी साहित्य की मुख्यधारा है, जिसने सम्पूर्ण देश के साथ हिन्दी में दलित साहित्य के सृजन को प्रेरित किया है।

दलित साहित्य में सौन्दर्य की अवधारणा : एक दृष्टि

–डॉ. जयप्रकाश कर्दम

सौन्दर्य दो प्रकार का होता है–प्राकृतिक सौन्दर्य और मानव रचित सौन्दर्य। प्राकृतिक सौन्दर्य–वन, पहाड़, समुद्र, नदियाँ, जीव-जन्तु आदि के निर्माण में मनुष्य का कोई योगदान नहीं है। प्रकृति मनुष्य की मित्र और उसके जीवन का आधार है। मानव जीवन की बहुत सारी आवश्यकताएँ प्रकृति से ही पूरी होती हैं। किन्तु, वनों की कटाई, नदियों पर बाँध, जीव-जन्तुओं का शिकार/ हत्या, पहाड़ों में खनन, पर्यावरण प्रदूषण आदि के द्वारा मनुष्य द्वारा कभी-कभी प्राकृतिक सौन्दर्य को नष्ट अवश्य कर दिया जाता है। इस क्षति की पूर्ति करने हेतु कभी-कभी वैकल्पिक प्राकृतिक दृश्य/ वातावरण का सृजन मनुष्य द्वारा किया जाता है। पार्क, बाग़-बग़ीचे, झरने, चिड़ियाघर आदि का निर्माण इसी प्रक्रिया का अंग है। साहित्य और विभिन्न कला-रूपों का सृजन और अभिव्यक्ति मानव रचित सौन्दर्य है। विद्वानों और दार्शनिकों द्वारा सौन्दर्य की अपने-अपने ढंग से व्याख्या की गयी है। क्रोंचे के अनुसार अभिव्यंजना अथवा अन्त:प्रज्ञा सौन्दर्य है तो फ्रायड की दृष्टि में इच्छापूर्ति अथवा उदात्तीकरण सौन्दर्य है। सन्त टॉमस के अनुसार, 'सौन्दर्य वह है जो देखे जाने पर सुखानुभूति कराये।'[1] यहाँ महत्त्वपूर्ण बात यह है कि देखने वाला अर्थात साहित्यकार क्या देखना चाहता है, उसकी पसन्द क्या है? देखना पसन्द या रुचि पर निर्भर करता है। सुरुचिपूर्ण या वांछित वस्तु सुन्दर लगती है और उसको देखने पर सुख की अनुभूति होती है। कलात्मक अभिरुचि के व्यक्ति को कलात्मक सौन्दर्य की दृष्टि से श्रेष्ठ रचनाएँ अच्छी लगेंगी, जबकि साहित्य से कुछ उपयोगी तत्त्व या मर्गदर्शन पाने की दृष्टि से पढ़ने वाले व्यक्ति को वे ही रचनाएँ अच्छी लगेंगी जिनसे समाजोपयोगिता के तत्त्व हों। उसके लिए कलात्मक सौन्दर्य गौण रहेगा। सौन्दर्य पूरी तरह देखने वाले की दृष्टि पर निर्भर करता है। 'अभिजन अपने ही दृष्टिकोण से देखते हैं, वे किसी

बात को सीधे न कहकर, काल्पनिक उपमाएँ देकर उसमें सौन्दर्य देखते हैं।'[2] सीधी बात आँख में आँख डालकर की जाती है। इसके लिए नैतिक साहस चाहिए। नैतिक साहस उसी में होता है जिसकी नीयत और मन में खोट न हो, कुटिलता न हो, कोई स्वार्थ, पाखण्ड, छल-छद्‌म न हो। दलित दमन के षड्‌यन्त्रकारी ब्राह्मण वर्ग में यह नैतिकता नहीं थी, इसलिए अपने विचारों और मनोभावों को सीधे-सीधे अर्थात अभिधा में अभिव्यक्त न कर उसने काल्पनिक उपमाओं का सहारा लिया और फिर उसे ही साहित्य का सौन्दर्य कहकर मुग्ध हुआ। दलितों में सत्य, सरलता और सहजता है। उनमें सत्य को सत्य कहने का नैतिक साहस है, उन्हें अपनी बात कहने के लिए उपमाओं के आश्रय या सहारे की आवश्यकता नहीं है। दलित साहित्य में जो उपमाएँ हैं भी परम्परागत साहित्य में प्रयुक्त उपमाओं से भिन्न अपने जीवन और परिवेश से ली गयी उपमाएँ हैं, जिनमें परम्परागत साहित्य जैसी जटिलता नहीं है।

भारतीय सौन्दर्यशास्त्रीय अवधारणा का मूल या उद्‌गम भरतमुनि के नाट्‌यशास्त्र में दिखाई देता है। नाट्‌यशास्त्र में धर्म, यश, आयुष्मता, हित भावना, बुद्धिवर्द्धन, लोकोपदेश और विश्रांति काव्य के प्रयोजन बताये गये हैं। उसके पश्चात वामन ने कीर्ति, और प्रीति अर्थात आनन्द, आनन्दवर्द्धन ने आनन्द और आचार्य मम्मट ने यश, अर्थ, व्यवहार, ज्ञान, विश्वेतर क्षति, सद्यः परिनिवृत्ति, कान्ति सम्मित उपदेश को काव्य का प्रयोजन माना है। इन सब में यश, आनन्द और अर्थ (धन) कॉमन हैं। इनमें आनन्द सर्वप्रमुख है। जो अच्छा लगे वह आनन्ददायक है। 'जिस कविता में जितना अधिक आनन्द मिले उसे उतना ही ऊँचे दर्जे का समझना चाहिए।'[3] सौन्दर्य के विषय में इसी तरह के विचार मौजूदा समय के महत्त्वपूर्ण आलोचक परमानन्द श्रीवास्तव के हैं। परमानन्द जी के अनुसार 'किसी रचना के वास्तविक मूल्य तक पहुँचने का रास्ता उसके आस्वाद से होकर जाता है। इसलिए किसी रचना का मूल्यांकन प्रथमतः तो उसके आस्वाद मूल्य में ही निहित होता है।'[4] आचार्य केशवदास आनन्द को सौन्दर्य से जोड़ते हैं, यथा, 'भूषण बिनु न विराजति कविता वनिता मित्त।' जिस तरह आभूषणों से अलंकृत अर्थात श्रृंगार-सौन्दर्ययुक्त स्त्री अच्छी लगती है उसी प्रकार अलंकार या सौन्दर्यहीन कविता भी अच्छी नहीं लगती। अर्थात कविता, वनिता या मित्र में अगर थोड़ा भी दोष आ जाये तो वे अच्छे नहीं लगते। संस्कृत आचार्यों द्वारा काव्य के कई दोष बताये गये हैं। इनमें एक दोष है अप्रीति, अर्थात आनन्द का न होना। यह दोष किसी शब्द के शास्त्रीय अर्थ के बजाय लोक प्रचलित अर्थ को काव्य में प्रयुक्त करने से होता है। दूसरा है ग्राम्य-दोष, अर्थात काव्य में ग्रामीण भाषा और भावों का प्रयोग। अग्नि पुराण में कहा गया

है कि जो काव्य के आस्वाद में उद्वेग पैदा करता है उसे ही काव्य का दोष मानना चाहिए। काव्य का आस्वाद तो रस, अलंकार और छन्द आदि सौन्दर्य है। इनका न होना ही काव्य का दोष है। आचार्य भोज के अनुसार 'काव्य में जो कुछ भी हेय है वही दोष है।' इस दृष्टि से काव्य में प्रयुक्त लोकभाषा और शब्दों के अशास्त्रीय या लोक-प्रचलित अर्थ यह हैं।

आनन्द को प्रयोजन मानकर लिखे गये साहित्य में भोग-विलासिता पर बल है। कालिदास कृत 'कुमार सम्भव' में पार्वती से शिव की रति क्रीड़ा लम्बा वर्णन है। कृष्ण की बाल क्रीड़ाओं से लेकर राधा के साथ उनकी रास लीलाओं का चित्रण करने वाला साहित्य शिक्षित सम्भ्रान्त वर्ग को आनन्द की अनुभूति कराने वाला है। समस्त रीति-काव्य इसी प्रकार की रचनाओं से भरा है। उनमें नायिका के सौन्दर्य का अद्‌भुत चित्रण मिलता है। रस, छन्द आदि काव्य के अलंकरण हैं। कविता के आलोचकों को अलंकरण-हीन कविता नहीं भा रही है, अलंकरण-युक्त कविता ही उनको आकृष्ट करती है। डॉ. रामविलास शर्मा पर लिखे अपने लेख 'हिन्दी के हित का अभिमान वह, दान वह' में हिन्दी के शीर्ष आलोचक डॉ. नामवर सिंह साहित्य-शास्त्र पर चर्चा करते हुए लिखते हैं, 'अलंकार शास्त्र मात्र बाल की खाल निकालने वाला ही शास्त्र नहीं बल्कि वह शास्त्र है जिस पर भारत को गर्व है।'[5]

मेरिक न्यूटन के अनुसार, 'सौन्दर्य भूख से और भूख घनिष्ठता से नियन्त्रित होती है।'[6] लेकिन रोटी और सेक्स की भूख में अन्तर है। रोटी आवश्यकता है, सेक्स वांछनीय है। सौन्दर्य वांछित वस्तु है, सौन्दर्य की चाह की जाती है, इसके बिना काम चल सकता है। पेट की क्षुधा से त्रस्त व्यक्ति के लिए रोटी आवश्यक है। रोटी मिल जाने पर उसे सुख मिलता है। कामासक्त या काम की इच्छा रखने वाले व्यक्ति को सेक्स से सुख मिलता है। दोनों के सुख में अन्तर है। दोनों की सौन्दर्य-दृष्टि में भी अन्तर है।

साहित्य को समाज का दर्पण या जीवन की आलोचना माना जाता है। इसका तात्पर्य यह है कि साहित्य में समाज का जीवन समग्रता में चित्रित होना चाहिए। दर्पण में व्यक्ति का चेहरा वैसा ही दिखता है जैसा वह वास्तव में है। उसी तरह साहित्य में भी समाज वैसा ही चित्रित होना चाहिए जैसाकि वह यथार्थ में है। समाज में शोषण, उत्पीड़न, अन्याय, असमानता और अस्पृश्यता है। इनका विरोध और प्रतिकार भी है। गाँवों में कृषि है, ज़मींदार, किसान है तो भूमिहीन कृषि मज़दूर भी है। बड़ी-बड़ी हवेलियाँ हैं तो झोंपड़ियाँ भी हैं। सुखी-सम्पन्न परिवार हैं तो दूसरों की जूठन पर ज़िन्दा रहने वाले लोग भी। सवर्ण जातियाँ हैं तो दलित जातियाँ भी हैं, जो सवर्णों के

अन्याय, उपेक्षा, अस्पृश्यता तथा दमन और हिंसा की शिकार हैं। हिन्दी कवि गाँवों पर मुग्ध है। उसे ग्राम्य जीवन अद्भुत दिखाई देता है। तभी वह कहता है 'अहा, ग्राम्य जीवन भी क्या है?' (सुमित्रानन्दन पन्त)। श्रम का महत्त्व प्रतिपादन करने वाले कवि के लिए गाँव स्वर्ग हैं, क्योंकि वहाँ श्रम करने वाला किसान है, जो समस्त देश के लिए अन्न का उत्पादन करता है। किसान को कवि देवता की पदवी प्रदान करता है और उसकी प्रशंसा में गा उठता है, 'हे ग्राम देवता नमस्कार।' (सुमित्रानन्दन पन्त)। लेकिन उसी गाँव में दूसरे के खेतों में काम करने वाला भूमिहीन कृषि मज़दूर है, जो प्रायः निम्न-जातीय दलित है। किसान के पास अपनी कृषि भूमि है। वह अपने खेतों में हल चलाकर फ़सल उगाता है और उस फ़सल को बाज़ार में बेचकर अपना जीवन-यापन करता है। किन्तु दलित कृषि-मज़दूर के पास अपने खेत नहीं हैं, वह किसान नहीं है। वह जिन ज़मींदार या बड़े किसानों के खेतों में काम करता है, उनके द्वारा नकद अथवा अनाज आदि के रूप में दी जाने वाली मज़दूरी पर जीवित रहता है। निम्न-जातीय होने के कारण वह अनेक प्रकार के निषेध और वर्जनाओं का शिकार है। वर्ण-व्यवस्था और जातिगत रूप से निम्न, उपेक्षित और अस्पृश्य तथा आर्थिक शोषण रूप से दरिद्र दलित कृषि मज़दूर नारकीय जीवन जीने को विवश है। किसी प्रकार का कोई सम्मान उसे नहीं है। कवि की दृष्टि में जो गाँव स्वर्ग का पर्याय है दलित के लिए शोषण का कारख़ाना है। शोषण के इस कारख़ाने में उसके लिए क्या अच्छा या सुन्दर है, क्या अपना है, जिस पर वह गर्व करे। दलित कवि को गाँव ऐसा ही दिखाई देता है। इसलिए वह लिखता है, 'मेरा गाँव, कैसा गाँव? ना कहीं ठौर, ना कहीं ठाँव।' (सूरजपाल चौहान)। दलित व्यक्ति को गाँव आदमखोर लगता है और यहाँ उसका दम घुटता है। 'सच मानिए/इस आदमखोर गाँव में/मुझे डर लगता है/बहुत डर लगता है।'[7]

सवाल यह है कि क्या कारण है कि गाँव का चित्रण करने वाले सवर्ण कवि को गाँव में किसान तो दिखाई देता है दलित कृषि मज़दूर दिखाई नहीं देता। जबकि दलित कवि को दलित कृषि मज़दूर का जीवन साफ़-साफ़ दिखाई दे रहा है। क्या सवर्ण कवि गाँव की सच्चाई से अनभिज्ञ है या वह ग्रामीण जीवन के केवल उसी पक्ष को देखना चाहता है जो उसे पसन्द है या जिससे वह परिचित है? प्रायः वही वस्तुएँ अधिक सुन्दर और आकर्षक लगती हैं जिनसे व्यक्ति परिचित होता है, क्योंकि उनको ही वह बार-बार देखने का अभ्यस्त होता है और वे ही उसकी चेतना में बैठी हुई होती हैं। एक ही गाँव में रहते हुए भी सवर्ण और दलित अलग बस्तियों में पृथक् समाज, समुदाय और देश के रूप में रहते हैं, जहाँ सवर्ण दलितों से दूरी

बनाकर रखते हैं, क्योंकि दलितों के साथ मिलने-जुलने से उनकी शुचिता भंग होती है। 'हमारे गाँव में भी/कुछ हरि होते हैं/कुछ जन होते हैं/जो हरि होते हैं/वह जन के साथ/न उठते हैं/न बैठते हैं/ न खाते हैं/ न पीते हैं/यहाँतक कि जन की/परछाईं तक से परहेज करते हैं।'[8] गाँव पर मुग्ध होने वाले ब्राह्मण कवि को क्या यह सत्य दिखाई नहीं देता है? मानवीय गरिमा को खण्डित कर चूर-चूर करने वाले या मानवीयता की खुली हत्या करने वाले इस सत्य को नज़रअन्दाज़ कर ब्राह्मण कवि गाँव पर मुग्ध होता है तो इससे यह बात सिद्ध होती है कि दलितों की दुनिया और उनके जीवन से सवर्णों का ख़ास परिचय नहीं है, या उसके लिए उनका कोई महत्त्व नहीं है।

सवर्ण कवि की सम्पृक्ति सवर्ण सरोकारों के साथ है, दलितों के साथ उसका सम्पर्क और संवाद बहुत कम है इसलिए साहित्य का सृजन करते समय दलित उसकी चेतना से बाहर रहता है। उनके दु:ख, तकलीफ़ और संघर्ष की इच्छा, सुख को समझता है, दलित के दु:ख, और त्रासदी को नहीं समझता। यही कारण है कि गाँव का चित्रण करने वाले ब्राह्मण कवि को किसान में देवता दिखाई देता है, क्योंकि देवता ब्रह्म का अंश या उसका रूप है और कवि ब्रह्म को सत्य और उससे जुड़ी वस्तुओं को सुन्दर मानता है। किसान ग्राम-देवता है लेकिन कृषि मज़दूर दलित क्या है, जिसे उसी गाँव में मनुष्य भी नहीं माना जाता। दलित कवि गाँव में ब्रह्म या उसके अंश को नहीं इसी दलित व्यक्ति को ढूँढ़ता है और उसकी त्रासदी को अभिव्यक्त करता है। क्योंकि उसके चिन्तन में मनुष्य सर्वोच्च या केन्द्रीय सत्ता है। कुछ लेखकों, आलोचकों की दृष्टि में किसान को देवता मानना श्रम को महत्त्व प्रदान करना है या हो सकता है। किन्तु यहाँ फिर सवाल पैदा होता है कि क्या किसान और कृषि मज़दूर एक या एक समान हैं? यदि नहीं तो एक किसान और कृषि मज़दूर के श्रम में क्या अन्तर है? और यदि हाँ तो श्रम के महत्त्व-प्रतिपादन में श्रम का प्रतीक किसान ही क्यों, भूमिहीन दलित कृषि मज़दूर क्यों नहीं? जैसा पहले ही कहा जा चुका है यह रचनाकार की दृष्टि है, जिसकी चेतना में कृषि मज़दूर कहीं नहीं है और न कृषि मज़दूर में उसकी कोई रुचि है।

मेटाफ़र या परम तत्त्व को साहित्य का आधार माना जाता है। यह परम तत्त्व ब्रह्म है, जिसके ईश्वर, भगवान, परमात्मा आदि अनेक नाम हैं। भारतीय (हिन्दू) चिन्तन ब्रह्ममय है, उसमें सर्वत्र ब्रह्म का वास है। बिना ब्रह्म के वह दो क़दम नहीं चल सकता। हिन्दी साहित्य का सौन्दर्यशास्त्र, जो संस्कृत और पाश्चात्य सौन्दर्यशास्त्र से मिलकर बना है, का आधार भी 'सत्यम, शिवम, सुन्दरम' है। अर्थात जो सत्य है, वही शिव (अच्छा) है, और जो अच्छा है वही सुन्दर है। इस सौन्दर्यशास्त्रीय दृष्टि

में सर्वाधिक महत्त्वपूर्ण है–सत्य। भारतीय (हिन्दू) दर्शन परम्परा में ब्रह्म को सर्वोच्च सत्य माना गया है, यथा–'ब्रह्म सत्यम, जगत मिथ्या।' इसका तात्पर्य यह है कि वह साहित्य सौन्दर्यपूर्ण है, जिसमें ब्रह्म की स्वीकृति, ब्रह्ममय सत्ता एवं संस्थाओं के प्रति सम्मान तथा उसके समर्थन एवं पोषण के मूल्यों के प्रति सकारात्मकता का भाव हो। ऋग्वेद के अनुसार पुरुष ब्रह्म के शरीर के विभिन्न अंगों से उत्पन्न मानी जाने वाली वर्ण-व्यवस्था, उससे निकली जाति-व्यवस्था और इसके आधार पर होने वाले ऊँच-नीच के भेदभाव, शोषण, अस्पृश्यता की स्वीकृति इस सौन्दर्यशास्त्रीय अवधारणा का महत्त्वपूर्ण पक्ष है। सवर्ण, विशेषत: ब्राह्मण की चेतना ब्रह्म पर अटकी रहती है, उससे ऊपर नहीं उठ पाती। प्रत्येक वस्तु या व्यक्ति में उसे ब्रह्म का अंश दिखाई देता है। श्रेष्ठ या शास्त्रीय कही जाने वाली साहित्यिक कृतियों में किसी न किसी रूप में ब्रह्म के स्वरूप, सत्ता और उसके मूल्यों की स्थापना का प्रयास है। ब्रह्म की सत्ता में दलित-आदिवासियों के लिए कोई समानता या सम्मानजनक जगह नहीं है। रामायण में राम द्वारा अपने हाथों से शम्बूक की हत्या और महाभारत में कृष्ण द्वारा द्रोणाचार्य द्वारा एकलव्य का अँगूठा काटे जाने का समर्थन इसके ज्वलन्त उदाहरण हैं। इसके उपरान्त राम और कृष्ण का महिमागान करने वाले ग्रन्थ क्लासिक या श्रेष्ठ साहित्यिक रचनाएँ हैं, क्योंकि इनमें रसों का प्रवाह, छन्दों की छटा, उपमाओं की अनुपमता, अलंकारों की आभा और भाषा का सौष्ठव है, अर्थात ये सौन्दर्ययुक्त हैं। शम्बूक की हत्या के रूप में शूद्रों-दलितों के मानवीय अधिकारों का हनन करने वाले राम को मर्यादा पुरुषोत्तम के रूप में प्रतिष्ठित करने वाले 'रामचरित मानस' को श्रेष्ठ या सद्साहित्य और इसके रचयिता तुलसीदास को लोकनायक कहकर प्रशंसित किया गया है। मुंशी प्रेमचन्द के शब्दों में, 'हम रामायण को इसलिए सद्साहित्य नहीं समझते कि उसमें विचार या दर्शन भरा हुआ है, बल्कि इसलिए कि उसका एक-एक अक्षर सौन्दर्य के रस में डूबा हुआ है, इसलिए कि उसमें त्याग और प्रेम और बन्धुत्व और मैत्री और साहस आदि मनोभावों की पूर्णता का रूप दिखाने वाले चरित्र हैं।'[7] सौन्दर्य रस का आनन्द शायद यह कहने की आवश्यकता नहीं है कि कला-सौन्दर्य के आधार पर ही तुलसीदास को स्वीकार किया गया और कबीर को ख़ारिज किया गया।

सत्य का सम्बन्ध यदि ब्रह्म से न मानकर सामाजिक सन्दर्भों में लिया जाये तो भी 'सत्यम, शिवम, सुन्दरम' की अवधारणा में एक अन्य महत्त्वपूर्ण तथ्य यह है कि परम्परागत साहित्य में समाज के जिस सत्य की अभिव्यक्ति हुई है क्या वह सम्पूर्ण समाज का सत्य है? इसका उत्तर हाँ में कदापि नहीं है। ऊपर गाँव के चित्रण का

जो उदाहरण दिया गया है वह इस बात को पुष्ट करता है कि परम्परागत साहित्य में चित्रित समाज का सत्य अधूरा सत्य है। परम्परागत साहित्य के समाज में दलित नहीं है, और यदि कहीं हैं भी तो अपने संघर्ष, जिजीविषा और अस्मिता बोध के साथ कहीं नहीं हैं। यहाँतक कि उनका दर्द, द्वन्द्व, कसमसाहट और आक्रोश उसमें नहीं है। दलितविहीन समाज के अधूरे सत्य पर आधारित सौन्दर्य को साहित्य का सौन्दर्य स्वीकार नहीं किया जा सकता। क्योंकि 'अलंकारों, छन्दों, रसों व शब्दों की कलात्मकता के माध्यम से रचा गया संवेदनशून्य, वायवीय व मानसिक व्यभिचार का साहित्य सत्यम शिवम, सुन्दरम की कसौटी पर खरा नहीं उतर सकता।'[10]

साहित्य के सौन्दर्य पर विचार करते समय यह भी विचारणीय है कि क्या कला या सौन्दर्य साहित्य की आवश्यकता है, या उसकी वांछनीयता है? वांछनीयता रुचि पर निर्भर करती है। कोई व्यक्ति जिस परिवेश में जीता है, जैसा देखने-सुनने का अभ्यस्त होता है, उसी के अनुरूप उसकी रुचि विकसित हो जाती है। अभाव ग्रस्त व्यक्ति या समाज की कोई अभिरुचि नहीं होती। भूखा-नंगा, अभाव-ग्रस्त व्यक्ति दिन-रात पेट भरने की चिन्ता में डूबा रहता है, और कुछ देखने-सुनने या जनाने की फुर्सत ही उसे नहीं होती। ऐसे में उसकी रुचि विकसित कैसे हो। और यदि उसकी कोई रुचि होगी तो उसके अपने परिवेश के अनुरूप ही होगी। सुरुचि वास्तव में शिक्षित-सम्भ्रांत वर्ग की होती है, या कहिए सुरुचि शिक्षित सम्भ्रान्त वर्ग का विशेषाधिकार है। शिक्षा पर ब्राह्मणों का एकाधिकार रहा है। अन्य सवर्ण जातियाँ भी बाद में शिक्षित हुई हैं। इसलिए सौन्दर्य की अवधारणा ब्राह्मण आचार्यों द्वारा अपनी चेतना और अभिरुचि के आधार पर विकसित की गयी है। साहित्य के द्वारा उन्होंने अपने भाषायी और शिल्प ज्ञान और कौशल का प्रभाव दिखाने के लिए कलात्मकता पर बल दिया। तथा अपना सामाजिक-सांस्कृतिक वर्चस्व बनाये रखने के लिए अपनी इस कलात्मकता को परम सत्ता के साथ जोड़ा और उन्हीं विषयों का चयन साहित्य लेखन में किया जो उनके सामाजिक वर्चस्व का समर्थन और पोषण करें। सुख-सम्मान का जीवन जीने के अभ्यस्त सवर्ण-ब्राह्मण लेखकों की दलितों के दु:ख, दर्द और वेदना-संवेदनाओं आदि के साथ कोई सम्पृक्ति नहीं रही, इसलिए सामाजिक और मानवीय सरोकारों का उनके लेखन में प्राय: अभाव मिलता है। सामाजिक और मानवीय सरोकारों की अभिव्यक्ति के लिए कला की नहीं संवेदना की आवश्यकता है।

हिन्दी साहित्य के सौन्दर्यशास्त्र के सम्बन्ध में सबसे पहली बात तो यह कि हिन्दी साहित्य का अपना कोई सौन्दर्यशास्त्र नहीं है। हिन्दी साहित्य का मूल्यांकन

जिस सौन्दर्यशास्त्र के आधार पर किया जाता है वह संस्कृत काव्यशास्त्र अथवा संस्कृत काव्य का सौन्दर्यशास्त्र है। इसका आधार शायद यह हो कि हिन्दी को संस्कृत से उद्भूत माना जाता है और दोनों की लिपि एक है। हालाँकि यह भी सर्व स्वीकृत मत नहीं है। विद्वानों के एक वर्ग का मत यह है कि हिन्दी संस्कृत से नहीं निकली है, इसका विकास पालि-प्राकृत से हुआ है। इस विषय को एक ओर छोड़कर विचार किया जाये तो भी संस्कृत काव्यशास्त्र के सिद्धान्तों को हिन्दी साहित्य पर लागू करना असंगत है। क्योंकि दोनों भाषाओं का समाज और संस्कृति अलग है। संस्कृत देवभाषा (अर्थात देवों/ब्राह्मणों की भाषा) है, जबकि हिन्दी जन-भाषा (जन-सामान्य की भाषा) है। शूद्रों, अन्त्यजों के लिए देवभाषा संस्कृत का पढ़ना-पढ़ाना वर्जित रहा है। यहाँतक कि मनुस्मृति के अनुसार देवभाषा संस्कृत में लिखे वेदों को पढ़ने पर शूद्रों की आँखें फोड़कर उन्हें अन्धा बनाने, सुनने पर कानों में पिघला शीशा डालने और इसका उच्चारण करने पर जिव्हा काट लेने का आदेश या व्यवस्था है। इसी मनुस्मृति में शूद्रों के साथ अस्पृश्यता का व्यवहार किये जाने का निदेश भी है। देवभाषा की संस्कृति वर्चस्व और अलगाव की संस्कृति है। साहित्य का असली उद्देश्य समाज का निर्माण करना तथा उसमें एकता और सद्भाव बनाये रखना है। जबकि देवभाषा की संस्कृति और इसमें लिखा साहित्य समाज का निर्माण करने में असमर्थ है। समाज समानता पर आधारित होता है, जबकि वर्ण-जाति-व्यवस्था को जन्म देने वाली तथा अस्पृश्यता का विधान बनाने वाली देव संस्कृति का आधार असमानता है।

ब्राह्मणों द्वारा लिखे ग्रन्थों (जो स्वाभाविक रूप से संस्कृत में लिखे गये हैं) को शास्त्र और ब्राह्मणों द्वारा विकसित कलाओं को शास्त्रीय (क्लासिकल) घोषित किया गया है। क्योंकि ये विशेष और वर्चस्वशाली क्लास द्वारा सृजित या विकसित हैं। देवभाषा में अथवा देव-संस्कृति की परम्परा और उसके वर्चस्ववादी मूल्यों का निर्वाह व्यक्तिगत रूप से मैं शास्त्र और शास्त्रीयता के विरुद्ध हूँ। साहित्य को सही मायनों में किसी क्लास (विशिष्ट वर्ग या जाति) का नहीं मास (Mass) का होना चाहिए। दलित साहित्य 'मास' (जन-सामान्य) का साहित्य है, इसलिए विशिष्ट वर्ग की अपेक्षा जन-सामान्य के लिए उपयोगी तथा जन-सामान्य द्वारा पसन्द किये जाने वाले साहित्यिक को श्रेष्ठ माना जाना चाहिए और ऐसी रचनाओं को क्लासिक (Classical) के बजाय मासिकल (Massical) कहा जाना चाहिए। क्लासिकल का तात्पर्य यदि श्रेष्ठता से है तो एक विशिष्ट वर्ण, वर्ग या जाति द्वारा अपने वर्ण या जातीय दृष्टिकोण से लिखे गये उस साहित्य को श्रेष्ठ कैसे माना जा सकता

है जिसका जन-सामान्य से दूर-दूर तक कोई सम्बन्ध नहीं है। क्लासिक निठल्ली ब्राह्मणवादी संस्कृति का चिन्तन है, जिसमें श्रमिक जीवन और उसके मूल्यों का कोई महत्त्व नहीं है। दूसरों की कमाई पर पलने वाला यह निठल्ला वर्ग रात-दिन इसी खुराफ़ाती उधेड़बुन में लगा रहता है कि किस प्रकार वह स्वयं को श्रेष्ठ सिद्ध करे और जन-सामान्य से उसे मनवाये। ब्राह्मणवादी चिन्तन से निकले समस्त शास्त्र, शास्त्रीय कलाएँ और साहित्य सबके पीछे मुख्य प्रयोजन यही है।

शास्त्रीयता का यह आग्रह है कि लोग शास्त्रों को श्रेष्ठ मानें, उनका सम्मान और अनुकरण करें। शास्त्रों पर कोई प्रश्न नहीं करें। शास्त्रों को परम सत्ता या ब्रह्म से जोड़ा गया है। वेद तो अपौरुषेय हैं ही। और भी बहुत से ग्रन्थों को शास्त्र ही कहा जाता है। पण्डे-पुरोहितों और धर्माचार्यों द्वारा जन-सामान्य को प्रवचन, उपदेश देते समय या किसी भी धार्मिक-सांस्कृतिक चर्चा में प्राय: यह कहते सुना जाता है ऐसा शास्त्रों में लिखा या कहा गया है। ब्राह्मणों द्वारा अपनी सृजित या विकसित कलाओं को शास्त्रीय कहा गया है। नाट्य-शास्त्र, साहित्य-शास्त्र, तर्कशास्त्र आदि। जिस किसी भी विधा में, जिस किसी भी विषय पर ब्राह्मणों ने लिखा वह सब शास्त्र है और उनके द्वारा कही गयी प्रत्येक बात शास्त्रीय है। शास्त्रीय नृत्य, शास्त्रीय संगीत, शास्त्रीय गायन, शास्त्रीय वादन आदि के नामकरण इसके उदाहरण हैं। इस सन्दर्भ में एक महत्त्वपूर्ण बात यह भी है कि समस्त शास्त्रीय नृत्य, गीत और संगीत मन्दिर या धर्म से जुड़े हैं। कोई भी शास्त्रीय नर्तक या नर्तकी चाहे वह इस कला में कितना ही कुशल हो, जबतक वह मन्दिर में देवता के समक्ष नृत्य नहीं करता या करती तब तक उसे सन्तुष्टि नहीं मिलती। यही स्थिति शास्त्रीय गायन और वादन की है। शास्त्रीयता को स्वीकार करने का तात्पर्य ब्राह्मण वर्चस्व को स्वीकारना है। इसलिए प्रथम तो शास्त्र और शास्त्रीयता का विचार उपयुक्त प्रतीत नहीं होता। दूसरे हिन्दी साहित्य का अपना कोई स्वतन्त्र सौन्दर्यशास्त्र निर्मित नहीं हुआ है। हिन्दी साहित्य के मूल्यांकन का यदि कोई मानदण्ड है तो वह सौन्दर्य-बोध हो सकता है। तीसरे, दलित साहित्य हिन्दी साहित्य की परम्परागत धारा से भिन्न एक नयी चेतना और बोध का साहित्य है। इसलिए हिन्दी साहित्य के परम्परागत मूल्य-बोध या सौन्दर्य के मानदण्डों के आधार पर दलित साहित्य का मूल्यांकन नहीं किया जा सकता। वैसे भी, समय के साथ सामाजिक, आर्थिक, राजनीतिक परिस्थितियों और मूल्यों में बदलाव आता है। जिसके साथ साहित्य की चेतना में भी बदलाव आता है। सैकड़ों वर्ष पूर्व निर्मित सौन्दर्यशास्त्र के मानदण्डों के आधार पर आज लिखे जा रहे साहित्य का मूल्यांकन करना जड़ता का सूचक है। पहले से बने-बनाये मानदण्डों के आधार

पर साहित्य का सृजन नहीं किया जा सकता, लिखा जाने वाला साहित्य स्वयं अपने सौन्दर्य-बोध का निर्माण करता है। उसी सौन्दर्य-बोध के आधार पर उसका मूल्यांकन किया जा सकता है।

सौन्दर्यशास्त्र के विषय में दूसरी महत्त्वपूर्ण बात यह है कि संस्कृत में काव्यशास्त्र है, यानी वहाँ भी सौन्दर्यशास्त्र केवल काव्य का है, गद्य का नहीं। नाटक पर काव्यशास्त्र के सिद्धान्त लागू हो सकते हैं क्योंकि नाटकों में गीत या गीतात्मक संवाद होते हैं। गद्य की अन्य विधाओं पर काव्यशास्त्र के सिद्धान्त लागू नहीं हो सकते। गद्य और पद्य की बुनावट और तकनीक अलग होती है। पद्य में भी काफ़ी बदलाव आ गया है। जिस समय काव्यशास्त्र के सिद्धान्तों की रचना हुई तब कविता गेय अथवा छन्द में लिखी जाती थी। काव्यशास्त्रियों द्वारा सौन्दर्य को इतना अधिक महत्त्व प्रदान किया गया है कि उसे वेदों के साथ जोड़ा गया है। 'शिक्षा को वेदों की नासिका, छन्द को चरण, व्याकरण को मुख, निरूक्त को कान, ज्योतिष को आँख तथा कल्प को हाथ बताया गया है।'[11] छन्द को छन्दशास्त्र भी कहा गया है। उस समय बिना छन्द के कविता की कल्पना शायद नहीं की गयी थी। आज कविता छन्द के बन्धन से मुक्त है, वह गद्यात्मक हो गयी है। छन्दबद्ध कविता के मूल्यांकन के मानदण्ड छन्दमुक्त या गद्य-कविता पर लागू नहीं हो सकते हैं? जहाँतक दलित साहित्य का सम्बन्ध है दलित साहित्य की आधार-चेतना और भाव-भूमि परम्परागत साहित्य से भिन्न है। जीवन में राग-रस हो तो साहित्य में भी राग-रस होता है। जीवन में शुष्कता और सूनापन हो तो साहित्य में भी वही होता है। दलित साहित्य स्वानुभूति का साहित्य है। इसमें स्व-अनुभवों पर बल है, और स्व-अनुभवों की सशक्त अभिव्यक्ति आत्मकथा अथवा आत्मकथात्मक शैली में लिखे साहित्य में ही सर्वाधिक सम्भव है। इसलिए दलित साहित्य का गद्य भी अलग तरह का है।

नाट्यशास्त्र के सिद्धान्त दलित साहित्य पर (दलित नाटक सहित) लागू न होने के कई कारण हैं। इनका संक्षिप्त परिचय नाट्यशास्त्र के कतिपय लक्षणों के आधार पर दिया जा सकता है, यथा : नाटक दुःखान्त नहीं होते। दलितों के जीवन में सुख है ही नहीं तो दलित नाटक सुखान्त कैसे हो सकते हैं। बेलछी, खैरलांजी, मिर्चपुर, गोहाना आदि दलित उत्पीड़न की जघन्यतम घटनाओं पर लिखा गया कोई भी नाटक दुखान्त ही होगा, सुखान्त नहीं। क्योंकि इन घटनाओं का अन्त दुखद हुआ है। इसलिए सुखान्त नाटक होने का सिद्धान्त यहाँ पूरी तरह ख़ारिज हो जाता है। नाटकों में संवादों के साथ भाव प्रधान श्लोक आते हैं। किन्तु जिन दलितों का जीवन ही बुझा हुआ हो, जो भय और आतंक के साये में जीने को बाध्य हों, उनके साहित्य में भावों

की प्रधानता कैसे हो सकती है। दूसरे, श्लोक और सूक्तियों की परम्परा संस्कृत की है, और इन श्लोकों का उच्चारण करने की अनुमति या अधिकार दलितों को नहीं है, तो वे श्लोक कैसे बोलेंगे? इसलिए इस आधार पर भी सौन्दर्यशास्त्र के सिद्धान्त यहाँ फेल हो जाते हैं। नायक का ब्राह्मण अथवा राजा होना अनिवार्य है। सुखान्त कथा में नायक की जीत या उसका जयकारा होता है। उदाहरण के लिए प्रथम खेला गया नाटक 'देवासुर संग्राम' था, जिसमें असुरों पर देवों की विजय को दर्शाया गया है। 'देवासुर संग्राम' के द्वारा साहित्य में समाज के विभाजन का जो सूत्रपात हुआ वह आजतक क़ायम है। क्योंकि साहित्य के सौन्दर्य या मूल्यांकन के उन्हीं मानदण्डों को ब्राह्मणवादी साहित्यकारों/आलोचकों द्वारा अपनाया जाता रहा है। दलित साहित्य समानता के मूल्यों का प्रबल पक्षधर और उनकी स्थापना के लिए प्रतिबद्ध है। यह ब्राह्मणवाद या सामन्तवाद का जयकारा नहीं है।

नाट्यशास्त्र के अनुसार नाटकों में आनन्द और शोक दोनों का मिश्रण होता है। विदूषक अपने हाव-भाव और मूर्खता से दर्शकों का मनोरंजन करता है। दलित जीवन में प्राय: शोक है, आनन्द नहीं। आनन्द यदि कहीं है भी तो उसकी मात्रा इतनी कम है कि उसे नगण्य ही कहा जायेगा। नाटकों में मौत का दृश्य नहीं दिखाये जाने का प्रावधान है। किन्तु दलित आये दिन हिंसा और हत्या के शिकार होते हैं। उनकी निर्ममतापूर्ण हत्याएँ की जाती हैं। यह उनके जीवन का सत्य है और स्वाभाविक रूप से यह सत्य उनके साहित्य में अभिव्यक्त होगा। नाटकों की विषय-वस्तु ऐतिहासिक, पौराणिक कथा अथवा उन पर आधारित होनी चाहिए। दलितों का इतिहास दमन और शोषण का इतिहास रहा है। उनकी रचनाओं में जब भी अपने दमनकारी इतिहास का चित्रण किया जायेगा उसमें शोषक और उत्पीड़क सवर्ण-ब्राह्मण वर्ग की क्रूरता, निर्ममता और कुटिलता की ही अभिव्यक्त होगी। आनन्द के प्रयोजन की पूर्ति के लिए अधिकांश नाटकों में प्रेम प्रमुख विषय होता है। जीवन में प्रेम तब फूटता है जब जीवन तनाव, दबाव, भय और अभाव से मुक्त हो। दलित निरन्तर भय और आतंक के साये में जीते हैं, अभाव और तनावग्रस्त रहते हैं। उनकी अधिकांश रचनाओं का विषय प्रेम कैसे हो सकता है। उनकी रचनाओं में प्रेम के स्थान पर ब्राह्मणवादी वर्ग के प्रति घृणा और आक्रोश भरा है। प्रकृति को भी सौन्दर्यशास्त्र में बहुत महत्त्व दिया गया है। वन और बग़ीचे के सौन्दर्य में अन्तर है। बग़ीचे में फूल के पौधों को व्यवस्थित रूप से उगाया जाता है, उचित खाद-पानी देकर निरन्तर सींचा जाता है। जबकि जंगलों और वनों में फूल के पौधे स्वत: उगते हैं और बिना किसी देख-रेख के बड़े होते हैं। सवर्ण समाज बग़ीचा है और दलित समाज जंगल है। जंगल के फूल का सौन्दर्य बग़ीचे के फूल से कम नहीं है।

इस प्रकार देखा जा सकता है कि परम्परागत साहित्य सवर्ण समाज के हित संरक्षण का एक साधन रहा है। इस प्रयोजन से लिखे जाने वाले ब्राह्मणवादी साहित्य में मानवीय मूल्य, साधारण जन की भाषा, उनके गान, संस्कृति, परम्पराएँ, विश्वास, सामाजिक जीवन और अन्तर्विरोध का अभाव है। 'साहित्य का कभी भी कोई एक लक्ष्य नहीं हो सकता। लक्ष्य या प्रयोजन हमेशा बदलते रहते हैं। जैसे-जैसे मनुष्य के सामाजिक जीवन में बदलाव आता है, उसका संघर्ष बदलता है, मुद्दे बदलते हैं, जीवन-व्यवहार बदलता है तो साहित्य का लक्ष्य भी बदलता है। उसे बदलना चाहिए, अन्यथा वह मृत साहित्य की श्रेणी में मान्य होगा।'[12] साहित्य यदि मनुष्य के लिए लिखा जाता है, उसका लक्ष्य मनुष्य है तो साहित्य का दायित्व या उद्देश्य मानव समाज को सुन्दर बनाना है। किन्तु यह कहते हुए खेद होता है कि वर्णों, जातियों, उपजातियों में विभक्त भारतीय समाज यथार्थ में समाज न होकर मानव समूह है। कितने ही ज़ोर-शोर से 'वसुधैव कुटुम्बकम्' की बात कहकर भारतीय संस्कृति पर गर्व किया जाये, किन्तु पूरी वसुधा की तो बात छोड़िए भारत-भूमि पर रहने वाला मानव समुदाय ही एक 'कुटुम्ब' नहीं है। कहने की आवश्यकता नहीं है कि दलित साहित्य मनुष्य को बेहतर मनुष्य बनाने हेतु प्रयत्नशील है ताकि समाज का निर्माण हो सके। 'एक बेहतर मानवीय समाज का साहित्य ही नये और गतिमान सौन्दर्य मूल्यों का निर्माण कर सकता है।'[13]

सौन्दर्य के दो पक्ष हैं स्वीकार और नकार। किसी वस्तु को वह जैसी है उसी रूप में स्वीकरना और उस वस्तु को उसी रूप में स्वीकार न करना या नकारना, दोनों में अन्तर है। यही अन्तर दोनों की सौन्दर्य दृष्टियों में है। स्वीकार यथास्थिति का समर्थन करना है जबकि नकार परिवर्तन और नव-निर्माण के लिए अवसर पैदा करता है। अमेरिका में नीग्रो लोग जिस रंग भेद के शिकार रहे तथा शोषित, उत्पीड़ित और ग़ुलाम रहे। अपने उसी काले रंग पर उन्होंने गर्व करना सीखा। 'Black is beauty' कहते ही वे न केवल काले रंग के हीनताबोध से मुक्त हो जाते हैं अपितु उनके अन्दर यह आत्म-विश्वास पैदा हो जाता है कि हम किसी से कम सुन्दर नहीं हैं। यदि गोरों को अपना रंग अच्छा या सुन्दर लगता है तो लगा करे, हमें अपना रंग सुन्दर लगता है। इसी आत्मविश्वास और आत्म-बोध की चेतना के बल पर उन्होंने गोरों के सौन्दर्यशास्त्र को नकार कर नये सौन्दर्य-बोध का निर्माण किया। दलित साहित्यकारों द्वारा ब्राह्मणवादी सौन्दर्यशास्त्र के मानदण्ड और मूल्यों को नकार कर नये सौन्दर्य-बोध की आधारशिला रखे जाने के पीछे 'ब्लैक लिटरेचर' की इस सौन्दर्य चेतना का कहीं न कहीं प्रभाव है।

सौन्दर्य के सम्बन्ध में मुद्राराक्षस जब यह कहते हैं कि 'कभी-कभी यह तो कहा गया है कि रचनाकार को सौन्दर्य का मानदण्ड बदलना चाहिए पर यह स्वीकार करने में हमेशा संकोच बरता गया कि सौन्दर्य एक ग़ैर-ज़रूरी चीज़ है।'[14] तो उनका संकेत भी इसी ओर होता है कि सौन्दर्य आवश्यकता नहीं है। और आवश्यक इसलिए नहीं है क्योंकि आवश्यक वस्तुओं की तुलना में सौन्दर्य की उपयोगिता नहीं या नगण्य है। इसके लिए मुद्राराक्षस जी ने फूल का उदाहरण दिया है। 'फूल बहुत सुन्दर होता है पर वह खाने के काम नहीं आता, सजावट के काम आता है। थोड़ी-बहुत हैसियत बनाने बढ़ाने के अलावा उसका व्यावहारिक पक्ष कुछ नहीं होता।'[15] इस दृष्टि से सौन्दर्य एक लक्ज़री आइटम है, जो लक्ज़री क्लास के लिए है, जन-सामान्य के लिए नहीं है। यदि साहित्य केवल लक्ज़री क्लास के लिए है तो यह क्लास अपने साहित्य के लिए, अपनी पसन्द और रुचि के अनुसार, सौन्दर्य का कैसा ही भी मानदण्ड तय कर सकता है। यह उसका विशेषाधिकार है। इसमें किसी को क्या आपत्ति हो सकती है। किन्तु, यदि साहित्य का सम्बन्ध सम्पूर्ण समाज से है तो साहित्य के सौन्दर्य के मानदण्ड जन-सामान्य की आवश्यकता और उपयोगिता के आधार पर ही तय किये जा सकते हैं। क्योंकि जन-सामान्य की रुचि या पसन्द उसकी आवश्यकता पर ही टिकी होती है। वस्तुत: सौन्दर्य एक मूल्य है। मूल्य वह है जो उपयोगी है। अनुपयोगी वस्तु या विचार का कोई मूल्य नहीं है इसलिए उसे सौन्दर्ययुक्त नहीं माना जा सकता। काव्याचार्यों/सौन्दर्यशास्त्रियों द्वारा काव्य के नौ रसों का उल्लेख किया गया है और किसी भी कविता में इन्हीं रसों को देखते, ढूँढ़ते हुए वे कविता का मूल्यांकन और आलोचना करते रहे हैं। जहाँतक रस का सम्बन्ध है, सुख, सम्मान और समृद्धिशाली समाज के जीवन में रस की धारा बहती है। रसपान का व्यसनी वर्ग प्रत्येक वस्तु और प्रत्येक काम में रस ढूँढ़ता रहा है, इसलिए स्वाभाविक रूप से उसका साहित्य भी रसयुक्त होगा। परम्परागत साहित्य का सौन्दर्यबोध भोगवादी है, इसलिए साहित्य में रस पर अत्यधिक ज़ोर देने वाले आचार्यों में रस वासना काम करती है। किन्तु जिस दलित समाज का जीवन पूरी तरह लुंज-पुंज, शुष्क और रसहीन है, उसके द्वारा रचित साहित्य में रस कैसे हो सकता है। इसलिए दलित साहित्य का मूल्यांकन इन रसों के आधार पर नहीं किया जा सकता है। दलित साहित्य में व्यक्त आक्रोश और क्रान्ति जैसे महत्त्वपूर्ण भावों की प्रधानता को देखते हुए आचार्य जावड़ेकर द्वारा 'क्रान्ति' को दसवाँ और यदुनाथ थत्ते द्वारा 'आक्रोश' को ग्यारहवाँ रस घोषित किया गया है।

दलित साहित्य के सौन्दर्यशास्त्र के सम्बन्ध में डॉ. नागेश्वर लाल का कहना है कि 'इनके लेखन के लिए सौन्दर्यशास्त्र के बदले संघर्षशास्त्र की ज़रूरत है, क्योंकि ये पहले विध्वंस करना चाहते हैं जिससे ऐसा सृजन किया जा सके जो सच में साझेदारी का हो, जिससे किसी को अमानुष मानकर बाहर न किया जाये। इस स्थिति में यह प्रतीति अटपटी नहीं कि संस्कृति और साहित्य के दायरे में वर्तमान दलित साहित्य एक मानी में नये देवासुर संग्राम की उद्घोषणा है।'[16] बेशक डॉ. नागेश्वर लाल ने यह व्यंग्यार्थ में कहा हो, किन्तु उनके कथन में यह स्वीकारोक्ति है कि दलित साहित्य ने अमानवीय शोषण के विरुद्ध संघर्ष का जो स्वर बुलन्द किया है उसकी अनुगूँज दूर-दूर सुनी जा रही है। इसने संघर्ष की एक नयी ज़मीन तैयार की है तथा एक नये सौन्दर्यबोध का निर्माण किया है, जिसका आधार श्रम, शोषण, संघर्ष, स्वप्न और जिजीविषा है। और इस सौन्दर्यबोध को समझा जा रहा है। इस सौन्दर्यबोध के अपने प्रतिमान हैं। भूख, श्रम, संघर्ष, परिवर्तन, पक्षधरता या लोकजीवन की गाथाओं के नये बिम्ब, प्रतीक उपमाएँ होती हैं, जो सुख, ऐश्वर्य, भोग-विलास और यथास्थिति या वैदिक-पौराणिक गाथाओं आदि में चित्रित बिम्ब, प्रतीक और उपमाओं से भिन्न है। दलित साहित्य में प्रयुक्त नये बिम्ब और प्रतीक नूतन हैं क्योंकि ये आज के समाज और बदलते सामाजिक और मानवीय मूल्यों के अनुरूप हैं। ओमप्रकाश वाल्मीकि ने अपनी पुस्तक 'दलित साहित्य का सौन्दर्यशास्त्र' में दलित जीवन-मूल्यों का उल्लेख इस प्रकार किया है : 'दलित विद्वानों द्वारा इन जीवन-मूल्यों को दलित साहित्य में सूक्ष्मता के साथ पिरोया गया है। ये जीवन मूल्य हैं–

1. समता, स्वतन्त्रता, बन्धुता, न्याय के जीवन-अनुभव, अनुभवजन्य आशय, तथा उस आशय की अर्थपूर्ण अभिव्यक्ति।
2. संस्कृति और धर्म के नाम पर वास्तविकता को छिपाकर रखे गये ढोंग को नकारना।
3. कल्पनाजन्य प्रतिमानों का निषेध। जैसे 'अमृत' मधुर पेय की कल्पना लेकिन उसका आस्वाद किसी ने नहीं जाना।
4. नित्य परिवर्तनीयता के आधार पर जीवन मूल्यों का मूल्यांकन।

बन्धन-मुक्त अभिव्यक्ति और अनुभवों का सच्चापन, जैसा देखा, भोगा उसका वैसा चित्रण। शब्द केवल माध्यम है। शाब्दिक निर्णय में असमर्थ।

दलित साहित्य 'आशय' को महत्त्व देता है। अभिव्यक्ति और शिल्प दूसरे स्थान पर आता है। जीवन अनुभवों की प्रामाणिकता 'आशय' को अर्थ गम्भीर बनाती है।'[17]

कहने की आवश्यकता नहीं है कि परम्परागत साहित्य का बल जहाँ कला पर और कला-सौन्दर्य के द्वारा साहित्य को सुन्दर बनाने पर है, वहीं दलित साहित्य का उद्‌देश्य मानववादी मूल्यों की स्थापना के द्वारा मानव को सुन्दर बनाना है। समानता, स्वतन्त्रता, न्याय, नैतिकता और भ्रातृत्व अथवा सद्‌भाव मानववाद के आधार हैं, और ये ही दलित साहित्य के सौन्दर्यबोध के भी आधार हैं।

सन्दर्भ

1. डॉ. रामकीर्ति शुक्ल, सौन्दर्य का तात्पर्य, पृष्ठ 5
2. डॉ. सी. बी. भारती, दलित चेतना साहित्य, सम्पादक रमणिका गुप्ता, पृष्ठ 53
3. महावीर संचयन, महावीरप्रसाद दिवेदी के निबन्ध, पृष्ठ 150।
4. परमानन्द श्रीवास्तव, प्रतिमानों के पार, पृष्ठ 26
5. हिन्दी के प्रहरी–डॉ. रामविलास शर्मा, सम्पादक विश्वनाथ त्रिपाठी/अरुण प्रकाश, पृष्ठ 417
6. डॉ. रामकीर्ति शुक्ल, सौन्दर्य का तात्पर्य, पृष्ठ 6
7. मलखान सिंह, सुनो ब्राह्मण, पृष्ठ 11
8. वही, पृष्ठ 34
9. प्रेमचन्द, साहित्य का उद्‌देश्य, पृष्ठ 28
10. डॉ. सी. बी. भारती, दलित चेतना साहित्य, सम्पादक रमणिका गुप्ता, पृष्ठ 54
11. भारतीय काव्यशास्त्र परम्परा (काव्य का रचनाशास्त्र-2), आचार्य संजीव वर्मा 'सलिल'
12. सूरज बड़त्या, सत्ता संस्कृति और दलित सौन्दर्यशास्त्र, पृष्ठ 126
13. वही, पृष्ठ 127
14. लेख–सौन्दर्य को ख़ारिज करते हुए, साक्षात्कार, मई, 2001, पृष्ठ 48
15. वही, पृष्ठ 48
16. सम्पादक डॉ. पुरुषोत्तम सत्यप्रेमी, दलित साहित्य सृजन के सन्दर्भ, पृष्ठ 28
17. ओमप्रकाश वाल्मीकि, दलित साहित्य का सौन्दर्यशास्त्र, पृष्ठ 50

वर्तमान दलित साहित्य का स्वरूप और लेखन के आगामी मोड़ की तलाश

–डॉ. रामप्रताप नीरज

वर्तमान दलित साहित्य दलित लेखन की पहचान को पुख़्ता करता है इसमें दोमत नहीं, लेकिन ग्रामीण और शहरी जिस विडम्बना और विषमता के विरोध में बुनियादी आक्रामकता का जो शुरुआती रचनात्मक स्वरूप दिया गया, जिससे ख़ासकर गाँवों और क़स्बाई जीवन जीनेवाले दलितों का शोषण-अत्याचार करने वाले नवधनाढ्य वर्ग और लहना करनेवाले ज़मींदारों के विचार-व्यवहार से लड़ाई लड़ी जाने का जो संकल्प लिया गया, उसमें आज की आंशिक शिथिलता दलित रचनाकारों को सोचने पर मजबूर करती है। मेरा यह कतई विचार नहीं है कि दलित रचनाकारों द्वारा जिस न्याय प्राप्ति के उद्देश्य से इसकी ज़ोरदार शुरुआत की गयी उसमें किसी तरह की सफलता नहीं मिली है, बल्कि आज मुक़म्मल तौर पर इसका ग्रामीण जीवन पर सकारात्मक परिणाम देखने को ज़रूर मिलता है। इसमें कोई सन्देह नहीं कि आज सुदूर के गाँव-देहात के दलित-मज़दूर अपने आप को अत्याचारी मालिक की चंगुल से मुक्त होकर स्वतन्त्रता की साँस लेने लगे हैं। लेकिन फिर भी, सम्यक् मूल्यांकन के पश्चात् यह बात कचोटने लगती है कि आज दलित लेखन के जिस धारदार तेवर की ज़रूरत है, उसका अभाव है। मेरे उपर्युक्त विचार का यह कतई अर्थ नहीं लगाया जाना चाहिए कि मैं घोर वामपन्थी विचारधारा या नक्सलवाद का समर्थक हूँ। इस सन्दर्भ में मेरा सिर्फ़ और सिर्फ़ यह कहना है कि आज का दलित लेखन रचनात्मकता के दृष्टिकोण से जहाँ खड़ा है, उसमें और भी सक्रियता लाने की ज़रूरत है। अर्थात अब सामान्य दलित लेखन या दलित साहित्य के वर्तमान स्वरूप को सक्रिय दलित साहित्य के आईने में देखना अनिवार्य प्रतीत होता है, जिस पर अपेक्षित चिन्तन की ज़रूरत है।

गाँवों में ख़ासकर सामाजिक सद्भाव की आज भी कमी पायी जाती है। जब गाँव की ज़मींदारी प्रथा के अन्तर्गत दलितों को बँधुआ मज़दूर बनाकर रखा जाता था तब उसे ही नियति मानकर दलित-मज़दूर जीने के लिए विवश थे। तब उनके सामने कोई ठोस रास्ता भी दिखाई नहीं दे रहा था। दूसरी बात ज़मींदारों द्वारा 'फूट डालो और राज करो' वाली तिकड़म की चपेट में आ जाने के कारण दलितों में एकता-एकजुटता का भी भारी अभाव था। संगठन में कितनी शक्ति होती है, तब उन्हें इस बात की रत्तिभर भी जानकारी नहीं थी। दिनभर मालिक के खेत में काम करना, उनका हुक्म बजाना और रात में मज़दूरी के अनाज से रोटी-भात बनाकर खा लेना तब यही उनके जीवन की नियति बनकर रह गयी थी। अर्थात उस ज़माने में इन्हें दूर-दूर तक कोई ठोस रास्ता सूझ नहीं रहा था। जिसके कारण सामाजिक विषमता को झेलना और इसी में अपना जीवन खपा देना इनकी दिनचर्या बनकर रह गयी थी। उनके उस जीवन को आज का नज़रिया कभी स्वीकार नहीं कर सकता। वैसे भी ज़मींदारी प्रथा की समाप्ति के पश्चात् ज़मींदार-मालिकों की हिम्मत भी टूट गयी थी, लेकिन तब भी गाँवों में उनका दबदबा क़ायम था, और जहाँतक दलित-मज़दूर की स्थिति का सवाल उठता है तो अशिक्षा-अनगढ़पन के कारण इन दबे-कुचले दलितों में इतना साहस तब नहीं था कि उस ज़मींदार-मालिक के किसी आदेश का कोई जवाब दे सके। यह वह ज़माना था जब इन मज़दूरों के मुँह खोलने पर तुरन्त सज़ा का फ़रमान जारी हो जाता था। उस समय की यह कैसी सामाजिक विडम्बना थीं?

अब जहाँतक दलित साहित्य का सवाल उठता है तो उस समय के शोषण-अत्याचार के विरोध में दलित लेखन को आज पूरी तरह जायज़ कहा जा सकता है, जिसकी शुरुआत सन् 1914 में ही बिहार के हीरा डोम की कविता 'अछूत की शिकायत' से हो गयी थी। यह महज़ सौभाग्य या संयोग ही कहा जा सकता कि जिस पत्रिका में उस भोजपुरी कविता का प्रकाशन हुआ वह खड़ीबोली हिन्दी की एकमात्र पत्रिका 'सरस्वती' थी और जिसके सम्पादक ख्यातिप्राप्त विद्वान आचार्य महावीर प्रसाद द्विवेदी थे। नागरी प्रचारिणी सभा, काशी से प्रकाशित 'सरस्वती' अतिप्रतिष्ठित पत्रिका मानी जाती थी। हालाँकि हीरा डोम की वह 'अछूत की शिकायत' कविता मूलत: भोजपुरी में लिखी गयी थी, जिसका सम्पूर्ण श्रेय बिहार को जाता है। इस सन्दर्भ में यह भी ध्यातव्य है कि दलित साहित्य की प्रथम रचना के रूप में जिसे स्वीकार किया गया है, वह हीरा डोम की 'अछूत की शिकायत' कविता है। इसलिए यह दलित साहित्य की पहली प्रामाणिक रचना मान ली गयी है। इसकी प्रामाणिकता मेरे शोध-निष्कर्ष के अनुसार इस रूप में देखी जा सकती है–

हीरा डोम का जन्म (सन् 1885 के आसपास) अर्थात 19वीं सदी के पूर्वार्द्ध में विद्यमान प्रथम दलित कवि के रूप में माना जाता है। जहाँतक मेरी नज़र में इसकी प्रामाणिकता का सवाल है, वे बिहार के सारण ज़िले के रहने वाले थे। बिहार का वह सारण ज़िला उत्तर प्रदेश की सीमा से बिल्कुल सटा है, जो बनारस के क्षेत्र को निकट से जोड़ता है। यहाँ ऐसा उल्लेख मैंने इसलिए किया है कि उसी ज़माने में भोजपुरी के शेक्सपियर लोक कलाकार भिखारी ठाकुर का भी जन्म सन् 1887 में माना ज़ाता है। लोकनर्तक भिखारी ठाकुर ऐसे लोककवि के रूप में जाने जाते रहे हैं, जिन्होंने भोजपुरी भाषा के उन्नयन में सक्रिय योगदान दिया और उन्होंने उसे लोकमंच पर ख्याति दिलायी। किसी भी गीत और कविता को क्षणभर में रच देना इनके बायें हाथ का खेल था। इसीलिए तो लोकनायक के रूप में इन्हें प्रसिद्धि प्राप्त हुई।

स्वर्गीय भिखारी ठाकुर की बड़ी नाट्य-मण्डली थी। उस ज़माने में भिखारी ठाकुर के नाटक में ऐसी भीड़ उमड़ती थी कि अगल-बगल के तालाब-पोखर में डूबकर या फिर भीड़ में पिसकर दो-चार लोगों की मौत निश्चित रूप से हो जाया करती थी। और यह उनदिनों उनके नाटक की सफलता का पैमाना हुआ करता था। तब उनकी नाट्यकला की लोकप्रियता ही ऐसी थी। इसी सन्दर्भ में यह भी उल्लेख करना अपेक्षित प्रतीत होता है कि भिखारी ठाकुर भी सारण ज़िले के मूल निवासी थे। उनकी नाट्य-मण्डली में ज़्यादातर कलाकार दलित समुदाय से आते थे, जिसमें मूलतः दुसाध, रविदास, डोम, हजाम और उसमें एकमात्र ठाकुर (राजपूत) थे। आज भी सारण ज़िले के दुसाध जाति का उपनाम माझी ही है। भिखारी ठाकुर के पात्रों में ज़्यादा माझी शब्दों की चर्चा की गयी है। लोकनर्तक भिखारी ठाकुर के विदेशिया नाटक का क्या कहना!

उपर्युक्त तथ्यों के आधार पर मेरा निष्कर्ष यह है कि हीरा डोम भिखारी ठाकुर के समकालीन रहे थे तो उनकी नाट्य-मण्डली में उनकी भूमिका पात्र की रही होगी और वहीं से तत्कालीन सामाजिक व्यवस्था और ग्रामीण शोषण-अत्याचार को अपनी कला के माध्यम से रंगमंचों पर प्रस्तुति के पश्चात् उनके मस्तिष्क में कविता का यह भाव उत्पन्न हुआ होगा जिसके परिणामस्वरूप उन्होंने 'अछूत की शिकायत' शीर्षक भोजपुरी कविता रच डाली। इसी सन्दर्भ में यह भी ध्यातव्य है कि लोककवि भिखारी ठाकुर के सान्निध्य का हीरा डोम को प्रत्यक्ष लाभ मिला, क्योंकि लोक कलाकारी के क्षेत्र में भिखारी का डंका पूरी तरह बज चुका था और उनके नाटक देखने दूर-दराज के गाँव से बड़ी संख्या में दर्शक आते थे, जिसमें सभी जाति के लोग

दर्शक होते थे। बिहार के सारण और चम्पारण ज़िला और उत्तर प्रदेश के सीमावर्ती कुछ क्षेत्रों की भाषा आज भी भोजपुरी है। इसके साथ ही यह उल्लेख करना भी अपेक्षित है कि उस ज़माने में दूरसंचार के क्षेत्र में सिर्फ़ डाक विभाग ही सन्देश का एकमात्र साधन था। पोस्टकार्ड और लिफ़ाफ़े में तब स्वजनों को सन्देश भेजे जाते थे। वाहन व्यवस्था तब आज की तरह बिल्कुल नहीं थी। रेलगाड़ी से यात्रा के लिए स्टेशन जाना पड़ता था जो कोसों दूर हुआ करता था। आज दूरसंचार के अत्याधुनिक उपकरणों के कारण पारम्परिक डाक विभाग दम तोड़ने की कगार पर पहुँच गया है। ऊपर की इस भूमिका के पीछे मेरा उद्देश्य यह था कि तब के लोगों के लिए पैदल यात्रा ही एकमात्र विकल्प था। चूँकि बिहार का सारण ज़िला उत्तर प्रदेश राज्य को जोड़ता है, जहाँ से बनारस की दूरी बहुत ज़्यादा नहीं है। सम्भवत: हीरा डोम को खड़ीबोली हिन्दी के उत्थान-विकास के क्षेत्र में चर्चित 'नागरी प्रचारिणी सभा', काशी के सन्दर्भ में किसी साहित्यिक अथवा भोजपुरी प्रेमी व्यक्ति द्वारा उन्हें यह बताया गया हो जिससे वहाँ पहुँचकर 'सरस्वती' के यशस्वी सम्पादक आचार्य महावीर प्रसाद द्विवेदी से मिलकर उन्होंने अपनी वह 'अछूत की शिकायत' कविती दिखलायी हो। सामाजिक विषमता और ग्रामीण क्षेत्रों में व्याप्त छुआछूत और ज़मींदारों द्वारा चंद अत्याचार के विरोध में लिखी यह कविता गम्भीर चिन्तक-सम्पादक द्विवेदी जी को अच्छी लगी हो। 'सरस्वती' में प्रकाशित वह कविता आज दलित साहित्य की पहली प्रामाणिक रचना सर्वसम्मति से स्वीकार ली गयी है।

दलित साहित्य के प्रथम रचनाकार हीरा डोम की वह भोजपुरी कविता जब पहली प्रामाणिक रचना मान ली गयी है, तो इस सन्दर्भ में मेरा सवाल यहाँ यह खड़ा होता है कि ज़मींदारी प्रथा के ज़माने में हीरा डोम ने सन् 1914 में इतना साहस दिखाया फिर उस परम्परा का अनुपालन परवर्ती दलित रचनाकारों द्वारा क्यों नहीं किया गया? अगर हीरा डोम की तरह अन्य दलित रचनाकारों में तत्कालीन अन्याय और अत्याचार के विरोध में अपनी कविता-कहानी के माध्यम से लड़ाई लड़ने का भाव जगता तो भोजपुरी कवि हीरा डोम ने जिस आन्दोलन की शुरुआत 19वीं सदी के आरम्भ में कर दी थी उसे याद कर वाक़ायदा एक आन्दोलन खड़ा किया जा सकता था, लेकिन तत्कालीन ग्रामीण सामाजिक व्यवस्था के मद्देनज़र उस वक़्त उनमें न तो ऐसी चेतना जगी और न इतना साहस ही था जिसके कारण शायद यह सम्भव नहीं हो सका।

दलितों पर छुआछूत और अन्य अत्याचार का सिलसिला देश के सिर्फ़ बिहार, उत्तर प्रदेश या फिर मध्य प्रदेश में ही था, ऐसी बात नहीं है। यह कमोबेश देश के

तमाम राज्यों, क़स्बों और महानगर के कुछ-कुछ क्षेत्रों में यह समस्या एक बड़ा अभिशाप बनकर खड़ी थी, जिसमें दलित-अछूतों को हेय दृष्टि से देखा जाता था। जहाँतक महाराष्ट्र का सवाल है तो इस सामाजिक विषमता और छुआछूत के सवाल पर मराठी दलित साहित्यकार उन्नीसवीं सदी के उत्तरार्द्ध में वहाँ के एक दलित साहित्यकार बाबूराव बागुल के नेतृत्व में एकजुट होने लगे। इसमें दोमत नहीं कि वहाँ के दलित रचनाकार अपनी इस सामाजिक उपेक्षा और तिरस्कार के विरोध में खड़े हो गये। उस वक़्त महाराष्ट्र के सवर्णों और उद्योगपतियों को तब ऐसा दूर-दूर तक भी विश्वास नहीं था कि दलित रचनाकार अपनी रचना और संगठनात्मक शक्ति से उन्हें इस रूप में क्षति पहुँचायेगा।

वैसे, इस सन्दर्भ में यह उल्लेख करना अपेक्षित होगा कि कुछ विद्वानों ने जो दलित साहित्य की शुरुआत सन् 1960-70 के दशक से मानते हैं, उन्हें यह भी याद रखना चाहिए कि दलित साहित्य के जनक अछूतानन्द रहे हैं और उनके दर्शन विचार से प्रभावित दलित कवियों की तब एक पूरी श्रृंखला रही है। उनमें जनकवि बिहारी लाल हरित सबसे प्रमुख कवि के रूप में उभरे हैं। हम इसे पूरी तरह मानते हैं कि दलित साहित्य मूलतः एक आन्दोलन है, जो ग्रामीण और शहरी सामाजिक विषमता, उपेक्षा और विभेद से आक्रोशित होकर दलित ज़मीन पर एक आन्दोलन का रूप ले सका।

हम इसे ईमानदारी से स्वीकार करते हैं कि मराठी दलित साहित्य मूल रूप से उन्नीसवीं सदी के मध्य में जातीय शोषण-उत्पीड़न के विरोध में खड़ा हुआ। इस सन्दर्भ में यह इतिहास है कि सन् 1958 में 'दलित साहित्य सोसाइटी' (दलित साहित्य संघ) का पहला सम्मेलन महाराष्ट्र में किया गया और सन् 1963 में मराठी कथाकार बाबूराव बागुल का पहला कथा-संग्रह 'जेव्हा मि जट चोराली' अर्थात् 'मैंने अपनी जाति छुपा ली' का प्रकाशन तत्कालीन क्रूर और सवर्ण व्यवस्था के ख़िलाफ़ दलित साहित्य का दस्तावेज़ सामने आया, जिससे निश्चित रूप से दलित साहित्य को गति मिली। धीरे-धीरे मराठी दलित साहित्य के लेखन का स्वरूप बदलता गया और तत्कालीन सामाजिक व्यवस्था के विरोध में सन् 1970 के आसपास वहाँ के एक दलित कथाकार नामदेव ढसाल के नेतृत्व में 'दलित पैन्थर' नाम से एक बड़े साहित्यिक आन्दोलन की शुरुआत हुई जो सामन्तवादी वर्ण-व्यवस्था के ख़िलाफ़ थी। मेरी नज़र में कथाकार नामदेव ढसाल का छुआछूत और सामाजिक शोषण-अत्याचार के विरोध में वह एक ऐसा-वैसा नहीं, बल्कि बेहद धारदार आन्दोलन था जिससे महाराष्ट्र की तत्कालीन सामन्तशाही मानसिकता तिलमिलाकर रह गयी थी।

'दलित पैन्थर' आन्दोलन के सूत्रधार के रूप में मराठी साहित्यकार नामदेव ढसाल का नाम लिया जा सकता है जो आज एक इतिहास बन गया है, लेकिन कोई भी साहित्यिक आन्दोलन अकेले खड़ा नहीं किया जा सकता। ज़ाहिर है उक्त दलित आन्दोलन में नामदेव ढसाल के साथ कुछ ऐसे कथाकार शामिल थे, जिनके फलस्वरूप यह आन्दोलन न सिर्फ़ आकार ले सका बल्कि बाद में धारदार आन्दोलन की भूमिका में नज़र आया। उस साहित्यिक आन्दोलन के सहयोगी दलित लेखकों में सर्वश्री अरुण कांबले, शान्ताबाई कांबले, राजा ढाले, दया पवार, अन्नाभाऊ साठे, लक्ष्मण माने, लक्ष्मण गायकबाड़, शरणकुमार लिम्बाले, भाउ पंचभाई, नरेन्द्र जाधव, शंकर रावत खरात, उर्मिला पवार और शेखर पवार के नाम मुख्य रूप से शामिल हैं, जिनके सक्रिय योगदान को मराठी साहित्य के इतिहास और ख़ासकर 'दलित पैन्थर' आन्दोलन से हटाया नहीं जा सकता है।

मराठी 'दलित पैन्थर' को ग़ैर-मराठी साहित्य में दलित लेखन के नाम से अलंकृत किया गया, जिसका उल्लेख यहाँ अपेक्षित था और इसलिए मैंने बाक़ायदा उसका ज़िक्र किया है। जहाँतक दलित पैन्थर को पूरी तरह ज़मीन पर उतारने का सवाल था तो इस आन्दोलन में 'सारिका' पत्रिका का काफ़ी योगदान रहा है। इसके सम्पादक कमलेश्वर स्वयं दलित साहित्यकारों के साथ बैठकर इस आन्दोलन के स्वरूप को तराश रहे थे। 'दलित पैन्थर' के उन आन्दोलनकारियों के कुछ नाम यहाँ दिये जाते हैं, जिन्हें कमलेश्वर का स्पष्ट साथ-सहयोग प्राप्त रहा है। उन नामों में बाबूराव बागुल, नामदेव ढसाल, कमलेश्वर, प्र. श्रीनेरुकर, जितेन्द्र भाटिया, राम अरोड़ा, नारायण सुर्वे, दया पवार तथा अर्जुन डांगले के नाम प्रमुख रहे हैं।

दलित पैन्थर आन्दोलन के बीच जो कहानियाँ लिखी गयीं, उसका परिवर्तित स्वरूप 'समान्तर कहानी' के रूप में दिखा। दूसरे शब्दों में इसे हम यह कह सकते हैं कि 'दलित पैन्थर' की कहानी का दूसरा नाम 'समान्तर कहानी' के रूप में आया।

दलित साहित्य समान्तर साहित्य की तरह जब सम्यक् परिवर्तन की बात करता है तो वह मात्र साहित्य चिन्ताओं तक ही सीमित नहीं रह जाता, क्योंकि दलित साहित्य उन शपथों से आगाह है जो हर युग में ली गयीं पर कार्यान्वित नहीं की गयी हैं। आज दलित साहित्य का यह उन्मेष महज़ एक साहित्यिक घटना नहीं रहकर एक ऐतिहासिक घटना है जो इस इतिहास का सम्पूर्ण वैज्ञानिक और विराट सामाजिक पुनर्मूल्यांकन करना चाहता है। दलित पैन्थर आन्दोलन के सन्दर्भ में 'सारिका' (मेरा पन्ना) के अन्तर्गत कमलेश्वर का मन्तव्य इस रूप में देखा जा सकता है–'दलित साहित्य उन धर्मनिरपेक्षतावादियों और निराशावादियों के लिए भी एक उत्तर है जो

यह मान बैठे हैं कि साहित्य की अब कोई भूमिका नहीं रह गयी है। इसी साहित्य ने दलित पैन्थर जैसे लड़ाकू सामाजिक और राजनीतिक आन्दोलन को जन्म भी दिया है। इसी साहित्य में यह कह देना ज़रूरी होगा कि मराठी अपने देश की ज़बान है, महाराष्ट्र अपने देश का एक राज्य है और दलित साहित्य अपने देश के इस राज्य की भाषा मराठी में लिखा जा रहा है।'[1]

जहाँतक मराठी दलित साहित्य का सवाल है तो इस सन्दर्भ में यह निश्चित रूप से ध्यातव्य होना चाहिए कि वहाँ 1958 और 1970 के पूर्व ही सामाजिक विषमता, दलित-मज़दूरों के शोषण-अत्याचार और छुआछूत के विरोध में दलित आन्दोलन होते रहे हैं, जो बेशक दलित लेखन के मुक़म्मल स्वरूप नहीं पा सके लेकिन मराठी दलित साहित्य के सूत्रधार के रूप में उन्हीं का नाम लिया जा सकता है, क्योंकि तत्कालीन सामाजिक व्यवस्था में वह हर क्षण बदलाव चाहते रहे और उनका आन्दोलन इसी विषमता के इर्द-गिर्द घूमता रहा है। इस क्रम में महात्मा जोतिराव फुले के इस सकारात्मक योगदान को किसी भी स्तर से भुलाया नहीं जा सकता है। महात्मा फुले सामाजिक क्रान्ति के अग्रदूत रहे हैं और महाराष्ट्र में उन्होंने पहली बार सामाजिक बदलाव के उद्‌देश्य से आन्दोलन चलाया। मुझे यह कहने में कोई गुरेज नहीं है कि बाद में बाबा साहेब भीमराव अम्बेडकर ने महात्मा जोतिराव फुले के व्यक्तित्व से प्रभावित होकर दलित समाज और ख़ासकर दलित नारियों के उत्थान और उनके हक की लड़ाई में उन्होंने अपना सम्पूर्ण जीवन लगा दिया। भारतीय संविधान के निर्माण से लेकर स्वतन्त्र भारत के प्रथम क़ानून मन्त्री बने रहने का उन्हें जो अवसर प्राप्त हुआ, उनसे ज़्यादा यह दलित शोषित समाज के लिए सबसे बड़े सौभाग्य की बात कही जा सकती है, जिसमें उन्हें बाबा साहब की ईमानदार पहल से आज सब कुछ प्राप्त है।

महात्मा जोतिराव फुले के सन्दर्भ में विद्वान रचनाकारों में ख़ासकर प्रेमचन्द पतंजलि द्वारा लिखित निबन्ध 'महात्मा फुले का सार्वजनिक सत्यधर्म' में उनका नज़रिया क्या रहा है, इसे इस रूप में देखा जा सकता है–'महात्मा जोतिराव फुले 1857 से 1890 तक (उन्नीसवीं सदी) में सामाजिक क्रान्ति से अग्रदूत थे। उन्होंने समाज का धार्मिक व आर्थिक दासता से मुक्त करने को समानता तथा स्वतन्त्रता के आधार पर नये समाज की रचना की संकल्पना की थी।'[2]

ख़ासकर दलित नारी, दलितों और पिछड़ों के उत्थान और विकास के हित में महात्मा फुले का स्वाधीनता प्राप्ति के पूर्व का चिन्तन आज के दलित साहित्य को एक बड़ी उपलब्धि के रूप में स्वीकारा जा सकता है, क्योंकि आज के दलित

रचनाकारों का सम्पूर्ण चिन्तन महात्मा जोतिराव फुले के दर्शन से ही अभिप्रेरित है। महात्मा फुले के सक्रिय योगदान को इस रूप में देखना ज़्यादा प्रासंगिक होगा –"विशेषकर नारी, दलितों और पिछड़ों को अन्धकारमय जीवन से निकालकर शिक्षा के प्रकाशन द्वारा मानवीय जीवन जीने, स्वतन्त्र वातावरण में साँस लेने, आत्मविश्वास के साथ अपनी आर्थिक व सामाजिक स्थिति सुधारने के लिए उन्हें प्रेरित किया था।"[3]

जहाँतक दलित मिल-मज़दूरों का सवाल है तो महात्मा फुले ने उनकी संगठनात्मक शक्ति को मज़बूत करने के दृष्टिकोण से पहली बार सन् 1879 में मिल-मज़दूरों का एक सकारात्मक संगठन बनाकर उन्हें इसकी विधिवत् शिक्षा दी कि विकास का एकमात्र माध्यम संगठन ही हो सकता है, जिसमें दलित एकता क़ायम रह सकती है और मिल-मालिक को उनके हितों पर ध्यान देने के लिए झुकना पड़ सकता है। जोतिराव फुले का यह नज़रिया मज़दूरों का मालिक द्वारा शोषण के विरुद्ध ही कहा जा सकता है। उनके ही शब्दों में–"सन् 1879 में बम्बई में मिल-मज़दूरों का पहला संगठन बनाया और मज़दूर आन्दोलन और मज़दूरों में श्री नारायण मेघानी नामक अपने साथी की विशेष रूप से सहायता की।"[4]

प्रथम दलित चिन्तकों में महात्मा फुले को दलित साहित्य के इतिहास से कभी अलग नहीं किया जा सकता है। स्वेच्छा से धर्म चुनने के नाम पर जो लचीलापन होना चाहिए वह बाकायदा महात्मा जोतिराव के दर्शन में देखा जा सकता है। उनके दृष्टिकोण का फलक संकुचित न होकर विशाल था, जो उनका अपेक्षित मन्तव्य दलित समाज के हित में कहा जा सकता है। उनके शब्दों में ध्यातव्य–"जोतिराव मानते हैं कि हर व्यक्ति को अपना धर्म चुनने का अधिकार होना चाहिए। इसलिए एक ही परिवार के सदस्यों का धर्म अलग-अलग हो सकता है।"[5]

अब जहाँतक बात शिक्षा की आती है तो दलित छात्र-छात्राओं में शिक्षा का प्रचार-प्रसार हो, जिससे कल वे अपने अधिकार को समझने में सक्षम हो सकें। इस क्षेत्र में भी महात्मा जोतिराव फुले ने सकारात्मक पहल की और 1848 में पहली कन्या पाठशाला खोली जो किसी दलित चिन्तक के लिए इससे बड़ा दूसरा कोई इतिहास नहीं हो सकता है। जोतिराव के इस प्रस्ताव को इस रूप में देखना ज़्यादा प्रासंगिक होगा–"महात्मा फुले ने सन् 1848 में पहली कन्या पाठशाला खोली और सन् 1851 में अछूतों के लिए पहली पाठशाला खोली"।[6]

उन्नीसवीं सदी के उत्तरार्द्ध में मराठी दलित साहित्य आन्दोलन को गति देने में 'सारिका' (पत्रिका) की क्रियात्मक पहल को नकारा नहीं जा सकता है। आन्दोलन

की तीव्रता के साथ ही इसकी एक-एक गतिविधि की रूप-रेखा का उजागर जिस आन्दोलनात्मक ढंग से 'सारिका' में किया गया है, इससे इस आन्दोलन की प्रगतिशीलता के विभिन्न पक्षों का सहज़ रूप में अन्दाज़ लगाया जा सकता है। आन्दोलन के उस पक्ष को इस रूप में देखा जा सकता है–"यह सच है कि मराठी दलित आन्दोलन के अधिकतर लेखक, कवि क्रान्तिकारी हिन्दू धर्म संहिता के अनुसार शूद्र, अछूत समझे गये हैं। 1956 में नागपुर में डॉ. बाबा साहेब अम्बेडकर की प्रेरणा से जो धर्मचक्र परिवर्तन सम्पन्न हुआ, उसके बाद महाराष्ट्र के अधिकतर महार 'महार' नहीं रहे थे और नये क्रान्तिकारी मानों में नवबौद्ध कहलाये। आज के दलित आन्दोलन मुख्य रूप से नवबौद्ध युवकों के सामाजिक, राजनीतिक, साहित्यिक, बौद्धिक उद्रेक और अनुभूतियों में से गुज़रता हुआ विकास की दिशा में अग्रसर हो रहा है।"[7]

महाराष्ट्र के एक चर्चित दलित कथाकार और दलित पैन्थर का वरिष्ठ अगुआ बाबूराव बागुल ने अपने विचारोत्तेजक आलेख में यह स्पष्ट किया है कि अस्पृश्यता निवारण आन्दोलन में अस्पृश्य कामगारों और तत्कालीन बुद्धिजीवियों का अपेक्षित सहयोग प्राप्त नहीं हो सका। उनके शब्दों में इसे देखना ज़्यादा प्रासंगिक होगा–"यह सच है कि अम्बेडकर आन्दोलन में भाग लेने वाले अस्पृश्य कामगारों ने अस्पृश्यता निवारण के आन्दोलन में काफ़ी बड़ा काम किया है। लेकिन इस संघर्ष में अस्पृश्य कामगारों और बुद्धिजीवियों ने उनका साथ नहीं दिया।"[8]

मराठी दलित साहित्य ने उन लोगों को अपना नायक बनाने का भरसक प्रयास किया है, जिनका तत्कालीन सवर्णों ने सामाजिक बहिष्कार कर दिया था। वर्ण-व्यवस्था की इस चपेट में न जाने कितने प्रतिभाशाली दलित युवकों का सर्वनाश हुआ जो बाद में परवर्ती दलित साहित्यकारों के सामाजिक शोषण के ख़िलाफ़ चलाये गये आन्दोलन में नायक बनाये गये। 'दलित पैन्थर' आन्दोलन के वरिष्ठ साथी बाबूराव बागुल का स्पष्ट मत उनके ही शब्दों में ध्यातव्य–"दलित साहित्य ने उन बहिष्कृत लोगों को अपना नायक बनाया है, जिन्हें सम्पूर्ण वर्ण-व्यवस्था में अमंगल और अपवित्र माना। पूर्व जन्म का अपराधी कहकर जिनकी निन्दा की गयी, सभी स्मृतिकारों ने जिनके साथ शत्रुत्व बरता और जिन्हें कभी साहित्य में नायक या उपनायक का स्थान नहीं मिला। दलित साहित्य ने इन्हीं बहिष्कृतों को अपने विचार-रचना का केन्द्र बिन्दु बनाया, क्योंकि सम्यक् परिवर्तन इनका स्वाभाविक कार्य है।"[9]

वर्ण-व्यवस्था और मनुस्मृति का विरोध करते हुए दलित कथाकार बाबूराव बागुल अपने भीतरी मन्तव्य की ओर इशारा करते हैं, जिसे यहाँ इस रूप में देखा जा

सकता है–"हम लोग वर्ण-व्यवस्था और मनुस्मृति को माननेवाले भारत के नागरिक नहीं हैं। हम स्त्रियों और शूद्र अस्पृश्यों को समान दर्ज़ा देने वाले और इन्हें समाजवाद की ओर ले जाने वाले भारत के नागरिक हैं।"[10]

सामाजिक शोषण और वर्ण-व्यवस्था से क्षुब्ध मराठी दलित साहित्यकारों के मानव मूल्यों की स्वतन्त्रता पर आघात होने के कारण बाबूराव बाग़ुल की प्रगतिशील विचारधारा इस रूप में उबल पड़ती है, जो ध्यातव्य है–"भारतीय विचार, समाज और साहित्य परम्परा वर्ण-व्यवस्था से सम्बद्ध है। इस परम्परा को दलित साहित्य पूर्णत: नकारता है। वह स्वत: को ज्ञान-विज्ञान और विश्व साहित्य की उस मानवतावादी क्रान्तिदर्शी परम्परा से जोड़ता है, जिसमें मानव स्वातन्त्र्य के मूल्य पोषित पल्लवित हुए हैं। वर्ण-व्यवस्था को मानने वाला भारतीय मातृभाषा-भाषी हमारा कुछ नहीं लगता। पर मनुष्य के लिए संघर्ष करनेवाला मनुष्य को महानता देने वाला व्यक्ति, चाहे वह अभारतीय भी हो तो हमारा अपना है।"[11]

समाज में शोषण का नज़रिया रखने वाले उस तथाकथित उच्च-वर्ण के आचरण का खुलासा करना मराठी दलित साहित्य का उद्देश्य रहा है, जिसमें 'दलित पैन्थर' आन्दोलन को आशातीत सफलता मिली है। तत्कालीन बुद्धिजीवी और मध्यवर्ग भी उसी सामाजिक व्यवस्था को स्वीकारते रहे हैं जो यह उचित प्रतीत नहीं होता। यहाँ बाबूराव बागुल की उस वर्ण-व्यवस्था के ख़िलाफ़ की गयी टिप्पणी आलोचना की कसौरी पर सत्य प्रतीत होती है। उनके ही शब्दों में–"भारत के शोषक और शासक उन वर्णों से उभरे हैं, जिन्हें हिन्दू धर्म ने उच्च वर्ग कहा है। और भारत का बुद्धिजीवी वर्ग तथा मध्यवर्ग भी उन्हीं वर्ण-जातियों से आता है, जिनसे आज के शोषक उभरे हैं। इसलिए भारत में बुद्धिजीवी तथा मध्यवर्ग फ्रेडरिक एंगेल्स द्वारा वर्णित मध्यवर्ग की अपेक्षा कहीं त्रिशंकु जैसा है। जाति वर्ण-व्यवस्था के कारण और सामाजिक-सांस्कृतिक बन्धनों के परिणामस्वरूप उसे उच्चवर्ग अधिक निकट प्रतीत होता है।"[12]

जहाँतक मराठी दलित साहित्य और वहाँ के दलित रचनाकारों द्वारा तत्कालीन सामाजिक विषमता, छुआछूत, दलित एवं कमज़ोर वर्गों पर शोषण-अत्याचार की लगातार बन रही नयी परम्परा के विरोध में जो साहित्यिक आन्दोलन चलाया गया, मेरी नज़र में सौ फ़ीसदी जायज़ की स्थिति देखती है। वैसे, उच्च वर्णों का यह नज़रिया सिर्फ़ महाराष्ट्र में ही नहीं, बल्कि पूरे देश में कमोबेश वैसा ही था। इसमें दोमत नहीं कि अत्याचार बर्दाश्त करने की भी एक सीमा होती है, लेकिन जब इसका अन्त कहीं नहीं दिखता तब इसके विरोध में आन्दोलन के सिवा दूसरा कोई विकल्प भी नहीं बचता है। यह उस समय की माँग भी थी और इस शोषण-अत्याचार से

निजात पाने का तब एकमात्र रास्ता भी यही था, जो इस आन्दोलन के पश्चात् घटित हुआ। अगर अब भी वहाँ यही एकजुटता का अभाव होता और साहित्य गूँगा होता तो यह परिणाम और भी भयावह हो सकता था। वर्तमान व्यवस्था और सामाजिक विषमता को पाटने के लिए किस तरह की पहल की ज़रूरत थी और तब दलित साहित्य का दृष्टिकोण क्या था, इस पहलू पर दलित पैन्थर के सहयोगी कथाकार बाबूराव बागूल के दलित साहित्य के पश्चात् इसके सौन्दर्यशास्त्र के सन्दर्भ में जो मन्तव्य आया है उसे यहाँ देखना ज़्यादा प्रासंगिक होगा–"इस सम्बन्ध में दलित साहित्य का दृष्टिकोण यह है कि कलाकृति पहले आती है और उसका शास्त्र बाद में। अभी दलित साहित्य का सृजन हो रहा है। बाद में इसका साहित्य शास्त्र भी स्वत: विकसित हो जायेगा। वर्ण-व्यवस्था और विषमता की भूमिका पर खड़े हुए वर्तमान साहित्यशास्त्र और सौन्दर्यशास्त्र से दलित साहित्य वैसी परम्परा को नकारने वाली क्रान्तिकारी साहित्यधारा की व्याख्या नहीं हो सकती। फुले-अम्बेडकरवादी आन्दोलन से उभरे नायक-कथानक हिन्दू पौराणिकता के प्रतिकूल है, परन्तु समाजवादी, प्रजातन्त्रवादी, आधुनिक ज्ञान-विज्ञान तथा इस युग के समान्तर चलने वाली कथा-साहित्य की धारा से एक रूप है।"[14]

ऊपर के तमाम सन्दर्भों से यह स्पष्ट है कि मराठी दलित साहित्य की शुरुआत 19 वीं शताब्दी के मध्य से हो गयी थी और वहाँ के दलित रचनाकार मुखर होकर इस आन्दोलन को आकार देने में जुट गये थे। इस सन्दर्भ में यह भी सच है कि उसी के आसपास कई राज्यों में इसकी सुगबुगाहट शुरू हो गयी थी। अछूत दलितों के साथ इस तरह अमानवीय व्यवहार और मारक अत्याचार पूरे देश में व्याप्त था। यह सिलसिला बदस्तूर आज़ादी के पूर्व और बाद तक चलता रहा। उड़ीसा के चर्चित दलित साहित्यकार बकौल डॉ. बासुदेव सुनानी के वहाँ के एक शूद्र आदिकवि सारलादास ने 14वीं शताब्दी में जाति-पाँति तथा ऊँच-नीच के सामाजिक विभेद को मिटाने का संकल्प लेते हुए पहला आन्दोलन शुरू कर दिया था। वहाँ के एक विचारक भीमा भोई, जिनका जन्म 1850 में हुआ था उन्होंने मात्र 25 वर्ष की आयु में ही अर्थात 1875 से ब्राह्मणवाद के ख़िलाफ़ मोर्चा खोल दिया। उन्होंने ब्राह्मणों द्वारा अपने हित में अछूतों की अवहेलना और हेय दृष्टि से देखने के विरोध में यहाँतक कह दिया कि इस देश में सिर्फ़ दो जाति हैं, एक पुरुष और दूसरी महिला। इसके अतिरिक्त तीसरी कोई जाति नहीं है। ब्राह्मणों द्वारा स्थापित जाति-पाँति एक ढोंग के सिवा और कुछ नहीं है, यह महज़ समाज को बाँटने का एक षड्यन्त्र है। वहाँ के तीसरे विचारक बलराम दास ने 15वीं शताब्दी में छुआछूत जैसे सामाजिक

अभिशाप के विरोध में आन्दोलन शुरू कर दिया था। उड़ीसा में दलित साहित्य की शुरुआत इन्हीं विचारक-साहित्यकारों की विचारधारा से उत्पन्न मानी जा सकती है। वैसे, महाराष्ट्र के दलित पैन्थर आन्दोलन ने निश्चित रूप से दलित साहित्य को नये सिरे से तराशने का रास्ता दिया है, लेकिन इसी क्रम में यह भी कहना ज़रूरी है कि उड़ीसा में इस दलित पैन्थर आन्दोलन का वहाँ के साहित्य पर वैसा कुछ भी सकारात्मक प्रभाव नहीं पड़ा। डॉ. सुनानी ने यह स्वीकार किया है कि उनकी दलित ज़मीन की कविता 2002 में ज़रूर छपी लेकिन उनकी विचारधारा पर उड़ीसा के उन विचारक कवि-साहित्यकारों की पृष्ठभूमि का विशेष प्रभाव रहा। उनकी उस प्रेरणा से अभिप्रेरित आज उड़ीसा दलित साहित्य अग्रणी भूमिका निभा रहा है, जिसकी विधिवत् शुरुआत महाराष्ट्र के दलित पैन्थर आन्दोलन के पूर्व से ही कही जा सकती है। यही बात पश्चिम बंगाल के साथ भी घटित होती रही। वैसे, देश के अन्य राज्यों की तुलना में पश्चिम बंगाल इस अर्थ में थोड़ा इसलिए अलग रहा है कि कलकत्ता में सर्वप्रथम ईस्ट इंडिया कम्पनी का कार्यालय स्थापित होने से लेकर बाद की अंग्रेज़ी हुकूमत और उसके द्वारा निर्मित वातावरण के कारण वहाँ शहरी क्षेत्र में ऐसा बहुत कुछ नहीं दिखा, लेकिन जहाँतक गाँवों का सवाल है तो वहाँ भी शोषण-अत्याचार का सिलसिला अन्य राज्यों की तरह ही जारी रहा।

अब जहाँतक हिन्दी दलित साहित्य का सवाल है तो देश के पूर्वोत्तर राज्यों में सामाजिक उत्पीड़न और विषमता के विरोध में इसकी विधिवत् शुरुआत 1980 से मानी गयी है। वैसे, बिहार के सारण ज़िला निवासी हीरा डोम की 'सरस्वती' पत्रिका में प्रकाशित 'अछूत की शिकायत' दलित साहित्य की पहली रचना मान ली गयी है जो सर्वसम्मत है। लेकिन हिन्दी दलित लेखन की क़ायदे से शुरुआत 1980 से मानना ही समीचीन होगा, क्योंकि पूर्वोत्तर क्षेत्रों में हिन्दी दलित साहित्य की सम्पूर्ण गतिविधि इसके बाद से ही शुरू हुई थी। गाँवों के अत्याचार के विरोध में दलित रचनाकार विभिन्न विधाओं में रचना कर अपना आक्रोश व्यक्त कर रहे थे। इस सन्दर्भ में ख़ासकर जहाँतक बिहार की बात है तो वहाँ की ज़मींदारी व्यवस्था ऐसी थी कि गाँवों में दलित मज़दूरों का बदस्तूर शोषण हो रहा था। उस समय के तथाकथित हिन्दू कुलीन उच्चवर्ग या जाति के लोग ग़रीब दलितों को अपने जूते की नोक से ज़्यादा और कुछ नहीं समझ रहे थे। जब जी में आये मज़दूरों में दहशत बनी रहे इस उद्देश्य से किसी न किसी बहाने अपने दरवाज़े या ड्योढ़ी पर बुलाकर बड़ी बेरहमी से उनकी पिटाई कर देते थे। जहाँतक मेरी समझ है, तत्कालीन सामाजिक वर्ण-व्यवस्था और ऊँच-नीच के भेदभाव के कारण उनकी यह मानसिकता बन

गयी थी जिसके कारण गाँव अथवा समाज में ऐसी दुखद व्यवस्था क़ायम हो गयी, जिससे यह सब घटित होता रहा।

देश के विभिन्न राज्यों में कमोबेश इसी तरह का अत्याचार दलित मज़दूरों को झेलना पड़ रहा था, लेकिन बिहार का नज़ारा इन राज्यों अलग था। उस वक़्त वहाँ का आलम यह था कि गाँवों के दलित-मज़दूर रबड़ के बेकार टायरों से बनी चप्पल पहनकर वह गाँव में घूम भी नहीं सकता था। यहाँतक कि चप्पल-जूते पहनकर कोई सड़क पर निकल नहीं सकता था। तब बिहार के गाँवों में ऐसी बन्दिश थी। सच में वह ऐसा मारक समय था जहाँ गाँव में ऐसी दहशत थी। अगर किसी दलित-मज़दूर ने ऐसी हिम्मत की तो उसे ड्योढ़ी पर बुलाकर पहले मकान के पाया में उसे बाँधा जाता था और फिर मालिक द्वारा बेंत से पिटाई का ऐसा दर्दनाक सिलसिला शुरू होता था, जिससे दूसरी बार गाँव में कोई ऐसी हिमाक़त नहीं कर सके। ईसाई और इस्लाम धर्म में ऐसी छुआछूत की कोई भावना नहीं थी लेकिन हिन्दू धर्म की वर्ण-व्यवस्था में यह उदारता नहीं देखी गयी है। उपर्युक्त सन्दर्भ की पुष्टि के लिए डॉ. रामप्रताप नीरज द्वारा उनके शोध-प्रबन्ध में किये गये उल्लेख को इस रूप में देखा जा सकता है, जो यहाँ ध्यातव्य है–"हिन्दू धर्म में छुआछूत की शुरुआत वर्ण-व्यवस्था के साथ हो गयी थी। ब्राह्मणवादी विचारधारा ने समाज को बाँटने का कार्य किया, जिसके भीतर छुआछूत जैसा सामाजिक अभिशाप व्याप्त रहा। धीरे-धीरे वह प्रथा तेज़ी से ज़ोर पकड़ने लगी और समाज या गाँव में ऐसी स्थिति उत्पन्न हो गयी कि जिस कुआँ से ज़मींदार की नऊरी पानी भरती थी, उस पर समाज के अछूत लोगों को चढ़ना भी निषेध था। समाज के उन ग़रीबों और दलितों के लिए तथाकथित ऊँचे लोग अछोप शब्द का इस्तेमाल करते थे।"[15]

आज़ादी के बाद गाँवों में शोषण-अत्याचार और भी ज़्यादा बढ़ गया। देश चाहे आज़ाद क्यों न हो गया हो, लेकिन गाँवों में दलितों को आज़ादी अबतक नहीं मिल पायी थी। इसके मूल में मुख्यत: बँधुआ मज़दूरी का दंश व्याप्त था। सम्पूर्ण सामाजिक व्यवस्था इन नव धनाढ्य वर्गों के उच्च जाति के कारण चरमराकर रह गयी थी। इसकी पड़ताल नीचे के इस उद्धरण से की जा सकती है–"गाँवों में व्याप्त शोषण की परम्परा आज़ादी के बाद नये रूप में काम करने लगी। नव धनाढ्य तथा ज़मीदार वर्ग के लोगों ने दलित एवं सर्वहारा वर्ग को बँधुआ मज़दूर बनाकर नये ढंग से शोषण की पद्धति शुरू कर दी, जिसके भीतर सभी मज़दूर किसी न किसी मालिक के यहाँ हल जोतने से लेकर बेगारी करने तक का काम करने लगा। गाँव के ग़रीबों की आज़ादी छिन गयी–चाहे देश आज़ाद क्यों न हो गया। शादी-विवाह,

मरणी-हरणी आदि से वे कटकर रह गये और ग्रामीण ग़ुलामी की ज़ंजीर में जकड़ते चले गये।"[16]

ग़रीब दलित-मज़दूर की कमर तोड़ने वाली गाँव की महाजनी व्यवस्था रही है। इस सत्य को नकारा नहीं जा सकता कि ग्रामीण बँधुआ मज़दूरी की शुरुआत ही महाजनी व्यवस्था से हुई। इस सन्दर्भ की पुष्टि नीचे के उद्धरण से स्पष्ट है–"महाजनी व्यवस्था के कुपरिणाम स्वरूप समाज के अन्तर्गत जी रहे ऐसे नीचे तबके का जो खस्ता हाल हुआ, उसका कारण गाँव का ज़मींदार महाजन ही रहा। गाँव की लहना संस्कृति सामाजिक विकृतियों के कोढ़ बनकर अपनी कमज़ोरी टटोलने लगी थी। दरअसल, गाँव के महाजन जो ब्याज पर रुपये लगाने हेतु लाइसेंस लेकर गाँव की ग़रीब जनता और ख़ासकर मज़दूर-किसान वर्ग के लोगों का शोषण करते रहे। ग़रीब तब नहीं जान रहा था कि उनके द्वारा मालिक से लिये गये क़र्ज़ की रकम इतनी ज़्यादा हो जायेगी कि पीढ़ी-दर-पीढ़ी वह बँधुआ मज़दूर अपनी ज़िन्दगी तबाह करता रहेगा।"[17]

वर्तमान परिवेश में गाँव के दलित-मज़दूर भी कमोबेश इज़्ज़त की ज़िन्दगी जी रहे हैं, लेकिन इसी देश में एक ज़माना वह भी था जहाँ इन दलित-मज़दूरों का जीना दूभर हो गया था। सामाजिक शोषण-अत्याचार की मार से त्रस्त गाँव के दलित मज़दूर घुट-घुट कर जी रहे थे। इसकी वजह गाँव के ज़मींदार मालिक का अवर्णीय व्यवहार था। उनमें ईर्ष्या इतनी ज़्यादा थी कि उन ग़रीबों की बेहतरी वह बर्दाश्त नहीं कर सकते थे और उस दहशत के मारे ये दलित सिमटकर रह गये थे। डॉ. अम्बेडकर द्वारा लिखित 'धर्म परिवर्तन का भौतिक कारण' विचारोत्तेजक निबन्ध में उन्होंने जो कहना चाहा है उनके उस विचार को इस रूप में देखा जा सकता है–"जूते-जुराव पहन गाँव में चलने से, सवर्ण हिन्दुओं को पायलागी कर अभिवादन न किये जाने से, टट्टी-पेशाब के लोटा इस्तेमाल करने पर यातना किये जाने की अनेक घटनाएँ हैं। पंचायत की दावत में घी-चुपड़ी रोटी परोसी जाने पर भी पिटाई किये जाने की घटना हाल में हुई है।"[18]

ख़ासकर गाँव के ज़मींदार तथा नवधनाढ्य वर्ग में शान-शौक़त का इज़ाफ़ा इसलिए होता चला गया कि वे ग़रीबों का शोषण कर विलासी होते चले गये। उनकी विलासिता वाली हरकत को इन शब्दों में देखा जा सकता है–"आज़ादी के बाद गाँव के ज़मींदार तथा नवधनाढ्य वर्ग के लोगों में नौकर रखकर अपनी शान-शौक़त को दिखाने की होड़ सी लग गयी थी। गाँव के ग़रीब-मज़दूर तो ख़ुद उनके हल चलाते थे, अब उनका बेटा दरबार में टहल-टिकोला के बतौर चरवाहा का काम करता था।

हल चलाने वाले मज़दूर को वे हलवाहा या हरवाहा कहते और घर के काम-काज में जो बच्चा लगा रहता उसे चरवाहा कहा जाता था, जिसका मुख्य काम गाय-भैंस चराने से लेकर घर-दरवाज़ा की सफ़ाई, जाड़े में दरवाज़े पर घूरा (अलाव) की व्यवस्था करना तथा बाबू साहब के बेटे-बेटियों को स्कूल तक बस्ता ढोने से लेकर रात में उनके पाँव और शरीर में सरसों तेल से मालिश करना शामिल था।"[19]

गाँव के दलित मज़दूर के शोषण-उत्पीड़न की जड़ में उनके बीच के चालाक तिकड़मी मज़दूर नेता की ही महती भूमिका रहती रही है। अपने स्वार्थ की ख़ातिर अपने ही समाज के दलित-मज़दूरों का मालिक द्वारा शोषण में उनकी ही चाल हमेशा कामयाब रही है, जिसे इस रूप में देखना प्रासंगिक होगा–"ग़रीबों का पथ-प्रदर्शक जब अपने दोहरे चरित्र से ग़रीबों की एकजुटता को तोड़ने की कोशिश करता है तो गाँव के ज़मींदार या शहर के पूँजीपति, फैक्ट्री मालिक की तिकड़म 'फूट डालो और राज करो' की नीति को वह समझ नहीं पाता।"[20]

जिस तरह सब की एक सीमा होती है, उसी तरह शोषण-अत्याचार की भी एक सीमा होती है। उससे ऊपर बढ़ने पर विस्फोट होना स्वाभाविक है, और ऐसी ही स्थिति गाँवों में भी हुई। इस सन्दर्भ को इस उदाहरण से देखना मेरी नज़र में इसकी पुष्टि है–"सामन्ती व्यवस्था से गाँव के ग़रीब तथा सर्वहारा वर्ग जब पूरी तरह ऊब गया तो उसे किसी अप्रत्याशित बिन्दु की तलाश होने लगी। आज़ादी के बाद से जीभर शोषण करने वाले सामन्तों एवं महाजनों की चंगुल से मुक्ति के लिए उन ग़रीब-मज़दूरों का भीतरी प्रयास शुरू हो गया।"[21]

लगातार दलित-मज़दूरों के शोषण के पश्चात् अब गाँव के ज़मींदारों ने जब महसूस करना शुरू कर दिया कि ग़रीबों की एकजुटता बढ़ती जा रही है, तो उनमें घबराहट होना स्वभाविक प्रक्रिया थी। उनकी उस मानसिक असन्तुलन की स्थिति को इस रूप में देख सकते हैं–"गाँव के सीमान्त ज़मींदारों द्वारा ग़रीबों के शोषण का जो अटूट सिलसिला जारी रहा उसके कारण निम्न वर्ग एकजुट होने लगा। शुरुआती दौर में इन ग़रीबों को टुकड़ों में बाँटकर रखने वाले ज़मींदार-महाजन इनकी एकजुटता और संगठन से घबराने लगे। ग़रीब-मज़दूर तथा निम्न वर्ग ज़मींदारों के शोषण-दोहन से तंग आकर एक प्लेटफॉर्म पर आ जाने का संकल्प लेने लगे। उन्हें इस बात का पूरा गरोसा हो गया कि अपने समाज से अलग रहकर एक क़दम भी चलना कठिन है।"[22]

सामाजिक विषमता और छुआछूत के मूल में सबसे ज़्यादा किसी की भूमिका रही है तो वह हिन्दू धर्म की ब्राह्मणवादी व्यवस्था है, जिसके कारण समाज में

एक- दूसरे के बीच इस तरह की खाई दिखती है। अगर उनके नियम के अनुसार ऊँच-नीच, जाति-पाँति का भेदभाव उत्पन्न नहीं किया जाता तो शायद समाज में अस्पृश्यता का इतना बड़ा अन्तर नहीं होता। उन्हीं ब्राह्मणवादियों द्वारा रचित धर्मग्रन्थों के आलोक में गाँव के सवर्णों का दलित समाज के प्रति ऐसा नज़रिया रहा, क्योंकि वे ब्राह्मणों के बनाये नियम को ब्रह्मा का लकीर समझने लगे थे। इस सन्दर्भ की पुष्टि में यह ध्यातव्य है–"स्वयं को सर्वश्रेष्ठ आर्य मानने वाले ब्राह्मणवादियों द्वारा स्वयं को हिन्दू कहना आश्चर्यजनक है। इससे भी बढ़कर आश्चर्य का विषय तो यह है कि इसी शब्द को धर्मवाचक भी मान लिया गया है, और इसी के साथ सनातन विशेषण भी जोड़ दिया गया है। जबकि आठवीं-नवीं सदी के पूर्व भारतीय इतिहास में हिन्दू शब्द या धर्म का कोई उल्लेख नहीं था, उसके बावजूद यह अर्वाचीन धर्म सनातन कैसे हो गया। नूतन को ही पुरातन बनाने की यही कला है।"[23]

यहाँ के ब्राह्मणों की तिकड़मी चाल से ही यह सब घटित हुआ। मसलन अनादि शब्द सनातन को हिन्दू धर्म से कैसे जोड़ दिया गया यह भी एक रहस्य है। इसकी सत्यता के प्रमाण-स्वरूप इन शब्दों को देखना प्रासंगिक होगा–"कहना नहीं होगा कि सनातन का अर्थ तो अनादि और शाश्वत तथा चिरन्तन ही है, जबकि हिन्दू यदि धर्म भी है तो यह अनादि कैसे हो गया? क्योंकि भारतीय आर्य या वैदिक धर्म कोई आठवीं शताब्दी की उपज नहीं है। हाँ, उसी काल में अरबी आक्रमण अवश्य भारत के सिन्धु प्रदेश पर हुए हैं। उन्होंने सिन्धुवादियों को ही उच्चारण भेद से हिन्दू कहा था। यह घृणात्मक और हेयतावाचक विशेषण या संज्ञा ही थी।"[24]

उपर्युक्त सन्दर्भों को गहरी नज़र से और साहित्यिक पड़ताल के पश्चात् कमोबेश इस निष्कर्ष पर पहुँचा जा सकता है कि आज के दलित बुद्धिजीवी और लेखक हिन्दी दलित साहित्य की वर्तमान लेखन धारा में समय की माँग के मद्देनज़र दलित लेखन के स्वरूप और शिल्प में आंशिक बदलाव चाहते हैं, जो आज का यथार्थ भी है। मैं यह स्वीकारने में पीछे नहीं हूँ कि अबतक का दलित लेखन उद्देश्यमूलक नहीं रहा है। मैं इसे भी अच्छी तरह मानता हूँ कि वर्तमान हिन्दी दलित साहित्य बड़ी उपलब्धि के मुकाम हासिल करने में भी कामयाब रहा है, लेकिन इसी सन्दर्भ में यह भी उल्लेखनीय है कि आज दलित लेखन के आगामी मोड़ की तलाश की पहल अपेक्षित प्रतीत होती है। हाँ, मैं इसका कतई पक्षधर नहीं हूँ कि हिन्दी दलित साहित्य मराठी दलित साहित्य के 'दलित पैन्थर' आन्दोलन की तर्ज़ पर काम करे। ऐसा इसलिए कि वह आन्दोलन इतना प्रगतिशील और धारदार था कि वह अधिक दिनों तक दीर्घजीवी नहीं हो सका और असमय ही शिथिल होकर

बिखरने लगा। प्रगतिशीलता को विचार और व्यवहार में लाने की ज़रूरत है। कोई भी लेखक या आन्दोलन एक दिन में कार्ल मार्क्स और फ्रेडरिक एंगेल्स नहीं बन सकता। अत्यधिक प्रगतिशीलता के कारण ही मराठी दलित साहित्य आन्दोलन जिस तेज़ी से उभरा था उतनी जल्दी शान्त भी हो गया। पूर्वोत्तर क्षेत्रों में व्याप्त हिन्दी दलित लेखन मध्यम मार्ग पर चलकर ही अपनी इस सक्रिय पहल के द्वारा आज की माँग के अनुसार हिन्दी दलित साहित्य के स्वरूप को पुख्ता करने में सक्षम हो सकता है, जिस साहित्य की आज ज़रूरत है, और यही ज़रूरत इसकी पहचान होगी। यह तभी सम्भव है जब दलित बुद्धिजीवी और साहित्यकार आपसी मनमुटाव भूलकर पूरी एकजुटता के साथ इस पहलू पर मन्थन करें। अबतक जो दलित लेखकों की अलग डफली अलग राग की स्थिति है, उससे यह सम्भव नहीं हो सकता। हमारे समाज की कमी यही है कि जैसे-जैसे हम आगे बढ़ते हैं, हमारे बीच कटुता का भाव लगातार बढ़ता जा रहा है जो न तो दलित समाज के हित में है और न दलित साहित्य के हित में। इस सन्दर्भ के जस्टीफ़िकेशन में डॉ. लालती देवी का मन्तव्य यहाँ उल्लेख्य है–"दलित एकता के सन्दर्भ में एक तथ्य सबसे महत्त्वपूर्ण है कि परिस्थितियों और चुनौतियों का सामना करके ही एकता की सम्भावनाओं को बढ़ाया जा सकता है। इतिहास गवाह है कि दलित समाज सदियों से कठिनाइयों का सामना करता आ रहा है। दलित महापुरुषों, मनीषियों एवं विद्वानों ने परिस्थितियों से लोहा लेकर ही यहाँतक की मंज़िल पायी है।"[25]

इसी क्रम में आगे यह भी देखना प्रासंगिक होगा कि दलित एकता कैसे सम्भव हो सकती है, जिससे समाज सुधार का मार्ग प्रशस्त हो सके। विद्वान लेखिका के शब्दों में–"आज दलित एकता को सबसे बड़ी लड़ाई दलित से ही लड़नी पड़ रही है, क्योंकि भाई ही भाई को आगे बढ़ने से रोक रहा है। दलित आज भी अपनी ही कौम से दूरी बनाये हुए हैं। जिसदिन यह दूरी समाप्त हो जायेगी उस दिन दलित एकता के सामने कोई और गम्भीर चुनौती नहीं होगी।"[26]

आम दलित बुद्धिजीवियों और साहित्यकारों का यह दायित्व बनता है कि दलित एकता में जो बिखराब उसे सामूहिक प्रयास से दूर करने की कोशिश करें, तभी दलित साहित्य अपने स्वस्थ स्वरूप को पाने में सक्षम हो सकेगा। समृद्ध साहित्य के लिए यह प्रयास अपेक्षित प्रतीत होता है जिसे इस रूप में देखा जा सकता है–"दलित बुद्धिजीवियों, चिन्तकों, साहित्यकारों-लेखकों एवं समाजसुधारकों के ऊपर यह एक बड़ी ज़िम्मेवारी है कि वह इस मुद्दे पर चिन्तन करने में तथा रास्ता निकालने में अधिक विलम्ब न करें। उनकी यह ज़िम्मेवारी है कि वह दलित

समाज की नयी पीढ़ी विशेषकर नवयुवकों और महिलाओं को आगे लाकर उन्हें भी समाज की ज़िम्मेवारी का आभास करायें। दलित एकता के लिए दलितों की शिक्षा, सामाजिक सम्मान, आर्थिक निर्भरता और रोज़ी-रोटी से जुड़े सवाल के साथ दलित समाज की एकता का प्रश्न आजीवन जुड़ा रहेगा। इसलिए इसका समाधान ढूँढना नितान्त ज़रूरी है।"[27]

ऊपर की इतनी लम्बी भूमिका के पश्चात् फिर हम वहीं आ जाते हैं, जिसकी चर्चा मैंने ऊपर भी की है। वर्तमान हिन्दी दलित साहित्य के मूल्यांकन से यह सवाल खड़ा होता है कि लेखन में जिस विचारधारा की ज़रूरत है, सब कुछ होते हुए भी वह बात नहीं बन पा रही है। मेरे विचार से हिन्दी दलित लेखन के कथ्य के स्वरूप में बदलाव आज की ताज़ा मानसिकता की माँग है। कथ्य, शिल्प और संवेदना के प्रस्तुतीकरण में बेहद सावधानी बरतने की ज़रूरत है, जिस पहलू पर तमाम दलित लेखकों को गम्भीरता से विचार करना चाहिए। आज हिन्दी दलित लेखन में सक्रियता अपेक्षित है जो सामाजिक विभेद के कारण टुकड़ों में बँटी एकता में अपेक्षित बदलाव ला सके। इस उद्देश्य की प्राप्ति के लिए हमारी ईमानदारी और एकजुटता बहुत ज़रूरी शर्त है। यह उद्देश्यमूलक पहल दलित लेखक-साहित्यकारों के हाथ पर हाथ धर कर बैठने से कभी सम्भव नहीं हो सकती।

अन्त में, निष्कर्षतः यह बात एक बार फिर दुहराई जाती है कि आज के दलित लेखकों-साहित्यकारों के लेखन का नज़रिया पूरी तरह बदलना पड़ेगा तभी हिन्दी दलित लेखन का स्वरूप धारदार होकर सक्रिय हिन्दी दलित साहित्य का असली स्वरूप प्राप्त कर सकेगा जो सामूहिक प्रयास से ही सम्भव है, किसी एक व्यक्ति के प्रयास से नहीं।

सन्दर्भ

1. कमलेश्वर, आज का यथार्थ : समान्तर संसार-7, सारिका, अप्रैल 1975 (मेरा पन्ना), पृष्ठ 11
2. प्रेमचन्द पतंजलि, वंचित वाणी (पत्रिका), दिसम्बर-2003, पृष्ठ 11
3. वही, पृष्ठ 11
4. वही, पृष्ठ 12
5. वही, पृष्ठ 15
6. वही, पृष्ठ 11
7. सारिका (पत्रिका), अप्रैल 1975, पृष्ठ 75

8. वही, पृष्ठ 76
9. वही, पृष्ठ 77
10. वही, पृष्ठ 77
11. वही, पृष्ठ 82
12. वही, पृष्ठ 83
13. वही, पृष्ठ 82
14. वही, पृष्ठ 83
15. आधुनिक हिन्दी कहानी के प्रगतिशील आयाम, पृष्ठ 78-79
16. वही, पृष्ठ 79
17. वही, पृष्ठ 87
18. वही, पृष्ठ 14
19. वही, पृष्ठ 78
20. वही, पृष्ठ 82
21. वही, पृष्ठ 100
22. वही, पृष्ठ 101-2
23. डॉ. धर्मचन्द विद्यालंकार, डॉ. अम्बेडकर की दलित अवधारणा, वही, पृष्ठ 77
24. वही, पृष्ठ 77
25. डॉ. लालती देवी, डॉ. अम्बेडकर की दलित अवधारणा, वही, पृष्ठ 86
26. वही, पृष्ठ 86-87
27. वही, पृष्ठ 88

दलित की सामाजिक अस्मिता और संस्कृति

–बासुदेव सुनानी

सभी जीवित और निर्जीव चीज़ों को एक पहचान की आवश्यकता है। केवल हिमालय, गंगा, चम्बल, चिल्का, आम, जगन्नाथ, ब्राह्मण आदि ही नहीं, प्रत्येक गौरवशाली पहाड़ियाँ, धान के खेत, घाटियाँ, झीलें या फल, ठाकुर नाम और उनका अनूठा इतिहास है। गाँव के छोटा तालाब, केंदु, या कोई फल से लेकर डैम जाति, गाँव की कोई देओता की भी विशेष पहचान है। यह पहचान उक्त स्थान, व्यक्ति, फल, जाति की पहचान करने में विशेष भूमिका निभाती है और इसे अस्मिता कहा जाता है।

इस अस्मिता को अक्सर विभिन्न व्यक्तियों द्वारा विशेष संग्रहों और लेखों के माध्यम से उचित ढंग से प्रस्तुत किया जाता रहा है, जिसे बाद में इतिहास कहा गया। इस न्याय में पशु और मानव समाज की भी विशेष पहचान है।

भारत में अनेक धर्मों और जातियों के लोग सदियों से रहते आ रहे हैं। सामाजिक व्यवस्था की रीति के अनुसार कुछ जातियाँ ऐसी हैं जो ऊँचे पद को सुशोभित करती हैं, जबकि कुछ जातियाँ निम्न स्तर पर रहती हैं। जाति व्यवस्था की परम्परा और इतिहास की समीक्षा से पता चलता है कि उच्च स्थानों पर सुशोभित जातियों द्वारा निचली जातियों या दलित वर्ग को अध्ययन का अवसर नहीं दिया जाता था। इसलिए वे युगों तक शिक्षा से वंचित रहे। यहाँ 'सा विद्या या विमुक्तये' वाली कहावत सीधे तौर पर चरितार्थ हुई और शिक्षित वर्ग इससे लाभ पा सका और दलित लोग हमेशा अँधेरे में ही रह गया। तथाकथित उच्च जाति के लोग ही शिक्षित और प्रबुद्ध थे, जिन्होंने स्मृति, पुराण, संहिता आदि जैसी सभी प्राचीन पुस्तकें तथाकथित उच्च जाति के विद्वानों द्वारा लिखी गयीं। चूँकि जाति व्यवस्था की परम्परा निचली जातियों की सेवाओं का आनन्द लेकर तथाकथित ऊँची जातियों को महिमामण्डित करने के

सिद्धान्त पर आधारित थी, इसलिए निचली जातियों की परम्पराओं को 'संस्कृति/परम्परा' का दर्जा नहीं दिया गया था और इसलिए किसी ने इस परम्परा या संस्कृति को लिखने की कोशिश नहीं की। उदाहरण के तौर पर कुछ विषय या स्थानों का विश्लेषण भी किया गया है तो उन्हें उस ऊँचे आदर्श के अनुरूप ढाला गया है।

यह कहने की आवश्यकता नहीं है कि तथाकथित निचली व दलित जाति के लोगों की संस्कृति तथाकथित उच्च जाति के लोगों के मानस में एक लेखन योग्य विषय के रूप में प्रवेश नहीं कर पायी है।

हर जगह जब इन निचली जातियों की संस्कृति, परम्परा या इतिहास की बात आती है तो यही कहा जाता है कि संस्कृति, परम्परा या इतिहास नाम की कोई चीज़ इन लोगों की नहीं होती। परिणामस्वरूप, वे परिचय या अस्मिता के संकट से गुज़रते हैं। इस अस्मिता का संकट उन्हें हीन भावना का शिकार होने पर मजबूर कर देता है। अपमानित होने पर हीन भावना से ग्रस्त आम आदमी अपने इतिहास को खोजने की कोशिश नहीं करता, अपनी संस्कृति और परम्परा का सम्मान नहीं करता, बल्कि उस संस्कृति और परम्परा के गरिमामय पहलुओं पर भी नज़र नहीं डालता। दूसरी ओर, विभिन्न समाजों की संस्कृति, परम्परा द्वारा स्वयं को एकजुट करने के प्रयासों में, कभी-कभी धोखे की ओर ले जाती है।

जो व्यक्ति अपनी परम्परा और संस्कृति को धोखा देता है तो इसका मतलब अपने पूर्वजों को धोखा देता है, और अन्त में स्वयं को धोखा देता है। ऐसे सांस्कृतिक रूप से पतित धोखेबाज़ों की संख्या बढ़ती जा रही है, विशेषकर उत्पीड़ित तथा दलित समुदायों में। यह शिक्षा के प्रसार के बाद या शिक्षा के अवसर का आनन्द लेने के बाद ही सामने आ रहा है।

यहाँ कई सवाल उठते हैं कि अगर दलितों के लिए अपनी संस्कृति, परम्परा को क़ायम रखना अपरिहार्य है तो क्या उन्हें अशिक्षित रहने की ज़रूरत है? क्या कोई व्यक्ति अपनी संस्कृति, परम्परा और इतिहास के बिना नहीं रह सकता? क्या तथाकथित ऊँची जातियाँ दलितों को शिक्षा से वंचित करके उनकी संस्कृति, इतिहास और परम्पराओं को मारने में मदद कर रही हैं?

एक जागरूक, आत्मसन्तुष्ट, संवेदनशील व्यक्ति के निर्णय में उपर्युक्त तीन प्रश्न सही न होकर अप्रासंगिक हो सकते हैं। संस्कृति किसी भी राष्ट्र, धर्म की पहचान का आधार होती है। जिसके पास कोई संस्कृति नहीं है उसकी कोई पहचान नहीं है और जिसकी कोई पहचान नहीं है वह निर्मूली लता के समान है। यहाँ यह कहने की आवश्यकता नहीं है कि जिन लोगों ने जानबूझकर जाति व्यवस्था की

स्थापना की है, वे कभी भी तथाकथित निचली जातियों की संस्कृति के संरक्षण में योगदान नहीं देंगे, बल्कि इन निचली जातियों को अपने अधीन करना आसान बनाने की योजना के लिए इन दलितों की संस्कृति परम्परा को नष्ट करने का बहुत कुछ प्रयास करेंगे। संस्कृति ही मानव समाज को एकजुट रखती है, इसलिए संस्कृति और परम्परा के बिना व्यक्तियों में एकता नहीं हो सकती। परिणामस्वरूप, उसका अलगाव ही उसे शासकों के लिए शासन करने के लिए उपयुक्त बनाता है।

शायद इसीलिए, अपना सांस्कृतिक जागृति और संस्कृति के संरक्षण के लिए, उच्च जाति के लोगों ने पहले से ही विभिन्न व्रतों, पुराणों, ग्रन्थों और संहिताओं के माध्यम से अपने आचरण, कपड़े, भोजन, देवादेवी, ब्रत को दर्ज और स्थापित किया है। वे इस सांस्कृतिक साम्राज्यवाद को दलितों के समाज के ऊपर स्थापित करने के लिए भी संकोच नहीं करते हैं।

अफ़सोस की बात है कि उत्पीड़ित समाज के पढ़े-लिखे लोग ज़्यादातर अपनी महान संस्कृति को नहीं समझते या समझने की कोशिश नहीं करते और बिल्कुल कायरों की तरह दूसरे की सांस्कृतिक चेतना में ख़ुद को शामिल करने की कोशिश करते हैं। शिक्षा का अवसर मिलने के बाद अपनी संस्कृति को लिपिबद्ध करने का उत्तरदायित्व नहीं रह जाता, अत: संस्कृति की जड़ों तक प्रवेश नहीं हो पाता। बाद के चरण में ऐसा होता है कि अपना समाज असहाय होकर रोने के लिए मजबूर हो जाता है।

डोम, कंध, पान, हाडि, गण, धोबा आदि कई जातियों और जनजातियों के लोग हज़ारों वर्षों से इस भूमि पर रहते आ रहे हैं। उनके व्यवहार, खान-पान, पहनावे, देवी-देवताओं, त्योहारों और परम्पराओं का थोड़ा अध्ययन करने से उनके सांस्कृतिक विचारों और महानता का पता चल सकता है। इस महान संस्कृति को आजतक उत्पीड़ित तथा दलित वर्ग द्वारा ठीक से दर्ज नहीं किया जा सका है। यहाँ अलिखित दलित संस्कृति की कुछ झलकियाँ पाठकों के समक्ष प्रस्तुत की जा सकती हैं।

गोदन खाल : यह एक गड्ढा है। बच्चे को जन्म देने के बाद महिला और उनका नवजात शिशु वहाँ नहाते हैं। इस गड्ढे को पति या देवर खोदते हैं। यह गड्ढा घर के बाहर खोदा जाता है। गर्भवती स्त्री तथा नवजात शिशु के स्नान करने के बाद उक्त मैला पानी उस गड्ढे में जाकर जमा हो जाता है। शिशु के कम से कम इक्कीस दिन का हो जाने के बाद उक्त गड्ढे को दफना दिया जाता है क्योंकि उस स्थान पर माँ या बच्चे को स्नान करने की कोई आवश्यकता नहीं होती है।

इस प्रणाली का उद्देश्य यह है कि माँ और नवजात शिशु के शरीर का मैल आसपास बिखरी हुई चीज़ों में न पड़े। इस व्यवस्था से उस समय के दलितों का आचार-व्यवहार कितना बैज्ञानिक आधार पर चल रहा था और थोड़ा भूत पता चलता है। स्वास्थ्य की देखभाल और स्वच्छता का यह पारम्परिक सांस्कृतिक मूल्य दूसरों के लिए शैक्षिक होना चाहिए।

गादिपूजा : गादिपूजा आमतौर पर 3, 7, 12 या 21 साल में एक बार की जाती है। यह पूजा केवल एक विशेष कुल के लोगों द्वारा की जाती है, जिसे दो या तीन पीढ़ियों की उत्पत्ति का स्थान माना जाता है। इस पूजा में, एक क़बीले के लोग भले ही दूर रहते हों, एक साथ आते हैं और अपने पूर्वजों या मूल स्थान के डुमा की पूजा करते हैं। दोस्तों और परिवार के सदस्यों को आमन्त्रित करके एक विशाल सांस्कृतिक सभा का आयोजन किया जाता है। यह सभा सांस्कृतिक परम्पराओं के माध्यम से किसी के कबीले और दोस्तों की एकता का प्रतिनिधित्व करती है।

डुमा पूजा/देवता पूजा : दलितों का मानना है कि मृत व्यक्ति की आत्मा, मरने के बाद स्वर्ग या नरक में नहीं जाती है। इस मामले में, मृत्यु के दस दिन बाद, मृत व्यक्ति की आत्मा या डुमा को एक भव्य समारोह में आमन्त्रित किया जाता है और घर के एक कोने में जहाँ देवी-देवताओं की पूजा की जाती है, वहाँ स्थापित किया जाता है। इस स्थान को 'पिदर' कहा जाता है। उस स्थापित आमन्त्रित डुमा को इस पिदर में रखा जाता है और विभिन्न त्योहारों में उक्त डुमा की पूजा की जाती है। कोई भी नया भोजन खाने से पहले डुमा को अर्पित करने के बाद ही खाया जाता है, जिसका ज्वलन्त उदाहरण 'नुआखाई' त्योहार है। इस न्याय के आधार पर गाँव में जिन देवताओं को देवादेवी के रूप में पूजापाठ किया जाता है, वे सब प्राचीन काल की 'डुमा' हैं। ये डुमा लोग एक समय में पले-बढ़े थे या सामान्य जीवन जीते थे। इनमें बुढ़ारजा, द्वारसनी, बुढ़ी मा, महा लचमा, काना भोरा, कंधेन बूढ़ी आदि हैं।

डुमा या देवादेवी, दलितों की पूर्वज हैं और इस समाज की संस्कृति की आत्मा हैं। कई जगहों पर देखा गया है कि देवी-देवताओं की पूजा को तथाकथित उच्च शिक्षित दलित स्वीकार नहीं करते और इसे अन्धविश्वास मानते हैं। यहाँ प्रश्न उठता है कि यदि कोई पूर्वजों का अनादर करता है तो उसका आदर करने वाला कौन है?

यहाँ दलित समुदाय के शिक्षित समाज में अपने पूर्वजों को पहचानना एक बड़ी ज़िम्मेदारी है जो उनकी सांस्कृतिक सम्बद्धता और पहचान का मुख्य हिस्सा है।

मुरदार और निशान बाजा : निशान गण बाजा या ड्रम बाजा या हादी बाजा का एक प्रमुख वाद्ययन्त्र है। इस दलित समुदाय के लोगों ने ही हज़ारों वर्षों

के अनुसन्धान के माध्यम से निशान को वाद्ययन्त्रों के रूप में आविष्कार किया था। यह बाजा केवल अपने मनोरंजन के लिए नहीं बल्कि समाचार परोसने के अर्थ में भी व्यवहार किया जाता था। बाजा शब्द को तत्कालीन समय में सन्देश भेजने के काम में व्यवहार किया जाता था, 'मरहा निशान' इसका एक ज्वलन्त उदाहरण है।

जब किसी व्यक्ति की मृत्यु हो जाती थी, तो उस घर का डेरा ऊपर कोई निशान वाद्य को पकड़कर चला जाता है और एक बाजेबाला एक निश्चित ध्वनि के साथ बजाने लगता है। वह विशेष ध्वनि दलित समाज के लोगों में, विशेषकर डम/गणा समाजों में इतनी परिचित है कि उसके समुदाय का कोई भी सदस्य, चाहे वह कहीं भी हो, उसे सुनता है तो समझ जाता है कि किसी की मृत्यु हो गयी है। मरहा निशान की आवाज़ सुनकर व्यक्ति मृत व्यक्ति के घर पहुँचता है और शव को संस्कार करने में मदद करता है।

सूचना सम्प्रेषित करने के साधन के रूप में इस वाद्य का उपयोग एक उन्नत समाज की महान सांस्कृतिक परम्परा का गवाह है।

शब्द को संवाद प्रेरणा के माध्यम के रूप में उपयोग करना एक अच्छी प्रणाली है। आजकल लोग निशान की जगह मोबाइल का प्रयोग कर रहे हैं।

बिर्तिया प्रथा : यहाँ यह कहना उपयोगी है कि प्राचीन काल में तथाकथित उच्च वर्ग के लोग निम्न वर्ग के लोगों को शिक्षा से वंचित रखते थे। इन परिस्थितियों में दलित समुदायों की सांस्कृतिक चेतना का प्रवाह बाधित हो गया क्योंकि संस्कृति और परम्परा का लिखित संरक्षण सम्भव नहीं था। परम्परा के अनुसार, ड़म/गणा समुदाय के लोग अपनी संस्कृति, परम्पराओं आदि को एक पीढ़ी से दूसरी पीढ़ी तक जीवित रखने के लिए 'बिर्तिया प्रथा' की प्रचलन करते थे। डोम/गण समाज के लोग परम्परा के अनुसार बिर्तिया को बड़े भाई मानते हैं। रिवाज के अनुसार, बिर्तिया लोग ड्रमरु पकड़ते हैं और विभिन्न सामाजिक समारोहों जैसे मृत्यु, विवाह, आदि में भाग लेते हैं और देवता, परम्परा, संस्कृति इस सब प्रथा के बारे में लोगों को समझाते हैं। दलित संस्कृति के वाहक के रूप में प्रतिनिधित्व करने के लिए ड्रमरु बजाते गाना गाते हैं और समाज के लोगों को अपनी सांस्कृतिक परम्पराओं के बारे में सचेतन करते हैं।

ऐसी परम्परा किसी प्राचीन संस्कृत समाज में ही सम्भव हो सकती है।

गणा कपड़ा : दलित समुदाय के लोग अपने लिए तथा दूसरों के उपयोग के लिए भी कपड़े बनाते थे। डम/गण समुदाय के लोग ओडिशा के प्राचीन कपड़ा उद्योग के मुख्य निर्माता थे। उनके द्वारा बनाये गये गणा कपड़ा, गण खदिया, चंदन कुरा, अंगाची आदि को लोग बहुत पसन्द करते थे।

जिस समुदाय का अपना कपड़ा बुनने और पहनने का सांस्कृतिक इतिहास हो, उस समाज को यहाँ कितना संस्कृति सम्पन्न माना जा सकता है।

बाजा : गणा/डम/हाड़ी आदि समाज में एक विशेष पहचान है कि वे ढोल या बाजा बजाते हैं। तथाकथित निम्न जाति के लोग बाजा की प्रस्तुति में प्रयुक्त विभिन्न प्रकार के गीतों और ध्वनि के आविष्कारक हैं। साथ ही, किस वाद्य यन्त्र पर किस प्रकार के चमड़े का उपयोग किया जाता है, वांछित ध्वनि हज़ारों वर्षों के शोध का परिणाम है।

मूल रूप से संगीत वाद्ययन्त्र बनाने वाले समाजों के सांस्कृतिक सन्दर्भों की सूची यहाँ बहुत लम्बी होगी। तो अध्ययन करने वाली बात यह है कि यदि समाज के बाजा और गीत के आधार पर अन्य तथाकथित उच्च वर्गों की संस्कृति की तुलना किया जाये तो दलित संस्कृति कितनी महान हो सकती है। परन्तु अपनी संस्कृति को अपने ही लोग आगे किस हद तक बढ़ाना चाहिए ये विचार नहीं करते हैं।

जीवन दर्शन एवं भूमि पूजन : मानव जीवन के प्रमुख कार्यों में जन्म, मृत्यु, विवाह, भोजन करना, भोजन करके पूजा करना आदि शामिल हैं। नीचे कुछ उदाहरण दिये गये हैं कि कैसे मानवीय मूल्य इन रीति-रिवाजों और प्रथाओं में परिलक्षित होते हैं।

जिन्हें जाति, जनजाति और पिछड़ा वर्ग कहा जाता है, उनका जीवन लगभग एक जैसा ही है। इस समूह के लोग स्वर्ग और नरक में विश्वास नहीं करते। इसलिए, मृत्यु के बाद, उनके निर्णय में, किसी के भी स्वर्ग या नरक में जाने की सम्भावना नहीं है। मृत्यु के बाद मनुष्य की जी या स्पिरिट धरती पर रहने में विश्वास करते हैं। यह जी या स्पिरिट दस दिनों तक रहता है। यह परिवार के अन्य मुखियाओं द्वारा भी प्रतीकात्मक रूप से गाँव के मुखिया के रूप में जीवित व्यक्ति को मंजन, पानी, भोजन आदि दिया जाता है। 10 वें दिन, एक समारोह में इस जी की पूजा की जाती है, परिवार और दोस्तों को आमन्त्रित किया जाता है, बाजा बजाया जाता है और जी या स्पिरिट को वापस घर ले जाया जाता है जहाँ 10 दिनों तक पूजा की जाती थी। उस दिन के बाद से, मृत व्यक्ति का जी या डुमा अन्य पूर्वजों के साथ जुड़ा हुआ है और परिवार के लिए पूजा की जाती है। दूसरे शब्दों में, डुमा स्वर्ग या नरक में जाये बिना, सीधे उस घर के पैतृक घर लौट आता है जिसमें वह रहता था।

और एक उल्लेखनीय बात यह है कि इसमें मृतकों के दाह-संस्कार की कोई प्रथा नहीं है। मृत व्यक्ति के शव को गड्ढा कर के मिट्टी दे देते हैं। उसके उपरान्त एक पत्थर को सिर की तरफ़ रख देते हैं। इस सिर की तरफ़ पत्थर रखने की परम्परा

को इतिहासकार मेज़लिथिक की परम्परा बताते हैं। इसका मतलब यह है कि लोगों को मिट्टी में तो ाने की परम्परा बहुत प्राचीन है। क्योंकि वे मिट्टी में पैदा होते हैं और मरने के बा् भी मिट्टी की गोद में समा जाते हैं।

उस दृष्टि से मिट्टी से लगाव की भावना तीव्र रहती है। इसके अलावा, हर गाँव के मुखिया के पास अन्य देवी-देवताओं के पूजा-स्थल से अलग केवल एक मिट्टी का पूजा-स्थल होता है। जहाँ गाँव की मिट्टी को देवता के रूप में पूजा जाता है। इस माटी की पूर्ण पारम्परिक रूप से सभी जातियों, जनजातियों और पिछड़े वर्गों के लोगों द्वारा एक ही समय में एक ही स्थान पर समान रूप से पूजा की जाती है। यह मिट्टी के प्रति कृतज्ञता ज्ञापित करने की यात्रा है।

पुनर्जन्म में विश्वास : सभी जाति, जनजाति और पिछड़े वर्ग के लोगों का मानना है कि अगर किसी का जन्म पिछले जन्म में हुआ है तो इससे अनुमान लगाया जाता है कि वह किस पिता के वंश में 'मशाना' आया है। उपर्युक्त समुदाय की मान्यता है कि मृत व्यक्ति के डुमा को लाकर 'पिदार' (पूर्वजों के लिए निर्दिष्ट स्थान) में पूजा हेतु रखा जाता है। नवजात शिशु व्यक्ति का जीवित शरीर होता है। इसे 'अमुकर ड्यूमा' या 'समाकार ड्यूमा' कहा जाता है। इसका मतलब है कि इस निर्णय की ख़ासियत यह है कि लोग स्वर्ग में नहीं बल्कि केवल मृत्यु में हैं।

विवाह : जाति और जनजातीय एकता : विवाह एक सामाजिक प्रथा है जिसे समाज द्वारा मान्यता तब मिलती है जब एक परिवार की बेटी/बेटे का विवाह दूसरे परिवार में होता है। शादी के दौरान कई पारम्परिक रीति-रिवाज होते हैं। इनमें लड़के के घर से लड़की के घर और लड़के के घर के बीच सम्बन्ध स्थापित करना शामिल है। ज्ञातव्य है कि कंध जाति में पुत्र/पुत्री को गण/डम/पाण जाति का बताने की परम्परा प्राचीन काल से ही चली आ रही है। कंध परिवार की ओर से गण/डम/पाण व्यक्ति द्वारा विवाह तय करता है। गण/ड़म/पाण की मान्यता या सहमति के बिना दो कंध परिवारों के बीच विवाह नहीं हो सकता है। यह परम्परा जातियों और जनजातियों के बीच सद्भाव और भाईचारे का एक मज़बूत उदाहरण है। इसलिए कंध के राजा जहाँ भी रहते थे, वहाँ डोम मन्त्री हुआ करता था।

समन्वय का एक और उदाहरण है 'माटी आशिजेगा' विवाह के समय गाँव का पुजारी जिसको झक्कड़ कहते हैं, जो आमतौर पर गोंड होता है, विवाह का शुभारम्भ करने वाला पहला व्यक्ति होता है। सीई माटीगुड़ी जाते हैं और अन्य जाति या जनजाति के लोगों को माटीगुड़ी से मिट्टी देते हैं। जब यह मिट्टी लायी जाती

है तो गण/डम बाज़ार का उपयोग करना अपरिहार्य है जिसका उपयोग अनुसूचित जाति के लोग करते हैं।

इसके अलावा आमतौर पर शादी के दौरान बाजा का इस्तेमाल किया जाता है जिसे इस जाति के लोग बजाते हैं। इसके अलावा शादी के दौरान परिवार का अन्य रिश्तेदारों के साथ आर्थिक सहयोग भी एक उल्लेखनीय बात है। परिणामस्वरूप, विवाहित परिवार पर वित्तीय बोझ कम हो जाता है।

अजमोद के बीज और चावल : इतिहास गवाह है कि दुनिया में अनाज की खोज सबसे पहले कोरापुट में ही हुई थी। कोरापुट में रहने वाले डंगरिया कोंध, भत्तरा, कोया डोम, गोंड, आदि जाति और जनजाति के लोग प्राचीन काल से ही यहाँ रहते आ रहे हैं। अनाज की खोज का श्रेय उनको दिया जाता है। वे 'भात-परसी' नाम के एक देवता की पूजा करते हैं। ये देवता पूजा बंधी को बहुत सावधानी से गुडी पर लगाते हैं, यहाँतक कि गुडी के बग़ल वाली पीठ पर भी, ताकि उसे नुक़सान न पहुँचे। वर्षा ऋतु का मतलब है खेती शुरू होने से पहले गाँव के सभी लोग, जाति, जनजाति और पिछड़े वर्ग का भेदभाव किये बिना, एक निश्चित दिन पर एक साथ इकट्ठा होते हैं तथा बाजा बजाकर देवता आदि की पूजा करते हैं।

देओता प्रकट होते हैं। पीपल के पत्तों के प्रतीकात्मक बैल और पीपल की लकड़ी को जोतने और धान बोने के लिए उसे लपेटने से लेकर बीज के संग्रहण और भण्डारण तक विभिन्न गतिविधियाँ की जाती हैं। सभी ग्रामीण लोग भाग लेने का आनन्द लेते हैं। बाद में, झांगकर गाँव का प्रत्येक व्यक्ति को अगले वर्ष के लिए रखे गये बीज में से एक-एक मुट्ठी सभी गाँवों वालों में बाँट देता है। लोग उक्त बीज को नये कपड़ों, नयी टोकरियों या पुआल में लेकर घर में सुरक्षित रखते हैं और घर को लेते हैं। उस बीज को ज़मीन में पहले बोते हैं। इस त्योहार की ख़ास बात यह है कि गाँव के सभी लोग एक समारोह में एकत्रित होते हैं और खेती के प्रदर्शन से सीखते हैं। और उसी के अनुसार खेती का काम किया जाता है। साथ ही, एक व्यवस्था स्थापित की जाती है कि खेती के लिए बीज की आवश्यकता प्रत्येक परिवार के लिए चाहिए।

इस काम में सभी समाज के लोग भाग लेते हैं जैसे गण समाज के दिहारी, डोम बजनीयाँ और गौड जात की किशन भाग लेते हैं।

नुउखाई : नुउखाई का शाब्दिक अर्थ है पहले नयी चीज़ें खाना। जाति, जनजाति और पिछड़े वर्ग का भेदभाव किये बिना हर कोई अपना डुमा देओता के

सामने प्रसाद चढ़ाता है और फिर ख़ुद खाता है। नया खाना खाने को हम पितृ पूजन और उन्हें नयी चीज़ें अर्पित करना भी कह सकते हैं।

दलित सम्प्रदाय पुनर्जन्म में विश्वास करते हैं और डुमा पूजा को प्राथमिकता देते हैं। उनका मानना है कि जिन डुमाओं की पूजा उनके पिदर घर के देवी-देवताओं या गाँव में हो रही है, वे कभी इस जंगल में रहने वाले इन्सान थे। आज की पीढ़ी उनके अंश से पैदा हुई है और नश्वर मनुष्य के डुमा की पूजा करती है। जब यह डुमा लोग जंगल में घूमते हुए खाना ढूँढ़ते थे तो हरेक चीज़ की जाँच कर रहे थे। ढूँढ़ते-ढूँढ़ते उन्होंने यहाँ के फलों, जड़ों, अनाज और अन्य खाद्य पदार्थों को भोजन के रूप में पहचाना और उन्हें खाद्य पदार्थ घोषित किया। इनके द्वारा खाया गया पहला भोजन टंकर द्वारा चिह्नित भोजन खाकर बड़े होने के लिए कृतज्ञता के संकेत के रूप में पूर्वजों और डुमास को दिया जाता है। उत्साह के साथ एआई की पेशकश देने के लिए नया भोजन।

आजकल केवल अनाज खाने को नुउखाई कहा जाता है। गुरुजी, सरू, माखन, बीरी, शिंब, महुल, चार, आम आदि को खाने से पहले भी पूजा की जाती है और नुउखाई मनाया जाता है।

ग्रामीणों की सुविधा के अनुसार इस उत्सव के लिए एक विशेष दिन तय किया जाता है। उस दिन, गाँव का झक्कड़ मिट्टी देवता को पहले नया शस्य अर्पण करता है और उसके बाद हर व्यक्ति के घर जाकर, जाति धर्म की परवाह किये बिना, घर-घर जाकर नया अनाज प्रदान करता है। लोग नये शस्य को अपने पूर्वजों को अर्पित करते हैं और इकट्ठा होकर इसे पकाते हैं और खाते हैं। नुउखाई मुख्य रूप से अपने पूर्वजों के प्रति समर्पण की भावना है। इस उत्सव को अब अन्य तथाकथित उच्च वर्ग के लोगों ने भी स्वीकार कर लिया है। साथ ही नुउखाई को कृषि महोत्सव रूप में माना है जबकि प्रधान रूप में डुमा नया शस्य अर्पण करने वाला त्योहार है।

सामुदायिक सहयोग एवं गर्भवती महिलाएँ : गाँवों में दलित, पिछड़ी जाति और आदिवासी लोग एक साथ रहते हैं। समाज उनके बीच अच्छे सम्बन्धों को प्रोत्साहित करने और देवी-देवता पूजन, त्योहार और अन्य दैनिक गतिविधियों में उनके बीच सहयोग से चलता है। अलग-अलग जातियों में बातें होने के बावजूद अपने दैनिक जीवन के विकास में संपूरकता को ख़ूबसूरती से दर्शाया है।

विभिन्न समुदायों के लोग अपनी सामाजिक ज़िम्मेदारी को पूरा करने और स्वस्थ बच्चे के जन्म में मदद करने के लिए गर्भवती महिलाओं को स्वस्थ भोजन प्रदान करते हैं। परिणाम यह हुआ कि कीनेसियन गर्भवती महिला एक भी बच्चे को

जन्म न देकर समाज को विकृत नहीं करती। यह महान निर्णय वास्तव में टैंकों के बीच संयुक्त और पूरक सम्बन्धों की ताक़त की जानकारी देता है।

सामाजिक व्यवस्था एवं सामाजिक जीवन : आम तौर पर उत्पीड़ित आदिवासी समाज में पिदर में पूजे जाने वाले देवता को उक्त घर का पिता माना जाता है। यह परम्परा आज भी हर घर में निभाई जा रही है। आज भी उपर्युक्त जाति/जनजाति के लोगों के घर में यदि किसी की मृत्यु हो जाती है, तो मृत व्यक्ति के डुमा को समारोह में आमन्त्रित किया जाता है, पिदर में रखा जाता है तथा विभिन्न त्योहारों के दौरान उसकी पूजा की जाती है। यह परम्परा सिद्ध करती है कि उपर्युक्त देवी-देवता जिनकी पिदारों में ब्राह्मण देवता के रूप में पूजा की जाती है; वे कभी आल के निवासी थे।

उनके पारिवारिक सम्बन्ध इस तर्क को और मज़बूत करते हैं कि ये सभी डेकादेवी या डुमा कभी यहाँ के आदिम निवासी थे और इन्सानों के रूप में घूमते थे।

कद्दू पूजा : एक दिन पूजा होती है। पिदर के लिए बलि दी जाती है लेकिन गुड़ी के लिए नहीं। बिभर वंश के एक वृद्ध बहुत व्यस्त और परेशान हैं। उसने देखा कि बकरियों के झुण्ड में बहुत सारी बकरियाँ थीं। उन्होंने मन ही मन सोचा, गुड़ी में ऐसे ही बकरे की बलि दी जाती है। वह घर पर बैठ कर यही सोचता रहता है। वह बकरी अपने आप आकर आँत में समा गयी। अवसर छोड़ने की बात नहीं है, भगवान की महिमा के बल से यह बकरी अपने आप आ गयी है, इतना सोचकर उन्होंने बकरी की हत्या कर दी।

कुछ देर बाद बकरी मालिक को पता चला कि बकरी बिभर के घर आयी है, तो घर आकर बिभर बूढ़े से पूछा। बिभर वृद्ध ने कहा, मैं नहीं जानता। ऐसी स्थिति हो गयी कि गाँव के लोग एकजुट होकर उन्हें अपमानित करने लगे। लोगों को विश्वास नहीं हुआ। उन्होंने घर की तलाशी लेने को कहा। इस बीच, बिभर बूढ़ा परेशान हो गया। बूढ़ा पहले ही गुड़ी की तरफ़ चला गया और गुड़ी में देवता की पूजा किया। बूढ़े ने यह प्रार्थना की कि बकरी का सिर कद्दू हो जाये।

लोग उन्हें ढूँढ़ने बैठ गये और कहा कि अभी इसी वक़्त घर में घुसकर देखेंगे। बिभर बूढ़ा की आँखों में आँसू आ गये और उसने अपने देवता को याद किया कि यदि देवता सचमुच है और मुझे गाँव के लोगों के सामने अपमानित नहीं करना चाहता तो मुझे बड़े सिर वाला कद्दू बन जाने दो।

वे लोग बूढ़े को परेशान करने के लिए बूढ़े के घर में घुस गये। वास्तव में देवता की कृपा से सामने एक कद्दू रखा हुआ था।

गाँव वाले इस बात से शर्मिन्दा थे कि उनकी भावनाएँ ग़लत साबित हुईं।

उस दिन से, देवता की सच्चाई की रक्षा के लिए गुड़ी में कद्दू की बलि दी जाती है। बलि के लिए ले जाते समय कद्दू को गुप्त रूप से ले जाया जाता है। कद्दू बलि के साथ-साथ बिभर वंश के लोग विभिन्न देवताओं को एक साथ सात व्यंजन चढ़ाते हैं।

नाग पूजा : नाग पूजा आमतौर पर तथाकथित निचली जातियों जैसे गण, गौड़, डुमल, कंधा, दम, पनस द्वारा की जाती है। इस पूजा में मुख्य रूप से नागों के माध्यम से शिव की पूजा की जाती है। पुजारियों और भक्तों के अनुसार यह यात्रा प्राचीन काल से ही मनायी जाती रही है। वे नागदेव को 'नागबचा' कहकर सम्बोधित करते हैं। यह पूजा दो दिनों तक की जाती है और भाद्र माह के नाग चतुर्थ के दिन आयोजित की जाती है। इसका उद्देश्य दुनिया के सभी साँपों को बचाना है। व्यक्तिगत रूप से नहीं तो तीन वर्ष, सात वर्ष और इक्कीस वर्ष में कम से कम एक बार पूजा करने का नियम है। पूजा की शुरुआत साल में लगातार सात सोमवार को की जाती है। पूजा के नियमों के अनुसार पूजा करने वाले लोग बिस्तर या तकिए पर नहीं बैठते हैं। इन दौरान लौकी और झान्ही खाने से मना है। केक को उल्टा करके खाना मना है। इथेनॉल से दूषित कोई भी भोजन खाने से मना किया गया है।

पूजा के दिन सभी लोग गणबाजा लेकर नाई जाते हैं। वहाँ मिट्टी से साँप और रेत से शिव का लिंग बनाया जाता है। उनका मानना है कि बाली लिंग शिव के 16 लिंगों में से एक है। वहाँ एआई लिंग और मिट्टी के साँप दफ़न हैं। इसके बाद वह उक्त साँप को लेकर नगर भ्रमण के नाम पर गाँव में घूमता है। यह यात्रा गाँव के सभी प्रकार के त्योहारों के लिए आयोजित की जाती है। रात्रि के समय सभी लोग जागते हैं और स्त्री-पुरुष सामूहिक रूप से पूजा करते हैं। कुछ लोग इस रात्रि पूजा को निशि पूजा भी कहते हैं।

गाना बाजा बजने पर देवता प्रकट होते हैं। इस देवता की पीठ की ओर एक नयी धोती गाँठ लगाकर बाँधी जाती है। वे शरीर को एक पट्टी के समान मानते हैं और इसलिए मानते हैं कि यदि शरीर का कपड़ा हटा दिया जायेगा, तो पट्टी ढीली हो जायेगी और मन्त्र काम नहीं करेगा। इसके अलावा कभी-कभी देवता आने में देरी होने पर बरुआ पहनने वाली गुंटिया भी फट जाती है और इसके साथ ही जोर-ज़ोर से बाजे बजाये जाते हैं, हो हल्ला, हो हो हल्ला और बूबो...बोबो...मचाते हैं। तनावपूर्ण माहौल।

एक महत्त्वपूर्ण बात यह है कि पूजा-स्थल पर दीपक जलाया जाता है। यह दीपक निरन्तर जलता रहता है। ऐसा माना जाता है कि लगातार दीपक जलाने से

लोगों का भाग्योदय होता है। अगली सुबह गाँव के किसी भी कोने में कूड़ेदान या हुंका में जाकर पूजा करें। यहाँ नागा और चण्डी देवता की भी पूजा की जाती है और बलि दी जाती है। आई के दौरान बलि चढ़ाये गये जानवर का कलेजा मेमनों को खिलाया जाता है। इस कलेजा को खाने का एक नियम है। चावल को रोल करके छोटी-छोटी गोलियाँ बना ली जाती हैं। इसमें थोड़ा सा पित्त पशु के लीवर को दिया जाता है।

आमतौर पर इस कलेजा पौधे को शातो कहा जाता है। कबूतर खाना इस तरह से खाते हैं कि वे उसे बिना चबाये सीधे निगल जाते हैं। ऐसा माना जाता है कि भोजन शिव के मन्त्र द्वारा दिया जाता है। दाँत मारने से शिटो में मन्त्र नष्ट हो जाता है और मन्त्र प्रभावी नहीं हो पाता। इसलिए शिटो को बहुत सावधानी से खाना होगा।

नागबच्चा पूजा का प्रसाद आमतौर पर महिलाओं को नहीं परोसा जाता है। ऐसा माना जाता है कि नागबछरा प्रसाद खाने से महिलाएँ बाँझ हो सकती हैं।

उनका मानना है कि माघ महीने में कूचा मेले में बहुत से नागा आते हैं। वे ही इस सम्प्रदाय के कारण हैं, इन दोनों के पूर्व देवता महादेव हैं।

इनमें से प्रत्येक व्यक्ति प्रत्यक्ष या अप्रत्यक्ष रूप से नाग पूजा करता है और पूजा का प्रबल समर्थक है। चूँकि नाग पूजा पारम्परिक रूप से प्राचीन काल से चली आ रही है, इसलिए इसमें कोई सन्देह नहीं है कि दलित सम्प्रदाय के लोग नागवंशी लोग हैं।

सारांश : ऐसी बहुत सारी घटनाएँ हैं जो दलित समुदाय की संस्कृति की पहचान हैं। इन सब को खोज कर अपनी संस्कृति के सौन्दर्य शास्त्र बनने का समय उपलब्ध हुआ है।

यह पहले ही कहा जा चुका है कि तथाकथित उच्च वर्ग के लोगों ने इस सांस्कृतिक घटना को नज़रअन्दाज़ कर दिया है और इसे दर्ज नहीं किया है या ऐसा करने की उनकी कोई इच्छा नहीं है, जिससे इस समाज की पहचान लगभग ख़त्म हो गयी है।

उपर्युक्त संस्कृति की झलक का अध्ययन करें तो पता चलेगा कि शोषित समाज की पहचान कहाँ निहित है। चूँकि इस महान संस्कृति को सकारात्मक दृष्टि से नहीं देखा गया है या इसका विश्लेषण नहीं किया गया है और सबसे बढ़कर यह परम्परा उत्पीड़ित समुदाय के लोगों द्वारा निभायी जाती है, इसलिए यह उस न्याय से वंचित है।

शिक्षित शोषित समाज, जो अपनी संस्कृति और परम्परा का अर्थ नहीं समझता, दूसरों की संस्कृति को मिथ्या रूप से अपनाकर न केवल अपनी हीन भावना का परिचय देता है, बल्कि अपनी संस्कृति की गरिमा पर भी काला धब्बा लगाकर पतन की ओर अग्रसर होता है।

राजस्थान में दलित साहित्य : सृजन एवं सम्भावनाएँ

–रत्नकुमार सांभरिया

अंग्रेज़ी साम्राज्य के वर्चस्व से देश भले ही 15 अगस्त 1947 को मुक्त हो गया हो, लेकिन राजस्थान जो पूर्व में राजपूताना कहलाता था को सन् 1948 में उसके गठन के बाद ही पूर्णरूपेण आज़ादी मिली थी और 'राजस्थान' प्रदेश के रूप में स्वतन्त्र भारत का हिस्सा बना था। यहाँ का सामाजिक परिवेश राजसी, सामन्ती और ब्राह्मणवादी रहा। सामन्तवाद ब्राह्मणवाद के प्रश्रय के बग़ैर नहीं पनपता और ब्राह्मणवाद सामन्तवादी के संरक्षण के बिना विकराल नहीं बनता। ये दोनों ही तत्त्व यथास्थितिवाद के पोषक हैं और इनकी एकजुटता अन्धविश्वास, अशिक्षा और अस्पृश्यता को बनाये रखती है। जिस क्षेत्र में अन्धविश्वास, अशिक्षा और अस्पृश्यता की त्रिवेणी अविरल बहती रही हो, वहाँ दलित विमर्श, दलित अस्मिता और दलित अस्तित्व की चर्चा अस्वाभाविक थी। इस तरह का वातावरण ऊँची आवाज़ और कठोर शब्द को भी बर्दाश्त नहीं करता।

ऐसे घोर अन्धकार और ग़ुलामी की गुहा के बावजूद यहाँ भक्तिकाल में ही वर्णवादी व्यवस्था और सामन्ती वर्चस्व के ख़िलाफ़ चिनगारी चटकी। यह सामाजिक क्रान्ति थी जो चेतना का प्रस्फुटन था। हिन्दी साहित्य के पन्नों पर साया यह तथ्य कि राजसी ठाठ-बाट और सामन्ती परिवेश में पली-बढ़ी परम कृष्ण भक्त मीरांबाई ने चमार जाति में जन्मे सन्त रविदास को अपना गुरु मानकर भक्ति की लौ प्रज्वलित की थी। मीरां का यह क़दम विद्रोही और क्रान्तिकारी था। उन्होंने अपने कवित्त में सन्त रैदास का 32 बार गुरु सुमरन कर उनके प्रति शिष्य प्रदत्त आदर भाव प्रकट किया है–"गुरु मिलिया रैदास जी, दीन्ही ज्ञान की गुटकी।"

सन्त रविदास अपने अन्तिम दिनों में मीरांबाई के आमन्त्रण पर चित्तौड़गढ़ (मेवाड़) आ गये थे। यहाँ रह कर भी उनकी वाणियों और शब्दों में ब्राह्मणवाद की मुखालफ़त बरकरार रही। वे गुण उपासक थे। जाति वर्चस्व उनके लिए नागवार था।

रविदास ब्राह्मण मत पूजिय, जउ होवै गुनहीन।
पूजिही चरण चाण्डाल के, जउ होवै गुन परवीन।।

तुलसीदास जो उच्च कुलोत्पन्न ब्राह्मण थे उन्होंने अपनी जातीय निष्ठा के बरअक्स इसका पुरज़ोर विरोध किया और कहा–

पूजिय विप्र शील गुन हीना।
शूद्र न गुन ज्ञान प्रवीना।।

सन्त रविदास दलित साहित्य के आदर्श कहे जा सकते हैं। साहित्य की पारम्परिक धारा से इतर अगर हम दलित साहित्य के प्रादुर्भाव की ओर दृष्टिपात करें तो उसका बिरवा महाराष्ट्र में साठ के दशक में अँकुआया मिलता है। सन्दर्भ और पारिवेशिक मूल्यांकन तथा सामाजिक आकलन में साहित्य समाजद्रष्टा होता है। उत्पीड़न और अन्याय के चलते वह जागृति का सेतु बन जाया करता है। महाराष्ट्र में दलित उत्पीड़न और अत्याचारों की हदें लँघ गई थीं। पेशवाओं के शासनकाल में तो अन्त्यज समुदाय की यह दुर्गति रही कि जब वे राह से गुज़रते तो उनके गले में हांडी बँधी होती थी। पीठ पीछे झाड़ू लटकती थी। इसका हेतु यह रहा कि अगर राह चलता अन्त्यज थूकना चाहे तो वह गले में लटकी हांडी में ही थूक ले और उसके पद्चिह्न लटकती झाड़ू से मिटते चले जायें। ऐसे अमानवीय अत्याचारों के ख़िलाफ़ दलित साहित्य का उदय एक स्वाभाविक प्रतिक्रिया है।

अन्ना भाऊ साठे, बाबूराव बागुल, राजा ढाले, ज्योति लांजेकर, दया पंवार, बन्धु माधव, नामदेव ढसाल आदि की साहित्य मेधा बाबा साहब अम्बेडकर के प्रेरणादायी और समाजचेता विचारधारा की ऋणी है। यहाँ यह उल्लेख करना समीचीन जान पड़ता है कि महात्मा फुले ने 19वीं शताब्दी के पूर्वार्द्ध में ही दलित साहित्य को अपनी अभिव्यक्ति प्रदान कर दी थी। महात्मा फुले के समाजोद्धारक कार्यों के कारण डॉ. अम्बेडकर ने उनको अपना गुरु स्वीकार किया था। महात्मा फुले के उपरान्त बाबा साहब के विचारों का दलित साहित्य पर बड़ा प्रभाव पड़ा और सृजनधर्मिता का सूत्रपात हुआ।

स्वामी अछूतानन्द डॉ. अम्बेडकर के समकालीन थे। अगर हिन्दी बैल्ट में दलित साहित्य के उद्भव की चर्चा की जाये तो स्वामी जी निःसन्देह इसके प्रणेता हैं। उनके 'शंबूकवध रामराज्य' और 'मायानन्द बलिदान' दो ऐसे महत्त्वपूर्ण नाटक हैं, जिनको हिन्दी दलित साहित्य के बीजारोपण के रूप देखा जा सकता है। ठीक वैसे ही जैसे महात्मा फुले का 'तृतीय रत्न' नाटक मराठी दलित साहित्य की नींव है।

स्वामी जी की कविताएँ दलित समाज के उत्पीड़न, दलन, शोषण और अत्याचारों का प्रतिकार करती समाज में जागरूकता का स्रोत प्रवाहित करती हैं। यदि आज के सन्दर्भों का विवेचन करें तो हिन्दी में दलित साहित्य आठवें दशक के अन्त में अपनी उपस्थिति दर्ज कराता है। डॉ. जयप्रकाश कर्दम, मोहनदास नैमिशराय, ओम प्रकाश वाल्मीकि, रत्नकुमार सांभरिया, कंवल भारती की क़लम से हिन्दी दलित साहित्य सम्पन्न हुआ।

दलित साहित्य ने सदियों से चली आती चातुर्वर्ण्यव्यवस्था की रीढ़ को तोड़ने का साहस किया है। यह साहित्य पुराने मानदण्डों पर तो चोट करता ही है, वर्जनाओं और रूढ़ियों को नेस्तनाबूद करने, स्मृतियों (धार्मिक क़ानूनों) को नकारने की हिम्मत भी बटोरता है। इन्हीं स्मृतियों के माध्यम से वर्ग विशेष ने समाज पर ईश्वरीय थोपा है।

यदि राजस्थान के परिप्रेक्ष्य में दलित साहित्य के आविर्भाव का आकलन करें तो राजस्थान में भी दलित साहित्य की पहली किरण हिन्दी दलित साहित्य के साथ ही फूटी थी। सन् 1988 में मेरा एकांकी संग्रह 'समाज की नाक' प्रकाशित हुआ था। आलोचकों की दृष्टि में राजस्थान में इसे दलित दस्तक के रूप में देखा जा सकता है। यहाँ प्रो. श्याम लाल, डॉ. डी. आर. जाटव, डॉ. कुसुम मेघवाल, प्रेमचंद गांधी, डॉ. रामकुमार घोटड़, योगेश कानवा, रामनिवास बायला, डॉ. अनिता वर्मा, जय प्रकाश वाल्मीकि, रमैयाराम के.पी., बाबू लाल चांवरिया, हरदान हर्ष, आदि लेखक दलित साहित्य को समृद्ध कर रहे हैं।

राजस्थान में दो महत्त्वपूर्ण आत्मकथाएँ आयी हैं। डॉ. डी. आर. जाटव की 'मेरा सफ़र, मेरी मंज़िल' और प्रो. श्यामलाल की 'एक भंगी कुलपति की अनकही कहानी।' डॉ. जाटव ऐसे लेखक थे, जिनका सम्पूर्ण जीवन बाबा साहब के साहित्य और विचारधारा में सन्नद्ध रहा। उन्होंने अपने जीवन काल में 'डॉ. अम्बेडकर : व्यक्तित्व एवं कृतित्व' सहित लगभग तीन दर्जन किताबें लिखीं। साहित्यिक प्रतिमानों की दृष्टि से उनकी आत्मकथा 'मेरा सफ़र, मेरी मंज़िल' विशेष स्थान पाती है। आत्मकथा व्यक्ति के अन्तस की सच्चाई की मुखर अभिव्यक्ति होती है। अपनी इस आत्मकथा के माध्यम से उन्होंने अपने बचपन के उन दिनों का बेबाकी से वर्णन किया है, जो उन्होंने अभावों और ग़रीबी के साये में व्यतीत किये।

वे अपनी आत्मकथा में लिखते हैं कि उनका जन्म 25 दिसम्बर 1933 को उत्तर प्रदेश, अलीगढ़ के नगला नाई गाँव में हुआ था और विवाह सन् 1944 में हुआ। वे पढ़-लिखकर नौकरी के लिए राजस्थान आ गये। और यहीं के होकर रह

गये। इस आत्मकथा में एक अनोखी विरासत, जन्म और विवाह, शिक्षा के लिए संघर्ष, पीएच. डी. की कहानी, बाबा साहब से बुद्ध तक, मानववाद में मेरा विश्वास, कुल 22 अध्याय हैं। ये अध्याय बाबा साहब की 22 प्रतिज्ञाओं के गणनीय प्रभाव से प्रभावित नज़र आते हैं। डॉ. जाटव जिस समाज से हैं, उसमें माता प्रसाद की 'झोपड़ी से राजभवन' और मोहनदास नैमिशराय की 'अपने अपने पिंजरे' (दो भागों में) प्रकाशित हुई है।

डॉ. जाटव ने अपनी इस आत्मकथा में उनके पीएच. डी. करने के घटनाक्रम का इस प्रकार वर्णन किया है–"मैं डॉ. तिवारी से मिला, उन्होंने मुझे अपने महाविद्यालय निवास के बरामदे में इन्तज़ार करने को कहा। वे अन्दर गये और वापस लौटकर सफ़ेद काग़ज़ के कुछ पन्ने मुझे थमा दिये। मैंने उनमें शोध का विषय देखा और पाया 'डॉ. बी. आर. अम्बेडकर का समाज दर्शन'। इस प्रकार वे डॉ. अम्बेडकर पर पीएच. डी. करने वाले देश के प्रथम शोधार्थी बने।"

राजस्थान में दूसरी आत्मकथा प्रो. श्यामलाल की 'एक भंगी कुलपति की अनकही कहानी' सन् 2004 में प्रकाशित हुई। उनकी जाति के साहित्यकारों में भगवानदास की 'मैं भंगी हूँ' ओमप्रकाश वाल्मीकि की 'जूठन', सूरजपाल चौहान की 'सन्तप्त' और 'तिरस्कार', डॉ. सुशीला टाकभौरे की 'शिकंजे का दर्द' प्रकाशित हो चुकी हैं। वाल्मीकि समाज को क्षेत्र विशेष में विभिन्न नामों से पुकारा जाता है। यह जाति दलितों में दलित अर्थात महादलित रही है। फलस्वरूप सबसे ज़्यादा आत्मकथाएँ इन्हीं की आयीं। 'जूठन' और 'मैला' इनके केन्द्र में रहा है। जहाँ मैला ढोने की बात आती है, वाल्मीकि समाज का पुरुष वर्ग इससे सर्वथा पृथक् रहा है। क्योंकि घर कमाने के नाम पर दूसरे घरों की साफ़-सफ़ाई करके कूड़ा-कर्कट और मैला ढोने का सारा कार्य वाल्मीकि समाज की महिलाएँ करती आयी हैं। हाँ, जूठन समूचा परिवार खाता रहा। महिला और पुरुष दोनों के अनुभव भिन्न हैं।

यह जाति अन्य दलित जातियों में इतनी पिछड़ी क्यों रह गयी, इसका हेतु यह आत्मकथाएँ बयान करती हैं। अन्य दलित जातियाँ जहाँ डॉ. अम्बेडकर के आह्वान पर अपने घृणित जातीय पेशे छोड़ कर शिक्षा से जुड़ गयीं, वहीं यह जाति अपने पैतृक धन्धों में सन्नद्ध रही। मैला ढोने जैसे हेय पेशे को अपनाये रखने के कारण सर्वाधिक भेदभाव और अस्पृश्यता के वाक़िये भी इसी जाति से होते रहे हैं।

वाल्मीकि समाज की आत्मकथा चाहे जयपुर की हो या नागपुर की, उत्तर प्रदेश की हो या हिमाचल प्रदेश की, रूपरेखीय पेशागत समानता है। प्रो. श्याम लाल की यह आत्मकथा बड़ी प्रेरणादायक है। वे तीन विश्वविद्यालयों जयनारायण

विश्वविद्यालय जोधपुर (राज.), (1996-1999), राजस्थान विश्वविद्यालय, जयपुर (राज.) (2002-2003) और पटना विश्वविद्यालय, पटना (बिहार) (2008-2011) के कुलपति रहे। विभिन्न विषयों पर उनकी अबतक 14 पुस्तकें प्रकाशित हो चुकी हैं, जो उनकी तीक्ष्ण मेधा का परिचायक हैं।

उनकी आत्मकथा 'एक भंगी कुलपति की अनकही कहानी' ने उनको दलित साहित्यकारों की श्रेणी में ला खड़ा किया है। इस आत्मकथा में कुल सोलह अध्याय हैं। उसमें दसवाँ अध्याय है, 'उम्मेद भवन में।' यह अध्याय पाठक को न केवल उद्वेलित ही करता है, बल्कि रोंगटे खड़े कर देता है। यह एक युग बदलने जैसा दृष्टान्त है। वे अपनी आत्मकथा में लिखते हैं कि उन्होंने मार्च 1996 में जोधपुर विश्वविद्यालय के कुलपति का पदभार ग्रहण किया। उन्हीं दिनों जोधपुर के पूर्व महाराजा गजसिंह का जन्मदिन आया। श्री गजसिंह ने उनको अपने जन्मदिन पर उम्मेद भवन में आमन्त्रित किया था। वे जब वहाँ पधारे तो पूर्व महाराजा ने उनका तहेदिल से स्वागत किया। उनसे हाथ मिलाया। अन्य विशिष्ट अतिथियों के साथ उनको राजप्रासाद के सेंट्रल हाल में ले गये और सबके साथ बैठा कर भोजन कराया।

घर आकर जब उन्होंने यह सब अपनी माँ को बताया तो भावातिरेक से उनकी माँ की आँखें भर आयीं। गले लगाया। सिर पुचकारा और उस हाथ को चूमा जो पूर्व महाराज के हाथ से मिलाया गया था। क्योंकि एक समय उनकी माँ महल के बाहर झाड़ू बुहारी का काम करती थीं और बालक श्याम लाल भी कभी-कभार उनके साथ चले जाया करते थे। वे अपनी इस आत्मकथा में लिखते हैं कि उनको अपनी ज़िन्दगी में कितनी ही बार जातीय भेदभाव और अस्पृश्यता के दौर से गुज़रना पड़ा था।

डॉ. कुसुम मेघवाल का नाम महिला दलित साहित्यकारों में अग्रणी है। उनका लेखन बहुविध रहा है। उन्होंने कहानी, उपन्यास, कविताएँ, बाल साहित्य और आलोचना सृजन का एक महती कार्य किया है। 'हिन्दी उपन्यासों में दलित वर्ग' पर उन्होंने अपना शोध कार्य पूर्ण किया है। उनकी महत्त्वपूर्ण कृतियों में 'हिन्दी उपन्यासों में दलित नारी', 'इस नारी को पहचानो', 'अमंगली छाया', 'ख़ूब लड़ी मर्दानी वह तो लक्ष्मी नहीं, झलकारी थी', 'सासू माँ की सीख', 'बाबा साहब डॉ. अम्बेडकर', 'मेरी पहली उड़ान लन्दन यात्रा' और 'अंगारा' जैसी पुस्तकें हिन्दी दलित साहित्य में अपना स्थान पाती हैं।

समाज सेवा करते जब से उनका राजनीति में पदार्पण हुआ है, वे साहित्य की मुख्यधारा से पृथक् हो गयीं और बार-बार उनका पार्टी बदलना न केवल उनके लिए, बल्कि उनकी सृजनात्मक मेधा के लिए भी घातक साबित हुआ है।

उनकी 'अंगारा' कहानी काफ़ी चर्चित रही है। यह कहानी नारी विमर्श के लिए नया आयाम स्थापित करती हुई, नारी चेतना के लिए एक महत्त्वपूर्ण क़दम कहा जा सकता है। वरना अभी तक दलित स्त्रियों द्वारा दलित स्त्रियों के शोषण और उत्पीड़न की मीमांसा ही पढ़ने में आ रही थी।

डॉ. कुसुम मेघवाल के पति बी.एल. मेघवाल 'भागीरथ' भी एक नामचीन दलित साहित्यकार हैं। यह संयोग की बात है कि राजस्थान में मेघवाल दम्पति ही एकमात्र है जो पति-पत्नी दोनों साहित्यकार हैं। उनका लेखन भी बहुआयामी है। उन्होंने कहानी, कविता, निबन्ध, जीवनियाँ तो लिखी ही हैं, वर्षों तक 'परिवर्तन प्रभाकर' समाचार पत्र का सम्पादन भी करते रहे हैं। 'पीढ़ियों के सवाल' और 'उजाले की अगवानी' उनके दो महत्त्वपूर्ण कविता-संग्रह हैं। 'पीड़ा के सेतुबन्ध' उनका उपन्यास भी प्रकाशित हुआ है। सन् 1992 में प्रकाशित उनकी पुस्तक 'राजस्थान : दलित साहित्य, सन्दर्भ और सम्भावनाएँ' राजस्थान के दलित साहित्य का परिदृश्य प्रस्तुत करती है। उनका लेखन यथास्थितिवाद से इतर समय सापेक्षता का द्योतक है। ब्राह्मणी व्यवस्था पर बराबर चोट करते हैं। संवेदना और मानवीयता के स्तर पर उनका लेखन अम्बेडकरी विचारधारा का पोषण करता है।

उनके द्वारा प्रणीत डॉ. अम्बेडकर की जीवनी–'भारत रत्न डॉ. बी. आर. अम्बेडकर' गम्भीरता लिये है। इसकी सबसे बड़ी विशेषता यह है कि उन्होंने बाबा साहब के जीवन संघर्ष और विचारों का बख़ूबी से वर्णन किया है।

"यह देश डॉ. अम्बेडकर को दलितों के मसीहा के रूप में मानता है और आदर देता है। यदि उनके युग और उस युग की वास्तविकता और तत्कालीन राष्ट्रीय नेताओं के कार्यों का तटस्थ विश्लेषण करें तो हम पायेंगे कि डॉ. अम्बेडकर केवल दलितों के ही मसीहा नहीं थे, वे इस देश के जन सामान्य के मसीहा थे।"

राजस्थान के दलित साहित्यकारों में हरदान हर्ष भी एक हैं। उन्होंने बाल साहित्य से लेकर कविता, कहानी, एकांकी लिखे हैं। उनकी कविताओं में समय की जटिलताओं से जूझने की अभिव्यक्ति मिलती है। वे अपने लघु आत्मकथ्य में लिखते हैं कि "मेरी कविता यात्रा सन् 1962 में प्रारम्भ होती है। उस समय भारत-चीन के बीच युद्ध चल रहा था। राष्ट्रीय भावनाओं से ओत-प्रोत मैं राष्ट्रीयता के गीत गाने लगा था। सन् 1963 और सन् 1971 के भारत-पाकिस्तान युद्धों में मेरी राष्ट्रवादी भावनाओं को और बल मिला।" वे अपनी एक कविता में कहते हैं–

कुछ ही है,
मैदान में संघर्षरत,

बाक़ी ठहर गये हैं
एक एक कर
पिछले पड़ावों पर
बाँध कर
विजय का सेहरा
मैं अग्रगामी
अबतक हूँ,
जंग-ए-मैदान।

यह कटूक्ति है कि साहित्य की भाँति दलित साहित्य में भी नयी पौधें नगण्य हैं। अर्थात नवोदित या नवांकुर साहित्यकारों की कमी अब पूरी तरह खलने लगी है। प्रेमचंद गांधी हालाँकि अब युवा नहीं रह गये हैं, लेकिन हमारे बाद की पीढ़ी का होने के कारण और सधी क़लम के धनी होने के फलस्वरूप वे एक सम्भावनायुक्त साहित्यकार हैं। उनका काव्य-संग्रह 'इस सिम्फनी में' काफ़ी चर्चा में रहा है और पुरस्कृत भी हुआ है। उनके काव्य में अभिव्यंजनाओं की अभिव्यक्ति है। बिम्ब, प्रतीक और शब्दानुशासन का सुन्दर समन्वय प्रतिपादित हुआ है। विधागत पैरामीटर बना रहता है। उनकी भाषा, शैली, सहज और परिपक्व है। वे अपनी रचनाधर्मिता के प्रति पूरी तरह गम्भीर हैं। हालाँकि वे राजस्थान प्रगतिशील लेखक संघ की राजस्थान इकाई के प्रदेशाध्यक्ष रहे हैं, लेकिन कथित प्रगतिशील साहित्यकारों और विद्वानों के वे विरोधी हैं और उनका छद्‌म उन्हें स्वीकार्य नहीं है। वे अपनी 'डर' कविता में लिखते हैं–

वे प्रगतिशील नहीं, प्रगतिकामी हैं,
उन्हें प्रगति अपनी ही व्यवस्था में चाहिए।
जिसमें सदियों पुराने वर्चस्व की परम्परा
कुछ के हाथों में ही महफ़ूज़ रहे
यही उनका सामाजिक न्याय है।
वे हर उस व्यक्ति पर सन्देह करते हैं,
जो अपनी मेहनत और प्रतिभा से ऊपर उठ गया हो।

रामनिवास बायला नवोदित कवि और लघुकथाकार हैं। वे दलितों में स्वालम्बन पैदा करने के पक्षधर हैं। वे दलित की पीड़ा को उनके आज के संघर्ष के साथ बारीकी से बुनते हैं। वे वर्चस्ववादी जातिगत ढाँचे को ढहाना चाहते हैं, ताकि मानवता का संचार हर हृदय में समान रूप से हो। वे परम्परागत अवधारणा को

नकार कर आज के स्थापन की वफ़ादारी करते हैं। श्रमिक का श्रम-स्वेद इस धरती के विकास का मूल कारण है। उनकी कविताओं में आया आक्रोश और प्रतिकार विशृंखल रूप धारण नहीं करता है। बल्कि अपनी बात को इस तरह से प्रयुक्त करता है कि पाठक संवेदित हो उठता है और इस संवेदना के मध्य कहीं न कहीं स्वयं को खोजता है। उनकी 'मज़दूरन माँ' कविता क़ाबिलेतारीफ़ है–

भट्ठी ज्यों धधकती भू
झुलसने वाली असह्य भू
यौवन विषादता मातृत्व,
ममता मूरत मंजु लावण्य
व्यस्त पत्थर तोड़ने, ढेर जोड़ने में
टोकरी भरने उठाने में
सूना एक सदन
रोता बिलखता जीवन निर्बल
झाँकती माँ वो मज़दूरन

कहा जा सकता है कि राजस्थान में आज दलित साहित्य अपनी सृजनशीलता को लेकर अत्यन्त गम्भीर है।

वर्तमान परिप्रेक्ष्य में दलित लेखन का मूल्यांकन और बदलाव की पहल

–डॉ. सुशीला टाकभौरे

'भारतीय दलित साहित्य समिति' संस्था की ओर से 21 दिसम्बर को ग्रेटर नोएडा, गौतम बुद्ध नगर (उत्तर प्रदेश) में आयोजित एक दिवसीय 'अखिल भारतीय दलित लेखक सम्मेलन' में हम सब यहाँ सम्मिलित हुए हैं। इस हेतु मैं संस्था के अध्यक्ष डॉ. रामप्रताप 'नीरज' जी के प्रति आभार व्यक्त करती हूँ।

इस कार्यक्रम को सार्थक स्वरूप देने के लिए इस 'अखिल भारतीय दलित लेखक सम्मेलन' में दिल्ली एवं देश के विभिन्न प्रदेशों से पधारे सभी वरिष्ठ लेखक-लेखिकाओं का भाग लेना निश्चित रूप से इसकी स्तरीयता एवं गरिमा को बढ़ावा देता है।

जैसा कि इस कार्यक्रम की नियोजित पत्रिका के शीर्ष पर ही यह सन्देश दिया गया है, "भीड़ जुटाना हमारा उद्‌देश्य नहीं, सार्थक बहस हमारा संकल्प है।" यह इस कार्यक्रम के संयोजक डॉ. रामप्रताप 'नीरज' की दूरदर्शिता एवं कार्यक्रम आयोजन के उद्‌देश्य को स्पष्ट रूप से व्यक्त करता है। हम भी इस बात के समर्थक और सहभागी हैं।

इस एक दिवसीय राष्ट्रीय सम्मेलन का केन्द्रीय विषय है, 'वर्तमान परिप्रेक्ष्य में दलित लेखन का मूल्यांकन और बदलाव की स्थिति : एक विमर्श'। यह विषय सामान्य नहीं, बल्कि बहुत ही गहराई के साथ चिन्तन और मनन कर विषय है। दलित साहित्य कब से लिखा जा रहा है, कितना लिखा गया, कैसा लिखा गया, क्या-क्या लिखा गया। यह दलित साहित्य लेखन की ऐतिहासिक यात्रा को पढ़कर और समझकर ही इस विषय में कुछ कहा जा सकता है। और अब यहाँ वर्तमान परिप्रेक्ष्य में इस विषय पर मात्र कुछ कहना नहीं, बल्कि दलित लेखन का मूल्यांकन

सटीक दृष्टि से करना है। इसके साथ ही दलित लेखन में बदलाव की स्थिति पर भी चिन्तन-मनन करते हुए अपना निष्कर्ष प्रस्तुत करना है, जिनके आधार पर हम यहाँ उपस्थित सभी दलित साहित्यकार, वर्तमान परिप्रेक्ष्य में दलित लेखन के मूल्यांकन और बदलाव की स्थिति पर विचार विमर्श कर सकेंगे।

दलित साहित्य पूरे देश के सभी प्रान्तों में, सभी प्रान्तीय भाषाओं में लिखा जा रहा है जिनमें हिन्दी, मराठी, गुजराती, पंजाबी, हरयाणवी, राजस्थानी, उर्दू, तेलगू, तमिल, कन्नड़, मलयालम, बांग्ला, आदि प्रमुख भाषाएँ हैं।

यह बहुत ही ख़ुशी की बात है कि हम यहाँ महाराष्ट्र, दिल्ली, उत्तराखण्ड, उड़ीसा, मध्य प्रदेश, उत्तर प्रदेश, हरियाणा, राजस्थान, झारखण्ड, पश्चिम बंगाल आदि प्रान्तों के, अनेक शहरों के दलित लेखन से जुड़े साहित्यकार उपस्थित हैं और इस महत्त्वपूर्ण विषय पर विचार-विमर्श करते हुए निश्चय ही सही निष्कर्ष को प्राप्त करेंगे। दलित साहित्य लेखन दलित आन्दोलन का ही एक माध्यम है। इस तरह सभी दलित साहित्यकार, सामाजिक कार्यकर्ता और समाज चिन्तक भी हैं। दलित समाज अनेक जातियों और उपजातियों में बँटे होने के कारण अधिक पिछड़ा, असंगठित और छिन्न-भिन्न रूप में रहा। बाबासाहब डॉ. भीमराव अम्बेडकर के 'समाज जागृति आन्दोलन' के फलस्वरूप, उनकी प्रेरणा और मार्गदर्शन से हम अब एक मंच पर एकत्रित होने लगे हैं। यह डॉ. अम्बेडकर के सपनों का साकार रूप है। साथ ही उनका सन्देश, 'शिक्षित बनो, संगठित रहो, संघर्ष करो' को समझकर और अपने जीवन में चरितार्थ करते हुए, हम सभी बाबासाहब डॉ. भीमराव अम्बेडकर की विचारधारा के अनुसार उनके पदचिह्नों पर चल रहे हैं। यहाँ यह सत्य है कि शिक्षा ही हमारी ताक़त है, संगठन ही हमारी शक्ति है और संघर्ष ही हमारी सफलता का स्रोत है।

बाबासाहब डॉ. अम्बेडकर ने कहा था कि, 'हमने अपना कारवाँ यहाँतक लाया है, यदि आप उसे आगे न बढ़ा सको तो कोई बात नहीं, मगर इसे पीछे मत जाने देना।' बाबासाहब का यह कथन बहुत महत्त्वपूर्ण है। जो कारवाँ बाबासाहब ने आगे बढ़ाया है, हम बाबासाहब के अनुयायी इस कारवाँ को आगे बढ़ाते रहें—यह हम सब का कर्तव्य और ज़िम्मेदारी है। अपनी इस ज़िम्मेदारी को समझते हुए, जागरूक साहित्यकार समाज चिन्तक और सामाजिक हितैषी कार्यकर्ता पिछले 20-25 बरसों से दलित साहित्य सेमिनार, सम्मेलन और विचार गोष्ठियों का आयोजन करते रहे हैं, जिनका उद्देश्य मूल रूप से यह समझना और समझाना है कि अभी तक हमारे दलित लेखन की दशा और दिशा क्या है? और क्या होनी चाहिए। इसी क्रम

में आगामी सन् 2024 के आगमन से मात्र 10 दिन पूर्व आयोजित इस कार्यक्रम का विषय और उद्देश्य पूर्णत: स्पष्ट है कि अब वह समय आ गया है कि हम अबतक लिखे गये दलित लेखन का मूल्यांकन करने के साथ, इसमें अपेक्षित बदलाव की स्थिति पर स्वस्थ विचार-विमर्श करें।

वर्तमान का उत्तर आधुनिक युग मुख्य रूप से विमर्शों का युग है। वर्तमान समय में, सदियों से शोषित-पीड़ित वंचितों की समस्याओं का अध्ययन और चिन्तन-मनन, उन समस्याओं के निराकरण के साथ–सबको समता, स्वतन्त्रता, सम्मान और भाईचारा का अधिकार प्राप्त करने के अवसर जुटाने हेतु, विचार विमर्श किया जा रहा है। इन शोषित वंचितों में मुख्य रूप से स्त्री, दलित और आदिवासी वर्ग के लिए वैश्विक स्तर पर चिन्तन और विमर्श हो रहा है। बाबासाहब डॉ. भीमराव अम्बेडकर ने सभी शोषित-पीड़ित वर्ग को समता–न्याय के अधिकार दिलाने के लिए, संघर्ष और समाज परिवर्तन का आन्दोलन चलाया था। हम दलित साहित्यकार भी बाबासाहब के कार्यों और उनके सामाजिक आन्दोलन के अनुयायी हैं।

बाबासाहब डॉ. भीमराव अम्बेडकर के जन्म के बाद, इतने वर्ष बीत चुके हैं। भारतीय संविधान लागू होने के बाद इतना दीर्घ समय बीतने के बाद भी दलित-वंचित शोषित समाज की स्थिति में समाधान-कारक परिवर्तन नहीं हुआ है। तब यह विचार भी करना आवश्यक है, क्या मात्र दलित साहित्य लेखन से दलित-वंचित पीड़ित समाज की समस्याओं का निदान होगा? या हमें कुछ अन्य मार्ग भी अपनाना होगा?

'साहित्य समाज और सत्ता' यह बहुत महत्त्वपूर्ण और विचारणीय बात है। तथागत गौतम बुद्ध ने अन्याय और विषमता पर आधारित धर्म के विरुद्ध शोषित-पीड़ित जन-सामान्य समुदाय को समता, सम्मान, स्वतन्त्रता और न्याय पाने के लिए, जन-जागृति करके, संघर्ष और आन्दोलन का मार्ग दिखाया था। क्रान्तिकारी, समाज सुधारक कबीर ने विषमतावादी धर्म और समाज के ठेकेदारों को खरी-खरी सुनाते हुए, जन-सामान्य पीड़ितों को जागरूक बनाया था। महात्मा जोतिराव फुले ने अपने समय में समाज से जाति भेद मिटाने और अछूत वर्ग को शिक्षा देने के यथा सम्भव प्रयत्न किये थे, जिसके फलस्वरूप अछूत जाति के लोग भी शिक्षा पाने लगे थे। ये उनके क्रान्तिकारी कार्य थे। डॉ. भीमराव अम्बेडकर ने तथागत गौतम बुद्ध, क्रान्तिकारी कबीर और दलितों की शिक्षा के प्रणेता महात्मा जोतिराव फुले को अपना गुरु मानते हुए, उन्हीं के कार्यों और विचारों का अनुकरण किया, जिससे उन्होंने अपने कार्यों में सफलता पायी है।

लेकिन यह समय-चक्र भी लगातार घूमता रहता है। सफलता प्राप्ति के उच्च शिखर तक पहुँचने के साथ, पुनः पुनः वर्णभेद-जातिभेद से जुड़ी दलितों के अत्याचार, शोषण की घटनाएँ भी घटती नज़र आती हैं, जिससे यह भान होता है कि–वर्णभेद-जातिभेद और लिंगभेद का अन्यायपूर्ण समय कभी गया ही नहीं, बल्कि साथ-साथ चल रहा है। वर्तमान समय में स्थिति अधिक भयानक रूप लेती नज़र आ रही है। ऐसे समय में सभी दलित साहित्यकारों का दायित्व है कि हम सभी एक मंच पर आकर, इस कठिन समय में यह विचार करें कि इन स्थितियों के बदलाव के लिए क्या करें?

डॉ. भीमराव अम्बेडकर विश्वशान्ति और विश्वबन्धुत्व के प्रबल समर्थक थे। वे अपने पूरे देश में, साथ ही विश्व में समता-स्वतन्त्रता, शान्ति और बन्धुत्व-भाव या भाईचारा की स्थिति चाहते थे। वे मानवाधिकार के समर्थक थे। अपने भारतीय संविधान में इसी आधार पर प्रत्येक भारतीय नागरिक को मौलिक अधिकार देकर उन्होंने सबको सामाजिक न्याय पाने का अधिकार दिया है। फिर भी वे कौन-सी स्थितियाँ हैं, जिनके कारण अभी भी दलित अछूत जाति समुदाय के साथ अन्याय-अत्याचार शोषण और अपमान की घटनाएँ लगातार घट रही हैं। तब निश्चित रूप से कहा जा सकता है कि दलित लेखन में बदलाव की आवश्यकता है।

हम सभी जानते हैं दलित साहित्य लेखन का लक्ष्य निश्चित है, जिनमें प्रमुख मुद्दे हैं–

1. विषमतावादी के विरुद्ध–समता का सन्देश।
2. प्रतिरोध और परिवर्तन की मानसिकता का निर्माण।
3. अस्मिता और अस्तित्व के प्रति जानकारी।
4. शिक्षा संगठन संघर्ष का सन्देश।
5. जीवन का सन्देश।
6. दलित लेखन के केन्द्र में दलित नायक-नायिकाएँ हों–
7. जाति धर्म की मान्यता के विरुद्ध मानवतावादी विचार हों।
8. अम्बेडकरवादी विचारधारा पर आधारित विचार हों।
9. स्त्री-पुरुष समानता की बात हो।
10. भविष्य की पीढ़ी को आन्दोलन और जागरूकता का सन्देश दिया जाये।
11. दलित लेखन से सामाजिक क्रान्ति का सन्देश देना चाहिए।
12. प्रतिनिधि साहित्यकारों द्वारा अपनी जाति का विशेष दर्द बताना स्वाभाविक है।
13. दलितों में जातिभेद का विरोध किया जाये।

14. अन्धविश्वास और विसंगति का विरोध होना चाहिए।
15. नारी शोषण का विरोध सभी साहित्यकारों द्वारा किया जाना चाहिए।
16. अन्तरजातीय विवाह को प्रधानता दी जाये।
17. दलित जातियाँ अपने-अपने जातिगत महापुरुषों की स्थापना के बदले डॉ. अम्बेडकर की विचारधारा को मानें।
18. दलित लेखन आत्मसम्मान के लिए संघर्ष की बात कहता है।
19. दलित लेखन में वैश्विकता आनी चाहिए।
20. सम्पूर्ण शोषित वर्ग के साथ सद्भावना हो।
21. राजनीति और समाजनीति में समाज प्रमुख होना चाहिए।
22. नयी पीढ़ी की बदलाव की परिस्थिति के लिए, मानसिकता का निर्माण किया जाये।

इस तरह हम वर्तमान परिप्रेक्ष्य में दलित लेखन का मूल्यांकन कर सकेंगे। साथ ही बदलाव की स्थिति पर सही दिशा में विचार-विमर्श भी कर सकेंगे। एक सार्थक पहल की शुरुआत की जायेगी।

धन्यवाद, आदरणीय डॉ. नीरज जी, आपने इस भव्य और उद्देश्यपूर्ण कार्यक्रम का आयोजन किया, और एक महत्त्वपूर्ण विषय पर विचार गोष्ठी सम्भव हो सकी। हमें यहाँ उपस्थित होने और अपने विचार रखने का अवसर मिला इसके लिए हम आपके प्रति आभार व्यक्त करते हैं।

भविष्य में पुन:-पुन: इस तरह के कार्यक्रम होते रहें, जिससे दलित लेखन को और समाज को सही दिशा मिलती रहे इस आशा के साथ आप सभी का आभार।

जय भीम–जय भारत।

हिन्दी दलित कविता का नया तेवर और नज़रिया

–मदन कश्यप

हिन्दी साहित्य के इतिहास में भक्तिकाल का महत्त्व इस दृष्टि से भी है कि उस दौरान पहली बार कुछ ऐसे कवि आये जो दलित वर्ग के थे और उनका लेखन हाशिये पर धकेले जाने लायक नहीं था। इससे ज़ाहिर होता है कि समाज के सबसे निचले और अगतिशील तबके में भी तब कोई हलचल पैदा हो रही थी। भले ही आगे चलकर उसका ब्राह्मणीकरण कर लिया गया।

भक्ति आन्दोलन की एक विशेषता यह भी थी कि इसने कर्मकाण्ड और छुआछूत आदि ब्राह्मणवादी पाखण्डों में सन्त्रस्त हिन्दू समाज को त्राण दिया, मुक्ति का मार्ग दिखाया। यह नहीं भूलना चाहिए कि पूरे भारतीय उप महाद्वीप में, जहाँतक भक्ति आन्दोलन का प्रसार हो सका, केवल उन्हीं क्षेत्रों की ग़ैर-ब्राह्मण जातियाँ हिन्दू समाज से जुड़ी रह सकीं। कश्मीर, सिन्ध और पूर्वी बंगाल के सुदूर इलाक़ों में भक्ति आन्दोलन का शीतल स्पर्श उत्पीड़ित जनों को नहीं मिला। फलतः वहाँ के लगभग सभी ग़ैर ब्राह्मणों ने पाखण्डों के 'दीरघ दाघ' से दग्ध होकर सामूहिक रूप से धर्मान्तरण कर लिया।

वर्ण विरोधी भक्ति आन्दोलन की वर्णाश्रम व्यवस्था के साथ सामंजस्य से उभरी सगुण भक्तिधारा के केन्द्र में आने के साथ ही एक बार फिर, दलित जातियों का लेखन हाशिये पर चला गया। आश्चर्य है कि स्वतन्त्रता आन्दोलन के दौरान भी, जो हिन्दी साहित्य का दूसरा उत्थानकाल था, हिन्दी पट्टी में दलित-लेखन उपेक्षित ही रहा। इससे भी प्रमाणित होता है कि हिन्दी क्षेत्र का नवजागरण अधूरा, अपूर्ण और किसी हद तक पुनरुत्थानवाद से नाभि-नालबद्ध था। समाज के निचले तबके तक तो उसकी पहुँच थी ही नहीं। आजादी के बाद तो स्थिति और बदतर हो गयी।

हालाँकि, हिन्दी और बंगबाबा साहब नवजागरण की तुलना में मराठी नवजागरण कहीं ज़्यादा ज़मीनी था। ज्योतिवा फुले और भीमराव अम्बेडकर जैसे नेताओं के प्रयत्नों से वहाँ समाज के निचले तबकों के सामाजिक संघर्ष के साथ-साथ आत्मसंघर्ष का भी विस्तार हुआ। फलतः, दलित-लेखन एक बड़ा आन्दोलन बनकर उभरा और समूचे मराठी साहित्य को तो उसने नयी दिशा दी ही, धीरे-धीरे कन्नड़ एवं अन्य भारतीय भाषाओं में भी उसकी दस्तक सुनाई देने लगी।

आज़ादी के बाद, स्वार्थी नेताओं ने चुनावों में जातिवाद के घृणित इस्तेमाल द्वारा जातीय घेराबन्दियाँ मज़बूत करके सामन्तवाद को एक नया आधार प्रदान किया। कांग्रेस ने दलितों को एक वोट-बैंक के रूप में तब्दील कर ब्राह्मणवादी शक्तियों के साथ जोड़ दिया। चूँकि, चुनावी राजनीति में हिन्दी क्षेत्र की भूमिका निर्णायक रही है। अतः इस क्षेत्र में ज़्यादा तत्परता और चालाकी से इस समीकरण को मज़बूत किया गया। इसका एक परिणाम यह भी हुआ कि जातीय राजनीति के दुष्चक्र में फँसी हिन्दी-पट्टी ज़्यादा भ्रष्ट और अकर्मण्य हो गयी। यहाँ राजनीतिक गतिविधियाँ तो काफ़ी तेज़ रहीं, लेकिन आर्थिक गतिविधियाँ एकदम ठप। दलितों का सामाजिक संघर्ष और आत्मसंघर्ष तो बढ़ता दिखा। लेकिन इस दौरान दलित-लेखन हाशिये पर ही रहा। 1970 तक खड़ी बोली में तो शायद ही कोई रचनाकार हुआ हो। अलबत्ता, लोकभाषाओं में कुछ ऐसे दलित लेखक हुए, जो अपने-अपने क्षेत्र में चर्चित रहे। इधर, राजनीतिक और सामाजिक परिस्थितियों में आये बदलाव के साथ-साथ हिन्दी के दलित-लेखन का अपनी पहचान बनाने का संघर्ष तेज़ हो गया है और कई दलित कवि सामने आये हैं। अकेले रमणिका गुप्ता द्वारा सम्पादित 'युद्धरत आम आदमी' के दलित चेतना विशेषांक (कविता) में 20 से अधिक दलित कवियों की कविताएँ हैं। जबकि, अनेक दलित कवियों की रचनाएँ इसमें शामिल नहीं हैं।

दलित कवियों की इस शृंखला में एक महत्त्वपूर्ण नाम युवा कवि मलखान सिंह का है, पिछलों दिनों में परिवेश की ओर से उनकी पहली कविता पुस्तिका 'सुनो ब्राह्मण' प्रकाशित हुई।

मलखान सिंह की पुस्तिका के माध्यम से हिन्दी कविता का एक ऐसा नया तेवर उभर कर सामने आया, जिसकी उपेक्षा नहीं की जा सकती। इन कविताओं में दलितों के आँसू, चीख़, डर और संघर्ष का वह पक्ष है, जो अबतक अँधेरे में था। ये कविताएँ एक नये अनुभव संसार से हमारा साक्षात्कार कराती हैं। इनके माध्यम से दलितों के बारे में लिखी गयी कविता और दलितों द्वारा लिखी गयी कविता का अन्तर भी सहज सम्प्रेषित हो जाता है।

'एक पूरी उम्र' शीर्षक कविता में डर को अभिव्यक्त करते हुए कवि लिखता है–

लगता है अभी बस अभी
ठकुराइसी भैड़ चीखेगी
मैं अधसौच ही
खेत से उठ जाऊँगा।

हिन्दी में डर पर सैकड़ों कविताएँ लिखी गयी हैं, लेकिन डर के मारे शौच कार्य बीच में छोड़कर 'अधसौच' उठ जाने की बात न केवल नयी है, बल्कि, यह हमारी संवेदना की सीमाओं को भी रेखांकित करती है। कुछ अनुभव केवल अपने होते हैं। संवेदनशील रचनाकार दूसरों के दुःख-दर्द को ग्रहण तो करता है लेकिन उसकी ग्राह्यता की भी सीमा होती है। वर्गों से भी ज़्यादा लौहाच्छादित हैं, ये वर्णों की दीवारें। वर्गान्तरण तो होता है (हो सकता है) लेकिन, वर्णान्तरण सम्भव नहीं है। इसका एकमात्र समाधान वर्णव्यवस्था का ख़ात्मा ही है।

'फटी बंडी' कविता में मलखान सिंह नाम के बजाय जाति (उन्होंने इसके लिए क़ौम शब्द का प्रयोग किया है) से पहचाने-पुकारे जाने की बेबसी का इजहार करते हुए लिखते हैं–

अपरिचित श्रीमान से हाथ मिलाते
हाथ काँपता है
लगता है कि ठाँव की पूछने के बाद
वह पाँव की भी पूछेगा...
चुनाँचे पूरा का पूरा सफ़र
बर्फ़ीली दुश्मनी में बदल जायेगा।

'भूख' शीर्षक कविता को पढ़ते हुए लीलाधर जगूड़ी की कविता 'दण्डस्वरूप' की पंक्तियाँ याद आने लगती हैं–

भूख ऐसी धँसकर लगी हुई है जैसे ज़मीन के नीचे जड़ें
ऐसी फैली हुई है जैसी आकाश में हवा
ऐसी चुभी हुई है जैसे रिकार्ड पर सूई।

(इस यात्रा में) मलखान सिंह के पास जगूड़ी जैसी सुथरी काव्यभाषा नहीं है, वैसा शैली लाघव भी नहीं। लेकिन इसमें जीवन का ऐसा सीधा-सादा सच है, जो हमें बहुत कुछ सोचने पर मजबूर कर देता है–

भूख तेरे आका का हाथ
जगन्नाथ

हमारा हाथ कुत्ता गू
भूख तेरे आका का पाँव
अंगद पाँव
हमारा पाँव फटा बाँस

हमारे मिथक और इतिहास में जो दिव्य और उदात्त है, ज़रूरी नहीं कि सबके लिए वह वैसा ही हो। दरअसल, ईश्वर की रचना भी वर्गहित में ही हुई है, सो ज़ाहिर है कि समाज के दूसरे वर्ग को उसमें कुछ और ही दीखेगा। संकलन की कविता 'आख़िरी जंग' को इस दृष्टि से देखा जा सकता है–

ओ परमेश्वर
कितनी पशुता से रौंदा है हमें
तेरे इतिहास ने
देख, हमारे चेहरे को देख
भूख की मार के निशान
साफ़ दिखाई देंगे तुझे

मलखान सिंह की कविताओं में केवल भयावह यथार्थ ही नहीं, कहीं-कहीं सुनहरे सपने भी हैं–

मकाँ ऐसा बनाऊँगा
जहाँ हर होंठ पर
बन्धुत्व का संगीत होगा

लेकिन, ज़्यादातर कविताओं में दलित जीवन की वह बेचैनी अभिव्यक्त हुई, जिसे बाहर से महसूस नहीं किया जा सकता; जैसे कि–

हम जी रहे हैं
सड़ियल कुत्ते की ज़िन्दगी
जिसके क़रीब से गुज़रने पर
पंख सड़ जाते हैं हवाओं के

मलखान सिंह की अधिकांश कविताओं में एक तरल आक्रोश है। यह आक्रोश शब्द चयन और वाक्य-विन्यास के स्तर पर भी दिखता है–

बन्दूक़ तान ली है तुमने
वही बन्दूक़
जिसके सूत पर
हमारी अँगुलियों के निशान अंकित हैं

वही बन्दूक़
जिसके रेशे-रेशे में
हमारे पसीने की महक गुँची है

लेकिन, इस कविता में एक सच्ची बेचैनी है जो आक्रोश की तरलता के बावजूद, मन को छूती है। पुस्तिका की सबसे महत्त्वपूर्ण रचना 'सुनो ब्राह्मण' में भी कुछ इसी प्रकार का तरल आक्रोश पसरा हुआ है–

हमारी दासता का सफ़र
तुम्हारे जन्म से शुरू होता है
और इसका अन्त भी
तुम्हारे अन्त के साथ होगा।

ज़ाहिर है, आक्रोश पर थोड़ा और नियन्त्रण रखकर, अगर कवि इस वर्ण तथा वर्ग विभाजित समाज में और गहरे उतर पाता, तो यह हमारे समय की एक निर्णायक कविता हो सकती थी। इस कमी के बावजूद, यह एक महत्त्वपूर्ण रचना है। क्योंकि, यह हज़ारों वर्षों से वर्णवादी व्यवस्था का अत्याचार झेलने वाले दलितों की सोच की सच्ची अभिव्यक्ति है।

सम्भव है, अशोक वाजपेयी और उनकी 'पश्चालज्जा' की परम्परा को 'जनवादी तेवर' के साथ आगे बढ़ाने वाले आठवें दशक के कवियों के सौन्दर्यलोक से अनुकूलित, उन पाठकों को ये कविताएँ अच्छी न लगें, जिनकी सच के सौन्दर्य के आस्वादन की क्षमता नष्ट हो चुकी है। परन्तु, सीधे सच के सहज सौन्दर्य की ये कविताएँ ही नागार्जुन और मुक्तिबोध की परम्परा की नयी कड़ी हैं। इनके गर्भ में हिन्दी कविता का भविष्य छिपा है। ये कविताएँ हमें यक़ीन दिलाती हैं कि रोशनी की एक किरण अब वहाँ भी पहुँच रही है, जहाँ हज़ारों वर्षों से अँधेरा कुण्डली मार कर बैठा था। यह हिन्दी साहित्य में ही नहीं, हिन्दी समाज में भी बदलाव का शुभ संकेत है।

वर्तमान परिप्रेक्ष्य में दलित लेखन का मूल्यांकन और बदलाव : एक विकल्प

–ईश कुमार गंगानिया

मेरे लिए 'दलित लेखन का मूल्यांकन' ऐसा है जैसाकि स्पाइन या ब्रेन की सर्जरी जैसे जोखिम को निमन्त्रण देना। कहने की ज़रूरत नहीं कि दलित लेखन में असहमतियों के लिए ना के बराबर स्पेस है। साहित्य की यह मुहिम कमोबेश वर्तमान निज़ाम की तर्ज़ पर चल रही है, जहाँ सत्ता के सुर में सुर मिलाओ तो सब ठीक, वरना कुछ भी ठीक नहीं, यानी पूर्वाग्रही दुश्मनी। डॉ. धर्मवीर से आजीवक को लेकर वैचारिक असहमति बनी तो शान्ति स्वरूप बौद्ध ने 'गद्दार सत्ता : भाग 1, मक्खलि गोसाल के मानसपुत्र' जैसी पुस्तक सम्पादित कर डाली। इसमें लिखने वालों ने प्रतिशोध के चलते आजीवक को लेकर वह सब लिख डाला, जो रचनात्मक नहीं था और नहीं लिखना चाहिए था। कँवल भारती और डा. धर्मवीर के बीच वैचारिक विवाद हुआ तो कँवल भारती ने 'डॉ. धर्मवीर का फ़ासिस्ट चिन्तन' नामक पुस्तक लिख डाली। डॉ. धर्मवीर और ओमप्रकाश वाल्मीकि के बीच कुछ हुआ तो डॉ. धर्मवीर ने 'जय भंगी, जय चमार (खण्ड एक) 'जूठन' का लेखक कौन?' की श्रृंखला ही शुरू कर दी। ऐसे हालात में सार्थक संवाद या 'बदलाव की स्थिति' के लिए मुझे नहीं लगता कि कोई ख़ास स्पेस बचता है, लेकिन फिर भी अँधेरे के ख़िलाफ़ नयी रोशनी की तलाश हर ज़िम्मेदार नागरिक का पहला कर्तव्य है। ज़ाहिर है, मेरा भी है।

जोखिम इसलिए कहा कि विषय बेहद गम्भीर है और मेरी पहचान विवादित, क्योंकि मैं दलित साहित्यकार नहीं हूँ और आज मैं कह सकता हूँ कि मैं अम्बेडकरवादी साहित्यकार भी नहीं हूँ। लेकिन हाँ, मैं अम्बेडकरवादी वैचारिकी का संवाहक ज़रूर हूँ। मैं किसी 'वाद' का मोहताज रहकर अपनी वैचारिक उड़ान को बाधित/सीमित करने का पक्षधर नहीं हूँ। ग़ौरतलब है कि यह जज़्बा भी मैंने अम्बेडकरी वैचारिकी

से पाया है। इसलिए मेरा वर्तमान लेखन 'न कोई वाद, न कोई विवाद', सिर्फ़ और सिर्फ़ 'समय से संवाद' के भाव का पक्षधर है। मैं यह मान कर चल रहा हूँ कि वर्तमान चर्चा के विषय में प्रयुक्त शब्द 'दलित लेखन का मूल्यांकन' मुझे मेरा पक्ष रखने के लिए स्पेस बनाता है क्योंकि मैं भी दलित समाज से आता हूँ। भले ही मेरी स्थिति दलित साहित्य में हीरा डोम 'अछूत' जैसी है, मगर मैं हीरा डोम की तरह शिकायत नहीं, हस्तक्षेप कर रहा हूँ। मेरा हस्तक्षेप वर्ग-विहीन व जाति-विहीन समाज के निर्माण के लिए है। मेरा हस्तक्षेप सभी प्रकार के शोषण-उत्पीड़न के विरुद्ध समता, स्वतन्त्रता और बन्धुता के दम पर सन्त रैदास के 'बेगमपुरा' जैसे समाज/देश निर्माण में सहभागिता का हस्तक्षेप है।

जहाँतक साहित्य की वर्तमान दशा का प्रश्न है, मुझे लगता है 'साहित्य' दो साँड़ों के बीच एक झुण्ड की तरह फँसा है। एक साँड़ दलित (स्त्री, आदिवासी आदि) का प्रतिनिधित्व करता है और दूसरा परम्परावादी/वर्चस्ववादी जातियों का। मगर एक तीसरा साँड़ भी है, वह दोनों से अलग खड़ा जुगाली कर रहा है। उसकी जुगाली से कितना साहित्य सृजन हो रहा है, यह अपने आप में अलग से शोध का विषय है। ऐसा लगता है, इन साँड़ों के बीच पूर्वाग्रही दुश्मनी के चलते संवाद, सृजन, और समाज निर्माण के लिए कोई ख़ास स्पेस नहीं बचा है। वर्तमान साहित्य को इस स्पेस के विस्तार की ज़रूरत है ताकि आपसी सकारात्मक संवाद के लिए अधिक से अधिक स्पेस बने। तथागत बुद्ध, कबीर, रैदास, फुले, और डॉ. अम्बेडकर ने भी ऐसे ही स्पेस का इस्तेमाल किया है और आज ये विश्व पटल पर छाये हुए हैं। इसे किसी सीमा तक मध्यम मार्ग भी कह सकते हैं। स्पेस का सदुपयोग अम्बेडकरवाद की प्रमुख पहचान है जो अपने पक्ष की वैज्ञानिकता, नैतिकता, सृजन और निर्माण के रूप में जानी जाती है। लेकिन वर्तमान दलित साहित्य के बारे में ऐसा कोई ठोस दावा नहीं किया जा सकता क्योंकि यह एक अन्धभक्त की तरह डॉ. अम्बेडकर और उनके साहित्य के शरणागत है, इसका प्रचारक है, मगर इसका अम्बेडकरवाद से कोई वास्ता नज़र नहीं आता।

प्रश्न है—साहित्य में ये दो या तीन ध्रुव क्यों हैं और इनके आपसी टकराव की वजह क्या है? अगर अपवाद को छोड़ दें, परम्परावादी यानी जातिवादी समाज से जुड़ा साहित्यकार अपने जातीय वर्चस्व और इसकी पोषक परम्पराओं को बनाये रखना चाहता है। इसमें इसके और इसके समाज के हित सुरक्षित हैं, जिसके चलते दलित समुदाय में इन्सान के सामान्य जीवन जीने और आगे बढ़ने के लिए कुछ ख़ास बचता ही नहीं है। यह टकराव शोषक और शोषित यानी परम्परागत वर्चस्व को

वंचितों की चुनौती से उपजा टकराव है। इसलिए शोषित समाज अपनी सम्मानजनक अस्मिता व वजूद के लिए संघर्षरत है। लेकिन अफ़सोस 'दलित' शब्द को अपनी अस्मिता मान बैठा है, जिसका तर्क-विवेक और वैज्ञानिकता से कोई वास्ता नहीं है। हैरत की बात है कि यह लड़ाई अम्बेडकरवाद को ठीक से समझे बग़ैर, इसके बैनर तले लड़ी जा रही है। जाने-अनजाने यह डॉ. अम्बेडकर की वैचारिकी को बौना करने का उपक्रम बनकर रह गया है। इस आलेख को लिखने के पीछे मेरा मक़सद 'दलित' के मिथक से मुक्ति, समाज निर्माण की परिस्थितियों के लिए स्पेस बनाना और इसके सदुपयोग के विकल्प तलाशना है। ग़ौरतलब है, 'दलित' शब्द है और रहेगा भी, समाज के स्तर पर भी दलित समाज का प्रयोग भी रहेगा लेकिन इनकी हर गतिविधियों के साथ 'दलित' शब्द को जोड़कर इसका महिमामण्डन तर्कसंगत नहीं है।

बाबा साहब स्वयं 'दलित' शब्द के पक्षधर नहीं थे। वे 'नामकरण' शीर्षक के अन्तर्गत 'दलित' को पहचान के रूप में अस्वीकार करते हुए कहते हैं–'एक अति उत्तम अवसर है कि दलित वर्ग का एक उचित और उपयुक्त नामकरण किया जाये।'[1] वे इसकी ठोस वजह भी बताते हैं–'दलित वर्ग एक निम्न और असहाय समुदाय है जबकि वास्तविकता यह है कि हर प्रान्त में उनमें से अनेक सुसम्पन्न और सुशिक्षित लोग हैं और समूचे समुदाय में अपनी आवश्यकताओं के प्रति चेतना जाग्रत हो रही है। उसके मन में भारतीय समाज में सम्मानजनक दर्जा प्राप्त करने की प्रबल लालसा पैदा हो गयी है, और वह उसे प्राप्त करने के लिए भरसक प्रयास कर रहा है। इन सब कारणों के आधार पर 'दलित वर्ग' शब्द अनुपयुक्त और अनुचित है।'[2]

इस सबके बावजूद, दिन-रात बाबा साहब डॉ. अम्बेडकर का राग अलापने वाले हमारे एक विद्वान साथी चन्द्रभान प्रसाद 'दलित' शब्द की स्थापना की दीवानगी के चलते, जीवन में जो कुछ भी है, उससे पहले दलित शब्द जोड़ कर चलने को ही दलित समाज की प्रगति का मार्ग समझते हैं। वे रोज़मर्रा प्रयोग में आने वाले प्रोडक्ट्स जैसे अचार, मसाले, रेडीमेड गारमेंट्स, बैंक, स्टॉक एक्सचेंज आदि के साथ 'दलित' शब्द चस्पाँ करते हैं और इसके चलते दलित अचार, दलित मसाले, दलित रेडीमेड गारमेंट्स, दलित बैंक, दलित स्टॉक एक्सचेंज जैसा नया शब्दकोश ईजाद करते हैं। FICCI (Federation of Indian Chambers of commerce and Industry) की तर्ज़ पर उन्होंने दलितों के परिप्रेक्ष्य में DICCI (Dalit Indian Chambers of Commerce and Industry) देश में मौजूद

है। उनकी इस भावना को किसी प्रकार का राजनीतिक रंग देने की मेरी कोई मंशा नहीं है, अपितु एक सन्दर्भ रूप में उद्धृत किया गया है।

इसी प्रकार दलित साहित्य के पैरोकार भी साहित्य की हर विधा के नाम से पूर्व 'दलित' शब्द जोड़कर परम्परागत साहित्य से अलगाते हैं और इसे अपने साहित्य की विरासत बनाते हैं। इसके चलते दलित साहित्यकारों द्वारा लिखी गयी कविता-दलित कविता, कहानी-दलित कहानी, उपन्यास-दलित उपन्यास, संस्मरण, आत्मकथा-दलित आत्मकथा आदि...'दलित साहित्य' की अलग-अलग विधाओं की पहचान के रूप में मौजूद हैं। कांचा इलैया इसे विस्तार देते हुए बताते हैं–'अब ख़ुद धर्म का इतिहास भी अपने अन्त पर पहुँच रहा है। हमारे लिए ज़रूरी है कि अपने समग्र समाज का दलितीकरण करें। दलितीकरण ही सारे भारतीय समाज में एक नये समतावादी भविष्य की स्थापना करेगा।'[3] वी. टी. राजशेखर इस विस्तार को दूसरा कलेवर देते हैं–'दलित होने, इस प्राचीन धरती के मूलनिवासी होने में गर्व महसूस करो। आओ! सिर ऊँचा करके चलें। दलित संस्कृति पर गर्व करें। जो काला है वह सुन्दर है।'[4] विचित्र है, मगर फिर भी 'हिन्दू' धर्म की तर्ज़ पर 'दलित' शब्द को स्थापित करने के पीछे ऐसी दीवानगी है कि 'दलित' को अस्मिता, संघर्ष व उपलब्धियों के प्रतीक की तरह प्रचारित-प्रसारित करने की होड़ लगी है। हिन्दूवाद की तर्ज़ पर ही इन्होंने बाबा साहब को मार्गदर्शक की बजाय एक नया अवतार/ ईश्वर बना कर रख छोड़ा है। यह किन्हीं मायनों में हिन्दूवादी मोनोपॉली की तर्ज़ पर दलित साहित्यकारों की मोनोपॉली का नया संस्करण है।

डॉ. कर्दम दलित मोनोपॉली के सशक्त हस्ताक्षरों में से एक प्रमुख हस्ताक्षर हैं। वे प्रो. तुलसीराम के 'राष्ट्रीय सहारा' अख़बार में प्रकाशित एक आलेख के हवाले से बताते हैं–'संगठित रूप से सबसे पहले गौतम बुद्ध ने वर्ण-व्यवस्था विरोधी अभियान चलाया था। अत: प्राचीन बौद्ध साहित्य ही वर्तमान दलित साहित्य की जननी है।'[5] वे पर्सेप्सन के आधार पर इसे और आगे बढ़ाते हैं–'तुलसीराम की इस धारणा के अनुसार बौद्ध साहित्य के पदों या श्लोकों को 'दलित कविता' का प्रारम्भ माना जा सकता है।'[6] अन्तत: अपनी स्थापना देते हैं–'कुछ दूसरे विद्वानों के अनुसार दलित कविता का प्रारम्भ सिद्ध और नाथ कवियों की रचनाओं से है, तो कुछ के अनुसार कबीर और रैदास की वाणी दलित साहित्य की प्रारम्भिक रचनाएँ हैं। इस दृष्टि से दलित कविता का उद्‌भव कबीर और रैदास की रचनाओं से होता है।'[7]

डॉ. कर्दम के द्वारा पहले तथागत बुद्ध और उसके बाद सिद्ध और नाथ, फिर कबीर और रैदास की कविता को दलित कविता के उद्‌भव के रूप में प्रचारित

करना, एक प्रकार की ज़बरदस्ती है। ऐसा साहस साहित्य की विश्वसनीयता को भी सन्दिग्ध बनाता है। नहीं भूलना चाहिए कि किसी भी स्थापना या निष्कर्ष में तथ्यात्मकता और इनकी सार्वभौमिकता के तत्त्व मौजूद होते हैं, जो इन्हें स्वीकार्य बनाते हैं। इन तत्त्वों की उपेक्षा कर हमें किसी विरासत को अपना बनाने की ऐसी किसी भी मुहिम से बचना चाहिए। दलितपन के जुनून में दलित साहित्य का अगर कोई पुरोधा कल 'बौद्ध साहित्य' को भी दलित साहित्य का हिस्सा घोषित करने लग जाये, तो हैरत नहीं होनी चाहिए?

जहाँतक सन्तों का सवाल है, सन्त रैदास ख़ुद को 'खलास चमारा' कह कर सम्बोधित करते हैं। क्या उन्हें मात्र जाति के आधार पर दलित साहित्य की खेमेबन्दी का हिस्सा बनाना उचित है? मेरा प्रश्न है–क्या रैदास को 'बेगमपुरा' और सन्त कबीर को 'अमरदेसवा' के साथ किसी जाति या 'दलित' की कोठरी में बन्दी बनाकर रखा जा सकता है? क्या सिद्धों, नाथों और सन्तों के बहुआयामी वैचारिक कैनवास को मात्र दलित जातियों तक सीमित कर 'दलित साहित्य' के खूँटे से बाँधने की क़वायद तर्कयुक्त है? इसमें सन्देह की कोई गुंजाइश नहीं है कि ये सभी शख़्सियतें जाति और धर्म की संकीर्ण दीवारों से परे, विशुद्ध मानवतावादी सोच से ओतप्रोत थीं और इसे अपने बेबाक अन्दाज़ में अभिव्यक्त भी करती थीं। यह अच्छी बात है कि वर्तमान दलित साहित्यकारों की तरह सिद्ध-नाथों और सन्तों के सामने पाठ्यक्रम में शामिल होने की कोई अफरातफरी नहीं थी, मगर वे बराबर सिलेबस का हिस्सा हैं, आख़िर क्यों? दलित साहित्यकारों को इस प्रश्न पर भी गम्भीरता से विचार करना चाहिए, क्या नहीं करना चाहिए?

एक प्रश्न और, अगर हमारे महानायकों के जीवन में पुरस्कार पाने और किन्हीं संगठनों की मठाधीशी के लिए लालसा होती, तो भी क्या वे किसी तिकड़मबाज़ी के शिकार हो सकते थे? निस्सन्देह नहीं, क्योंकि उनका संघर्ष और साहस बताता है कि अवसरवाद जैसी बीमारी उनके ज़हन को छू तक नहीं गयी थी। मेरा आग्रह है कि दलित साहित्यकार अगर तथागत बुद्ध, कबीर, रैदास, फुले, बाबा साहब आदि की विरासत बनने के लिए वास्तव में गम्भीर हैं तो उनके चिन्तन-दर्शन की तर्ज़ पर अपने चिन्तन-दर्शन-लेखन के प्रति भी सार्वभौमिक दृष्टिकोण अपनायें, तथ्यों के प्रति निष्पक्ष व ईमानदार बनें, बस इतना-सा ही तो काम है और क्या? इसके बाद जीवन के किसी भी क्षेत्र में किसी भी तिकड़मबाज़ी की ज़रूरत नहीं रह जायेगी।

डॉ. धर्मवीर की 'अवसरवाद के अवसाद' और 'दलित्व' के योजनाबद्ध तरीक़े से उन्मूलन की रणनीति काफ़ी सार्थक लगती है। उनकी चाहत थी कि हिन्दी में

दलित लेखकों की पाँच सौ पुस्तकें आयें। वे इसकी वजह बताते हैं कि 'इसके लिए दो काम करने पड़े। पहला, जो दलित क़ौमें बाबा डॉ. अम्बेडकर के नाम और कामों से परिचित नहीं थीं, उन्हें परिचित कराया गया। दूसरी, जो दलित विद्वान मार्क्सवाद और जनवाद में फँसे पड़े थे, उन्हें वापस उनकी जड़ों के पास लाया गया।...'अब कुछ और बढ़ाना है पाये-तलब को...।' अब देखें क्या-क्या जुड़ता है और कैसी-कैसी उपलब्धियाँ होती हैं।'[8] आन्दोलन को समग्रता में देखने वाली डॉ. धर्मवीर की यह दृष्टि प्रशंसनीय है। लेकिन यह बिल्कुल अलग बात है कि बाद के दिनों में डॉ. धर्मवीर ख़ुद अपने मार्ग से भटक गये और जार सत्ता के बखान में उलझ कर रह गये। अन्ततः वे 'आजीवक धर्म', जो मेरी दृष्टि में धर्म नहीं है, की स्थापना व पैगम्बर बनने के चक्कर में, जो कुछ भी उन्होंने बौद्धिक जगत में उल्लेखनीय कमाया था, उसे भी गँवा बैठे।

बेशक, डॉ. धर्मवीर की हसरत हार जाती है, मगर अपनी इस हार की जो वजह वे बताते हैं, वह क़ाबिल-ए-ग़ौर है–'दलित लेखकों के बीच एक-दूसरे से खुफ़ियागिरी चल रही है। पुरस्कार न हो गया, दलित लेखकों के बीच एक खलनायक पैदा हो गया है। यदि यह पुरस्कार बन्द कर दिया जाये तो दलित लेखक आपस में बँटने बन्द हो जायेंगे। कम से कम इसके बन्द होने से दलित लेखकों को कोई नुक़सान नहीं है क्योंकि उन्हें यह मिल ही नहीं रहा है।'[9] लेकिन आजकल पुरस्कार मिल रहा है। अगर डॉ. धर्मवीर ज़िन्दा होते तो वे अपने स्टेटमेंट को ज़रूर क्वालीफाई करते। पुरस्कार पाने की खलनायकी की श्रेणी में छपास की भूख, पाठ्यक्रम में शामिल होने की ललक, जेबी संगठन का मोह और लोकप्रियता के लिए चारणगिरी को एक साथ जोड़ लें अगर, तो साहित्य के प्रति खलनायकी की तस्वीर मुकम्मल हो जाती है, क्या नहीं? मेरी मान्यता है, जब व्यक्ति साहित्य और समाज के उज्ज्वल भविष्य के लिए समर्पित होगा तो अपनी विरासत की शृंखला बनाने के लिए उसे किसी तिकड़मबाज़ी की ज़रूरत नहीं रह जायेगी। उसका अपना सृजन स्वतः समृद्ध विरासत का प्रबल संवाहक हो जायेगा। लेकिन इसके लिए सिद्धों, नाथों और सन्तों जैसा सतत संघर्ष और इन्सानी कर्तव्य के प्रति समर्पण ज़रूरी है। नहीं भूलना चाहिए कि किसी फल की लालसा/प्राथमिकता सारे किये धरे को गुड़-गोबर कर डालती है।

'दलित' से जुड़ी ऐसी बहस का कोई अन्त नहीं है। फ़िलहाल, साहित्यिक पक्ष पर लौटते हैं और दलित लेखन से जुड़े विभिन्न पहलुओं पर बात करते हैं। दलित साहित्य में 'जो देखा, जो सहा-वही कहा', यह एक तर्क आधारभूत सूत्र का काम

करता है। इस सम्बन्ध में गंगाधर पानतावणे की टिप्पणी क़ाबिल-ए-ग़ौर है–'दलित साहित्य हमारे समाज का दर्पण है। जो हमने देखा, अनुभव किया, भोगा, जाना, समझा, उसका अंकन उत्कृष्टतापूर्ण हुआ। दलित्व का निर्मूलन हमारे साहित्य का हथियार है, इसलिए सर्वव्यापी क्रान्ति का वह आह्वान करता है।'[10] यह दलित्व के निर्मूलन की सोच क़ाबिल-ए-तारीफ़ है। यह अम्बेडकरवादी चिन्तन-दर्शन की पोषक है और समय की माँग भी है। निस्सन्देह, साहित्य सृजन में इन पहलुओं की महत्त्वपूर्ण भूमिका है। लेकिन इसे 'जैसे का तैसे' परोस देना साहित्य नहीं हो जाता–'साहित्य में जीवन का यथार्थ ज्यों का त्यों नहीं आता, बल्कि वह पुनर्सृजित होकर आता है। इसलिए 'साहित्य' सृजन का पुनर्सृजन होता है।'[11] पुनर्सृजन होना चाहिए लेकिन कैसे? इसे तय करने के लिए ज़रूरी नहीं है कि परम्परागत साहित्य के मौजूदा टूल ही इकलौते विकल्प हैं। दलित साहित्य के सृजनकार परम्परागत साहित्य से जुदा, अपने नये और कोई भी तर्कयुक्त टूल ईजाद कर सकते हैं, जो उनकी सशक्त अभिव्यक्ति के लिए सार्थक ही नहीं, अग्रगामी भी हों।

ऐसा नहीं है कि दलित साहित्य में सृजन व पुनर्सृजन नहीं हुआ है, ज़रूर हुआ है। अगर इसे कविता के सन्दर्भ में देखें तो पाते हैं दस में एक कविता सृजन या पुनर्सृजन की कसौटी से गुज़री हुई नज़र आती है। शेष इश्तिहार जैसी सपाट-बयानी, आक्रोश की फ़तवेबाज़ी, उत्पीड़न का उद्‌गार या समाचार-पत्रों की कतरनें जैसी बनकर रह गयी हैं। इनके उदाहरण प्रस्तुत करना जोखिम का काम है। इसलिए बानगी के लिए सृजन व पुनर्सृजन की श्रेणी में आने वाली कुछ सहज सुलभ कविताओं पर बात करते हैं। (क) 'वर्ण-धर्म की वैचारिकी के/सुडौल उरोजों का/ज़हरीला दूध पीकर/विखण्डन के खप्पर भरने वाली डायन है/हमारे देश की जाति प्रथा।'[12] (ख) 'हमारे गाँव में भी/कुछ हरि होते हैं/कुछ जन होते हैं। जो हरि होते हैं/वे जन के साथ/न उठते हैं/न बैठते हैं/न खाते हैं/न पीते हैं/यहाँतक कि जन की/परछाईं तक से परहेज करते हैं।'[13] (ग) 'जिस दिन/संगीनों के सामने खड़ा होना/सीख जाओगे/जेलों को अपना घर/समझने लगोगे/ समझ लो/उस दिन/उनके गढ़ क़िले/ध्वस्त हो जायेंगे।'[14]

इस कड़ी में पवन करण की कविता का उल्लेख करना ज़रूरी महसूस हो रहा है। इस कविता में एक पिता अपनी कम उम्र की पुत्री को न डराता है और न ही उसे किन्हीं प्रतिबन्धों से लादता है। वह उसके स्वाभाविक जीवनयापन के लिए उसका मार्गदर्शन कुछ ऐसे करता है : 'मेरी बेटी प्रेम करे तो थोड़ा रुक कर/क्योंकि प्रेम करने की सही उम्र नहीं यह/मेरी बेटी काँपते हुए और डरते हुए नहीं/इस डर

पर /सँभल कर चलते हुए करे प्रेम/अपने भीतर अद्भुत स्वाद लिए बैठे इस प्रेम के फल को/ हड़बड़ी में नहीं/धैर्य के नमक के साथ चखे।'...'यदि इस सब के बावजूद उससे कोई ग़लती होती है तो हो जाये/इसके पीछे उसे बचाने के लिए मैं तत्पर खड़ा रहूँगा।'[15] यह क़दम साहित्यिक ज़िम्मेदारी और समाज में पिता की बेबसी के कलंक को साफ़ करता है। लेकिन लगभग पचास वर्ष से अधिक की साहित्यिक यात्रा के बावजूद आज भी 'जो सहा, वही कहा' का हर विधा पर क़ब्ज़ा, समसामयिक विचारणीय मसला है। इसके चलते इस साहित्य के प्रति उदासीनता व इसकी धार का कुंद होना स्वाभाविक है। ऐसी उदासीनता ही 'विचारधारा के अन्त' की घोषणा जैसे विचार को जन्म देती है। यह साहित्य पर भी अक्षरशः लागू होती है।

'जो देखा, सहा-वही कहा' के समर्थन में अक्सर 'स्वानुभूति' को भी एक अन्य प्रमुख टूल की तरह इस्तेमाल किया जाता है। इस विषय पर कोई दो राय नहीं हो सकती कि कोई भी व्यक्ति अपने जीवन के प्रत्यक्ष अनुभव 'स्वानुभूति' के आधार पर बेहतर तरीक़े से अभिव्यक्त कर सकता है। लेकिन यह गम्भीर विचारणीय विषय है कि 'जो देखा, सहा-वही कहा' के सूत्र को साहित्य की हर विधा की गुणवत्ता का मूलाधार माने जाने की ज़िद/ज़बरदस्ती और इसके पक्ष में दिये जाने वाले अजीबोग़रीब तर्क निराश करते हैं, परेशान करते हैं। इस सम्बन्ध में मेरा मात्र एक ही सवाल है–क्या विश्वविद्यालय में पढ़ाने वाला कोई प्रोफ़ेसर, कोई शिक्षक, स्नातक या स्नातकोत्तर डिग्री धारक कोई व्यक्ति अपनी कहानी, कविता, उपन्यास आदि के सम्बन्ध में इस सूत्र को मात्र दलित होने (जातीय पहचान) के दम पर अपनी रचना की गुणवत्ता का प्रमुख पैमाना बनाने का विशेषाधिकार रख सकता है? मुझे नहीं लगता कि किसी भी विवेकशील व्यक्ति को इसके समर्थन में खड़ा होना चाहिए। लेकिन हैरत की बात है कि ऐसा बराबर हो रहा है। निस्सन्देह, इस विषय पर गम्भीरता से विचार किये जाने की ज़रूरत है।

'स्वानुभूति' की इस कड़ी में डॉ. कर्दम कहते हैं–'ब्राह्मणवाद-विरोध दलित साहित्य की पहचान है।...तमाम विरोधों के बीच एकता का एक बड़ा सूत्र है ब्राह्मणवाद एवं सामन्तवाद का विरोध।'[16] इस वक्तव्य की रोशनी में कोई व्यक्ति यदि सवाल पूछ बैठे–'कोई ब्राह्मण यदि ब्राह्मणवाद व सामन्तवाद का ईमानदार विरोध करे तो क्या उसे दलित साहित्य में स्वीकार्यता मिलेगी? हम इसका उत्तर जानते हैं, मगर किसी निष्कर्ष पर पहुँचने और वैचारिक अन्तर्विरोध को समझने के लिए पुनः डॉ. कर्दम द्वारा डॉ. सुदर्शन मजीठिया के कई प्रश्नों में से एक, के उत्तर को बानगी के रूप में समझते हैं। मजीठिया–'क्या विधवा पर कविता लिखने

के लिए विधवा होना चाहिए?' डॉ. कर्दम का उत्तर–'सवाल यह है कि विधवा पर लिखने वाला व्यक्ति कौन है? उसकी सोच कैसी है? वह विधवा को किस नज़र से देखता है? क्या वह विधवा के बिखरे हुए केश, सफ़ेद वस्त्र, शृंगार विहीन चेहरे और आँसुओं को देख द्रवित होता है और उसके प्रति करुणा व्यक्त करता है? या उसके उद्धार के नाम पर उसके साथ विवाह कर समाज का हीरो और उसका देवता बन उसका दोहन करना चाहता है? या उसको 'ईजी गोइंग' (सहज उपलब्ध) मानकर उसके रूप-लावण्य पर मोहित होता है या समाज द्वारा उस पर किये गये अन्याय के विरोध में उसके पक्ष में खड़ा होकर समाज से लड़ता है, और उसको भी इस दकियानूसी और रूढ़ समाज की विसंगतियों को ढोने की बजाय उनके ख़िलाफ़ संघर्ष की प्रेरणा देता है? यही अन्तर 'दलितों पर लेखन' और 'दलित लेखन' में है।'[17]

इस जवाब के चलते प्रश्न उठता है, लिखने की पात्रता तय करने की यह क़वायद सबके लिए एक समान है या दलित समाज का लेखक इससे बाहर है? वैसे उत्तर जानते हुए ऐसे प्रश्न के कोई मायने ही नहीं रह जाते। चलिए आगे बढ़ते हैं, 'जाति' के आधार पर किसी भी व्यक्ति की नैतिकता, ईमानदारी व उसका चरित्र-चित्रण करना भारतीय समाज का परम्परागत कोढ़ है। परम्परागत समाज इस प्रवृत्ति का बड़ा अपराधी है और दलित साहित्यकार/समाज भले ही इससे पीड़ित है, मगर वह भी इस अपराध से मुक्त नहीं है। क्योंकि वह भी उसी समाज का अनुसरण करता है जो सामाजिक असमानता, उत्पीड़न व अन्याय के सारे विवादों की जड़ है। अनैतिकता और जातिवाद के कोढ़ को बाबा साहब के शब्दों में समझते हैं–'हिन्दुओं में इस बात की क्षमता ही नहीं है कि वे अपनी जाति से भिन्न अन्य जाति के व्यक्ति के गुणों का सही मूल्यांकन कर सकें। गुणों की सराहना तभी होती है, जब वह व्यक्ति अपनी जाति का हो। उनकी पूर्ण नैतिकता इतनी ही निम्न कोटि की है, जितनी जंगली जातियों की होती है। आदमी कैसा भी हो, सही या ग़लत, अच्छा या बुरा, बस अपनी जाति का होना चाहिए।'[18]

कहने की ज़रूरत नहीं कि दलित साहित्य का 'स्वानुभूति' का बैरोमीटर 'जाति' के आधार पर ही काम करता है और इसके अनुकूल या प्रतिकूल रीडिंग देता है। साहित्यकार दलित है तो उसकी सोच ठीक, और ग़ैर-दलित है तो सन्दिग्ध/ग़लत। जातिवादी लाठी से ज़बरन सबको हाँकना कहाँ तक जायज़ है? इस कसौटी पर अगर दलित जातियों के अन्दर मौजूद ब्राह्मणवाद को परखें तो तस्वीर कम डरावनी नहीं है। क्या दलित साहित्यकारों ने अपने साहित्य में लेखन की पात्रता के लिए

दलित वर्ग के अन्दर आने वाली जातियों को ही अन्तिम पैमाना नहीं बना लिया है? ज़रा सोचिए, वर्ग-विहीन व जातिविहीन समाज-निर्माण का यह 'जाति आधारित यानी जातिवादी फॉमूला' कितना तर्कयुक्त है और कितना लोकतान्त्रिक? क्या यह वर्णवादियों की तर्ज़ पर साहित्य में एकाधिकार व वर्चस्ववाद का नया संस्करण नहीं है? क्या दलित साहित्यकारों की नैतिकता का आधार भी परम्परावादी समाज की तर्ज़ पर 'जाति' तक सिमट कर नहीं रह गया है? इन प्रश्नों का एक ही उत्तर है–'दलित साहित्यकारों की नैतिकता भी कट्टर हिन्दुओं जैसी ही जातिवादी है, जैसा ऊपर उल्लिखित बाबा साहब का कोटेशन बताता है और 'साहित्य की जंग' जातियों के दो अलग-अलग समूहों की जंग है, जिसमें सृजन व समाज निर्माण की सम्भावनाएँ ना के बराबर हैं।'

'स्वानुभूति' को केन्द्र में रखकर जैसे तर्क डॉ. कर्दम ने विधवा पर लिखने के सम्बन्ध में दिये हैं, कमोबेश ऐसे ही तर्क हर दलित साहित्यकार के एकाधिकार/ विशेषाधिकार के रूप में पेटेंट हो गये हैं। आइए, नैतिकता व विज्ञानवाद की कसौटी पर दलित/ जाति आधारित 'स्वानुभूति' की अवधारणा का थोड़ा माइक्रो एनालिसिस करते हैं। (क) क्या कोई पुरुष दलित साहित्यकार, चूँकि वह स्त्री नहीं है, स्त्री पर लिखने की पात्रता रखता है? (ख) क्या दलित समाज के अन्तर्गत आने वाली किसी एक जाति का व्यक्ति अन्य किसी भी दूसरी जाति पर लिखने का नैतिक आधार रखता है? (ग) क्या खेती-किसानी से जुड़ा व्यक्ति पशुओं की खाल उतारने वाले समुदाय के जीवन पर लिख सकता है? (घ) क्या गटर के अन्दर घुसकर काम करने वाले के जीवन पर वह व्यक्ति लिख सकता है, जो सिर्फ़ सड़कों या गली-मुहल्ले की सफ़ाई तक सीमित है? (ङ) क्या कोई गटर में काम करने वाला व्यक्ति उस परिवार के दर्द पर लिख सकता है, जिस परिवार के सदस्य की मौत गटर में हुई है? कहने की ज़रूरत नहीं, 'दलित' अपने आप में कोई एक जाति नहीं है, यह अनेक जातियों का समुच्चय है और इन जातियों के स्वानुभूति के स्वर व स्तर निस्सन्देह अलग हैं, क्या नहीं हैं? क्या डॉ. कर्दम का लेखन की पात्रता तय करने का पैमाना अपने आप में अ-तार्किक व भ्रामक नहीं है? 'स्वानुभूति' को लेकर दलित साहित्यकारों द्वारा स्थापित दबंगई को लेकर जितने तर्क गढ़े गये हैं, उनके विरुद्ध अनेक तर्क दिये जा सकते हैं, और प्रश्नों की ऐसी उत्तर-शृंखला साहित्यकार को अपनी पूरी जाति पर लिखने तक से अलगाकर अन्ततः मात्र ख़ुद पर लिखने तक सीमित कर सकती है, क्या नहीं? क्या दलित साहित्य के पैरोकारों को यह चुनौती स्वीकार है या फिर...?

स्वानुभूति व संवेदना का यह एक पक्ष है। इसका एक दूसरा पक्ष भी है जो और अधिक गहन चिन्तन की माँग करता है। जिस स्वानुभूति या संवेदना की बात ऊपर कही जा रही है, वह लेखक की संवेदना है, पीड़ित की नहीं। अगर यह पीड़ित की संवेदना होती तो पीड़ित कभी का अपनी पीड़ा की दीवारों को तहस-नहस कर चुका होता जैसा बाबा साहब दावा करते हैं कि ग़ुलाम को ग़ुलामी का एहसास करा दो तो वह अपनी ग़ुलामी की ज़ंजीरें ख़ुद-ब-ख़ुद तोड़ डालेगा। लेकिन ऐसा हो नहीं रहा है। लेखन में पीड़ित की संवेदना न होना, लेखक और पीड़ित को दो अलग-अलग छोर पर लाकर खड़ा कर देता है। इसे राजनेता और आम जनता के आपसी सम्बन्ध के रूप में बेहतर समझ सकते हैं।

जिस प्रकार कोई राजनेता जनता के दुःख-दर्द और इसके निवारण के लिए बड़ी-बड़ी बातें/वादे बड़े उत्साह और चालाकी से करता है, दलित साहित्यकार भी वैसा ही कुछ करता है। जिस प्रकार बड़ी-बड़ी बातों के दम पर राजनेता राजसी ठाठबाट का अधिकारी हो जाता है और जनता पहले से बुरे हाल। ऐसे ही साहित्यकार अपने शब्दजाल के दम पर स्टार बन जाता है, सिलेबस का हिस्सा हो जाता है और पुरस्कारों का स्वामी/पात्र हो जाता है और पीड़ित अपनी पुरानी अवस्था में ही खटता रहता है। दोनों के बीच का स्पेस घटता नहीं, बढ़ता दिखता है। साहित्य की भूमिका समाज के बीच निरन्तर बढ़ रही आपसी खाई को पाटना है, सेतु बनाना है और दूरियाँ मिटाना है। यही सृजन और समाज निर्माण की बेहतर युक्ति है। लेकिन दलित साहित्यकार जो अपने को सामाजिक खाई को पाटने हेतु सेतु बनाने का दम भरता है, वह दलितों के बीच नये वर्ण जैसा हो गया है, जिसके अपने हित सर्वोपरि हैं, क्या नहीं?

जिस प्रकार आग से आग नहीं बुझ सकती, ठीक उसी प्रकार जातिवाद के उन्मूलन का टूल 'जाति' नहीं हो सकता। डॉ. तेजसिंह की मानें तो दलितवाद और जातिवाद से मुक्ति का विकल्प अम्बेडकरवाद हो सकता है। 'जातिवाद' जातीय चेतना से ख़त्म नहीं किया जा सकता, मज़बूत ही किया जा सकता है।[19] दरअसल, 'जाति चेतना' ने दलित साहित्य को जाति की सीमा में क़ैद कर दिया है और जातिवाद से लड़ते-लड़ते ख़ुद जातिवादी बनते चले जा रहे हैं।[20] दलित पैन्थर का दावा रहा है कि यह आन्दोलन अम्बेडकरवादी था, लेकिन उससे भी बड़ा दावा दलित साहित्यकार कर रहे हैं। डॉ. तेजसिंह दोनों के दावे को ख़ारिज करते हुए कहते हैं–इन्होंने 'विचार' और 'विचारधारा' में कोई भेद नहीं किया और विचारों को ही विचारधारा मान बैठे। विचार और विचारधारा में अन्तर होता है। सामाजिक

परिवर्तन विचारों से नहीं विचारधारा से आता है। विचार आते हैं और चले जाते हैं। इसलिए उनका प्रभाव क्षणिक होता है और विचारधारा का प्रभाव स्थायी होता है।[21]

वे इससे एक क़दम और आगे बढ़कर घोषणा करते हैं–'विचारों का इतिहास नहीं होता, विचारधारा का होता है।'... 'विचार उसी वक़्त विचारधारा का रूप लेते हैं जब वे ऐतिहासिक प्रक्रिया में सामाजिक-आर्थिक संरचना कराते हैं।'... अम्बेडकरवादी विचारधारा केवल डॉ. अम्बेडकर के विचारों तक सीमित नहीं है बल्कि उसमें बुद्ध और ज्योतिवा फुले के विचारों का भी समावेश है।'[22] वे दलित साहित्य के समर्थन में उपलब्ध तर्कशास्त्र से अपनी असहमति व्यक्त करते हैं। वे इसे 'जाति' की परिधि से मुंक्ति के लिए इसके कैनवास को व्यापक करते हुए व्यक्ति को व्यक्ति के रूप में देखे जाने की वकालत करते हैं। वे सारी संकीर्णताओं को लाँघते हुए इसे अम्बेडकरवादी साहित्य की संज्ञा देते हुए स्पष्ट करते हैं–'अम्बेडकरवादी साहित्य का मुख्य उद्‌देश्य मानवतावादी मूल्यों की स्थापना करना रहा है, जिसमें जाति, लिंग, धर्म, वर्ण, और समुदाय आदि के आधार पर भेदभाव के लिए कोई जगह नहीं है।'[23] उनके सम्पादन में निकलने वाली आलोचना की त्रैमासिक पत्रिका 'अपेक्षा' में इस मुद्‌दे को लेकर लम्बे-लम्बे लेख लिखे गये, विशेषांक निकाले गये और एक आन्दोलन जैसा खड़ा हो गया लेकिन परिणाम 'वही ढाक के तीन पात'। जैसाकि पहले संकेत दिया गया है कि 'दलित' आज कुछ लोगों के वजूद का सवाल बन गया है। इसे बनाये रखने के लिए उनका अपना एक ढर्रा है, तर्कशास्त्र है और एक ख़ास क़िस्म की दबंगई है। मज़े की बात है कि सभी पक्के अम्बेडकरवादी हैं, बुद्धवादी हैं लेकिन वे मात्र अपनी पुरोहिताई के लिए भगवान बने रहने तक सीमित हैं।

'स्वानुभूति' के आधार पर साहित्य के खण्डन-मण्डन की जो मुहिम चली, उसमें मराठी दलित आत्मकथा/आत्मवृन्त की आँधी जैसे बवण्डर में बदल गयी। इसने दलित जीवन को सार्वजनिक पटल पर लाकर परम्परावादी समाज की खोखली संस्कृति के कोढ़ में ज़बरदस्त खाज का काम किया और आत्मकथा की कामयाबी ने दलित उत्पीड़न को कामयाबी का चोला पहना दिया। ग़ैर-दलित साहित्यकारों ने इसे चिन्ता व आत्ममन्थन का विषय बनाने की अपेक्षा साहित्य की सफलता का मानदण्ड बना दिया। परिणामस्वरूप, शोहरत और साहित्य का शिखर पुरुष बनने की होड़ में आत्म-उत्पीड़न की अतिशयोक्तिपूर्ण अभिव्यक्ति के नये-नये कीर्तिमान बनने लगे। आज तस्वीर कुछ ऐसी है कि दलित साहित्य की हर विधा आत्म-उत्पीड़न और इसके प्रतिकार के दो ध्रुवों के बीच सिमट रही है। इनकी अतिशयोक्तिपूर्ण

अभिव्यक्ति ने साहित्य की स्वाभाविक विकास प्रक्रिया और संवेदना को कृत्रिमता का दोषी बना छोड़ा है। डा. कुसुम वियोगी अपने एक साक्षात्कार में इस स्टारडम के शार्ट-कट फॉर्मूले में आत्मकथा की भूमिका को रेखांकित करते हुए टिप्पणी करते हैं–'दलित आत्मकथाओं में जो सामाजिक उत्पीड़न और पारिवारिक गन्द परोसी गई है, उसे बड़े नमक-मिर्च लगाकर चटखारेदार बना, ग़ैर-दलित आलोचकों ने चाट बनाकर साहित्य में परोसा और दलित लेखक चतुर्वर्ण के जाल में फँस गद्गद महसूस करने लगा और आत्मकथा लिखने की होड़ सी लग रही है!'[24]

काफ़ी हद तक कुसुम वियोगी की बात से सहमत हुआ जा सकता है। इसके लिए कुछ नामचीन साहित्यकारों के बयानों/टिप्पणियों की रोशनी में इसे समझने की कोशिश करते हैं। नैमिशराय–'गाँवों में तो दलित समाज की महिलाओं पर ख़ूब जुल्म और अत्याचार होता था। उसमें घासवालियों पर ख़ूब कहर ढाया जाता था। नाड़े तोड़ना सवर्ण अपना पैदाइशी अधिकार समझते थे।'[25] शायद नैमिशराय जी के लिए इतना पर्याप्त नहीं था। अगर इसे कुसुम वियोगी के चश्मे से देखें तो नैमिशराय ने इसे और अधिक चटखारेदार बनाने के लिए लिख डाला–'हमारी बस्ती की औरतें जंगल जाती हैं। एक टोकरी गोबर पर बिक जाती हैं। उनके पाँव दबाती हैं। उनका बिस्तर बनती हैं।'[26] नैमिशराय जी का स्त्री के प्रति ग़ैर-ज़िम्मेदाराना अभिव्यक्ति का तूफ़ान गाँवों तक सीमित नहीं रहता बल्कि लेखक के साथ शहर में भी तबाही मचाता है। लेखक इस तबाही को इस प्रकार बयाँ करता है–'शहर की अन्य दलित बस्तियों की तरह हमारी बस्ती से भी ढेर सारी औरतें जंगल जाती थीं। उन्हें अकेला पा उनके शरीर को नोचने के लिए गिद्ध तैयार बैठे रहते थे।'[27]

इस कड़ी में प्रो. तुलसीराम को बीच में लाना ज़रूरी महसूस हो रहा है। वे अपनी माँ के बारे में लिखते हैं–'मेरी माँ बस्ती के किसी भी व्यक्ति से बात करती तो पिताजी तुरन्त उसके चरित्र पर उँगली उठाना शुरू कर देते। पिताजी अक्सर माँ को फरुही से मारने दौड़ पड़ते। एक बार उन्होंने माँ को मारने के लिए फरुही उठाया कि मैंने पिता को एक तमाचा मारा। उस घटना के बाद पिताजी माँ को मारने से बचने लगे।'[28] विषयान्तर व निजता पर चर्चा से बचने के लिए सिर्फ़ इतना कहना है कि नवीं कक्षा का छात्र माँ को न्याय दिलाने के लिए पिता को तमाचा मार देता है, लेकिन सवाल जब अपनी पहली पत्नी के विरुद्ध ख़ुद के असीम अन्याय का आता है तो संवेदना और न्याय का पहाड़ रहस्यमय 'ब्लैक होल' हो जाता है। छोड़िए ! मेरा फोकस समस्या पर बात करना है, व्यक्ति की निजता पर नहीं। समस्या यह है

कि किसी भी छिटपुट उदाहरण या घटना को पूरे समाज/समुदाय का सच या प्रवृत्ति बना देना और उसके आधार पर कुछ भी फ़तवे जारी कर देना किसी भी नज़रिये से उपयुक्त नहीं है। स्त्री अस्मिता पर कीचड़ उछालने और उसके बारे में घृणित यानी नकारात्मक छवि गढ़ना क्या समाज में स्त्री को परम्परावादी अन्धकारमय कोठरी में वापस धकेलने जैसा कृत्य नहीं है?

लेकिन सिक्के का एक दूसरा पहलू भी है। आज आधुनिकता की पहचान के रूप में महिलाओं की एक ऐसी जमात तैयार हो गयी है जो अंग प्रदर्शन, छोटे कपड़े पहनने, सिगरेट-शराब पीने, लिव-इन-रिलेशनशिप में रहने, किसी भी स्तर पर शारीरिक सम्बन्ध बनाने को जीवन की सामान्य व स्वाभाविक गतिविधियों के रूप में देखती हैं। वे बिना किसी लाग-लपेट और मुखरता के साथ इसके समर्थन में बात करती हैं। कुछ मामलों में महिला ख़ुद महिला होने और अपने सौन्दर्य को सफलता की सीढ़ी बनाने को स्वाभाविक व विशेषाधिकार के रूप में देखती हैं। इसकी चर्चा यहाँ इसलिए की जा रही है कि हमें दलित साहित्य में स्त्री जीवन के हर पक्ष को स्थापित पितृसत्तात्मक नज़रिये की अपेक्षा, स्त्री के नज़रिये से देखने की ज़रूरत है। ज़रूरत यह भी है कि जब स्त्री की प्रगतिशीलता या उसकी रेवोल्यूशनरी एप्रोच पर बात करें तो बराबरी के स्तर पर बात करें, संवाद करें। स्त्री को किसी दूसरे दर्जे के नागरिक या अपने अधीन किसी पालतू जीव-जन्तु के रूप में देखने का दुस्साहस न करें।

यह मसला साहित्य व समाज के प्रति रचनात्मक भूमिका निभाने का है। अगर 'हंस' के सम्पादक राजेन्द्र यादव जैसा कोई व्यक्ति बाबरी मस्जिद के ध्वंस पर यह कहे 'धर्म की दिग्विजय का झण्डा औरत की योनि में गाड़ा जाता है।' तो हमारी ऐसी कोई मजबूरी नहीं है कि हम राजेन्द्र यादव बनने की होड़ में स्थापना देने पर उतर आयें कि 'ठीक इसी तरह जातीय प्रतिशोध या अहं का हर खूँटा भी स्त्री की योनि में गाड़ा जाता है।'[29] लेकिन दया पवार स्त्री सम्बन्धी ऐसे मसलों को गम्भीरता से लेते हैं और पुरुष को उनकी ज़िम्मेदारी से मुक्त नहीं करते। वे समस्या के व्यापक कैनवास को ध्यान में रखकर बात करते हैं–औरतों को लेकर भारतीय पुरुष समाज बहुत ही शंकालु है। पुरुषों के बारे में, उनके लफड़ों के बारे में, किसी को कुछ नहीं लगता। परन्तु अपनी औरत के बारे में मात्र शंका भी हो जाये तो कितनी बड़ी 'रामायण' घटित होती है। वह सबको मालूम है।'[30]

किसी शंका, सन्देह, अफ़वाह आदि को लेकर किसी समुदाय, किसी जाति व लिंग विशेष के प्रति उल्टी-सीधी स्थापना के मसले सम्बन्धों की मधुरता और

स्वस्थ समाज के निर्माण में बाधक हैं। दया पवार जिसे रामायण की संज्ञा दे रहे हैं, का सीधा-सा मतलब है विवादों का अन्तहीन हो जाना। इसे समझने के लिए हम अमृतलाल नागर के उपन्यास 'नाच्यौ बहुत गोपाल' के पीछे की शरारत व आधारहीन स्थापना की साज़िश को समझने का प्रयास करते हैं। यह उपन्यास बताता है कि एक ब्राह्मण युवती का मेहतर युवक के साथ प्रेम सम्बन्ध होता है जो शादी के अंजाम तक पहुँचता है। उसके उपरान्त ब्राह्मणी से मेहतरानी बनने और फिर उसका जीवन जीने की यातना और संघर्ष पर इसका अन्त होता है। यह एक काल्पनिक उदाहरण या किसी अपवाद पर आधारित है, किसी समाज का यथार्थ नहीं। यह उपन्यास दलित का चरित्र हनन, घिनौनी इमेज-बिल्डिंग और उसका सार्वभौमीकरण करके ग़ैर-दलितों को यह मैसेज देता है कि अन्तरजातीय विवाह के ऐसे भयावह परिणाम होते हैं। फ़िल्म 'पीके' भी ऐसी ही पूर्वाग्रही प्रवृत्ति की पुष्टि करती है, जिसमें धर्म का एक पुरोधा स्थापना देता है–'मुसलमान धोखा देता है।' कहने की ज़रूरत नहीं कि समाज में ऐसी आधारहीन मान्यताएँ मौजूद हैं, जिनमें कोई सच्चाई नहीं है, मगर समाज में ज़हर घोलने के लिए बराबर मौजूद हैं। ऐसी स्थापनाएँ दलित और ग़ैर-दलित दोनों तरफ़ से हो सकती हैं। इसलिए इस साहित्य के साहित्यकार को नैतिक, ईमानदार और पूर्वाग्रह मुक्त होकर बेहतर समाज के निर्माण में अपनी भूमिका अदा करने की ज़रूरत है।

माना कि 'आक्रोश' दलित साहित्य की मौलिक व प्रभावशाली कसौटी है। लेकिन 'आक्रोश' को अंजाम देने के लिए तर्क-विवेक की हत्या ही कर डालें, तो 'आक्रोश' किस काम का? अब श्याम सुन्दर सिंह चौहान की कहानी 'गुबार' को देखें तो मानसिक दिवालियापन का एक अद्भुत नमूना है। इस कहानी में चंदो (दलित पात्र) जूठन खिलाने की परम्परा का प्रतिशोध लेती है। वह अपने यहाँ अपहृत एक पण्डित, 'वाजपेयी' से शारीरिक सम्बन्ध बनाती है, गर्भवती होने पर बदला लेने के तरीक़े कुछ ऐसे बताती है–'मेरी कोख से तेरी सन्तान पैदा होगी, वह जीवन भर जूठन खायेगी। दो–मैंने तुझे जूठा कर दिया है, अब तेरी ब्याहता, जिसे तू सात फेरे डालकर लायेगा, सारी ज़िन्दगी मेरी जूठन का ही स्वाद लेती रहेगी।' इस कहानी में तथाकथित प्रतिशोध लेने वाली महिला दलित है और तथाकथित पीड़ित व्यक्ति पण्डित है। इस कहानी के मर्म को समझने में मदद करने वाला एक प्रश्न अनुत्तरित है–महिला के इस प्रतिरोध में उसके और उस पण्डित के सेक्सुअल प्लेज़र की प्राथमिकता व जीवन्तता की भूमिका कितनी थी?[31]

इसके बरअक्स कुछ ऐसी कहानियाँ हैं जिनमें महिला ग़ैर-दलित है। यदि ऐसी कहानियों को 'हीनताबोध से राहत के लिए प्रतिशोध' की श्रेणी में रखें तो अनुचित नहीं होगा। ये ऐसी कहानियाँ हैं जिनमें ग़ैर-दलित महिलाएँ सन्तान प्राप्ति या सेक्सुअल प्लेज़र के लिए दलित पुरुष से सम्बन्ध बनाती हैं। इस श्रेणी में चन्द्रभान प्रसाद की कहानी 'चमरिया मईया का शाप', में स्त्री ठाकुर है, वह पति की अक्षमता के कारण, दलित पुरुष से बच्चा चाहती है। गिड़गिड़ाते हुए कहती है–'मुझ पर दया करो...मुझे मुक्ति दो। मुझे माँ बनना है...।' दया की भीख माँगती है, यह 'स्त्री विवशता की समस्या' झकझोर देने वाली है। दूसरी कहानी ओमप्रकाश वाल्मीकि की 'बिरम की बहू' है। इसमें भी स्त्री ठाकुर ब्रह्म सिंह की पत्नी है। वह पति की अक्षमता से परेशान है और माँ बनने की लालसा में सूर्य ग्रहण की रात अनाज माँगने आये वाल्मीकि युवक से सहवास करती है और माँ बनती है। रत्न कुमार सांभरिया की कहानी 'शर्त' में बहन के बलात्कार के बदले, न्याय के लिए, मुखिया की बेटी के दलित समाज के किसी लड़के के साथ रात गुज़ारने की शर्त रखी जाती है।

इन कहानियों में फ्रस्ट्रेशन, प्रतिशोध, वैर भावना को छोड़कर यह देखना पहली ज़रूरत है कि इन कहानियों में समस्याओं के सकारात्मक निवारण की क़वायद कितनी है और जातीय फ्रस्ट्रेशन के मुक्ति का उपक्रम कितना? इनमें बेहतर समाज के निर्माण की जद्दोजहद कितनी है और अपनी ईगो की सन्तुष्टि का मसला कितना? माना कि दलितों का उत्पीड़न एक भयावह समस्या रही है लेकिन साहित्य न राजनीति का अखाड़ा है और न गली-मुहल्ले की लठैती का। यह कोर्ट-कचहरी का भी मसला नहीं है। यह बेहद संवेदनशील व ज़िम्मेदारी का मसला है। इसे ईंट का जवाब पत्थर यानी आँख के बदले आँख की तर्ज़ पर हल करेंगे तो क्या पूरा समाज ही अन्धा व लहूलुहान नहीं हो जायेगा? साहित्यिक मॉब-लिंचिंग, जो आज चल रही है, क्या यह समाज निर्माण का विकल्प हो सकता है? बेशक नहीं। अब इस साहित्य के साहित्यकार ख़ुद तय करें कि बदलाव का स्वरूप क्या हो जो 'जातियों की जंग' से हुई क्षति भरपाई कर सके।

कहने की ज़रूरत नहीं, साहित्य की कोई भी विधा हो, उसमें 'विश्वसनीयता' लेखकीय ईमानदारी, कुशलता और नैतिकता की एक सशक्त कसौटी होती है। दलित साहित्य में इसकी परख के लिए ओमप्रकाश वाल्मीकि, जो साहित्य में बड़े किरदार हैं, के साहित्य से कुछ पन्ने पलटते हैं। वे अपनी आत्मकथा 'जूठन' में माँ की आँखों में दुर्गा के अवतरण की बात करते हैं। इस घटनाक्रम में माँ सुख देव त्यागी से कहती है–'चौधरी जी, इब तो सब खाणा खा के चले गये...म्हारे जातक...

कू भी एक पत्तल पर धर के कुछ दे दो। वो बी तो इस दिन का इन्तज़ार कर रे ते।'[32] सुख देव सिंह–'टोकरा भर तो जूठन ले जा रही है...ऊपर से जातकों के लिए खाणा माँग री है? अपनी औकात में रह चूहड़ी। उठा टोकरा और चलती बन।'[33] 'उसी रोज़ मेरी माँ की आँखों में दुर्गा उतर आयी थी। माँ का वैसा रूप मैंने पहली बार देखा था। माँ ने टोकरी वहीं बिखेर दिया था। सुख देव सिंह से कहा था–इसे ठाके अपने घर में धर ले। कल तड़के बारातियों को नाशते में खिला देणा।'[34] अगर ऐसे प्रसंग किसी उपन्यास या कहानी की विषयवस्तु होते तो प्रेरणादायक व स्वागत योग्य हो सकते थे। लेकिन ये प्रसंग आत्मकथा के हैं जो सम्भवत: मराठी आत्मकथाओं का प्रतिबिम्ब हैं।

आत्मकथा में 'विश्वसनीयता' की दरकार बराबर बनी रहती है। उपर्युक्त घटनाक्रम में वाल्मीकि जी माँ को खुद्दारी और स्वाभिमान की प्रतीक, अन्याय को रौंद देने वाली दुर्गा बना देते हैं। अगर इसे सच मान लें तो सवाल उठता है–'क्या माँ को सुख देव त्यागी के जातीय चरित्र का पता नहीं था? पता था तो वे सुख देव त्यागी के घर क्यों गयी थी? इस दिन का इन्तज़ार क्यों कर रही थी? क्यों जूठन को टोकरे में भर रखा था? बच्चों के लिए खाना क्यों माँग कर रही थी? ऐसे अनेक सवाल हैं जो विश्वसनीयता को सन्दिग्ध बनाते हैं। सिक्के का दूसरा पक्ष इसे और सन्दिग्ध बनाता है। यहाँ त्यागी के घर से कुछ मिलना अधिकार नहीं था, बल्कि कुछ भी मिलना त्यागी के रहमोकरम पर निर्भर था। यहाँ माँ दुर्गा बन भी गयी थी अगर, तो यहाँ उसे दुर्गा बनने की ज़रूरत क्या थी। उसे दुर्गा बनने की ज़रूरत उस स्कूल में थी जहाँ स्कूल का हेडमास्टर कलीराम ओमप्रकाश वाल्मीकि को पढ़ाई के अधिकार से वंचित कर, उस पर कहर ढा रहा था, कह रहा था...चूहड़े, का है?...ठीक है... वह शीशम का पेड़ खड़ा है। चढ़ जा और टहनियाँ तोड़ के झाड़ू बना ले...और पूरे स्कूल कू ऐसा चमका दे, जैसा शीशा। तेरा तो खानदानी काम है।...अबे चूहड़े के, मादर चोद कहाँ घुस गया...अपनी माँ...जा लगा पूरे मैदान में झाड़ू। नहीं तो गांड में मिर्ची डाल के स्कूल से बाहर काढ़ (निकाल) दूँगा।'[35]

यह स्कूल किसी कली राम के पिता जी का नहीं था, सरकार का था, जो जनता के पैसे से चलता था और आज भी चलता है। यहाँ ओमप्रकाश वाल्मीकि के पिता भी श्रीराम या हनुमान, कुछ भी बन सकते थे और अधिकारपूर्वक कली राम की खटिया खड़ी कर सकते थे। लेकिन ऐसा हुआ नहीं। निस्सन्देह, ऐसा अवश्य होता अगर माँ के दुर्गा वाला घटनाक्रम सच्चाई का द्योतक होता। स्पष्ट है कि वाल्मीकि जी का परिवार शोषण उत्पीड़न का शिकार था और इसी लिए सुख देव त्यागी की

दबंगई अपने समाज की हक़ीक़त साफ़ बयाँ करती है। ऐसे में ज़बरन स्टारडम दिखाने के कोई मायने ही नहीं हैं। यहाँ इस घटनाक्रम की चर्चा इसलिए की जा रही है कि दलित साहित्य का एक बड़ा भाग झूठे स्टारडम के चक्कर में साहित्य में नैतिकता और ईमानदारी का ख़ून कर रहा है।

मसले की गम्भीरता को समझने के लिए वाल्मीकि जी के एक और घटनाक्रम से रूबरू होते हैं। वाल्मीकि जी सन् 1970-71 में, उम्र लगभग बीस वर्ष, दसवीं पास, आर्डिनेंस फैक्ट्री ट्रेनिंग संस्थान, अम्बर नाथ छात्रावास महाराष्ट्र में थे। गाँव में भयंकर जातीय उत्पीड़न झेलने के बाद और पूना के एक गाँव में सवर्णों द्वारा गँवई बन्धुओं की आँखें फोड़ी जाने का ऐपीसोड लोगों में आक्रोश भर रहा था और इसी बीच वाल्मीकि जी दलित साहित्य की ओर आकर्षित हो रहे थे।...सविता कुलकर्णी वाल्मीकि जी को ब्राह्मण समझ उनसे बेहद प्यार करती। इस प्यार की परिणति यानी दामाद बनने की पूर्व सीढ़ी के विषय में वाल्मीकि जी लिखते हैं-'मिसेज़ कुलकर्णी ने बारी-बारी से हम तीनों (कुलकर्णी, अजय और वाल्मीकि जी) को उबटन और तेल लगाया था। तेल से मोहक सुगन्ध आ रही थी। मैंने कच्छे के ऊपर तौलिया लपेट रखा था। मिसेज़ कुलकर्णी ने तौलिए को अलग रखने के लिए कहा। मैंने कहा कि मुझे संकोच होता है। मिसेज़ कुलकर्णी ने तौलिया छीनते हुए कहा, 'तुम मेरे बेटे अजय जैसे हो। फिर माँ से कैसी शर्म!'[36]

सविता कुलकर्णी वाल्मीकि जी के साथ समय बिताती है, उनके निवास/होस्टल में किताबें भी टेबल पर व्यवस्थित करती है लेकिन उसे पता नहीं चलता कि वे कैसी किताबें पढ़ते हैं। वाल्मीकि जी इतने भोले कि दलित उत्पीड़न के मामले में अग्रणी रहने वाले महाराष्ट्र के बारे में उन्हें भी कुछ पता नहीं रहा। सविता यह भी जानती है कि वाल्मीकि जी कभी मन्दिर प्रवेश नहीं करते, बाहर पुलिया पर बैठते थे। लेकिन सविता को वाल्मीकि जी के पण्डित होने पर कभी शक ही नहीं हुआ। आख़िर में वाल्मीकि जी का स्टारडम जाग उठता है और वे सविता को अपनी जाति बता देते हैं, कोई विवाद नहीं होता और सविता से छुटकारा पा लेते हैं। मुझे इस घटनाक्रम के विषय में इतना ही कहना है जो दूध का जला हो, क्या वो सविता कुलकर्णी जैसे पेट्रोल बम को गले में बाँधना तो दूर, ऐसा सोचने तक साहस कर सकता है? लेकिन वाल्मीकि जी ने किया। वे भूल गये कि यह किसी फ़िल्म की स्क्रिप्ट नहीं, साहित्य है, वह भी आत्मकथा, जिसमें हर बिन्दु पर सत्यता और ईमानदारी की प्रामाणिकता की दरकार होती है। ख़ैर...

विश्वसनीयता/प्रामाणिकता को वाल्मीकि जी के नज़रिये से समझते हैं–'दलित साहित्य' 'आशय' को महत्त्व देता है। अभिव्यक्ति और शिल्प दूसरे स्थान पर आता है। जीवन अनुभवों की प्रामाणिकता 'आशय' को अर्थ गम्भीर बनाती है।[37] इस गम्भीरता की परख के लिए पुन: 'जूठन' के एक प्रसंग को देखते हैं–ओमप्रकाश वाल्मीकि बस्ती के 'पहले हाई स्कूल पास' होने पर पिता ने पूरी बस्ती को दावत दी और किसी त्योहार जैसा माहौल था। उस दिन 'एक और विशेष बात हुई थी। चमन लाल त्यागी मेरे पास होने की बधाई देने हमारे घर आये थे। ऐसा पहली बार हुआ था जब कोई त्यागी चूहड़ों के घर बधाई देने आया था। बल्कि इससे भी ज़्यादा बड़ी बात यह हुई थी कि चमन लाल त्यागी मुझे अपने घर ले गये थे। बेहद आत्मीयता के साथ पास बैठाकर दोपहर का खाना खिलाया था। वह भी अपने बर्तनों में। छुआछूत के माहौल में यह एक विशेष घटना थी।'[38] 'खाना खाकर मैं जूठे बर्तन उठाने लगा, तो उन्होंने मुझे रोक दिया और अपनी बेटी को आवाज़ दी, भैया के बर्तन उठाकर ले जा। वह आकर जूठे बर्तन ले गयी।'[39]

ग़ौरतलब है, जब पूरी बस्ती में दावत चल रही थी, उत्सव का माहौल था, चमन लाल त्यागी का चूहड़ों की बस्ती व लेखक के घर पहली बार बधाई देने आना, लेखक का अपने घर की दावत छोड़ त्यागी के घर जाना, उसके साथ बैठकर आत्मीयता से खाना खाना और लेखक को बर्तन उठाने से मना कर बेटी से बर्तन उठवाना आदि जीवन्त अनुभवों की प्रामाणिकता (?) 'आशय' की विश्वसनीयता को गम्भीर नहीं, सन्दिग्ध बनाते हैं। स्पष्ट है, यह वही त्यागियों का गाँव है जहाँ वाल्मीकि जी का स्कूल है, जूठन की परम्परा है और शोषण-उत्पीड़न का दिल दहला देने वाले मंज़र हैं। ऐसे गाँव में वाल्मीकि जी के दसवीं पास करते ही ऐसा क्या हो गया कि उनके गाँव में राम राज्य की स्थापना हो गयी; और चमत्कारी अन्दाज़ में चमन लाल त्यागी जैसा व्यक्ति समता, बन्धुता और न्याय के देवता का अवतरण हो जाता है। चलिए छोड़िए, वैसे भी अम्बेडकरवादी विचारधारा इस साहित्य के साहित्यकारों को ऐसे चमत्कारों की अनुमति नहीं देती। इसलिए साहित्य में ऐसी विरोधाभासी अभिव्यक्ति से बचना चाहिए।

दलित साहित्य में एकाधिकारवाद व वर्चस्ववाद ऐसे नये 'ठाकुर' हैं, जिनकी दबंगई नये कीर्तिमान बना रही है। ज़ाहिर है, यह दबंगई विवादों में है। डॉ. धर्मवीर इस दबंगई के बड़े ठाकुर हैं। वे आजीवक को अपनी बपौती समझते हैं और तर्क देते हैं–'आजीवक लोग अपने धर्म, दर्शन और समाज को बिसरा चुके थे, इसलिए विरोधियों ने उनके नये-नये और अजीब-अजीब नाम रखे। आज उन्हें साहित्य में

दलित कहते हैं।'[40] मतलब जिन्होंने अपना धर्म, दर्शन और समाज छोड़ा उन पर ही दलित का ठप्पा लगा है।...'आज दलित अपनी पहचान खोने के लिए लड़ रहे हैं... जो समाज अपनी पहचान खोने के लिए लड़ता है वह कभी जीत नहीं सकता। किसी भी धर्मान्तरण में दलित समाज अपनी पहचान ही खोता है।'...जब व्यक्ति अपनी सोच में नीचे गिरता है तो कहने लगता है कि 'मनुष्य धर्म के लिए नहीं बल्कि धर्म मनुष्य के लिए है।'... धर्म की मूल परिभाषा यह है कि माँ-बहनों और बहू-बेटियों के रूप में अपनी स्त्रियों के सम्मान की बलात्कारियों से ज़बरदस्त रक्षा करने को धर्म कहते हैं।'...'बाहरी लोगों का एक हिस्सा ज़रूर आजीवक धर्म और दर्शन में आने की कोशिश करेगा। आजीवकों की सफलता यह रहेगी कि किसी एक बाहरी आदमी को भी इसमें न आने दिया जाये।'[41]

डॉ. धर्मवीर, बेशक अच्छे विद्वान व एक बड़े प्रशासनिक अधिकारी थे। वे पहले 'दलित धर्म' की वकालत करते थे और राजेन्द्र यादव की पत्रिका 'हंस' में उन्होंने इस मसले पर एक मुहिम-सी चलाई थी। उनके विषय में सिर्फ़ मैं इतना ही लिख सकता हूँ कि आजीवक के चक्कर में उनकी स्थिति स्पेनिश उपन्यास के किरदार डॉन क्विक्सोट जैसी हो गयी थी कि जैसा वो सोचें, लिखें, करें वही अन्तिम है। इसी अन्तिम और इकलौते विद्वान होने की सनक में वे अपने चारों ओर ऐसे लट्ठ भाँजते हैं कि अन्त में कुछ बचता ही नहीं। वे ख़ुद भी नहीं बच पाते। इस प्रवृत्ति को चन्द्रभान प्रसाद, जो बड़ी शख़्सियत हैं और मुद्राराक्षस, जो आज हमारे बीच नहीं हैं, के कुछ उद्धरण के माध्यम से समझते हैं। राष्ट्रीय सहारा अख़बार का एक पाठक चन्द्रभान प्रसाद जी से सवाल पूछता है–'आपने हिन्दू देवी-देवताओं की पूजा न करने की सलाह दी है। मैं किसी दलित ईश्वर का नाम जानना चाहता हूँ? चन्द्रभान प्रसाद का उत्तर–बाबा साहब से बड़ा ईश्वर कौन हो सकता है और अब उनका नाम कौन नहीं जानता।'[42] इसके विपरीत, बाबा साहब ने तो अपना जन्मदिन तक मनाने को ग़ैर-ज़रूरी माना था और इसकी ज़िद करने वालों को डाँटते हुआ कहा था–मुझे भगवान मत बनाओ।[43] विचित्र है, यहाँ उनके चिन्तन-दर्शन के पैरोकार उनकी पूजा की बात कर रहे हैं।

डॉ. अम्बेडकर और तथागत के पूजा और व्यक्ति पूजा के बारे में क्या विचार थे, ये किसी से छिपे नहीं हैं। लोग रोज़ अलग-अलग मंचों से इनके शब्दों का अलाप भी ख़ूब करते हैं लेकिन फिर भी अपनी नासमझी का परिचय देने से बाज नहीं आते। अजीब दबंगई है भाई! यक़ीन नहीं होता, मगर ऐसी ही दबंगई मुद्राराक्षस के 'सौन्दर्य' के सम्बन्ध में लिखे उनके लेख में सामने आती है–'कभी-कभी यह तो

कहा गया है कि रचनाकार को सौन्दर्य का मानदण्ड बदलना चाहिए पर यह स्वीकार करने में हमेशा संकोच बदलता गया कि सौन्दर्य एक ग़ैर-ज़रूरी चीज़ है।'[44] वे इतने पर ही नहीं रुकते, इससे एक क़दम और आगे बढ़कर टिप्पणी करते हैं–'फूल सुन्दर होता है पर वह खाने के काम नहीं आता, सजावट के काम आता है। थोड़ी बहुत हैसियत बनाने बढ़ाने के अलावा उसका व्यावहारिक पक्ष कुछ नहीं होता।'[45] ऐसा एकाधिकार व वर्चस्ववाद कितना साहित्य के हित में है, कितना नहीं, और इस दिशा में कैसे बदलाव की ज़रूरत है, यह पाठक स्वयं तय कर लें।

मुद्राराक्षस जैसा विद्वान सौन्दर्य की ऐसी व्याख्या करेगा, यह मेरी सोच से बाहर का विषय है। लिंबाले भी दलित लेखक संघ के एक ऑनलाइन मंच पर सौन्दर्य और आनन्द के सम्बन्ध में डॉ. राजेश चौहान से साक्षात्कार में ऐसा ही स्तरहीन दावा करते दिखलाई पड़ते हैं, जबकि वे सौन्दर्यशास्त्र पर एक पुस्तक लिख चुके हैं, चलिए छोड़िए। मुझे लगता है सौन्दर्य का सुन्दरता और आनन्द से वैसा कोई सम्बन्ध नहीं है, जैसा मुद्राराक्षस व लिंबाले के विचारों से परिलक्षित होता है। जैसी मेरी साधारण-सी समझ है, उसके आधार पर मैं कह सकता हूँ कि दर्द, ख़ुशी, आनन्द, संघर्ष, साहस, सन्तुष्टि आदि के सौन्दर्य की वह अभिव्यक्ति हो सकती है जो विभिन्न भावों/संवेगों/संवेदनाओं की इंटेंसिटी यानी तीव्रता, गहराई, प्रभाव क्षमता आदि से पाठक/श्रोता की आन्तरिक सक्रिय/निष्क्रिय भावुकता तक दस्तक देने में सक्षम हो और अन्तर्मन को झकझोर कर रख दे।

इसे वर्चस्ववाद कहें या दबंगई की धमक, डॉ. कर्दम आधारहीन आधार पर एक अन्य स्थापना देते हैं–'साहित्य को सही मायने में किसी क्लास (विशिष्ट वर्ग या जाति) का नहीं मास (Mass) का होना चाहिए। दलित साहित्य 'मास' (जनसामान्य) का साहित्य है। इसलिए वर्ग विशिष्ट की अपेक्षा, जनसामान्य के लिए उपयोगी तथा जनसामान्य द्वारा पसन्द किये जाने वाले साहित्य को श्रेष्ठ माना जाना चाहिए और ऐसी रचनाओं को क्लासिकल (Classical) की बजाय मासिकल (Massical) कहा जाना चाहिए।'[46] ग़ौरतलब है, कोई भी स्थापना देने से पहले उसे एक बार नहीं कई बार अलग-अलग कसौटियों पर परखने की ज़रूरत होती है। दलित साहित्य में ऐसा चलन कम है। मौजूदा सन्दर्भ में 'Class' का प्रयोग किसी जाति या वर्ण की श्रेष्ठता तक सीमित नहीं है। यह किसी भी श्रेणी के लिए प्रयोग हो सकता है और Classic और Classical उत्कृष्टता को अभिव्यक्त करते हैं। इन्हें जातिवाद, वर्णवाद और ब्राह्मणवाद के समकक्ष रखकर इसके विकल्प के रूप में Massical पद को दलित का पर्याय बनाना तर्कसंगत नहीं है। वैसे जहाँतक

मेरी आम समझ है, जनसाधारण के लिए Masses शब्द प्रयोग होता है। जनता के लिए Mass शब्द का प्रयोग राजनीति सन्दर्भ में भी होता है। मेरी जानकारी में Classical शब्द किसी अंग्रेज़ी शब्दकोश में नहीं है। यह किसी जनसाधारण के साहित्य का प्रतिनिधित्व कर सकता है, यह किसी निष्कर्ष पर पहुँचने का बेहद सतही तरीक़ा है। उम्मीद है कि भविष्य में सुधीजन इस समस्या का कोई विकल्प और इसका कोई तर्कशास्त्र खोज निकालने में कामयाब हों तो मेरे लिए भी यह एक सुखद अनुभव होगा।

ऐसी ही एक अन्य समस्या तब उत्पन्न होती है जब हम अपनी यथार्थपरक हैसियत और अपने परिवेश के बीच सम्यक् तालमेल बैठा पाने में चूक कर जाते हैं। इसे असंगघोष की कविता के माध्यम से समझने की कोशिश करते है–'उसे लगा/कि मैं ऊँची जात का हूँ/मारे उत्सुकता के/ वह पूछ बैठा/कौन जात हो/ मेरे लिए तो/यह प्रश्न सामान्य था/रोज़ खेलता आया हूँ,/जवाब दिया मैंने/चमार! /यह सुनकर/उसका मुँह कसैला हो उठा/मैं ज़ोर से चिल्लाया/थूक मत/निगल साले।'[47] असंगघोष बड़े प्रशासनिक अधिकारी रहे हैं, उनके सभी काव्य-संग्रह प्रखर तेवर के प्रतीक हैं। उनकी उपर्युक्त कविता कटु यथार्थ से ओतप्रोत है मगर अन्तिम तीन पंक्तियों 'मैं ज़ोर से चिल्लाया/थूक मत/निगल साले' में शाब्दिक हिंसा जैसा तेवर है। बहुत सम्भव है कि वे निजी स्तर पर इससे भी आगे कोई बड़ा क़दम उठाने में सक्षम हों लेकिन समाज यानी व्यापक स्तर पर अक्सर ऐसे आक्रोश का अनुकूल नहीं, प्रतिकूल प्रभाव ही पड़ता है। इसका ख़ामियाजा हमें अलग-अलग रूप में भुगतना पड़ सकता है।

बानगी के रूप में ही सही, एक दिन जब मैंने असंगघोष की फ़ेसबुक वाल पर पढ़ा–'मुझे सेवानिवृत्त हुए आज एक साल पूरा हुआ, पेंशन अभी तक अन्तिम नहीं हुई। मेरे विरुद्ध एक कारण बताओ सूचना पत्र पिछले तीन साल से भी अधिक समय से म.प्र. शासन स्तर पर लम्बित है, जिसमें मुझ पर आरोप है कि मैंने CAA/ NRC क़ानून की आलोचना की है! राज्य सरकार तीन साल से यही निर्णय नहीं ले पा रही है कि मेरे विरुद्ध कार्रवाई करनी है या नहीं करनी है!'[48] मुझे लगा कि यह असंगघोष के मुखर तेवर के विरुद्ध प्रशासन की प्रतिशोध की गतिविधि है, मैं गलत भी हो सकता हूँ। अगर असंगघोष जैसे बड़े प्रशासनिक अधिकारी के साथ ऐसा हो सकता है तो बाक़ी का क्या? ऐसे में उनकी ऊपर उल्लिखित इस कविता की 'अन्तिम तीन लाइन' के मायने ही क्या रह जाते हैं? ऐसा लगता है कि दलित साहित्यकारों को असंगघोष की कविता की 'अन्तिम तीन लाइन' के बग़ैर भी अपनी

बात कहने की कला सीखने की ज़रूरत है। यह सिर्फ़ असंगघोष जी का मसला नहीं है, यह मसला एक रणनीति है, जिस पर गम्भीरता से विचार करने की ज़रूरत है। समझना ज़रूरी है कि हम आकाश में कितनी भी ऊँची उड़ान क्यूँ न भरें मगर अपनी ज़मीन से सम्पर्क नहीं टूटना चाहिए।

राजनीति में आजकल एक ट्रेंड देखने को मिलता है कि अतीत से कुछ मुद्दे उठाकर लाये जाते हैं और वर्तमान में अपना अकाउंट सेटल किया जाता है। साहित्य में ऐसा होना साहित्य व समाज के हित में नहीं है, मगर फिर भी यह साहित्य में धड़ल्ले से चल रहा है। चलिए! इसे ओमप्रकाश वाल्मीकि की चर्चित कविता 'ठाकुर का कुआँ' के माध्यम से समझते हैं–'चूल्हा मिट्टी का/मिट्टी तालाब की/तालाब ठाकुर का/भूख रोटी की/रोटी बाजरे की/बाजरा खेत का/खेत ठाकुर का।, बैल ठाकुर के/हल ठाकुर का/, हल की मूठ पर हथेली अपनी।, फ़सल ठाकुर की/कुआँ ठाकुर का/खेत-खलिहान ठाकुर के।, गली-मुहल्ले ठाकुर के/फिर अपना क्या?/गाँव?/देश?'[49]

आइए इस कविता की क्रोनोलॉजी समझते हैं। प्रेमचन्द ने अपनी कहानी 'ठाकुर का कुआँ' के माध्यम से ठाकुर के इन्सानी मुखौटे के पीछे छिपी संवेदनहीनता को सन् 1932 में साहित्य की चौपाल में लाकर खड़ा कर दिया। ओमप्रकाश वाल्मीकि ने 1981-82 में इसी ठाकुर के कुएँ का इस्तेमाल कर अपने साहित्य में अपनी दीन-हीनता की ज़बरदस्त फ़सल उगायी। सांसद (प्रो.) मनोज झा ने संसद में सन् 2023 में 'ठाकुर का कुआँ' का कविता पाठ कर इसी फ़सल से अपनी राजनीति की रोटी सेंकने का काम किया। सांसद महोदय ने ब्राह्मणवाद की अपेक्षा ठाकुरवाद को कठघरे में खड़ा कर चर्चा के केन्द्र में ला दिया। दलित साहित्यकारों ने इसे दलित साहित्य के विजय उत्सव की तरह देखा और जश्न मनाया। यह सवाल उठता है–क्या ठाकुर की क्रूरता की जर्नी लगभग सौ साल बाद भी वैसी है, जैसी प्रेमचन्द अपनी कहानी 'ठाकुर का कुआँ' में 1932 में दिखाते हैं?

यह सवाल मुंशी प्रेमचन्द की विश्वसनीयता को सन्दिग्ध बनाता है। क्योंकि यही मुंशी प्रेमचन्द हैं जो 1932 में 'ठाकुर का कुआँ' कहानी में ठाकुर की निर्दयता को सातवें आसमान पर चढ़ा देते हैं और ठाकुर को क्रूरता का प्रतीक बनाकर छोड़ देते हैं। लेकिन ठीक इसके चार साल बाद यानी 1936 में कफ़न कहानी लिखते वक़्त ठाकुर को इतना दयालु बना देते हैं कि वह घीसू और माधव की सारी हरामखोरियों को जानते हुए भी कफ़न के लिए पैसा दे देता है। लेकिन वाल्मीकि जी का ठाकुर और सांसद (प्रो.) का ठाकुर इक्कीसवीं सदी में भी 1932 वाला ठाकुर है, जिसको

सामने खड़ा करके वाल्मीकि जी और सांसद साहब अपने-अपने हित साधते हैं, अपना हिसाब चुकता करते हैं। यह इमेज बिल्डिंग का पूर्वाग्रही तरीक़ा लेखक की ईमानदारी को ही कठघरे में खड़ा नहीं करता बल्कि साहित्य की गरिमा को भी सन्दिग्ध बनाता है। हमारे यहाँ दलित साहित्य में ऐसी घपलेबाज़ी बराबर देखने को मिलती है। इस पर गम्भीरता से विचार करने की ज़रूरत है।

वाल्मीकि जी ने मुंशी प्रेमचन्द की कहानी 'ठाकुर का कुआँ' से प्रेरित होकर अपनी कविता 'ठाकुर का कुआँ' लिखी। ठीक इसी प्रकार उन्होंने प्रेमचन्द की कहानी 'कफ़न' से प्रेरित होकर अपनी कहानी 'शवयात्रा' लिखी। अन्तर सिर्फ़ इतना आया कि यहाँ रामजी लाल और प्रधान बलराम सिंह दोनों 'चमार' नये ठाकुर हो जाते हैं। जो नादानियाँ मुंशी प्रेमचन्द ने अपने पूर्वाग्रही रवैये के चलते घीसू और माधव के चरित्र चित्रण में की, उसके सारे रिकॉर्ड वाल्मीकि जी ने अपनी कहानी 'शवयात्रा' में तोड़ डाले। इन दोनों कहानियों में विद्वेष का अजीब जुनून नज़र आता है, जो समुदाय विशेष की नकारात्मक इमेज का सार्वभौमीकरण करके प्रतिशोध लेने जैसा कार्य करते हैं। ज़रूरी नहीं कि कहानी में जो कुछ भी लिखा गया है, वह सत्य की कसौटी पर खरा उतरता हो, लेकिन ओमप्रकाश वाल्मीकि और सांसद (प्रो.) मनोज झा तो कहानी-कविता को सार्वभौमिक सत्य की तरह उद्धृत कर अजीबोग़रीब निष्कर्ष निकालते हैं और स्थापना देते हैं कि हमारे अन्दर एक ठाकुर मौजूद है और हमें उससे मुक्ति की ज़रूरत है। साहित्य चूँकि राजनीति नहीं है, इसलिए इसे किसी जंग का अखाड़ा भी नहीं बनाया जाना चाहिए। साहित्य को वर्तमान की रोशनी सृजन और समाज निर्माण के साधन के रूप में देखा जाना चाहिए। अतीत के मुर्दे को वर्तमान में लाकर दफ़न करना वर्तमान को प्रदूषित करता है, जो पहले से धर्म और राजनीति के अवैध सम्बन्धों के चलते प्रदूषित है।

पुनः वाल्मीकि जी की कविता की टैग लाइन पर लौटते हैं–'गली-मुहल्ले ठाकुर के/फिर अपना क्या?/गाँव?/देश?' सवाल बनता है–क्या गाँव और देश के बग़ैर ओमप्रकाश वाल्मीकि वह बन गये, जिन्हें हम एक अच्छे साहित्यकार के रूप में जानते हैं, पढ़ते हैं? क्या बिना गाँव व देश के वाल्मीकि जी ने वह मुकाम पा लिया, जिसे पाने की लालसा में आज कई साहित्यकार उन्हीं पदचिह्नों पर चलने को बा-ज़िद हैं? हमें विवेक से ऐसा समझौता नहीं करना चाहिए जैसे वाल्मीकि जी करते दिखते हैं। वाल्मीकि जी ने प्रेमचन्द से 'ठाकुर का कुआँ' हथियाया तो डॉ. अमित धर्मसिंह ने वाल्मीकि जी की तर्ज़ पर गाँव को डिसोन करते हुए अपनी काव्यात्मक

आत्मकथा 'हमारे गाँव में हमारा क्या है?' लिख डाली। एक तरफ़ लेखक 'गाँव' को अपना कह रहा है और दूसरी तरफ़ विरोधी स्थापना दे रहा है, सवाल खड़ा कर रहा है–गाँव में हमारा क्या है? चर्चा में आने यानी सस्ती लोकप्रियता के लिए ऐसे शॉर्टकट हमारे चारों ओर बिखरे पड़े हैं, हमें इनसे परहेज करना चाहिए।

दलित साहित्य की हर विधा में अभिव्यक्ति ऐसी प्रतीत होती है जैसे हम हवा से हवा में वार कर रहे हैं और ज़मीन यानी समाज के यथार्थ से उसका कोई वास्ता ही न हो। कई बार लगता है जैसे कि यह प्रवृत्ति एक अंडर करंट के रूप में हमारे अन्दर मौजूद फ्रस्ट्रेशन के मुक्ति का साधन मात्र है। बानगी के लिए प्रस्तुत हैं एक कविता की कुछ लाइनें–'मैं एकलव्य होता/ तो गुरु दक्षिणा में/ अँगूठा माँगने वाले/ गुरु की ज़ुबान काट लेता।'[50] इस कविता का यथार्थ से कोई वास्ता नहीं है। ऐसी कविताओं को किस श्रेणी में रखा जाये, इसके लिए गंगाधर पानतावणे की मदद ली जा सकती है–'मैंने कुछ कविताएँ देखी हैं, जिनमें प्रारम्भ से अन्त तक गालियाँ दी जाती हैं। यह दलित कविता नहीं है, यह 'गाली कविता' है। अन्याय, जुल्म के प्रति चिढ़ व्यक्त करना कवि का विषय हो सकता है लेकिन गाली-गलौज नहीं।'[51] अ. ला. ऊके की कविता कमोबेश इसी श्रेणी में आती है और अनावश्यक आक्रोश से ओतप्रोत है। ये आक्रोश और अतिउत्साह से ग्रसित कवि महोदय यह भी नहीं समझ पा रहे हैं कि एकलव्य के उदय के पीछे उनका धैर्य, आत्मविश्वास, साधना और प्रबल इच्छा शक्ति जैसे सकारात्मक मूल्य जुड़े हैं जो असम्भव जैसे लक्ष्य की पूर्ति में बुनियाद का काम करते हैं। अगर कवि महोदय इतिहास में इतने पीछे जाकर द्रोण का अँगूठा काटने का साहस रखते हैं तो थोड़ा साहब आज के समाज के कलंक मॉब-लिंचिंग वालों को भी द्रोण जैसा कोई पाठ पढ़ा दो। कहने की ज़रूरत नहीं, समाज से कटकर कोई भी साहित्य हवा में अपना वजूद क़ायम नहीं कर सकता, इस हक़ीक़त की उपेक्षा नहीं होनी चाहिए।

हक़ीक़त से रूबरू कराने की गरज से मोहनदास नैमिशराय को पुन: चर्चा में लाना ज़रूरी महसूस हो रहा है। नैमिशराय बड़ा नाम है, वे कहानी के छपने के ऐपीसोड यानी यथार्थ को कुछ ऐसे बयाँ करते हैं–'मेरी कोई कहानी सीधे नहीं छपी। कहानी छपने से पूर्व सालभर सम्पादक से लेकर पत्रकारों के कार्यालयों की यात्राएँ करनी पड़ती हैं। कहानी छपने में कम से कम एक वर्ष का समय तो लग ही जाता है।'[52] अ.ला. ऊके की कविता विश्वसनीयता की कसौटी पर खरी नहीं उतरती। विश्वसनीयता के लिए यह समझना ज़रूरी है–'साहित्य समाज का प्रतिबिम्ब मात्र भी नहीं होता है। उसके पीछे लेखक का सामाजिक अध्ययन, उसकी भविष्य की

संकल्पना और उसकी अपनी धारणा भी परस्पर जुड़ी होती है।'[53] अगर भविष्य की संकल्पना का अभाव है तो साहित्य के मायने ही क्या रह जाते हैं। सिर्फ़ जातियों के उत्पीड़न और आक्रोश के बखान के आधार पर कोई साहित्य ज़्यादा दूर तक नहीं जा सकता। इसलिए साहित्य सृजन के लिए दशा के साथ-साथ दिशा का एहसास भी निरन्तर बना रहना चाहिए तभी साहित्य विवादों का अखाड़ा होने से बच सकता है और यह अपनी वास्तविक भूमिका अदा कर सकता है।

माना कि दलित साहित्य वह पौधा है, जिसकी ज़मीन की तैयारी, बीजारोपण, सिंचाई, खाद-पानी यानी पूरी परवरिश दलितों ने की है। इसके विरुद्ध होने वाले हमले भी इन्होंने ही झेले हैं और आज भी झेल रहे हैं। ज़ाहिर है, इसके फल पर वह अपना एकाधिकार समझता है। यह ठीक वैसा ही है जैसे ठाकुर अपने कुएँ और ज़मीन से उगाई गयी फ़सल पर अपना अधिकार समझता है। लेकिन साहित्य और अन्य संसाधनों के मामले में अधिकार का मसला एक जैसा नहीं होता। साहित्य समाज का प्रतिनिधित्व करता है और इसके केन्द्र में भी समाज ही होता है। यह किसी लेखक या समूह की इकलौती सम्पत्ति नहीं हो सकता। जब ऐसी क़वायद होती है तो विवाद होना सहज अवस्था है। मौजूदा सन्दर्भ में मेरा प्रश्न है–दलित साहित्य को हम मुख्यधारा का साहित्य भी मान लें अगर, तो भी इसके केन्द्र में किसी भी रूप में सही रहेंगी तो 'जातियाँ' ही। इसके विपरीत हम दूसरे साहित्य को पहले से ही जातिवादी साहित्य मान कर चलते हैं। साफ़ है इन दोनों क़िस्म के साहित्य को 'दो जातीय समूहों की जंग' नहीं कहा जाये तो और क्या कहा जाये? इस जंग में समाज निर्माण की भावी संकल्पना के लिए कितना स्पेस बचा है, इस पर हमें ज़िम्मेदारी से सोचने की ज़रूरत है, क्या नहीं?

डॉ. तेजसिंह दलित साहित्य में 'जाति' के आधिपत्य के पीछे की राजनीति की भूमिका को कुछ इस प्रकार देखते हैं–'कांशीराम की राजनीतिक चेतना से प्रभावित होकर हिन्दी के अधिकांश दलित साहित्यकार जाति को प्रमुखता देने लगे। वे भूल गये कि कांशीराम ने राजनीति में जाति का इस्तेमाल एक रणनीति के तहत किया था। वे अच्छी तरह जानते थे कि सभी राजनीतिक दल जाति के आधार पर चुनाव लड़ते हैं और लड़वाते हैं।...कांशीराम की यह राजनीतिक रणनीति थी जिसे वे चुनाव तक सीमित रखे हुए थे। लेकिन हिन्दी के अधिकांश तथाकथित दलित साहित्यकार कांशीराम की इस चुनाव रणनीति को 'जातीय चेतना का राजनीतिकरण' समझकर अपनी-अपनी जाति को मज़बूत करने का नारा देने लगे और इस प्रकार साहित्य में 'जाति चेतना' उभरने लगी। इस 'जाति चेतना' के आधार पर उन्होंने

दलित को एससी, एसटी कैटेगरी तक में सीमित करके उसे जातिवादी बना दिया।'[54] साहित्यकारों द्वारा आज हर गतिविधि को जाति के चश्मे से देखना एक ऐसी छूत की बीमारी बन गयी है जो दलित समाज के अन्तर्गत आने वाली जातियों के विश्वास और आपसी सौहार्द के सामने नित नयी चुनौती पेश कर रही है।

साहित्य के विकास में बाधक एक अन्य बड़ी चुनौती कम परेशान करने वाली नहीं है। डॉ. धर्मवीर का दलित साहित्य में पाँच सौ पुस्तकें आने का मतलब था बाबा साहब के चिन्तन-दर्शन को समाज तक पहुँचाना और दूसरे आन्दोलनों से जुड़े अपने बुद्धिजीवियों की घर वापसी कराना। लेकिन आज ऐसे आकलन के लिए स्पेस ना के बराबर है। आजकल साहित्य संगठन अपने-अपने समूह की ऑन लाइन काव्य गोष्ठियाँ करते हैं, जिनमें संवाद और विचार-विमर्श अछूत बन इनकी चौखट का दरबान बना है। फ़ेसबुक बताता है, कुछ मौलिक पुस्तकें हैं मगर कहानी व कविता की सम्पादित पुस्तकों की बाड़ है। कोई कहानी-कविता भले कितनी भी सम्पादित पुस्तकों की शोभा बने, कोई फ़र्क़ नहीं पड़ता लेकिन पुस्तक की संख्या ज़रूर बढ़ रही है। बेशक, लेखक अपने 'लेखक' बनने की क़ीमत चुका रहा है और उसकी जेब हल्की और प्रकाशक की जेब भारी हो रही है। प्रत्येक दलित लेखक अम्बेडकरवादी वैचारिकी का पुरोधा बना है, मगर साहित्य आन्दोलन की व्यवस्थित जर्नी का अता-पता नहीं। ऐसा लगता है हमारे वरिष्ठ साहित्यकार अपने पर होने वाले शोध, पुरस्कार पाने की व्यवस्था व इससे मिलने वाली राशि के विज्ञापन, सिलेबस में छपने का डाटा रखने और मंचों की अध्यक्षता में व्यस्त हैं। ज़ाहिर है, ये बड़े काम हैं और इन्हें कुशलता से अंजाम दिया जाना और भी बड़ा काम है, क्या नहीं है?

इस कड़ी में अगला प्रश्न है—जब दलित, स्त्री और बहुजन के मसले सामाजिक न्याय के हैं तो ये तीनों एक साथ मिलकर आन्दोलन क्यों नहीं करते? क्या इनमें आपस में भी भरोसा नहीं है? यदि दलित के अन्दर आने वाली जातियों को एक-दूसरे पर भरोसा है, अंडरस्टैंडिंग है तो फिर 'शवयात्रा' जैसी कहानियाँ कहाँ से वजूद में आती हैं। क्या आपसी अंडरस्टैंडिंग के लिए ईमानदार प्रयास नहीं होने चाहिए?

राजनीति, शिक्षण संस्थानों, सरकारी नौकरी आदि में आरक्षण के चलते जातियों के उन्मूलन की कितनी सम्भावनाएँ बची हैं? अब जाति आधारित दलित साहित्य पाठ्यक्रम में शामिल होने का नया पैमाना बना है तो यह जाति उन्मूलन के लक्ष्य को पाने में मदद करेगा या फिर जातियों की पहचान को और अधिक मज़बूत करेगा? अगर हम जातिविहीन और वर्गविहीन समाज के निर्माण के प्रति गम्भीर हैं तो क्या

हमें ऐसे मसलों पर गम्भीर चिन्तन नहीं करना चाहिए? अगर नहीं, तो क्या हम बाबा साहब व साहित्य के प्रति ईमानदार हैं? क्या हम वर्णवादी समाज की तरह निजद्वैतवादी (फिस्सीपेरस) यानी दोगले नहीं हो गये हैं? परिणामस्वरूप, जो प्रवृत्ति इस समाज को विरासत में मिली है[55] हम भी उसी का अनुसरण कर रहे हैं? और हमें बाबा साहब को दलित की परिधि में क़ैद रखने में कोई फ़र्क़ नहीं पड़ता जबकि बाबा साहब कहते थे–'मैंने सिर्फ़ अछूत समाज के एक तबके के लिए ही नहीं बल्कि पूरे समाज के लिए काम किया है।'[56] ये मसले ऐसे हैं जिनके विश्वसनीय समाधान के बग़ैर क्या हम इस साहित्य पर सवाल उठाने वालों से आँख में आँख मिलाकर बात कर सकते हैं?

अन्त में बाबा साहब द्वारा शारदा कबीर को लिखे पत्र का उल्लेख करना चाहता हूँ, जिसमें वे बताते हैं–'टॉलस्टॉय मेरा नायक नहीं है। वास्तव में कोई भी लेखक मेरा नायक नहीं है। मैं किसी भी लेखक से जो ग्रहण करने लायक होता है, आगे विचार करने लायक होता है, उसे ग्रहण कर लेता हूँ और अपने आपसे आत्मसात करके अपने व्यक्तित्व का निर्माण करता हूँ, इसके बारे में यदि आप मुझे अपनी बात कहने की आज्ञा दें तो कोई कितना भी बड़ा क्यूँ न हो, यह किसी की नक़ल करना नहीं है। यह मेरी अपनी निजी मौलिकता है।'[57] उनका यह विचार मेरे लिए वह सूत्र है जो मुझे जीवन के क्षेत्र में आत्मविश्वास व अपनी रीढ़ के साथ खड़े रहने का साहस देता है। बाबा साहब वो मशाल हैं जो हर दिमाग़ को रोशन कर ख़ुद दीपक हो जाने को प्रेरित करती है और व्यक्तित्व की मौलिकता के साथ स्वाभिमान से जीने का मार्ग प्रशस्त करती है। इस मशाल को किसी इबादतगाह की शोभा बनाने की भूल न करें, अन्यथा जीवन में अँधेरा तय है। इस कड़ी में यह साफ़ कर देना ज़रूरी महसूस हो रहा है कि यहाँ जिन वरिष्ठ साहित्यकारों के नामों का उल्लेख किया गया है, वह मात्र साहित्य से जुड़े विचारणीय बिन्दुओं को समझने और सम्यक् निर्णय के लिए किया गया है ताकि भावी लेखन बेहतर समाज निर्माण में अहं भूमिका अदा कर सके। मेरा आग्रह है कि जितने भी उद्धरण यहाँ दिये गये हैं, उन्हें बिना रचनाकार के नाम के समझें और सिर्फ़ विषयवस्तु पर फोकस करें। सम्यक् चिन्तन-मनन व मूल्यांकन के आधार पर सकारात्मक बदलाव की ओर अग्रसर हों।

सन्दर्भ

1. बाबा साहेब डॉ. अम्बेडकर सम्पूर्ण वाङ्मय, खण्ड-4, पृ. 228
2. वही, पृ. 228

3. कांचा इलैया, सम्पादन मुकेश मानस, मैं हिन्दू क्यों नहीं हूँ, पृ. 104
4. V.T. Rajshekhar, 'A man that Destroyed Dalit Identity, Dalit Voice, Vol. 8, Issue 2, December 1-15, 1988
5. डॉ. तुलसीराम, राष्ट्रीय सहारा, दिनांक 13.08.2006
6. जयप्रकाश कर्दम, दलित साहित्य–सामाजिक बदलाव की पटकथा, अमन प्रकाशन, राम बाग, कानपुर (उ.प्र.), पृ. 44
7. वही, पृ. 44
8. डॉ. धर्मवीर–जय भंगी, जय चमार (खण्ड एक), 'जूठन' का लेखक कौन!, मुहिम प्रकाशन, हापुड़
9. वही, पृ. 25
10. गंगाधर पानतावणे, युद्धरत आम आदमी-अक्टूबर-दिसम्बर 96, अंक-26, पृ. 28
11. डॉ. तेज सिंह, अम्बेडकरवादी साहित्य की अवधारणा, प्रकाशक लोकमित्र, शाहदरा, दिल्ली, अपनी बात से।
12. जयप्रकाश लीलवान, अब हमें ही चलना है (काव्य-संग्रह), पृ. 55
13. मलखान सिंह, सुनो ब्राह्मण (काव्य-संग्रह), पृ. 34
14. कुसुम वियोगी–अँधेरा चीरती रोशनी (कविता-संग्रह), पृ. 6
15. जयप्रकाश कर्दम, दलित साहित्य–सामाजिक बदलाव की पटकथा, अमन प्रकाशन, कानपुर (उ.प्र.), पृ. 80
16. वही, भूमिका
17. वही, पृ. 12
18. डॉ. अम्बेडकर, सम्पूर्ण वाङ्मय, खण्ड-1, पृ. 78
19. डॉ. तेज सिंह, अम्बेडकरवादी साहित्य की अवधारणा, प्रकाशक लोकमित्र, शाहदरा, दिल्ली, अपनी बात से।
20. वही।
21. वही।
22. वही।
23. वही।
24. कुसुम वियोगी–दलित लेखक संघ की पत्रिका प्रतिबद्ध, हीरा लाल राजस्थानी द्वारा लिया गया साक्षात्कार, नवम्बर 2023

25. मोहनदास नैमिशराय, अपने-अपने पिंजरे (भाग-1), वाणी प्रकाशन, नयी दिल्ली, प्रथम संस्करण 1995, पृ. 10
26. वही, पृ. 83
27. वही, पृ. 11
28. तुलसीराम, मुर्दहिया, राजकमल प्रकाशन, नयी दिल्ली, 2010, पृ. 126
29. जयप्रकाश कर्दम, दलित साहित्य–सामाजिक बदलाव की पटकथा, अमन प्रकाशन, रामबाग, कानपुर (उ.प्र.), पृ. 82
30. दया पवार, अछूत, राधाकृष्ण प्रकाशन, ग़ाजियाबाद, 2002, पृ. 14
31. श्यामसुन्दर सिंह चौहान, दलित टुडे, सम्पादक महीपाल सिंह, अंक जून 2002
32. ओमप्रकाश वाल्मीकि, जूठन (आत्मवृत्त), राधाकृष्ण प्रकाशन, दिल्ली, पृ. 41
33. वही, पृ. 41
34. वही, पृ. 41
35. वही, पृ. 14-15
36. वही, पृ. 115, 116
37. वही, पृ. 50
38. वही, पृ. 29
39. वही, पृ. 30
40. डॉ. धर्मवीर, महान आजीवक कबीर, रैदास और गोसाल, वाणी प्रकाशन, नयी दिल्ली, भूमिका से।
41. वही, भूमिका से।
42. चन्द्रभान प्रसाद, राष्ट्रीय सहारा, 29 जुलाई 2002, सहारा सलाह।
43. विजय मानकर, लाइफ एंड द ग्रेटेस्ट ह्यूमैनिटेरिअन रेवोल्यूशनरी मूवमेंट ऑफ़ डॉ. बी. आर. अम्बेडकर–ए क्रोनोलॉजी, पृ. 295
44. मुद्राराक्षस, लेख–सौन्दर्य को ख़ारिज करते हुए, साक्षात्कार, मई 2001, पृ. 47
45. वही, पृ. 48
46. जयप्रकाश कर्दम, दलित साहित्य–सामाजिक बदलाव की पटकथा, अमन प्रकाशन, राम बाग, कानपुर (उ.प्र.), पृ. 27

47. असंगघोष, अब मैं साँस ले रहा हूँ (कविता-संग्रह) शीर्षक 'कौन जात हो', वाणी प्रकाशन, नयी दिल्ली
48. Asangaghosh Asangaghosh, Facebook Post--October 31, 2023, 10:51 AM
49. ओमप्रकाश वाल्मीकि, सदियों का सन्ताप (कांव्य-संग्रह), कविता ठाकुर का कुआँ, पृ. 03
50. अ.ला. ऊके, 'पत्थर उठाते हाथ' कविता-संग्रह, पृ. 53
51. गंगाधर पानतावणे, आलेख दलित साहित्य : दशा और दिशा, पत्रिका–अम्बेडकर इन इंडिया, लखनऊ।
52. 'दलित दखल' सम्पादन–श्यौराज सिंह बेचैन व डॉ. रजत रानी मीनू, नैमिशराय का साक्षात्कार।
53. डॉ. तेज सिंह, अम्बेडकरवादी साहित्य की अवधारणा, प्रकाशक लोकमित्र, शाहदरा, दिल्ली, अपनी बात से।
54. वही, अपनी बात से।
55. डॉ. अम्बेडकर, सम्पूर्ण वाङ्मय, खंड-1, पृ. 34
56. विजय मानकर, लाइफ एंड द ग्रेटेस्ट ह्यूमैनिटेरिअन रेवोल्यूशनरी मूवमेंट ऑफ़ डॉ. बी. आर. अम्बेडकर–ए क्रोनोलॉजी, पृ. 209
57. वही, पृ. 343

हिन्दी दलित कहानी : दलित चेतना के परिप्रेक्ष्य में

–डॉ. धीरजभाई वणकर

आज दलित साहित्य ने अपनी जगह बना ली है। यह वही दलित है जिसे अछूत कहकर सदियों तक मनुष्य जीवन की तमाम आवश्यकताओं एवं सुविधाओं से वंचित रखा गया जिसे सिर्फ़ दुःख, वेदना, ग़ुलामी, अपमान, आँसुओं से भरी ज़िन्दगी जीने के लिए विवश किया गया है। हिन्दू धर्म की समाज व्यवस्था ने दलितों का जीवन नारकीय बना दिया था। उनके अन्धकारमय जीवन में रोशनी लाने का कार्य भारत रत्न डॉ. बाबा साहेब अम्बेडकर ने किया। जिस दलित साहित्य का उद्भव मराठी में हुआ, उसी से प्रेरणा लेकर हिन्दी दलित साहित्यकारों ने हिन्दी में दलित साहित्य की रचना की। नवें दशक में ओमप्रकाश वाल्मीकि, मोहनदास नैमिशराय, श्यौराज सिंह बेचैन, सूरजपाल चौहान, सुशीला टाकभौरे की कहानियाँ हंस में छपीं। साथ ही नवें दशक में अनेक कथा संकलन भी आये, जो दलितों में स्वाभिमान एवं चेतना जाग्रत करता है। विचारकों ने इसे 'दलित साहित्य' नाम से नवाज़ा है। दरअसल दलित साहित्य यथार्थ पर आधारित है। जिसमें दलित जीवन का दर्द सर्वोपरि है, सच को सच कहने की जो निर्भीकता एवं साहस की आवश्यकता साहित्यकारों में होनी चाहिए वह निर्भीकता दलित साहित्यकारों में पर्याप्त है। उपर्युक्त दलित कहानीकारों ने असमानता, अस्पृश्यता, अन्याय, अत्याचार एवं शोषण से ग्रसित दलितों की मर्मवेदना को चित्रित करने के लिए कहानी विधा का चयन किया। वास्तविक रूप में "साहित्य एक अखण्ड प्रवाह है और उस में मानवजीवन के असंख्य उद्गार लहरों का रूप लेकर तरंगित होते रहते हैं। उसकी दिशाएँ अवश्य बदलती रहती हैं और यही दिशाएँ साहित्य में युगों के नाम से पुकारी जाती हैं।"[1] बीसवीं शताब्दी के उत्तरार्ध में हिन्दी साहित्य में दलित विमर्श एवं स्त्री-विमर्श इन दो विचारधाराओं ने अपनी ओर सर्जक, पाठक तथा आलोचकों का ध्यान आकर्षित किया। दलित

साहित्य ने सभी को अपनी ओर इसलिए आकर्षित किया कि उसका मूल आधार स्वानुभूति था और है। बेशक सदियों से दलित जाति समूह को घोर उपेक्षा तथा यातनाओं के समय से गुज़रना पड़ा है।

इक्कीसवीं सदी के हिन्दी दलित कहानी-संग्रहों पर नज़र डालें तो–'हाशिये से बाहर'–सम्पा. डॉ. रजतरानी मीनू (2001), सलाम; 'घुसपैठिए'–ओमप्रकाश वाल्मीकि (2003), 'तलाश' जयप्रकाश कर्दम (2005), 'टूटता वहम' अनुभूति के घेरे, 'संघर्ष' सुशीला टाकभौरे (2006), हैरी कब आयेगा; 'नया ब्राह्मण' सूरजपाल चौहान (2009), 'आवाज़ें' मोहनदास नैमिशराय (2010), 'विस्फोट' रामनिहोर विमल, 'ज़हरीली जड़ें' रूपनारायण सोनकर (2006), 'हिस्से की रोटी' डॉ. शत्रुधन कुमार (2001), 'दलित कहानी संचयन' सं.रमणिका गुप्ता (2003), 'सुरंग' (दयानन्द बटोही), 'द्रोणाचार्य एक नहीं' (कावेरी), 'चार इंच की क़लम' (कुसुम वियोगी), 'तीन महाप्राणी' (कुसुम मेघवाल, बुद्ध शरण हंस), 'हुक्म की दुग्गी, काल तथा अन्य कहानियाँ, 'खेत तथा अन्य कहानियाँ', दलित समाज की कहानियाँ (2012) रत्नकुमार सांभरिया, कामरेड का बक्सा–सूरज बडत्या (2013), 'एक और बारात चढ़ी' जसराम हरनोटिया (2010) का ज़िक्र किया जा सकता है। इनकी कहानियों में जीवन संघर्ष की व्यथाओं के साथ-साथ परिवर्तन के लिए आक्रोश की आग को देखा सकता है।

ओमप्रकाश वाल्मीकि का दलित लेखकों में सर्वोपरि स्थान है। 'जूठन' आत्मकथा से उन्होंने विशेष ख्याति पायी है। 'सलाम' उनका चर्चित कहानी-संग्रह है। 'सलाम' ओमप्रकाश वाल्मीकि की सर्वाधिक चर्चित कहानी है। यह एक परम्परा का विरोध दर्शानेवाली कहानी है। कहानी का नायक भंगी समाज का एक पढ़ा-लिखा युवक हरीश है जिसके ज़रिये दलितों को अपमानित करने के लिए समाज द्वारा निर्मित सलाम प्रथा को हमेशा के लिए ख़त्म करने का ऐलान किया जाता है। गाँव के रिवाज के अनुसार शादी के पश्चात दलित दुल्हन-दूल्हे को गाँव के विविध प्रकार के दबावों के कारण सवर्णों के घर सलाम करने के लिए जाना पड़ता था। हरीश सवर्ण रांधड़ों के घरों में सलाम करने जाने से इनकार कर देता है यानी कि हरीश ने इस प्रथा का अन्त किया है। सन् 2003 में उनका दूसरा कहानी-संग्रह 'घुसपैठिए' प्रसिद्ध हुआ है। उनकी कहानियों में दलित जीवन की पीड़ाएँ असहनीय एवं अनुभव-दग्ध हैं। उनकी लगभग सभी कहानियाँ दलितों पर सवर्णों के उत्पीड़न, शोषण एवं अत्याचार को प्रस्तुत करती हैं। भोगे हुए यथार्थ के कारण वाल्मीकि की कहानियों में जीवन्तता आ गयी है। उनकी कुछ कहानियाँ तो हिन्दी दलित साहित्य

की अनुपम निधि हैं। 'घुसपैठिए' कहानी-संग्रह में–'घुसपैठिए', यह अन्त नहीं, मुम्बई काण्ड, शबयात्रा, प्रमोशन, रिहाई, ब्रह्मास्त्र, हत्यारे, जंगल की रानी आदि का समावेश हुआ है। दरअसल ओमप्रकाश की कहानियाँ दलितों में आत्मसम्मान से जीने की लालसा उत्पन्न करती हैं। ये कहानियाँ दलित जीवन का यथार्थ हैं। 'घुसपैठिए' संग्रह की भूमिका में उन्होंने लिखा है–"इन कहानियों की अन्तर्वस्तु मेरे अनुभव जगत की त्रासदियों और दुःखों से उपजी सामाजिक संवेदनाएँ हैं। जिन्हें शब्द-दर-शब्द गहरे अवसादों के साथ यन्त्रणा से गुज़रते हुए लिखा है। कुछ संस्कारवान आलोचकों को यह सब अतिरेकपूर्ण और जातिवादी लगता है। विशेष रूप से उन्हें जो साहित्य में तथाकथित सार्वभौमिकता और शाश्वत सत्यों की बात करते हैं। कई लेखक मित्रों को मेरी कहानियों में दलित पात्रों की मुखरता भयभीत करती है, तो कुछ को यह सब राजनीति प्रेरक भी लगती हैं। कई मित्र इसे काल्पनिक और अविश्वसनीय कहकर ख़ारिज भी कर देने की कोशिश करते हैं, कई विद्वानों ने, आलोचकों ने मेरी कहानियों के भीतर सुगबुगाती और दुःख भरे संसार को समझने की कोशिश भी की है। सच तो यह है कि मैंने जैसा जीवन देखा-भोगा-महसूस किया वैसा ही लिखने की, दिखाने की कोशिश की।"[2]

'घुसपैठिए' नामक कहानी में दलित छात्रों के साथ सवर्ण विद्यार्थी एवं प्रोफ़ेसर भी भेदभावपूर्ण व्यवहार करते हैं। उसे प्रस्तुत किया गया है। अनुसूचित जाति के विद्यार्थियों को आरक्षण के कारण मेडिकल कॉलेज में प्रवेश तो मिल जाता है, किन्तु उनका डॉक्टर बनने का सपना अधूरा रह जाता है क्योंकि उसकी जाति को लेकर होस्टेल में सवर्ण छात्रों द्वारा उसकी रेगिंग की जाती हैं। दलित छात्रों को होस्टेल में दलित छात्र के साथ ही रख दिया जाता है। मैस में भी अलग बैठना पड़ता है। दलित छात्रों को अपमानित किया जाता है उन्हें मारा, पीटा जाता है जैसे–प्रणव मिश्रा ने बस में सोनकर को थप्पड़ मारा था। अमरदीप नामक दलित छात्र का कथन देखिए–"कल पूरा दिन होस्टेल के एक कमरे में विकास चौधरी और सुभाष सोनकर को दरवाज़ा बन्द करके पीटा गया।"[3] जब दलित सोनकर रमेश चौधरी के साथ दलित छात्रों के साथ होनेवाली उत्पीड़न की घटना के लिए न्याय माँगने डीन के पास जाते हैं तो डीन कहता है–"आरक्षण से आये हो थोड़ा-बहुत तो सहना ही होगा।"[4] वस्तुतः सवर्ण छात्रों की ज़्यादतियों को वे अनुचित नहीं मानते। क्योंकि नाइंसाफ़ी की ये प्रतिक्रिया है। आरक्षण के विरोध से उपजा आक्रोश। सोनकर जब प्रणव मिश्रा के ख़िलाफ़ पुलिस में रिपोर्ट लिखाने का दुस्साहस करता है, तो उसे परीक्षा में फेल कर दिया जाता है। सभी उच्चवर्ग के लोग सोनकर के ख़िलाफ़ हो जाते हैं। अनेक

महारथियों ने निहत्थे सुभाष सोनकर की हत्या कर दी जिसे आत्महत्या कहकर प्रचारित किया गया था। दलित छात्रों का मेडिकल में प्रवेश लेना डीन की दृष्टि से घुसपैठ थी। वस्तुतः मेडिकल कॉलेज के दलित छात्रों को दूसरे छात्र ही नहीं, प्राध्यापक, डीन, प्रिंसिपल मैनेजमेंट भी घुसपैठिये मानते हैं।

'यह अन्त नहीं' कहानी के केन्द्र में दलितों की आवाज़ दबा दी जाती है इसका बख़ूबी चित्रण है। मंगलू ने तमाम अभावों के बावजूद किसन को कॉलेज की पढ़ाई के लिए शहर भेजा था। धान कटाई के दिनों मंगलू एवं सरबती के साथ बिरमा भी धान कटाई के लिए जाती थी। उस रोज़ वे तेजभान के खेत में धान काटने गये थे। बिरमा घर लौट रही थी कि सचीन्दर तेज़ी से आगे बढ़कर उसका रास्ता रोककर बलात्कार का प्रयास करता है। बिरमा का भाई किशन एवं उसके दोस्त सचीन्दर को सज़ा दिलवाने की कोशिश करते हैं किन्तु तेजभान के आगे उनको झुकना पड़ता है क्योंकि वह ताक़तवर आदमी है। आख़िर वे पुलिस की मदद लेना चाहते हैं किन्तु पुलिस भी साथ नहीं देती बल्कि इंस्पेक्टर कहता है–"फूल खिलेगा तो भौंरे मँडराएँगे ही।" प्रवीण के कहने पर पंचायत में शिकायत की जाती है किन्तु सरपंच बिसन दलित होते हुए भी एक मोहरा था। निर्णय तो तेजभान लेता था। पंचायत के मुखिया दलितों की बातों को किस प्रकार दबा देता है इसकी पोल खोलने का काम कहानी में किया गया है। जब अर्ज़ी तेजभान देखता है तो भड़क उठा और अपनी ताक़त के बारे में कहने लगा–"भंगी-चमारों की यह हिम्मत...क्यूँ बे बिसना तुझे प्रधान इसलिए बनाया था ?...और इतना उन सभी को बता देना दरोगा से लेकर एस. पी. तक सभी अपनी जात के हैं।"[5] पंचायत के फ़ैसले में सचीन्दर को पाँच रुपया जुर्माना किया जाता है। इससे किसन एवं मंगल अवाक् रह गये थे। पंचायत में भी जात-बिरादरी देखी जाती है। सवर्ण समाज की आर्थिक स्थिति एवं राजकीय स्थिति का पल्ला भारी होने के कारण गुनाहों को दबा दिया जाता है। कहानी के अन्त में परिवर्तन की आशा व्यक्त हुई है–"ना बिरमा, यह अन्त नहीं है...तुमने हमें ताक़त दी है। हार को जीत में बदलेंगे, लोगों में विश्वास जगाकर, ताकि फिर कोई बिसन मोहरा ना बने।"[6]

'मुम्बई काण्ड' कहानी में मुम्बई में हुए हत्याकाण्ड को प्रस्तुत किया गया है। बम्बई शहर में डॉ. बाबा साहब अम्बेडकर की मूर्ति को खण्डित एवं अपमानित किया जाता है इतना ही नहीं डॉ. अम्बेडकर के विचारकों पर गोलियाँ चलायी जाती हैं। इन तमाम घटनाओं से कथानायक चिन्तित होता है। उसे लगा साथी कर्मचारी गुप्ता भी इस षड्यन्त्र में कहीं शामिल है। जूते का हार बनाकर गांधी जी की मूर्ति

को पहनाने का विचार उसके मन में आता है। किन्तु ज्योंही गांधी की मूर्ति के पास पहुँचा कि मस्तिष्क में एक विचार आया–"अरे! मैं यह क्या कर रहा हूँ। मुम्बई में किसी ने मेरे विश्वास पर चोट की और मैं यहाँ किसी की आस्था पर चोट करने जा रहा हूँ। कुछ गांधी को 'बापू' कहते हैं और कुछ अम्बेडकर को 'बाबा', वहाँ 'बाबा' कहने वाले मारे गये, यहाँ 'बापू' कहने वाले मारे जा सकते हैं...जो भी हो मारे तो निर्दोष ही जायेंगे।"[7]

'शवयात्रा' नामक कहानी में ब्राह्मणवादी मानसिकता लेकर चलने वाले समाज का नग्न चित्रण प्रस्तुत किया गया है। दलित–दलितों में भी ऊँच-नीच का भेदभाव होता है। इसमें चमार एवं मल्हार नामक दो जातियों के बीच का ऊँच-नीच का भेदभाव उभर कर आया है। चमार अपने को मल्हार से उच्च मानते हैं। सुरजा और कल्हन मल्हार जाति के हैं। कल्हन रेलवे में नौकरी करता है, वह गाँव में पक्का मकान बनाना चाहता है लेकिन गाँव के ही चमारों के द्वारा उसका विरोध किया जाता है। इस दौरान कल्हन की बेटी बीमार पड़ जाती है। इलाज के लिए गाँव के डॉक्टर के पास ले जाते हैं किन्तु डॉक्टर जातिगत भेदभाव के कारण इलाज करने से साफ़ इनकार करता है–"नहीं...यहाँ मत लाना...कल से मेरी दुकान बन्द हो जायेगी। यह मत भूलो तुम मल्हार हो।"[8] आख़िर बिना दवा सलोनी की मृत्यु हो जाती है। सलोनी की अन्तिम यात्रा में गाँव का एक भी चमार नहीं आता। शवयात्रा में कल्हन, सुरजा, खरोज और सन्तो जाते हैं। कहानीकार ने दलितों में भी ब्राह्मणवादी मानसिकता का खोखला चित्र उजागर किया है।

'प्रमोशन' कहानी में जातिगत अपमान का यथार्थ चित्रण किया गया है। सुरेश मिल में स्वीपर का काम करता है। स्वीपर से प्रमोशन प्राप्त कर सुरेश मज़दूर बन जाता है। वह ख़ुश है कि उसे प्रमोशन मिला है। मज़दूर यूनियन का सदस्य बनेगा। तनख़्वाह बढ़े या न बढ़े, सम्मान बढ़ेगा। प्रमोशन के पहले दिन ही उसे सभी मज़दूरों के लिए दूध लाने का काम सौंपा जाता है। वह तत्परता से दूध ले आता है, किन्तु जातिगत भेदभाव के कारण एक भी मज़दूर सुरेश के पास दूध लेने के लिए नहीं आता है। उसका विरोध होता है, इतना ही नहीं उसको मज़दूर के पद से हटा दिया जाता है। सुपरवाइजर जब पूछता है तब वर्करो बताते हैं–"साहब आपको नहीं पता सुरेश स्वीपर है...उसके हाथ की चीज़ कोई कैसे खा-पी सकता है।"[9] इससे स्पष्ट होता है कि जाति दलित का पीछा नहीं छोड़ती, वह कुछ भी बन जाय किन्तु जाति के कारण अपमान के कड़वे घूँट पीने पड़ते हैं। सुरेश के मन में सवाल उठता है–"क्या सचमुच मज़दूर-मज़दूर भाई-भाई होते हैं?"[10] सुरेश की पीड़ा यह बताती है कि

सामाजिक समता के लिए केवल मार्क्सवाद काम का नहीं है। अत: वर्ण-व्यवस्था को तोड़ना ही होगा।

'मैं ब्राह्मण नहीं हूँ' कहानी में जाति छिपाकर रहनेवाले 'शर्मा' की पीड़ा उजागर हुई है। मोहनलाल शर्मा के लड़के की शादी उन्हीं के मुहल्ले के गुलजारीलाल शर्मा की बेटी सुनीता से तय होती है। परन्तु सरनेम को लेकर दोनों के बीच संघर्ष होता है। तब गुलजारीलाल की बेटी सुनीता से रहा नहीं गया और वह सभी लोगों के बीच अपनी जाति का भेद खोलते हुए पापा से कहती है–"पापा, वे लोग ब्राह्मण नहीं हैं तो क्या आप ब्राह्मण हैं।"[11] वस्तुत: वे लोग बढ़ई जाति के थे किन्तु किसी को पता नहीं था इसलिए अपने को ब्राह्मण मानते थे। कहानी के अन्त में सुनीता भण्डा फोड़ती है–'अमित...मैं ब्राह्मण नहीं हूँ।'

मोहनदास नैमिशराय वरिष्ठ एवं प्रख्यात दलित साहित्यकार हैं। हिन्दी दलित साहित्य आज जिस ऊँचाई को छू रहा है उसमें नैमिशराय के अवदान को कदापि नहीं भुलाया जा सकता। आत्मकथा 'अपने-अपने पिंजरे-भाग-1, 2' तथा उपन्यास 'महानायक बाबा साहब डॉ. अम्बेडकर' उनकी प्रसिद्धि के ग्रन्थ है। 'आवाज़ें' नैमिशराय का प्रसिद्ध कहानी-संग्रह है। इनकी नवीनता, मौलिकता एवं दलित समस्याओं को शिद्दत से उठाने की जो क्षमता है वह उन्हें शीर्ष स्थान प्रतिष्ठित करती है। ये कहानियाँ यथार्थपरक अन्दाज़ में लिखी गयी हैं। प्रस्तुत संग्रह में कुल तेरह कहानियाँ हैं। जो नटराज प्रकाशन, दिल्ली से सन् 2010 में प्रकाशित है। नैमिशराय जी ने संग्रह की भूमिका (दो शब्द) में लिखा है–"दलित साहित्य आन्दोलन में अगर हमारा कोई प्रणेता रहा है तो वे हैं परम पूज्य बाबा साहब डॉ. भीमराव अम्बेडकर। उनकी यश की कीर्ति जैसे-जैसे हिन्दी क्षेत्र में फैली वैसे-वैसे ही दलित साहित्य का सूरज उगता गया। अब देखना यह है कि धूप में जैसे-जैसे प्रचण्डता आयेगी वैसे-वैसे इन परम्परागत दरख़्तों के भीतर से सकारात्मक स्वर में प्रतिक्रियाएँ बाहर आयेंगी। जहाँतक इस संग्रह में प्रकाशित मेरी कहानियों की बात है उनके पीछे कोई बौद्धिक विलास या काल्पनिक सुख नहीं है, बल्कि एक-एक कहानी की पृष्ठभूमि में दलित होने का अहसास है। हर एक कहानी लिखने के दौरान मुझे दुर्घटनाओं के आर-पार की जद्दोजहद से जूझना पड़ा है। मैं भीतर-बाहर अंगारा बनकर दहकता रहा। मेरे शब्द जैसे तपकर बाहर आते रहे।"[12]

कमलेश सचदेव ने प्रस्तुत संग्रह में लिखा है कि–"आवाज़ें की कहानियाँ मोहनदास नैमिशराय के लगभग उसी तेवर को सामने लाती हैं। आत्मकथा में जहाँ उनके सामने एक सीमित परिवेश था, कहानियों में यह परिवेश व्यापक हुआ है।

उनका प्रमुख बल्कि एकमात्र सरोकार दलित वर्ग की पीड़ा को वाणी देना है। उनके साथ होनेवाली कोई भी ज़्यादती उन्हें तड़पाकर रख देती है। अस्पृश्यता, दलित वर्ग की स्त्रियों के प्रति अत्याचार, आरक्षण विरोधी आन्दोलन, वर्ण-व्यवस्था की अन्य विसंगतियों, कुछ भी न उनकी दृष्टि से चूकता है और न क़लम से।"[13] संग्रह की 'आवाज़ें' नामक कहानी दलितों के साथ हो रहे अन्याय एवं अत्याचार का बयान करती है जो दलितों में चेतना जाग्रत करती है। सदियों से ठाकुरों के मोहल्ले में सफ़ाई एवं हुक़्क़ा पानी करने वाले मेहतर जाति के लोग अब जागरूक बन गये हैं। इतवारी नामक मेहतर ने संगठन करके निश्चित किया कि अब ठाकुर औतार सिंह के यहाँ ग़ुलामगीरी नहीं करेंगे। इतवारी खुला विद्रोह करते हुए कहता है–"हम जूठन न लेंगे और न ही गन्दगी साफ़ करेंगे।"[14] मेहतरों के गन्दगी साफ़ न करने के विरोध में ठाकुर औतार सिंह साज़िश बनाकर मेहतरों की बस्ती के बीस-तीस को डकैती के केस में पुलिस थाने में बन्द करवा दिया तथा उनकी बस्ती में आग लगा दी। फिर भी डरते नहीं हैं। गाँव की सभी मेहतरानियाँ भी कारिन्दा को एकजुट होकर झाड़ू से पिटाई करती हैं। जाँच के लिए डी.एस.पी. को भेजा इसलिए ठाकुर की दाल न गली। कुछ आवाज़ें सुनाई देती हैं। परिवर्तन के लिए सब के मन में चेतना जाग चुकी थी।

'हारे हुए लोग' में वर्णव्यवस्था एवं जातिवाद से उत्पन्न हुए छुआछूत को प्रस्तुत किया गया है। शहर हो या गाँव जाति का दंश दलितों को बार-बार झेलना पड़ता है। गाँवों में प्रत्यक्ष है तो शहरों में अप्रत्यक्ष है। सेक्शन ऑफ़िसर के प्रमोशन के कारण चेतराम कुरील का शहर में तबादला होता है। दलित होने के कारण शहर में किराये का मकान ढूँढ़ते समय उसे अपमानित होना पड़ता है। जो सपने लेकर वह शहर में आया था वह सारे चकनाचूर हो जाते हैं। उनके दोस्तों ने मकान किराये पर लेने के बारे में कहा था–"अरे तुम अफ़सर हो कुरील, तुम्हें क्या, एक टेलीफ़ोन कर दोगे तो मकान मालिक दौड़े-दौड़े आयेंगे। सब कुछ जमा कर फिर बच्चों को ले जाना। फिर नये शहर में दो-चार महीने मौजमस्ती नहीं करोगे क्या! वैसे भी तीन-चार महीने तक बच्चों की पढ़ाई चलेगी, फिर एग्जाम। गर्मियों की छुट्टियाँ हो जायें तो पुराने शहर से नये शहर ढोकर ले जाना।"[15] रामनारायण द्विवेदी के यहाँ मकान किराये लेने के लिए जाता है और बताता है कि वह सेक्शन ऑफ़िसर है तब मालिक कहता है–"अजी हमें क्या मतलब आप कलट्टर भी हैं। नौकरी करने से आदमी की जात तो नहीं बदलती। रहता तो वही है।"[16] इस प्रकार यह कहानी छुआछूत को उघाड़ती है।

'अधिकार चेतना' शीर्षक कहानी महत्त्वपूर्ण है। जिसमें मेरठ के पास के गाँव शेरगढ़ी में महामानव डॉ. बाबा साहब अम्बेडकर की प्रतिमा की स्थापना करने हेतु सवर्णों एवं दलितों की बीच भारी मुठभेड़ होती है। पुलिस ने दो दलित युवकों की गोली मारकर हत्या कर डालीं। इसलिए गाँव के सभी दलित एकजुट होकर पुलिस को मौत के घाट उतारते हैं। गाँव में कर्फ़्यू लगा दिया जाता है। पूरे गाँव में पुलिस ही पुलिस दिखाई दे रही है–"शेरगढ़ी के दलित न थके और न उदास हुए थे। उनके बीच अभी भी जुझारू तेवर मौजूद थे। उत्साह का संचार एक-दूसरे के द्वारा हो रहा था। पुलिस दमन के विरोध में उनके भीतर आक्रोश उभर रहा था। वे बाबा साहब की प्रतिमा उसी स्थान पर लगाने को उद्धत थे।"[17] वाकई में शेरगढ़ी के दलितों में नयी चेतना आ गयी थी। कहानीकार ने दलितों को जातीय स्वाभिमान एवं अधिकार के लिए आगे आते हुए बताया है। 'रीत' कहानी में पूँजीपति ज़मींदार किस प्रकार दलितों की बहू-बेटियों की इज़्ज़त के साथ खिलवाड़ करते हैं इसका त्रासदीपूर्ण निरूपण हुआ है। ब्राह्मणवादी संस्कृति बलात्कार जैसे जघन्य अपराधों का शिकार दलित नारी पर ही करते हैं। दलित परिवार की फुलो को ज़मींदार रात को अपनी हवेली ले जाता है और बलात्कार करता है। इसकी दर्दनाक दास्तान देखिए–"ज़मींदार ने रातभर उसे नोचा था, उसके शरीर को जी भर कर मसला था। आख़िर किसी को डर तो था ही नहीं। सुबह हुई तो वह जूठन की तरह उठाकर बाहर फेंक दी गयी, उसके घरवाले के लिए लेकिन बुलाकी का अभी तक पता न था। कैसी रात थी? न जाने कितनी दुल्हनों को डसा होगा वासना के नाग ने, कितनों को निगला? सास-ससुर, जेठ-देवर सभी देखकर भी अनजान। किसी ने उफ़ तक न की।"[18]

सूरजपाल चौहान दलित साहित्य के सशक्त रचनाकार हैं। उनके अबतक दो कहानी-संग्रह प्रकाशित हो चुके हैं–'हैरी कब आयेगा' और 'नया ब्राह्मण'। 'नया ब्राह्मण' कहानी-संग्रह 2009 में प्रकाशित हुआ है। इसमें कुल सत्रह कहानियाँ हैं। सूरजपाल ने अपनी कहानियों में ईमानदारी के साथ समाज की विभिन्न दिशा एवं दृष्टिकोणों को रेखांकित किया है। दलित जातियों के बीच के अन्तर्विरोध का पर्दा भी खोला है। उनकी 'बदबू' नामक कहानी में नयी पीढ़ी की नारी की व्यथा को बख़ूबी चित्रित किया गया है। सन्तोष नामक वाल्मीकि जाति की लड़की सत्तर प्रतिशत के साथ हाईस्कूल पास है वह आगे पढ़-लिखकर कुछ बनना चाहती है किन्तु झूठी मान्यताओं वाले पिता मना करते हैं, वह तो शादी करा के ससुराल भेजना चाहते है। पं. भगतराम सन्तोष को पढ़ाने की बात करते हैं तो उल्टे स्वर में पिता कहता

है–"तुम ऊँची जाति के लोग हो, अपनी जवान होती बेटियों को शहर भेज सकते हो, मैं ऐसा करूँगा तो समाज में मेरी नाक कट जायेगी, बिरादरी के सभी लोग ताली देकर हँसेंगे और कहेंगे कि विवाह योग्य लड़की को शहर पढ़ने भेज दिया...ना पण्डित जी ना, मैं तो अब इसके हाथ पीले कर के बेटी ऋण से मुक्त होना चाहता हूँ।"[19] अपनी बिरादरी में सन्तोष के योग्य पढ़ा-लिखा लड़का नहीं मिलने पर उसकी शादी रजिन्दर नामक लड़के से कर दी जाती है, जो म्यूनिसिपैलिटी में एक सफ़ाई कर्मचारी की नौकरी करता है। सन्तोष ससुराल जाती है वहाँ सास-ससुर मैला ढोने के काम में सन्तोष को लगाना चाहते हैं किन्तु सन्तोष विरोध करती है–"चाहे मेरी जान चली जाये पर मैं यह गन्दा काम हरगिज नहीं करूँगी।" विरोध के बावजूद सन्तोष को मैला ढोने जाना पड़ता है। वहाँ उसको उबकाई आने लगती है। उसको लगता है वह जड़ पत्थर हो गयी है।

'नया ब्राह्मण' सूरजपाल चौहान की एक महत्त्वपूर्ण कहानी है। दलितों की नयी पीढ़ी शिक्षित होकर उच्चासन पर आरूढ़ भी हो रही है यह गौरव की बात है किन्तु साथ ही खेद की बात भी है कि वह अपने गाँव, माता-पिता, परिवार से नाता तोड़ देते हैं और अपने आप को बड़ा समझने लगते हैं। 'नया ब्राह्मण' का नायक मंगल पढ़ा-लिखा एक दलित युवा है जो शहर में अफ़सर की नौकरी करता है। वह अपने भूतकाल को भूल जाता है और समाज के लोगों से दूर रहने की कोशिश करता है। जिस समाज से आया है इसे ही मंगलू नफ़रत की दृष्टि से देखता है। सवर्ण दोस्तों के साथ उठता-बैठता है उसका खाना-पीना, रहन-सहन भी सवर्णों की तरह। अपनी पत्नी को बार-बार अपमानित करता है, माँ को कहता है, अफ़सर की माँ की तरह रहो। मंगलू अपने आप को ब्राह्मण समझने लगा था। कमली को धोखे के साथ काग़ज़ों पर हस्ताक्षर करवा कर वकील से तलाक़ के काग़ज़ात तैयार कर भेज देता है और साथ में नौकरी करनेवाली इन्दु शर्मा से दूसरी शादी कर लेता है। मंगलू जब कमली के बारे में गँवार है ऐसा कहता है तो आग बबूला होकर कमली कहती है–"तेरी अम्मा कूँ भी तो अंग्रेज़ी ना आवे, वाकूँ भी छोड़ दै, रांड कौ काई कूँ कुछ समझे ही नायं, पढ़-लिख गयौ तो पानी कूँ पप्पा कहने लग्गौ, मेरी ससुरी के कीड़े पड़के मरेगौ।"[20] यहाँ पढ़े-लिखे दलितों की समाज के प्रति कैसी मानसिकता हो जाती है, इसको दर्शाया गया है। समाज को सहायता न करके, तिरस्कार करते है, इसलिए 'नया ब्राह्मण' शीर्षक दिया है।

सवर्ण समाज नहीं चाहता कि दलित तरक़्क़ी करे या उनका परम्परित व्यवसाय छोड़ कर खेती, बिज़नेस करे। सूरजपाल की 'सारे जहाँ से अच्छा' कहानी का

नायक कैप्टन वीरेन्द्र ने ज़िन्दगी देश की सेवा में बिता दी। जब वह रिटायर होकर गाँव आता है तो उन्हें अपमानित होना पड़ता है। सेवानिवृत्ति के समय उन्हें बड़े सम्मान के साथ विदा किया जाता है। वह गाँव में जाकर ज़मीन ख़रीदकर खेती करना चाहता है। ठाकुर के पास से पाँच से सात हज़ार रुपये में बीघा ज़मीन ख़रीदता है किन्तु ठाकुर का बेटा रामवीर उसका विरोध करता है–"तुम्हारी बुधि तो भिष्ट ना हो गयी, भंगिया कू अपनी धत्ती बेक (बेच) रहे हो...ये गाम की रीति नायँ, ठाकुर और नीच कू धत्ती बेक दे–सुनो है ऐसो कहीं काहे नाक कटवाओ।"[21] आख़िर कैप्टन वीरेन्द्र के सपने चूर-चूर हो जाते हैं। दलित ग़ुलामी करते रहें यही ठाकुर का बेटा चाहता है। तब वीरेन्द्र का 'सारे जहाँ से अच्छा हिन्दुस्तान हमारा है' का भ्रम टूट जाता है।

जयप्रकाश कर्दम दलित साहित्य के प्रतिष्ठित हस्ताक्षर हैं। वे दलित साहित्य (वार्षिकी) जैसी महत्त्वपूर्ण पत्रिका के सम्पादक हैं। 'छप्पर' नामक पहला दलित उपन्यास देने का श्रेय उनको जाता है। 'तलाश' उनका पहला कहानी-संग्रह है जो सन् 2005 में प्रकाशित हुआ है। ग़ौरतलब कि हिन्दी के अन्य दलित कहानीकारों और जयप्रकाश कर्दम की कहानियों में जो अन्तर है, वह यह है कि अन्य कहानीकारों के दलित पात्र उत्पीड़न का शिकार तो हैं, किन्तु वे प्रतिकार नहीं बता पाते जबकि कर्दम की कहानियों के पात्र अन्याय के ख़िलाफ़ आवाज़ उठाते हैं। उनकी चर्चित कहानी 'तलाश' का नायक रामबीर सिंह जो एक बिक्रीकर अफ़सर है। वह गुप्ता के मकान में किराये पर रहता है। वहाँ खाना बनाने के लिए रामबती चूहड़ी आती है, तो मकान मालकिन मिसेज़ गुप्ता को अप्रिय लगता है इसलिए रामबीर सिंह को कह देती है कि आपको रामबती से ही खाना बनवाना है तो कहीं और मकान ले लीजिए। यह सुनकर रामबीर सिंह आग बबूला होकर कहता है–"रामबीर सिंह ने निश्चय किया कि वह रामबती से खाना बनवाना बन्द नहीं करेंगे और उन्होंने गुप्ता को जवाब दे दिया–यदि यह बात है तो मैं आपका मकान खाली करने को तैयार हूँ, लेकिन जातिगत भेदभाव के आधार पर मैं रामबती से खाना बनवाना बन्द नहीं करूँगा।"[22] यहाँ रामबीर का स्वाभिमान प्रकट हुआ है।

'ज़हर' नामक कहानी का नायक एक दलित ताँगेवाला है। वह एक दिन अपने ताँगे में एक ब्राह्मण को बैठा लेता है। जाते-जाते रास्ते में किसी दलित नेता की रैली में जाती हुई दलितों की भीड़ को देखकर ब्राह्मण भड़क उठता है और दलितों के विरुद्ध ज़हर उगलने लगता है, कड़वे शब्द ताँगेवाला नहीं सुन पाता और विशम्बर पण्डित को रास्ते में उतार देता है। पण्डित के प्रति उनका आक्रोश देखिए–"दो

रुपये का नुक़सान मुझे होगा न। मैं सौ रुपये का नुक़सान भी बर्दाश्त कर लूँगा, पर तेरे मुँह से अपमानजनक बातें बर्दाश्त नहीं करूँगा। चल उतर जल्दी से। बातों में लगाकर के टैम ख़राब मत कर मेरा। नहीं तो यू हंटर देख रहा है मेरे हाथ में, इससे सूंत दूँगा तुझे।"[23]

सुशीला टाकभौरे प्रसिद्ध दलित महिला लेखिका हैं। इनके कहानी-संग्रह हैं– 'टूटता वहम', 'अनुभूति के घेरे', 'संघर्ष'। वस्तुतः दलित महिला कथाकारों ने एक नयी भूमि तैयार की है। दलित स्त्री की समस्या और स्वाभिमान को जब एक दलित महिला व्यक्त करती है तो उसमें अनुभव की प्रामाणिकता होती है। सुशीला टाकभौरे की 'सिलिया' कहानी की नायिका सिलिया बड़ी कठिनाइयों से मैट्रिक पास करती है, कोई भी लालच रास्ते से भटका नहीं पाता है। सिलिया में पढ़ने-लड़ने एवं आगे बढ़ने की ललक है। वह खो-खो टीम की कैप्टन है। खेलकूद की स्पर्धा में वह प्रथम आयी। उसकी सहेली हेमलता की बहन उसी तहसील में रहती थी जहाँ खेलकूद स्पर्धा के लिए गये थे। दोनों उनके घर जाते हैं। सिलिया को बहुत प्यास लगी है किन्तु मौसीजी को जात का पता चल गया था इसलिए पानी का गिलास लेकर अन्दर चली जाती है। तब सिलिया कहती है–"कितने मुखौटे चढ़ाकर रखते हैं लोग।" अनेक संकटों का सामना करती हुई वह आगे बढ़ने का दृढ़ संकल्प करती है–"मैं बहुत आगे पढ़ूँगी, पढ़ती रहूँगी। उन परम्परागत कारणों का पता लगाऊँगी, जिन्होंने हमें समाज में अछूत बना दिया है। मैं विद्या, बुद्धि और विवेक से अपने आप को ऊँचा साबित करके रहूँगी। किसी के सामने झुकूँगी नहीं। नाहीं कभी अपना अपमान सहन करूँगी।" वस्तुतः सिलिया को छाकुर सहेली की सास द्वारा पानी का गिलास न देना और गाडरी के कुएँ से पानी पीने का कारण मालती की पिटाई। यह दोनों घटनाएँ सिलिया की दृष्टि और जीवन को बदलने में सहायक सिद्ध होती हैं। अब उन्हें सवर्णों के सहयोग और उनकी बैसाखी पर विश्वास नहीं रहा। लेखिका का अतिवाद तब सिर चढ़कर बोला जब सिलिया की नानी ख़ुश होकर बोली–"इतनी बड़ी बन जा कि बड़ी जात के कहलाने वालों को अपने घर नौकर रख लेना।"[24] तमाम असुविधा के बीच भी सिलिया सम्मान से जीना चाहती है। यही संकल्प उसे लड़ने का हौसला देता है। यह एक अन्तर्मुखी कहानी है जो सुधारवादी दृष्टिकोण से लिखी गयी है।

'दलित समाज की कहानियाँ' रत्नकुमार सांभरिया जी का सन् 2011 में अनामिका पब्लिशर्स एंड डिस्ट्रीब्यूटर्स (प्रा.) लिमिटेड से प्रकाशित कहानी-संग्रह है। आलोच्य संग्रह में 24 कहानियाँ संकलित हैं, जो दलित समाज से सम्बन्धित हैं।

दलित समाज की चेतना को विविध आयामों के साथ प्रस्तुत किया है। भारतीय समाज में दलित सदियों से हाशिये पर रहे, अभावों में जीते आ रहे हैं। चातुर्वर्ण्य व्यवस्था के शिकार ये नारकीय जीवन यापन करते आये हैं। डॉ. बाबा साहब अम्बेडकर ने दलितों में ऊर्जा भरने का काम किया है। दलित कहानी जिसे अम्बेडकरवादी कहानी भी कहा जाता है। संग्रह की पहली कहानी 'फुलवा' है। नायिका दलित फुलवा है। उनका पति एक दिन ज़मींदार के बिगड़ैल बैल को सीधा कर रहा था। नकेल (?) ढीली पाते ही उस गुस्सैल बैल ने उसके पेट में सींग घुसा दिया। वह तड़प-तड़पकर मर गया। फुलवा ज़मींदार के घर घास छीलती, पानी भरती व पशुओं को चारा-पानी करती थी। ज़मींदारों एवं सवर्णों के अपमानों को सहन करती हुई फुलवा मेहनत के बलबूते पर अपने बेटे को आई.पी.एस. की सेवा में भेजती है। अब वह बेटे के साथ शहर में रहती है। उनका रहन-सहन, आचार-विचार, खानपान उच्च घरानों जैसा हो गया है। फुलवा में काफ़ी बदलाव आ गया है। एक दिन ज़मींदार रामेश्वर फुलवा के घर आता है। फुलवा का वैभव उनसे देखा नहीं जाता। वह सोचता है कि गाँव में पानी के लिए फुलवा घण्टा भर खड़ी रहती थी। बार-बार हाथ जोड़ती थी क्योंकि सवर्णों के कुएँ पर दलित पानी नहीं भर सकते थे–ज़मींदारों के कुएँ पर चढ़ने की मनाही थी। वह जिस कुएँ से पानी लाती थी, वह आधा कोस दूर था, उसके घर से। एक बार रामेश्वर कुएँ पर नहा रहा था। फुलवा कुएँ के नीचे खड़ी थी मटका लिए। वह रामेश्वर को बराबर हाथ जोड़ रही थी–"आज मुझे गाँव जाना है, रामेश्वर जी। दो बाल्टी पानी उड़ेल दो मटके में।"[25]

दलित पढ़-लिखकर आर्थिक रूप में समृद्ध हो जाते हैं तब सवर्णों को ईर्ष्या आती है। वे नहीं चाहते कि दलित वैभवशाली जीवन जीये। फुलवा अपने घर के एक-एक कमरे की सुविधा रामेश्वर को बताती है। जब फुलवा ने कहा कि कूलर से शरीर चिपचिपा हो जाता है। यह सुनकर रामेश्वर उबल पड़ा–"इसका मुँह नोच लूँ। कैसे चोंचले चुभला रही है, फुलवा की बच्ची। खेत में तो खूड़ों में लेटकर नींद निकाल देती थी, आज कूलर से शरीर चिपचिपाता है।"[26] जब रामेश्वर पं. माता प्रसाद के घर जाता है, अपने बेटे की नौकरी की सिफ़ारिश के लिए। फुलवा एवं पं. माता प्रसाद की विधवा पत्नी शहर आकर वे दोनों एक दाँत की रोटी खाने लग गयी थीं। परती के मकान पर भी फुलवा अपने घर जैसा अधिकार समझती थी। रामेश्वर पण्डिताइन से कहता है। अब ज़मींदार नहीं रहा। दीपसिंह को कहीं नौकरी पर चिपका दो। तब पण्डिताइन फुलवा का नाम लेती है कि उनकी कोठी पर गया था तू? तब उत्तर देता है–"दादी, फुलवा सोने की हो जाये, रहेगी उसी जात की। मैंने तो

उसके घर का पानी तक नहीं पिया। धर्म भ्रष्ट होने से मर जाना अच्छा समझता है, रामेश्वर सिंह।"[27] यहाँ मनुवादी मानसिकता उजागर हुई है। अन्त में वह फुलवा की कोठी की ओर जाता है। यहाँ नारी मन की कोमलकान्त भावना को प्रस्तुत किया गया है। फुलवा चाहती तो, बदला ले सकती थी। मगर कहानीकार ने ऐसा नहीं किया। यहाँ समयबोध को एक चेतना के रूप में प्रस्तुत किया गया है।

'बकरी के दो बच्चे' कहानी में वाल्मीकि समाज का दिल दहला दे ऐसा चित्रण है। दलपत के दो लड़के थे। रामसिंह एवं सम्पत। रामसिंह फ़ौज में है। सम्पत फ़रीदाबाद की एक फैक्ट्री में काम करता है। पत्नी के कहने पर दलपत दो-तीन दिन गाँव-गाँव घूमकर एक गाभिन बकरी ले आता है। दलितों की ग़रीबी तो देखिए–"दलपत के पेट में भूख की एक भभूकी सी उठी। वह उठा। छींके पर बाजरे की बासी रोटियाँ रखी हुई थीं। उसने दो रोटियाँ निकाल लीं। एक ख़ुद के लिए, दूसरी धर्मकली के लिए। आह! बाजरे की रोटी सिंकने पर कितनी स्वादु हो जाती हैं। न साग-सब्ज़ी की ज़रूरत, न चटनी-अचार की।"[28] बकरी ने दो बच्चे को जन्म दिया एक नर व एक मादा। एक दिन कोहरे के अँधियारे में दोनों बच्चे ग़ायब थे। चिन्तित दलपत ढूँढ़ते-ढूँढ़ते दानसिंह की हवेली पर पहुँच जाता है। दानसिंह के लठैत बेटे धर्मपाल ने बच्चे मार दिये थे–"अंधेर क्या है। घड़ी-घड़ी हवेली में घुस आते हैं। मैंने मारकर पटक दिया है, ससुरों को।"[29] दानसिंह बेटे को शाबाशी देने लगा मानो कोई ज़मींदाराना काम किया हो। दलपत शिकायत लेकर दानसिंह के पास जाकर कहने लगा, आप धर्मपाल को धमका दो, वह आइन्दा ऐसी ग़लती न करे। तब दलित की आवाज़ दबाई जाती है–"धमका दूँ, धर्मपाल को? भैंसें मार दी हों जैसे तेरी। ढेड़ और भेड़ को हम जीव नहीं मानते। समझे।"[30] यहाँ दलपत का अपमान किया गया गाली से।

शर्मचन्द दलपत का वैचारिक मित्र था। वह किसी उत्पीड़ित की पीड़ा, दर्द एवं ज़रूरत बन जाता था। शर्मचन्द एवं दलपत दोनों थाने में रपट लिखवाने जाते हैं किन्तु दानसिंह ने पैसे दे दिये थे इसलिए पुलिस ने अर्ज़ी लेकर डस्टबिन में डाल दी। रक्षक ही भक्षक बन गये। शर्मचन्द ने हाथ जोड़कर कहा–"जी दरोगा साब, हम बतौर सबूत यहाँ ले आये हैं, साब, दानसिंह ने इनको पीट-पीटकर मार दिया है।"[31] कहानी का अन्त सुखद होता है, जब सफ़ाई कर्मचारी यूनियन के अध्यक्ष रामदुलारे के द्वारा एक-एक बात सहेज-सहेजकर अपने नेताई अन्दाज़ में एस. पी. के कान में डाल दी जाती है। एस.पी. दरोगा को धमकी देता है–"दो घण्टे के अन्दर-अन्दर दानसिंह को हथकड़ी लगाकर थाने में ले आओ, वरना मैं तुम्हारे तीनों स्टार खींचकर

तीन फीते लगा दूँगा। निकम्मा कहीं का।"[32] दानसिंह के पाप का घड़ा फूट जाता है। उन्हें अपनी ग़लती का अहसास भी होता है–"समूचा गाँव मुग़ालता पाले था कि दानसिंह रोबदाब वाली एक दबंग शख़्सियत है। हथकड़ी लगते ही वह जिबह होते बकरे सा मायूस हो जायेगा, लोगों ने दाँतों तले उंगली दबा ली थी। पिद्दी सा दलपत। न आदमी, न आदमी की जूण। हाथी पटक दिया उसने।" ऐसी जागृति दलितों में आये तो समाज में परिवर्तन ज़रूर आयेगा।[33] दलितों को स्वाभिमान से जीने की पहल इस कहानी में उजागर हुई है।

रूपनारायण सोनकर एक सशक्त एवं सजग रचनाकार हैं। उनकी 'नागफनी' आत्मकथा एवं उपन्यास 'सूअरदान' अत्यन्त प्रसिद्धि प्राप्त रचनाएँ है। कुशल रंगकर्मी, नाट्यकार के साथ-साथ कहानीकार भी हैं। उनके 'ज़हरीली जड़ें' नामक कहानी-संग्रह में कुल सात कहानियाँ संग्रहित हैं। संग्रह की पहली कहानी–'ज़हरीली जड़ें' में सवर्णों के आतंक को उजागर किया गया है। ब्राह्मण दलितों के साथ अमानवीय व्यवहार करते आये हैं। प्रस्तुत कहानी का नायक हीरालाल है। उसके दादा राजगीर के काम के साथ-साथ ठेकेदारी भी करते थे। दादा 'हुड्डुक-जोरी' भी अच्छा बजाया करते थे। कथानायक हीरालाल पाँचवी कक्षा में पढ़ता था। गाँव के ग्रामप्रधान राजसिंह ने उसके दादा को प्राथमिक पाठशाला बनाने का काम सस्ते में दिया था। ईमानदारी के साथ तीन महीने में स्कूल तैयार कर दिया। तीन महीने तक दादा ने राजगीरों को मुफ़्त में खिलाया। जब स्कूल की छत की लिंटर पड़नेवाली थी तब दलित छात्रों को मसाला छत पर डालने के काम में लगा दिया जाता है, जबकि सवर्ण लड़के कामचोरी करते और थोड़ी-थोड़ी देर बाद आराम करते। हीरालाल लगातार काम करता रहता है। उसका पैर फिसल जाता है और पैर में मोच आ जाती है। इसके दर्द को न समझकर स्कूल के शिक्षक त्रिवेणीशंकर ब्राह्मणवादी थे इसलिए अश्लील गालियाँ देते हुए कहने लगे–"साला बहाना कर रहा है। अपने बाप को साला रो-रो कर सुना रहा है। साले नीच के। एक दिन काम करने में गांड फट गयी। साले, सरकार तुझे पढ़ाने की कोई फ़ीस नहीं लेती। वजीफ़ा मुफ़्त में देती है। हरामज़ादे कुछ तो लिहाज़ कर।"[34] गन्दी गालियों से सन्तुष्ट न होने पर वे हीरालाल को मोचवाले स्थान पर ज़ोर से लात मारते हैं। यह है निर्दयी की असलियत जिसे सोनकर ने बेनकाब किया है, दलित छात्रों के साथ भेदभाव किया जाता, उन्हें अलग बिठाया जाता है। हीरालाल के घर की आर्थिक स्थिति अच्छी नहीं है इसलिए गर्मी के दिनों में गेहूँ एवं चने की फ़सल कट जाने के बाद जो दाने पड़े रहते थे उन्हें बीन लाते और खाते थे।

एक बार त्रिवेणीशंकर स्कूल के पासवाली तीन एकड़ ज़मीन जो ख़ाली थी, जहाँ पर आदमी-औरतें टट्टी-पैखाना करते थे उसे साफ़ कराने का सोचते हैं क्योंकि कुछ दिनों बाद कबड्डी की प्रतियोगिता इसी मैदान पर होनेवाली थी। किसी भी प्रकार गाँव के मेहतर परिवार के दो आदमियों को सफ़ाई के लिए मना लिया जाता है। हीरालाल कबड्डी का बड़ा खिलाड़ी था। कोई भी छात्र सफ़ाई के लिए तैयार नहीं होता किन्तु प्रलोभन देकर एवं दलित होने के नाते हीरालाल को इस काम में जुड़ जाना पड़ता है। मैदान साफ़ हो गया किन्तु जब आकर वो छात्रों के बीच बैठ जाता है तब देखा कि उसका बस्ता एक कोने में पड़ा था। वह सोचता है–"क्या मैंने जातिवाद, भेदभाव, ऊँच-नीच, छुआछूत और धार्मिक पाखण्डता की ज़हरीली जड़ों को खोल दिया है, जो विचारों की गन्दगी में छुपी हुई हैं? क्या मैं अपमान रूपी कुल्हाड़ी से इन ज़हरीली जड़ों को काट पाऊँगा जो समाज को बहुत मज़बूती से जकड़े हुए हैं?"[35] कहानी के अन्त में रामभजन अवस्थी हीरालाल को रामचरितमानस का अखण्ड पाठ करता देख आगबबूला हो जाता है, वह डाँटता है। हीरालाल अवस्थी के मुँह पर रामचरित फेंक कर चला जाता है, अवस्थी ने सपने में भी नहीं सोचा होगा–"करिया पण्डित, गोरा चमार बहुत ख़तरनाक होता है।"[36] वस्तुतः सोनकर की आपबीती प्रस्तुत कहानी में उजागर हुई है। समाज में प्रचलित धार्मिक पाखण्ड, अत्याचारों, छुआछूत की ज़हरीली जड़ों को मानवता एवं समानता की कुल्हाड़ी से काटने का प्रयास करते हैं और इसलिए ब्राह्मणवादी समाज के मुँह पर 'रामायण' को फेंक कर हीरालाल अपने आक्रोश को व्यक्त करता है। यहाँ हीरालाल का साहस दर्शाया गया है और ब्राह्मणवादी मानसिकता को पर्दाफ़ाश किया गया है।

'खल-छल नीति' नामक कहानी में दलित सुनयना का आक्रामक रूप प्रस्तुत किया गया है। आज़ादी के छह दशकों के बाद भी दलितों की स्थिति में ख़ास सुधार नहीं आया है। दलित उत्पीड़न की घटनाएँ आज भी बरकरार हैं, दलितों को प्रताड़ित किया जाता है। प्रस्तुत कहानी में ग्राम प्रधान सत्यनारायण त्रिपाठी, प्राथमिक आरोग्यकेन्द्र के डॉक्टर जोरासिंह एवं जूनियर हाईस्कूल के प्रधानाचार्य जितेन्द्र यादव के आतंक को रेखांकित किया गया है। ये तीनों सरकारी पैसे हजम कर जाते हैं। डॉक्टर शहर के प्राइवेट मेडिकल स्टोर में सारी दवाइयाँ बेच रहे हैं और गाँव की ग़रीब जनता बे-मौत मारे जाती थी। स्कूल का प्राचार्य पाँच लाख रुपये फ़र्नीचर ख़रीदने के लिए आये थे उसे हजम कर जाता है, जबकि ग्राम प्रधान सत्यनारायण त्रिपाठी अपना साम्राज्य बनाये रखने के लिए कोशिश करते रहते हैं इतना ही नहीं

दलित युवती सुनयना को ज़बरदस्ती रखैल बनाके रखते हैं। जब वह विनती करती है तो उसे धमकी देता है कि मैंने दस मर्डर करवाये थे। गाँव में संकटा प्रसाद युवा की छवि बहुत अच्छी थी जो ग्राम प्रधान बनता है उस पर झूठा आरोप सत्यनारायण त्रिपाठी लगाते हैं कि सुनयना के पेट में पल रहा बच्चा संकटा प्रसाद खटिक का है। फिर अनशन पर उतर जाता है कि–"यदि एक हफ़्ते के अन्दर संकटा प्रसाद को ग्राम प्रधान के पद से हटाया नहीं गया तो वह आत्मदाह करेगा।"[37] अनशन के सातवें दिन आत्मदाह करने की योजना बनायी कि मिट्टी के तेल के केन में पानी भर देना और मिट्टी का तेल बाहर निकाल दिया जाय किन्तु उल्टा हो गया त्रिपाठी सचमुच जलने लगा। त्रिपाठी के समर्थक सोच में पड़ गये कि ऐसा कैसे हो गया–"पानी तेल कैसे बन गया? क्या इस पानी में कोई दैवी शक्ति है?"[38] यह सुनयना के कारण हुआ था, क्योंकि उसने पानी की जगह मिट्टी के तेल वाला केन रख दिया था। असल में उसके पेट में पल रहे बच्चे का पिता सत्यनारायण त्रिपाठी था। वह छुटकारा पाना चाहती थी ऐसे भ्रष्टाचारी, दुराचारी से। प्रस्तुत कहानी में सुनयना दलित स्त्री की चेतना का आक्रामक रूप उजागर हुआ है इसलिए 'खल-छल नीति' से त्रिपाठी को ज़िन्दगी भर के लिए कुरूप एवं विकलांग बनाने में सफल रहती है।

'अम्बेडकर टेम्पल' नामक कहानी में महामानव, भारत रत्न, ज्ञान के प्रतीक डॉ. अम्बेडकर की महानता, महत्ता को रेखांकित किया गया है। दलित साहित्य आपबीती का, भोगे हुए यथार्थ का साहित्य है। वह भाग्य, भगवान को नकारता है। दरअसल रूपनारायण सोनकर अम्बेडकरी विचारधारा से प्रतिबद्ध हैं। उन्होंने स्वयं दलित होने की पीड़ा, त्रासदी को भोगा है। कहानी का नायक दलित धनीराम है। जिसे अपमान सहन करना पड़ता है। गाँव की ब्राह्मण औरत हर रोज़ सुबह-शाम पूजा के लिए मन्दिर जाती थी। वह जब जाती धनीराम का स्पर्श न हो जाये इसलिए कहती है–"हट नीच कहीं का रास्ते में खेलता है, तुझे कोई जगह नहीं मिलती।"[39] यह सुनकर धनीराम क्रोधित हो जाता है। वह सोचता है ब्राह्मण पूजा-पाठ कर सकते हैं, मन्दिर बना सकते हैं तो दलित क्यों नहीं बना सकते। जातिगत भेदभाव उन्हें सताता है। लेखक ने एक कटु यथार्थ को भी प्रस्तुत किया है कि इन्दिरा गांधी जब प्रधानमन्त्री थीं तब एक बार दक्षिण भारत के प्रसिद्ध मन्दिर में दर्शन करने गयीं किन्तु साथी रसोइया दलित था। उन्हें मन्दिर के अन्दर जाने से रोका गया तब इन्दिरा गांधी झूठ बोलीं कि यह दलित रसोइया नहीं है और दर्शन कराया था। बनाने वाले ने तो कोई भेद नहीं रखा, यह तो ब्राह्मण सर्जित भेदभाव है। ब्राह्मणवादी व्यवस्था को बेनकाब करते हुए सोनकर लिखते हैं–"भारत देश में ब्राह्मणवादी धार्मिक व्यवस्था

कितनी क्रूर है जिसका अन्दाज़ा नहीं लगाया जा सकता है। जबतक समाज में इस तरह की खोखली धार्मिक ब्राह्मणवादी व्यवस्था क़ायम रहेगी, समाज में जातिभेद क़ायम रहेगा। इसको नहीं मिटाया जा सकता है। दलितों को समाज में जगह-जगह अपमानित होना पड़ेगा।"[40] यहाँ ब्राह्मणवादी व्यवस्था को दूर करना पड़ेगा ऐसा संकेत दिया गया है। कहानी के अन्त में धनीराम अम्बेडकर टेम्पल बनाता है, जो ब्राह्मण दीनानाथ को अच्छा नहीं लगता। वह कहता है अम्बेडकर दलित है, वह भगवान नहीं हो सकता। जब ईंटों का ढेर गिर पड़ता है तथा बिच्छू काटता है तब वह स्वीकारता है–"अम्बेडकर भगवान है! अम्बेडकर भगवान है।" तब धनीराम स्पष्टता करता है कि अम्बेडकर भगवान नहीं बल्कि 'महामानव' है। ऐसे करोड़ों मानवों के उद्धारक डॉ. अम्बेडकर को शत् शत् नमन। कहानी में हिन्दू देवी-देवताओं का प्रतिरोध किया गया है।

'रन्नो' कहानी दिल को दहला दे ऐसी है। नायिका रन्नो के प्रति सोनकर ने संवेदना व्यक्त की है। दलितों की बहू-बेटियाँ आज भी सुरक्षित नहीं हैं। उनको तथाकथित उच्च लोग हवश का शिकार बनाते हैं। लेखक दिल्ली से बम्बई जा रहे थे तब ट्रेन के डिब्बे में एक वैज्ञानिक सदानन्द का परिवार यात्रा कर रहा था, उनके साथ छोटे बच्चे की टट्टी की देखभाल के लिए रन्नो नौकरानी को भी साथ में लिए थे किन्तु उनके लिए ए.सी. में नहीं, स्लीपर क्लास में बैठक व्यवस्था की थी। वह बहुत सुन्दर थी उनके माता-पिता जीवित नहीं थे, लेखक उन्हें पूछते हैं कि मालिक एवं बेटा कैसा है तब वह कहती है–"ये सभी इन्सान के रूप में भेड़िए हैं। मेरा कोई ठिकाना नहीं है, इसलिए मैं इनके यहाँ अनेको जुल्म सह रही हूँ।"[41] मालिक सदानन्द कुलकर्णी, वेदान्त कुलकर्णी, पादरी, पुजारी एवं मौलवी सभी ने रन्नो को अपनी वासना का शिकार बनाया इसको उजागर किया गया है। मालिक सदानन्द जब उनकी लड़की एवं पत्नी बाहर जाते तब रन्नो से शारीरिक सम्बन्ध बनाता। बुढ़ापे में शारीरिक सम्बन्ध बनाने के लिए वह टेबलेट खाता एवं इंजेक्शन लगाता, जबकि बेटा वेदान्त कुलकर्णी पिता से दो क़दम आगे था वह उनकी पत्नी मायके जाती तब घिनौनी हरकत करता और रातभर रन्नो के साथ शारीरिक सम्बन्ध बनाता है। पुजारी, मौलवी के मुखौटे में लोग निन्दनीय कृत्य करते हैं। सोनकर रन्नो के द्वारा कहलवाते हैं कि पुजारी नीच था। "राधाकृष्ण की मूर्तियों के सामने सारे कपड़े उतार के मुझे नंगा कर देता था। मूर्ति के पीछे छिपाकर रखा द्रव मेरे मुँह पर छिड़क देता था। मैं मूर्च्छित हो जाती थी। सुबह में अपने को लथपथ पाती थी। मैं अपने गुप्तांगों और कपड़े पर ख़ून के धब्बे देखकर रोने लगती थी।"[42] मौलवी की

असलियत को बेनकाब करते हुए वह कहती है कि 65 वर्षीय वह हट्टा-कट्टा था। दोनों नौकरानियाँ वह अपने कमरे में सुलाता और हमें मजबूर करता था। नशा चढ़ने से दोनों को नींद आती तब वह मौलवी बीच में आकर नंगा लेट जाता और कुकर्म करता। आलीशान चर्च का पादरी भी ढोंगी था–"अर्धरात्रि में वह मुझे सोते हुए गोद में उठाकर चर्च के अन्दर ले जाता और मेरे साथ बलात्कार करता। मेरे खाने में चुराकर कुछ नशीली गोलियाँ मिला देता।"[43] इस प्रकार की दर्दनाक बात सुनकर लेखक हक्का-बक्का रह जाते हैं। दलित उत्थान से जुड़े होने के नाते कहानीकार रन्नो से शादी करते हैं और उन्हें नया जीवन देते हैं तथा कुलकर्णी, उनके बेटे, पादरी, पुजारी एवं मौलवी को जेल की सज़ा दिलाते हैं। समाज में ऐसे तन के उजले, मन के मैले लोगों के प्रति नफ़रत व्यक्त की गयी है।

सूरज बड़त्या युवा कवि, कहानीकार, चिन्तक के रूप में ख्याति प्राप्त हैं। उनका सन् 2013 में वाणी प्रकाशन, दिल्ली से 'कामरेड का बक्सा' नामक कहानी-संग्रह प्रकाशित हुआ है। उनकी 'कबीरन' नामक कहानी दलित स्त्री के तिहरे अभिशाप को उकेरती है, दलित होना, स्त्री होना और उसमें भी स्त्री हिजड़ी होना। निश्चित तौर पर यह कहानी दलित साहित्य में अनुभव के स्तर पर एक नयी बानगी प्रस्तुत करती है–

"बनाके क्यूँ बिगाड़ा रे ऽऽऽऽऽऽ
बिगाड़ा रे नसीबा ऽऽऽऽऽऽ ऊपरवाले ऽऽऽऽऽऽ
ओ ऊपर वाले ऽऽऽऽऽऽऽऽऽऽऽऽऽऽऽऽऽऽऽऽऽ "[44]

'कबीरन' बहुत ही मार्मिक एवं मानवीय संवेदनाओं को उद्वेलित करनेवाली कहानी सिद्ध होती है। प्रस्तुत कहानी सिर्फ़ प्राकृतिक असमानता का प्रतिकार ही नहीं करती बल्कि उसमें निहित सामाजिक विद्रोह तथा विषमता को भी उजागर करती है। 'कबीरन' जैसी कबीरनों का दु:ख अथाह होते हुए भी हमारी आँखों के सामने से ओझल ही रहा करता है। हमें नहीं पता होता कि कबीरनों की हँसी के पीछे आँसुओं का कितना बड़ा सैलाब दबा-छुपा रुका रहता है। विषय निश्चित रूप से बेहद मार्मिक है। 'कामरेड का बक्सा' सधे हुए हाथों की वैचारिकी की कलात्मक अभिव्यक्ति है। आलोच्य कहानी में मार्क्सवाद एवं अम्बेडकरवाद के बीच के द्वन्द्वात्मक सम्बन्ध, अन्तर्विरोध एवं सामंजस्य को एक ही साथ मुखरित किया गया है। समतामूलक समाज रचना के लिए दोनों अपने ढंग से लड़ते हैं। कहानीकार की चिन्ता दोनों विचारधाराओं में एकता स्थापित करने की रही है। यह चिन्ता कहानी के आरम्भ से लेकर अन्त तक दिखाई देती है–"मसलन जाति मज़दूरों की एकता में

बाधक है।"[45] "लो भाई! अब चूड़े चमार भी हमारे नेता बन गये। लगता है संगठन को कोई मिला नहीं।"[46] दूसरी जाति के कामरेड के लिए जाति अत्याचार, भेदभाव मुद्दे क्यों नहीं बन पाते? क्या यह सिर्फ़ उसकी परेशानी है...उसके सवाल है...?"[47] इस प्रकार यह कहानी विचारों की यान्त्रिकता पर ज़बर्दस्त प्रहार करती है।

दिलीप कठेरिया उभरते दलित कहानीकार हैं। 'दलित अस्मिता' के जनवरी-मार्च 2015 के अंक में उनकी 'दरारें' कहानी प्रकाशित हुई। यह कहानी बड़ी मार्मिक लगी। उसमें यह समझाने की कोशिश की गयी है कि दलित समाज में भी ऊँच-नीच की दरारें बनी हुई हैं। हम किस तरह अपने ही लोगों के साथ भेदभाव कर रहे हैं। दरअसल हम यह भूल जाते हैं कि हम अपनों के साथ धोखा कर रहे हैं। कथानायक ईश्वर जहाँ रहता है वहाँ बैरवा, कोली, बलाई, वाघडी तथा कुछ परिवारों में उत्तर प्रदेश के चमार, धानुक एवं जाटव जाति के लोग रहते थे, जो छोटी-छोटी फ़ैक्टरियों में काम करते थे। ये सभी वास्तव में थे निजी समाज के, फिर भी गीता की शादी में शामिल होने से मना कर देते है। क्योंकि ईश्वर जाति का वाल्मीकि था। बच्ची को ख़ुश रखने के लिए अलग से खाना बनवाया जाता है तब वे लोग शामिल होते हैं। वस्तुतः दलित समाज में भी आन्तरिक भेदभाव है। इसे प्रस्तुत किया गया है। ऊँच-नीच की यह दरार कब ख़त्म होगी, यह चिन्ता का विषय है। दलित समाज के बीच आयी दरारों को पनपने नहीं देना चाहिए।

प्रेम कापड़िया की 'हरिजन' शीर्षक कहानी पुरोहित व्यवस्था का पर्दाफ़ाश करती है। मध्य एवं दक्षिण भारत के मन्दिरों में देवदासियाँ रखने की प्रथा प्राचीन है। देवदासियों के जीवन एवं समस्या को केन्द्र में रखकर यह कहानी लिखी गयी है। वेश्याएँ शरीर को बेचने के लिए स्वतन्त्र होती हैं किन्तु देवदासियों को तो यह भी स्वतन्त्रता नहीं होती। इनका मन्दिरों में शारीरिक एवं आर्थिक दोनों प्रकार से शोषण होता है। ये कितनी बदनसीब हैं कि अपने बेटे को उसके बाप का नाम भी नहीं बता पाती हैं। प्रेम की माँ परबतिया उसको समझाते हुए कहती है–"जो औरत रोज़ नये मर्द के साथ सोती हो, उसके बच्चे के बाप का नाम कैसे पता चल सकता है।"[48] प्रेम को स्कूल में बच्चे तो हरिजन एवं हरामी कहकर चिढ़ाते हैं। आई.पी.एस. होने के बाद भी उसका साढू ऐसी धारणा रखता है।

समग्रतः कहा जा सकता है हिन्दी दलित कहानियों में दलितों का भोगा हुआ यथार्थ रेखांकित है। सदियों से पीड़ित दलितों के जीवन में परिवर्तन की कामना आज की अनिवार्य आवश्यकता है। जिसे दलित कहानीकारों ने बख़ूबी जान लिया है इसलिए इन कहानीकारों की रचनाओं में एक ओर परिवर्तन का सहज स्वीकार है

तो दूसरी ओर यथास्थिति मानसिकता पर प्रहार। दलित कहानीकारों की कहानियों में मुख्यतः असमानता, अस्पृश्यता, अन्याय, अत्याचार तथा शोषण से ग्रसित दलितों की मर्मवेदना उजागर हुई है। वर्ण-व्यवस्था से उपजी अमानवीय त्रासदी से मुक्ति की छटपटाहट ही दलित साहित्य का मूल स्वर है। जाति विहीन, वर्ग विहीन समाज की संरचना ही इसका मूल उद्देश्य है। आज की दलित कहानी का सशक्त एवं सर्वाधिक सकारात्मक पक्ष है दलित पात्रों में उभरता जा रहा अस्मिता का आविष्कार। दलितों की नयी पीढ़ी शिक्षा के कारण ना कहने का साहस कर रही है।

सन्दर्भ-

1. साहित्यशास्त्र–रामकुमार शर्मा, पृ. 50
2. घुसपैठिए–ओमप्रकाश वाल्मीकि, राधाकृष्ण प्रकाशन, नई दिल्ली, 2003, भूमिका
3. वही, पृ. 15
4. वही, पृ. 17
5. वही, पृ. 26
6. वही, पृ. 29
7. वही, पृ. 35
8. वही, पृ. 40
9. वही, पृ. 50
10. वही, पृ. 50
11. वही, पृ. 65
12. आवाज़ें–मोहनदास नैमिशराय, नटराज प्रकाशन, दिल्ली, 2010, भूमिका से
13. वही, भूमिका से
14. वही, पृ. 16
15. वही, पृ. 70-71
16. वही, पृ. 73
17. वही, पृ. 97
18. वही, पृ. 120
19. नया ब्राह्मण–सूरजपाल चौहान, वाणी प्रकाशन, दिल्ली, 2009, पृ. 15-16
20. नया ब्राह्मण, पृ. 64
21. सारे जहाँ से अच्छा, पृ. 35

22. तलाश–जयप्रकाश कर्दम, विक्रम प्रकाशन
23. दलित साहित्य के प्रतिमान–डॉ. एन.सिंह, वाणी प्रकाशन, नई दिल्ली, 2012, पृ. 147
24. बयान–सम्पादन मोहनदास नैमिशराय, वर्ष 2010
25. दलित समाज की कहानियाँ–रत्नकुमार सांभरिया, 2011, पृ. 20
26. वही, पृ. 21
27. वही, पृ. 27
28. वही, पृ. 29
29. वही, पृ. 30
30. वही, पृ. 31
31. वही, पृ. 36
32. वही, पृ. 39
33. वही, पृ. 40
34. ज़हरीली जड़ें-रूपनारायण सोनकर, डायमंड बुक्स, दिल्ली, 2005, पृ. 14
35. वही, पृ. 18
36. वही, पृ. 19
37. वही, पृ. 25
38. वही, पृ. 25
39. वही, पृ. 44
40. वही, पृ. 45
41. वही, पृ. 52
42. वही, पृ. 57
43. वही, पृ. 56
44. कामरेड का बक्सा–सूरज बड़त्या, वाणी प्रकाशन, नयी दिल्ली, 2013, पृ. 24
45. वही, पृ. 43
46. वही, पृ. 43
47. वही, पृ. 40
48. दलित कहानी संचयन–रमणिका गुप्ता, 2003, पृ. 91

प्रतिरोध और बेचैनी का साहित्य है दलित साहित्य

–राकेश रेणु

दलित साहित्य प्रतिरोध, संघर्ष और बहुजन आबादी की उपस्थिति को दर्ज करने, यातनाओं और अपेक्षाओं को अभिव्यक्त करने, शोषण और दमन के शताब्दियों पुराने जड़ तन्त्र को तोड़ने का साहित्य है। स्वतन्त्रता, समानता, भाईचारा और न्याय-आर्थिक, सामाजिक और राजनीतिक न्याय–इसके मूल में है। यातना, वेदना और बेचैनी दलित साहित्य की दूसरी ख़ासियत है। दलित साहित्य सहस्राब्दियों से जाति व्यवस्था में कुचले हुए लोगों की यातना और वेदना को स्वर देता है। यह साहित्य के पाठक को आनन्द की बजाय एक क़िस्म की बेचैनी से गुज़ारता है। इसका मक़सद पाठक की चेतना को जाग्रत करना है। अपनी पुस्तक 'दलित साहित्य का सौन्दर्यशास्त्र' में शरण कुमार लिंबाले लिखते हैं कि 'जो कलाकृति अधिकाधिक दलित चेतना जाग्रत करेगी वह कलाकृति सर्वश्रेष्ठ होगी।' (पृष्ठ 116) उपर्युक्त मूल्य दलित साहित्य के मर्म में मौजूद हैं। इसका केन्द्र बिन्दु हैं। दलित साहित्य समाज की दलित आवाज़ों, संस्कृतियों, संरचनाओं, और राजनीतिक आकांक्षाओं की अभिव्यक्ति का साहित्य है। इसलिए इसे महज़ एक साहित्यिक आन्दोलन कह देना पर्याप्त नहीं होगा। साहित्य के साथ-साथ यह एक सामाजिक, राजनीतिक और सांस्कृतिक आन्दोलन भी है।

बीसवीं सदी के आख़िरी दो दशक इस लिहाज़ से महत्त्वपूर्ण हैं कि इस दौरान सोवियत संघ के विघटन के साथ दुनिया एकध्रुवीय हो गयी। इसकी परिणति में विचारधारा हाशिये पर चली गयी और विस्थापक के तौर पर विभिन्न सांस्कृतिक अस्मिताओं का उभार हुआ। हिन्दी साहित्य के सन्दर्भ में इन विभिन्न सांस्कृतिक अस्मिताओं में से एक, और सम्भवतः सर्वाधिक महत्त्वपूर्ण, दलित अस्मिता है। लेकिन ऐसा कहने का मतलब यह क़तई नहीं है कि दलित अस्मिता विमर्श और उससे जुड़ी सामाजिक चेतना पहले मौजूद ही नहीं थी। वह थी, लेकिन अन्य विमर्शों

के साथ-साथ थी, कहीं पार्श्व में थी। एक आन्दोलन के रूप में यह साहित्यिक विमर्श के केन्द्र में उपर्युक्त अवधि में आयी। आधुनिक समय में दलितों को जाग्रत और एकजुट करने का काम जहाँ ज्योतिवा फुले और अम्बेडकर ने किया, वहीं हिन्दी साहित्य में अस्मिता विमर्श को केन्द्र में लाने का श्रेय बड़ी सीमा तक कथाकार और 'हंस' के सम्पादक राजेन्द्र यादव को जाता है।

यहाँ यह रेखांकित करना भी ज़रूरी है कि अस्मिता विमर्श को साहित्यिक विमर्श के केन्द्र में लाने का श्रेय राजेन्द्र यादव को देने मात्र से दलित साहित्य बिल्कुल आज की परिघटना नहीं हो जाती। इसकी जड़ें तलाशने के लिए हमें इतिहास के पन्ने पलटने की ज़रूरत होगी। सचाई तो यह है कि जिसे आज दलित साहित्य कहते हैं, उसकी अवधारणा–प्रतिरोध और समता की अवधारणा–सातवीं शताब्दी ईसापूर्व से लेकर आजतक चली आयी है। व्यवस्था के प्रति असन्तोष का भाव कविता की अन्तर्वस्तु का मुख्य आलम्ब रहा है। वर्ण और जाति व्यवस्था के फलस्वरूप समाज में व्याप्त भेदभाव, निचली कही जाने वाली जातियों के प्रति हिकारत भरे व्यवहार व अन्याय से पीड़ित-आन्दोलित समाज ने ही लोकायत मत का विकास किया और अपने दुःख और यातना को प्रतिरोध का स्वर दिया। इसके बाद बौद्ध मत के कवियों-दार्शनिकों ने जाति व्यवस्था का मज़बूत और तर्कसंगत विरोध किया। इस क्रम की अगली कड़ी के तौर पर सहजयान का विकास हुआ जिसके अनुयायियों ने अपनी रचनाओं के मार्फ़त ब्राह्मणवादी व्यवस्था के छद्म और मक्कारी को उजागर किया। भक्ति आन्दोलन प्रतिरोध की इसी सुदीर्घ परम्परा की अगली कड़ी थी जिसमें तत्कालीन व्यवस्था से असन्तुष्ट भक्त कवियों ने उनके विरुद्ध रचनाएँ लिखीं, घूम-घूमकर उन्हें लोगों तक पहुँचाया और सामाजिक जागृति लाने का काम किया। यह यात्रा इतिहास के अलग-अलग चरणों में मक्खली गोशाल, गौतम बुद्ध और उनके अनुयायियों, नाथ और सिद्ध कवियों से होती हुई कबीर, रैदास, दादू दयाल, मलूकदास, ज्योतिवा फुले, पेरियार आदि कवियों और विचारकों के साथ तय हुई है। इस परम्परा के अधिकांश कवियों ने अपने परवर्ती कवियों से प्रेरणा और रचना का उपजीव्य ग्रहण किया है। ज़ाहिर है, दलित कविता व साहित्य की परम्परा ऐतिहासिक रूप से बहुत ही मज़बूत व गतिशील रही है। इसका वैचारिक आधार बहुत स्पष्ट और सुदृढ़ रहा है। इस सुदीर्घ काल खण्ड के साहित्यिक विमर्श में इसकी अवस्थिति में उतार-चढ़ाव आता-जाता रहा है। अत: विमर्श के केन्द्र में आने की जो चर्चा मैंने ऊपर की, वह इस परम्परा की अगली

कड़ी है और केवल आधुनिक हिन्दी साहित्य के सन्दर्भ में है जिसका श्रेय 'हंस' तथा राजेन्द्र यादव को देना अनुचित नहीं होगा।

ऐतिहासिक रूप से तो इस बात के पुष्ट प्रमाण हैं कि गुजिस्ता कई कालखण्डों में दलित साहित्य ही विमर्श का केन्द्रीय साहित्य रहा है। जिस सुदीर्घ परम्परा की चर्चा यहाँ की गयी है वह अपने में इस बात का प्रमाण है कि दलित साहित्य और दर्शन समावेशी रहा है। आधुनिक समय में दलित वैचारिकी और साहित्य की बुनियाद ज्योतिवा फुले तथा बाबा साहेब अम्बेडकर ने रखी, सूत्रबद्ध किया और इसे एक पहचान दी। दलित शब्द ही अम्बेडकर की देन है और उनके द्वारा प्रयुक्त अंग्रेज़ी शब्द 'ब्रोकन मैन' का हिन्दी भावानुवाद है। यह भी ग़ौरतलब है कि अपनी मूल संरचना में दलित दर्शन और साहित्य किसी भी क़िस्म के भाग्यवाद, ईश्वरवाद, कर्मकाण्ड और आस्था-अन्धविश्वास का निषेध करता है लेकिन ज़मीनी स्तर पर हम देखते हैं कि यह ब्राह्मणवादी प्रपंचों में फँसता जा रहा है। बुद्ध की मूर्ति की पूजा की जा रही है और उन्हें महात्मा बुद्ध कहने की बजाय भगवान बुद्ध कहा जाने लगा है। बुद्ध ही क्यों अब तो अम्बेडकर से भी विचार ग्रहण करने के स्थान पर उनके मन्दिर बनाये जा रहे हैं, उनमें अम्बेडकर की मूर्तियाँ लगायी जा रही हैं। जो दलित विचारक और लेखक हैं वे भी इस परिपाटी को रोकने में असमर्थ हैं। शरण कुमार लिंबाले का उद्धरण मैंने ऊपर दिया है। उनकी एक चर्चित कहानी 'क्रान्तिपर्व' जादुई यथार्थ के शिल्प में आगे बढ़ती है लेकिन अन्त में अविश्वसनीय रूप से मूर्तिपूजा और स्थापना के आडम्बर में फँस जाती है। ग़ौरतलब है कि यह परिणति किसी हड़बड़ी अथवा चूक का परिणाम नहीं है बल्कि लेखक ने काफ़ी सोच-विचार कर कहानी का यह अन्त सुनिश्चित किया है। कहानी का शीर्षक इस बात का प्रमाण है, अन्यथा लिंबाले इसका शीर्षक 'क्रान्तिपर्व' की बजाय कुछ और रखते। कहानी में माँ के निधन के बाद उसके अस्थिविसर्जन के लिए कथानायक त्रिमुख काशी जाना चाहता है लेकिन उसके पास यात्रा के लिए पैसे नहीं हैं। इसलिए वह घूम-घूम कर मरे हुए जानवरों की हड्डियाँ इकट्ठी करता है ताकि काशी जाने के लिए पैसे का इन्तज़ाम कर सके। उसकी माँ भी हड्डियाँ बेच कर जीवनयापन करती थीं। कहानी में इकट्ठी की गयी हड्डियाँ और माँ की अस्थियाँ गड्डमड्ड होकर अलग ही चकित करने वाले जादुई बिम्ब रचती हैं। धूप में हड्डियाँ चुनता त्रिमुख भूख से बेहाल एक गाँव के निकट पहुँचता है जहाँ बाबा साहब की जयन्ती के मौक़े पर जलसा हो रहा है। इस मौक़े पर आयोजित भोज में वह भर पेट भोजन कर सो जाता है। जागने पर वह फिर से हड्डियों की तलाश में जुट जाता है। काफ़ी कोशिश के

बाद उसे जो हड्डियाँ मिलती हैं, बेचते समय वज़न में थोड़ी कम रह जाती हैं। वज़न पूरा करने के लिए त्रिमुख माँ की अस्थियाँ भी तराजू में डाल देता है जिससे वज़न पूरा होता है और बदले में उसे एक रुपये का सिक्का मिलता है। यह कहानी पाठकों को अवाक् छोड़ते हुए अपने शीर्षक को सार्थक करती है। त्रिमुख माँ की अस्थियाँ बेच कर ब्राह्मणवादी कर्मकाण्ड के शिकंजे से मुक्त होता है लेकिन अगले ही पल वह एक दूसरे आडम्बर में फँस जाता है और हड्डियाँ बेचने से हासिल एक रुपये का सिक्का अम्बेडकर की मूर्ति स्थापना के लिए दान कर देता है। कुछ लोगों की दृष्टि में त्रिमुख का यह फ़ैसला सही हो सकता है लेकिन वैचारिक रूप से यह परिपक्व फ़ैसला नहीं कहा जा सकता। इन पंक्तियों के लेखक की आपत्ति विचार के अनुकरण की बजाय मूर्तिपूजा में फँसने के इसी प्रपंच पर है। उल्लेखनीय है कि ज़रूरत अपने दार्शनिकों, विचारकों, कवियों-लेखकों और मार्गदर्शकों से विचार और संघर्ष की प्रेरणा लेने की है, न कि आस्था और अन्धविश्वास में फँस कर मूर्ति पूजा और ब्राह्मणवादी कर्मकाण्ड शुरू कर देने की। इस प्रवृत्ति से हर हाल में बचा जाना चाहिए। तभी दलित साहित्य और दलित आन्दोलन भटकाव का शिकार नहीं होगा।

परम्परा से दलित साहित्य का बहुलांश कविता रही है और आरम्भ में जिन साहित्यकारों, विचारकों, दार्शनिकों और समाजशास्त्रियों के नाम दिये गये हैं उनमें से भी अधिकांश कवि ही हैं जिनके मार्फत दलित कविता साहित्य के विकास का भी हरावल दस्ता बनी रही। अपनी संवेदनशीलता के साथ दलित कविता की यह रचनाधर्मिता आगे बढ़ती रही, श्रमणशील उत्पादनकर्ता समाजों को ख़ुद से जोड़ती व आगे का रास्ता दिखाती रही। लेकिन आदि काल और मध्य काल के कवियों के बरअक्स जब हम आधुनिक दलित कवियों को रखते हैं तो उनके सरोकार और कविता स्वर में स्पष्ट अन्तर दिखाई देता है। पूर्ववर्ती कवियों में दर्शन, व्यक्तिगत उत्कर्ष, समाज चेतना, नैतिक मूल्य आदि तत्त्व तो हैं किन्तु प्रतिरोध का वह स्वर नहीं है जो आधुनिक हिन्दी कविता का प्रमुख गुण है। यह एक कारण पूर्ववर्ती कवियों और कविताओं को समकालीन कवियों और कविताओं के सरोकारों से अलग कर देता है। हिन्दी की आधुनिक दलित कविता का नेतृत्व ओमप्रकाश वाल्मीकि, मोहनदास नैमिशराय, कँवल भारती, माता प्रसाद, लक्ष्मीनारायण सवधाकर, दयानन्द बटोही, एन. आर. सागर, एन. सिंह, असंगघोष, कुसुम वियोगी, जयप्रकाश लीलवान, रजनी तिलक, जयप्रकाश कर्दम, सुशीला टाकभौरे, हीरालाल राजस्थानी और अनिता भारती आदि रचनाकार कर रहे हैं। इस सूची के आगे युवा कवियों की लम्बी क़तार है जिनके नाम यहाँ नहीं लिये गये हैं।

यहाँ यह भी ग़ौरतलब है कि हिन्दी पट्टी के साहित्यकारों के लिए दलित साहित्य का उभार एक अकल्पनीय परिघटना थी और लम्बे समय तक जातिवादी खाँचों में बँटे इस समाज ने दलित साहित्य को स्वीकृति नहीं दी। विश्वविद्यालयों-महाविद्यालयों में बैठे आलोचक-समीक्षकों से लेकर पत्र-पत्रिकाओं के सम्पादकों तक ने इसकी उपेक्षा की। वे इसकी नोटिस लेने के लिए तैयार नहीं थे। एक सोची-समझी नीति के तहत दलित साहित्य को भाषा, शिल्प, कथन-कौशल और सौन्दर्य शास्त्र के सवालों में उलझाये रखा गया। लेकिन यह उन रचनाकारों व रचनाओं की आन्तरिक शक्ति ही थी कि सब अवरोधों को तोड़ते हुए दलित साहित्य ने साहित्य की मुख्यधारा में अपनी अकाट्य जगह बना ली है। आज हिन्दी में दलित साहित्य की महत्त्वपूर्ण हैसियत है और इसकी उपेक्षा करना क़तई सम्भव नहीं है। फिर कहूँगा कि यह कोई नयी परिघटना नहीं है। इसका उल्लेखनीय स्थान हमेशा से रहा है। नया केवल इतना भर है कि बीसवीं सदी में इसे दलित साहित्य के सम्बोधन से अभिहित किया गया।

दलित कविता अपनी यातनाओं और अनुभवों का बयान करती है। ये यातनाएँ वर्तमान की हो सकती हैं और अतीत से चली आ रही अबतक की यातनाओं की स्मृतियाँ हो सकती हैं। फ़र्क़ केवल इतना है कि इनमें कल्पना नहीं है अथवा न्यूनतम है और जो है सो भोगा हुआ यथार्थ है। इस यथार्थ के वर्णन मात्र से जो विद्रूप पैदा होता है, जो पीड़ा व्यंजित होती है, वही दलित कविता है, वही उसका हेतु है। ओमप्रकाश वाल्मीकि की एक कविता है–

पैदा हुए, वैसे ही
जैसे होते हैं पैदा
गलियों में कुत्ते बिल्ली।
पैदा हुए, वैसे ही
जैसे होते हैं खेत में पैदा
खर पतवार
हरी दूब झाड़ झंखाड़।
पैदा हुए, वैसे ही
जैसे खांड बनाने की प्रक्रिया से
पैदा होता है शीरा
पेट्रोल से तारकोल
...अँधेरे में वैसे ही

जैसे पैदा हुए
गुमनाम
उपोत्पाद की तरह। (उपोत्पाद)

इस कविता में अलग से कुछ कहने की ज़रूरत नहीं है। कविता पंक्तियाँ स्वयं उस दु:ख का बयान हैं जो केवल कवि का दु:ख नहीं है, वरन कहीं बड़े स्तर पर समस्त वंचित समाज की पीड़ा है। इनमें शताब्दियों का दु:ख समाया है। उस समाज व्यवस्था के प्रति आक्रोश समाया है जो मनुष्य को मनुष्य नहीं, एक उपोत्पाद बनाकर छोड़ देता है। अपनी समग्रता में यह कविता मुक्ति का घोषणा पत्र बन जाती है। मुक्ति की इस कामना में सकारात्मक प्रतिक्रिया है लेकिन वह प्रतिक्रिया कविता में जितनी सरल प्रतीत होती है, व्यावहारिक जीवन में उतनी ही मुश्किल है। एन. सिंह की कविता पंक्तियाँ हैं–

सुनो, हर शब्द एक तीर है
इसे अर्थ के विष में बुझा लो।

इसी तरह जयप्रकाश कर्दम अपनी कविता 'क़िले' में लिखते हैं–

ब्राह्मण का मान
ठाकुर की शान
सेठ की तिजोरी
खेत-खलिहान
मिल-कारख़ाने
कोठी और हवेली
मेरे श्रम और शोषण से
फले-फूले हैं
मेरी हिंसा और अपमान पर
खड़े हैं,
असमानता और अन्याय के
ये सारे क़िले मेरी आँखों में गड़े हैं

दोनों कवियों की इन पंक्तियों में आक्रोश है और एक क़िस्म की सकारात्मक व रचनात्मक प्रतिक्रिया है। 'क़िले' शीर्षक इस लम्बी कविता में जयप्रकाश कर्दम क्षोभ, असन्तोष और अपमान से उपजे आक्रोश के कारणों का बयान करते हैं। इन कविताओं को किसी क़िस्म के बनाव-सिंगार की ज़रूरत नहीं, वे अपने सीधे-सपाट स्वरूप में ही सर्वाधिक प्रभावी और सम्प्रेषणीय हैं।

युवा कवि आर.डी. आनन्द के अबतक कई कविता-संग्रह प्रकाशित हैं। उन्हें भारतीय जनमानस पर क़ाबिज़ जाति तन्त्र और ब्राह्मणवाद की दुरभिसन्धि की गहरी समझ है। उनका कविता-संग्रह 'सुनो भूदेव' वरिष्ठ कवि मलखान सिंह के कविता-संग्रह 'सुनो ब्राह्मण' से आगे की वैचारिकी लेकर प्रस्तुत हुआ था। इस संग्रह में अनेक ऐसी कविताएँ हैं जो जाति तन्त्र की चूलों पर प्रहार करती हैं और दलित विमर्श को आगे का रास्ता दिखाती हैं। संकट के समय में यह युवा कवि सभी तबकों के समान सोच वाले लोगों के साथ मिल कर चलने की आकांक्षा रखता है। दलित साथियों से उस साथ की अपील करता है। उनकी एक कविता की पंक्तियाँ हैं–

यह समय प्रतिरोध का है
और तुम बहुत अकेले हो
क्योंकि तुमने उनको भी शत्रु समझ रखा है
जो तुम्हारे बहुत क़रीब हैं
तुम उन्हें आस्तीन का साँप कहते हो
तुम उन्हें पुरातन नस्लवादियों से भी
ख़तरनाक कहते हो
और तुम्हारे अन्दर के अठावले और पासवान
मुँह चिढ़ा रहे हैं

इन पंक्तियों से प्रकट है कि इस युवा कवि के पास अस्मिता विमर्श के भीतरी द्वन्द्व और सीमित करने की प्रवृत्ति की गहरी समझ है। उसकी इस प्रवृत्ति से नाइत्तेफ़ाकी है। दलित आन्दोलन के भीतर जो विरोधाभासी द्वीप उग आये हैं और प्रकारान्तर से निहित स्वार्थ के लिए ब्राह्मणवादी विचारधारा की पोषक शक्तियों के साथ सहयोग कर समग्र आन्दोलन को चोट पहुँचाने के काम कर रहे हैं, आनन्द अपनी कविता में उसकी भी पहचान करते हैं, रेखांकित करते हैं। वह दलित रचनाकर्मियों और रचनाधर्मिता को इस प्रवृत्ति से मुक्त होकर समानधर्मा और समान विचार वाले सभी समताकामी लोगों के साथ सहयोग करने, उनको हमक़दम बनाने की अपील करते हैं।

मेरे गृह जनपद सीतामढ़ी से निकले दो कवियों ने दलित कविता में उल्लेखनीय भूमिका निभायी है। इनमें प्रिय कवि मुसाफ़िर बैठा के अबतक तीन कविता संकलन प्रकाशित हैं। वे अब पटना में रहते हैं। उतने ही प्रिय दूसरे कवि रामप्रताप नीरज ने कविता के साथ-साथ वैचारिक साहित्य और आलोचना भी लिखा है। मुसाफ़िर बैठा अपने दूसरे संग्रह 'बीमार मानस का गेह' की एक कविता में लिखते हैं–

जिस माँ के कुपोषित स्तन में
न उतर सका ममता भर दूध भी
जिससे लगकर चुभक्का मारकर
दूध पी अघा न सका कभी उसका बच्चा
जो माँ अपनी छाती के दूध के सिवा
अपने जिगर के टुकड़े को दे न सकी
किसी दूसरे पोषाहार का पूरक सम्बल
और बीत गया उसके लाल का अदूध ही
दूधपीता बचपन
उसकी जननी छाती को मन भर अघाये बिना ही

वह माँ आज
हो गयी है और कमज़ोर
किसी कानों सुनी बात पर
इतनी आतुर यक़ीनी हो गयी है वह
कि दो निवाले रोटी की जुगत कराते
अपने तवे तक को लगा आयी है बन्धक
और बदले में मिले धान से ख़रीद लायी है
सवा सेर गाय का कथित पवित्र दूध
दुर्गा माँ को पिलाने की ज़िद पालकर

क्या यह सवाल हो सकता है
कि क्यों हम हुए हैं ऐसे
कि जो ज़िद ममत्व को नहीं नसीब
वह ज़िद विवेक बुद्धि
रोटी तक को रख गिरवी
जा सकती है किसी हद तक
किसी अमूर्त अलख को पाने को

यह ज़िद क्यों इतना है भारी
यह ज़िद क्यों हम पर है तारी? (गिरवी-दर-गिरवी)

यह कविता इसलिए महत्त्वपूर्ण है क्योंकि यह समाज में पिछले दो दशकों के दौरान आये बदलावों को रेखांकित करती है। समाज का हर तबका इतना धर्मभीरु और धमन्धि हो गया है कि अपनी सुधबुध खो बैठा है। वह अपने पारिवारिक और सामाजिक ज़िम्मेदारियों को भूलकर धर्म के नाम पर पिलाई जा रही घुट्टी के बाद मदमाता फिर रहा है। इस कविता में कवि के बचपन में उसे अपना दूध न पिला पाने वाली माँ धर्म के नाम पर किस प्रकार घर के ज़रूरी उपयोग का सामान बेच कर और क़र्ज़ लेकर येन-केन-प्रकारेण दूध की व्यवस्था करती है और उससे धार्मिक कार्य सम्पन्न करती है। देवी पर दूध पिलाने के लिए उसके ऊपर कोई दबाव नहीं है। यह वह स्वेच्छा से करती है। यानी धर्म का नशा उस पर तारी है। वह अपनी दुनियावी ज़िम्मेदारियों को भूल गयी है। यह कविता हमारे समय और समाज में आये आमूलचूल परिवर्तन को रेखांकित करती है। यहाँ यह भी रेखांकित किया जा सकता है कि अबतक सवर्णों का रोग रहा धार्मिक कर्मकाण्ड वंचित तबकों में भी गहरी पैठ बना चुका है और दलित समाज अपनी ज़रूरी ज़रूरियात को भूलकर अथवा उनकी अनदेखी कर कर्मकाण्डी हुआ जा रहा है। इस कविता के मार्फ़त मुसाफ़िर बैठा दलित समाज में आये एक बड़े परिवर्तन को रेखांकित करते हैं।

इसी प्रकार रामप्रताप नीरज के भी दो कविता संग्रह प्रकाशित हैं। 'संघर्ष की ओर' शीर्षक कविता में नीरज दलितों और वंचितों के आगे बढ़ने की राह में पहाड़ बन कर खड़े लोगों और प्रवृत्तियों पर सवाल करते हैं–

देश आज़ाद हो गया
सामन्ती प्रथा ख़त्म हो गयी
लेकिन सामन्तवाद आख़िर कब ख़त्म होगा?

देश आगे बढ़ना चाहता है। गणतन्त्र आगे बढ़ना चाहता है। दलित और वंचित समाज आगे बढ़ना चाहता है। अपनी हक़दारी और सच्ची बराबरी चाहता है। इसकी राह में खड़े अवरोधों को अब वह बर्दाश्त नहीं करेगा। रामप्रताप नीरज 'बँधुआ मज़दूरी का अन्त' शीर्षक कविता में लिखते हैं–

अत्याचार और बलात्कार
गाँव के लिए नया हादसा नहीं है
मज़दूरों का गोलबन्द होना
ज़रूर एक नया रास्ता है

... ...

ज़मींदार अर्जुन सिंह का वजूद
और बँधुआ मज़दूरी का अन्त
दोनों एक साथ ही ख़त्म होकर
नया सवेरा की दस्तक देंगे।

समकालीन साहित्यिक परिदृश्य में दलित आन्दोलन काफ़ी मुखर और आन्तरिक हलचलों से भरा है। इस आन्तरिक हलचल का हासिल उसकी कोख से निकला दलित स्त्रीवाद है। दलित स्त्रीवाद इस धारणा को ध्वस्त करता है कि सभी दलितों के दु:ख एक जैसे होते हैं। और यह भी, जैसा स्त्री विमर्श के सन्दर्भ में कहा जाता है, कि आर्थिक आज़ादी मिलना और स्त्रियों का घर से बाहर निकलना उनके सबलीकरण के लिए ज़रूरी है। वस्तुत: जो पितृसत्ता अन्य तबकों में नासूर बना हुआ है वह दलित समाज में भी उसी तरीक़े से पैबस्त है। इसलिए दलित स्त्रियाँ जहाँ दलित होने के अभिशाप से जूझ रही हैं वहीं अपने घरों और समाज में पितृसत्ता के अभिशाप की दोहरी मार भी झेल रही हैं। स्त्रियाँ चाहे कोई भी हों, पितृसत्ता के शोषण का शिकार हैं। लेकिन दलित स्त्रियों के शोषण का स्तर वही नहीं है जो सवर्ण स्त्रियों के शोषण का है। दलित स्त्री यहाँ दोहरी यातना झेलती है, दोहरा शोषण झेलती है। अन्य तबकों की स्त्रियों और दलित स्त्रियों के बीच के फ़र्क़ को रजनी तिलक अपनी 'औरत औरत में अन्तर है' शीर्षक कविता में बख़ूबी उभारती हैं–

एक तो भंगी दूसरी बामणी
एक डोम तो दूसरी ठकुरानी
दोनों सुबह से शाम खटती हैं
बेशक एक दिनभर खेत में
दूसरी घर की चारदीवारी में
शाम को एक सोती है बिस्तर पे
तो दूसरी काँटों में
एक सतायी जाती है स्त्री होने के कारण
दूसरी सताई जाती है स्त्री और दलित होने पर
जन्मती है एक नाले के किनारे दूसरी अस्पताल में
एक सत्तासीन है
दूसरी निर्वस्त्र घुमायी जाती है।

यह कविता ऊपर के कथन को पुष्ट करती है कि सभी स्त्रियों के दु:ख, पीड़ाएँ, यातनाएँ एक-सी नहीं होतीं। सामाजिक और जातिगत हैसियत के अनुरूप उसमें

ज़मीन-आसमान का अन्तर होता है। जातिवाद के सवाल पर सभी स्त्रियों को एक मानने वाली स्त्री विमर्शकारों से टकराती दलित स्त्री कवि और रचनाकार उसी त्वरा में दलित पुरुष सत्ता से भी टकराती हैं और दलित स्त्रियों के हक़ की माँग करती हैं। ये सब प्रवृत्तियाँ समकालीन दलित आन्दोलन के भीतर मौजूद गहरी बेचैनी और उथल-पुथल की बानगी हैं। मानो एक समुद्र मन्थन चल रहा हो भीतर-भीतर। उसका हासिल बेहतर होगा, कुछ उज्ज्वल और सहेज कर रखने लायक, यह भरोसा बना हुआ है। बने रहना चाहिए।

अखिलेश की कहानियों में दलित जीवन एक मूल्यांकन

–डॉ. बजरंगबिहारी तिवारी

अखिलेश ने अपने कथा लेखन के शुरुआती दौर में मुख्यतः दलित जीवन की कहानियाँ लिखीं। बाद में वे मध्यवर्गीय, पारम्परिक, नगरीय व ग्रामीण ग़ैर-दलित जीवन की ओर गये। 'चिट्ठी' (1989) कहानी ने उन्हें आकांक्षा व वास्तविकता के द्वन्द्व में पिस रही नयी पीढ़ी के प्रतिनिधि और प्रामाणिक लेखक के रूप में पहचान दी। 'अँधेरा' (2005) कहानी में उनके समग्र कथा-व्यक्तित्व का शिखर देखा जा सकता है। आज हम जिस हिन्दुत्व की फाँस में बेतरह जकड़े हुए हैं उसे यह कहानी (अँधेरा) साफ़-साफ़ देख रही थी। धर्मोन्माद के दो पक्ष होते हैं–साम्प्रदायिक हिंसा और जातिवादी क्रूरता। जो रचनाकार इनमें से किसी पक्ष को अपनी कहानियों का विषय बनाता/बनाती है उसे दूसरे पक्ष का भी कहानीकार समझना चाहिए। इस तर्क से 'अँधेरा' कहानी 'अभिमन्यु की हत्या' (1980) की स्वाभाविक परिणति है। 'ग्रहण' (2001) को इस विकासक्रम का एक पड़ाव समझा जा सकता था लेकिन उसकी धारा और अन्तर्वस्तु भिन्न है। यह कहानी 'शापग्रस्त' (1993) की कोटि में आयेगी। 'वजूद' (2004) इसी धारा का उत्कर्ष है। चमत्कारिता, अलौकिकता, रहस्यमयता इस धारा की कहानियों में गुँथी होती हैं। 'ग्रहण' में महीपाल बाबा के बनाये जूते भटके हुए को रास्ता बताते हैं। ये जूते नृशंस राजा को 'बोटियाँ नोचकर खा जाने वाले ख़तरनाक जानवरों के बीच' पहुँचा आते हैं। 'शापग्रस्त' का परम प्रतिभाशाली, फिश्चुला पीड़ित, मसखरा नायक प्रमोद वर्मा शाश्वत सुख की खोज में नदी किनारे रहने वाली एक सौ बारह वर्षीया किन्तु साबुत बत्तीसी वाली बुढ़िया से मिलता है। बुढ़िया के निर्देशानुसार वह सच्चे दु:ख की खोज में निकलता है लेकिन उसे ज्ञात होता है कि उसकी आत्मा खो गयी है। दलित जीवन की विपदाएँ चित्रित

करने वाली कहानी 'वजूद' में एक अलौकिक ख़ुशबू का खेल है। यह ख़ुशबू वैद्य पण्डित केसरीनाथ के हरवाह (सेवक) रामबदल में समा गयी है। रामबदल पण्डित केसरीनाथ (वैद्य जी) के लिए जंगल से औषधीय वनस्पतियाँ, जड़ी-बूटियाँ इक़ट्ठी करने का काम करता है। एक विशेष दिन रामबदल से कोई फूल छू जाता है और फिर उसके शरीर से ख़ुशबू आने लगती है। इस ख़ुशबू से डरा हुआ मालिक रामबदल को बुरी तरह यातना देकर मार डालता है। भरसक कोशिश करने के बावजूद यह महक उसके बेटे जयप्रकाश का पीछा नहीं छोड़ती। वह जितना इस महक की स्मृति से बचना चाहता है उतना उसके सम्मोहन में फँसता जाता है। बेटी की ज़िद पर वह जंगल के भीतर उतरकर वही ख़ुशबू खोजना चाहता है। दवा के सौदागर उसे मुँह माँगी रक़म देना चाहते हैं लेकिन उसकी दिलचस्पी धनार्जन में नहीं है, नाम कमाने में नहीं है। बेटे (कोमल) का दबाव उसपर कोई असर नहीं डाल पाता। उसने अपनी बेटी (कटोरा) से वायदा किया था। अब उसे वही महक चाहिए। वह अन्दर-बाहर हज़ार ख़तरे उठाने को तैयार है। आत्मीयों के तमाम मनुहारों और सेठों-सौदागरों के तमाम प्रलोभनों को ठुकराता हुआ जयप्रकाश कहता है–"मैं अब कहीं नहीं जाऊँगा। मुझे नहीं कमाना है रुपिया। मैं यहीं गाँव में रहूँगा और उस महक को खोजूँगा, जिसे लगाकर हमारी कटोरा बेटी को स्कूल जाना है।" (सम्पूर्ण कहानियाँ, अखिलेश, राजकमल पेपरबैक्स, नयी दिल्ली, प्र. सं. 2001, पृ.120; अखिलेश की कहानियों के सभी सन्दर्भ इसी पुस्तक से हैं।) अखिलेश की कुछ कहानियों में विन्यस्त ऐसे अतिप्राकृत, रहस्यपूर्ण, मिथकीय या अलौकिक तत्त्वों की व्याख्या बहुत कठिन नहीं है बशर्ते उन्हें सहृदयता से पढ़ा जाये। यहाँ सहृदयता का अर्थ समानुभूति है। लेखक के हृदय के आसपास पहुँच जाने से है।

अखिलेश की कहानियों में प्रतिरोध का स्वरूप एक-सा नहीं है। कहीं यह मज़बूत है और कहीं हल्का। 'अभिमन्यु की हत्या' कहानी में पण्डित सूर्यबली तथा उनके पुत्र चन्द्रबली के दमन और यौन शोषण से पूरा गाँव त्रस्त है। पण्डित की कुदृष्टि दलित रामजस की बेटी कैलसिया पर है। कैलसिया का पानी भरने जाना मुहाल है। सारी स्थिति से अवगत होकर भी रामजस प्रतिरोध नहीं कर पाता। उसने बस इतना किया कि बेटी को इनार (कुएँ) पर न भेजकर स्वयं पानी भरने का काम करने लगा। इस पर आदतन व्यभिचारी पण्डित सूर्यबली चिढ़ गया। उसने पानी भरने आये रामजस को पीट दिया। रामजस इस हिंसा और अपमान को पी गया। निरन्तर हिंसा और दहशत का यही नतीजा है। रामजस की स्मृति में उनके बाबा की सूर्यबली के पिता पण्डित इन्द्रभान द्वारा की गयी पिटाई है। हंटर पड़ने से बाबा की

पीठ पर उभरे नीले निशान कभी भूलते नहीं और वे रामजस की घिग्घी बाँधे रखते हैं। कैलसिया की सखी जगेसरी है। जगेसरी के पति हनुमान जी पण्डित सूर्यबली की सेवा में हैं और उसका बेटा चन्द्रबली जगेसरी का 'भोग' कर रहा है। जगेसरी से मन भर गया तो चन्द्रबली ने गेंदा खटकिन का 'इस्तेमाल' शुरू किया। जगेसरी का भाई चरन साथ रहता है। उसमें आक्रोश है। नयी पीढ़ी का नया ख़ून। अपने समुदाय की दुर्दशा चरन में उबाल पैदा करती है। हिकारत की मज़बूत दीवारों से घिरा वह उदास-हताश होता है और सँभलता भी है। एक अवसर पर दलित स्त्रियों की यौनिकता को लेकर पण्डित सूर्यबली की यह अपमानजनक टिप्पणी चरन के क्रोध को बेकाबू कर देती हैं–"मुला सब ससुरिन की मरजाद तो पैदा होते ही चटक जाती है।" उफनते क्रोध वाला चरन "अचानक बिजली सी फुर्ती से...घूमा। उसका लहराता हाथ सूर्यबली के जबड़े पर पड़ा। पण्डित का जबड़ा फट गया था। ख़ून की मोटी रेखाएँ दोनों तरफ़ से बहती हुई ठुड्डी से चू रही थीं।" चरन का आक्रोश 'नैसर्गिक' है। उसे किसी चिन्तन का आधार नहीं मिला है। यही वजह है कि मौक़ा मिलते ही वह कैलासी पर हैवान की तरह टूट पड़ता है और उसकी दुर्गति कर देता है। सब तरफ़ अँधेरा और निपट नाउम्मीदी में जगेसरी जैसे देह व्यापार के धँधे में उतर जाती है। वह इसका औचित्य भी समझाती है। कैलासी का प्रेमी छलिया बड़े अतार्किक ढंग से उसपर मटरमाला पहनने का दबाव डालता है। गाँव का पूरा दलित समुदाय एक ऐसे भँवरजाल में है जहाँ से निकलने का कोई मार्ग नहीं। दलित पुरुषों का लम्पटीकरण, कुत्सीकरण, खलीकरण अहसास कराता है कि विकृति की नींव कितनी गहरी है और दीवारें कितनी ऊँची। जगेसरी का पति हनुमान अपने मालिक के लिए अपने दलित समुदाय की युवतियाँ मुहैया कराता नज़र आता है। उसकी भाषा और उसका सहज बोध गर्त में खिसक चुके हैं। छलिया की दुर्बुद्धि कैलासी के लिए साँसत है। पढ़े-लिखे और समझदार चरन से ही उम्मीद बँधती थी। पण्डित सूर्यबली को कसकर सबक सिखाने से यह उम्मीद बलवती हुई थी। बहुत जल्दी यह उम्मीद ध्वस्त हुई, यह आदर्श खाक हुआ। "आदर्शवादिता के दाह से बनी राख बड़ी विषैली साबित हुई।" सम्भावना का अन्त ही 'अभिमन्यु की हत्या' है।

'बादल छँटने से धूप तक' (1980) भी दलित उत्पीड़न और प्रतिरोध की कहानी है। 'अभिमन्यु की हत्या' में हनुमान सवर्णों का मोहरा था तो इस कहानी में दलित स्त्री तारा यह भूमिका निभा रही है। बीसपुर गाँव में सवर्णों के दो घराने या केन्द्र हैं–जगधर पाँड़े और कीरत सिंह। इन दोनों से लोहा लेने वाला रामदीन अपने घर की भेदिया तारा से त्रस्त है। तारा जगधर पाँड़े के बेटे डांगर पाँड़े से फँसी हुई

है। कभी रामदीन ने कीरत सिंह को रपटाया था। कीरत सिंह चाहकर भी बदला नहीं ले सका था। इसी रामदीन की लाठी ने जगधर पाँड़े की हड्डियाँ तोड़ी थीं। आज उसी की पतोहू (बिरजू की मेहरारू) तारा ने रामदीन को पुलिस से पकड़वा जेल भिजवा दिया है। रामदीन ने तारा को डांगर पांड़े के साथ सोते पकड़ा था। पत्नी की बदचलनी से परास्त बिरजू परदेस भाग गया। डांगर और तारा की मिलीभगत से गाँव में अफ़वाह फैली कि रामदीन की बदनीयती से बेटा भागा है। डांगर ने अपने बाप की पिटाई का बुरी तरह बदला लिया। अपने कारिन्दों के साथ रामदीन को घेरा और उसकी हड्डियाँ चकनाचूर कीं। कोई भी दलित-पिछड़ा रामदीन की सहायता के लिए आगे नहीं आया। रामदीन अब जेल में है और सवर्णों के अत्याचार बढ़ गये हैं। सुग्गन की तैयार फ़सल डांगर दिन-दहाड़े कटवा ले गया। सुग्गन की धुनाई भी की। सुग्गन का परिवार बिसूर रहा है, रामदीन की याद कर रहा है। इसी तरह ब्याज सहित मूलधन चुका देने के बावजूद पुत्तनशाह के क़र्ज़ तले डूबा, हर दिन बेइज़्ज़त होता झरिहग रामदीन को याद करता है। रामदीन ने अकेले दम दबंगों के बबूल काटे थे, काँटे हटाये थे। उसे जेल भिजवाकर मनबढ़ हुए आततादियों को कौन रोकेगा। कहानी के अन्त में एक दृश्य है। अपनी ज़िन्दगी और इज़्ज़त बचाने के लिए डांगर के चंगुल से छूट भागी हफ़ीज़ा अँधेरी रात में बलात्कारी पाँड़े के हमले से बचने की जी-तोड़ कोशिश कर रही है। आज गाँव आक्रोशित हुआ है। लोग सहायता के लिए दौड़े हैं। "उनकी लाठियाँ हवा में साँय-साँय की आवाज़ पैदा कर रही हैं।" बिरजू परदेस से लौट आया है। यह जागृति उसके लौटने से जुड़ी है। "डांगर बड़ी तेज़ी से चीख़ा है।...हफ़ीज़ा के होंठ मुस्कुरा रहे हैं।...बिरजू के चेहरे पर तेज है। वह अंगारे की तरह तमतमा रहा है। वह बबूल चीर रहा है।...उसके पास चमचमाता गँड़ासा है...।

अखिलेश की शुरुआती कहानियाँ आज़ादी मिलने के दो-ढाई दशकों पर केन्द्रित हैं। यह मोहभंग का दौर है। स्वतन्त्र भारत की संविधानसम्मत जनतान्त्रिक सरकारें दलितों पर होने वाले जुल्म नहीं रोक पा रही हैं। जुल्म बढ़े हैं क्योंकि दलितों को नये ज़माने की हवा लगी है और उनमें स्वाभिमान जगा है। वर्चस्वशाली तबके समय रहते इसी स्वाभिमान को कुचलना चाहते हैं। इस समय के समाचार-पत्र और पत्रिकाएँ देखें तो पायेंगे कि प्रतिरोध की अगुआई प्रायः प्रगतिवादी वामपन्थी लोगों ने की है। ये संघर्षशील वामपन्थी दलित-पिछड़े-सवर्ण सभी वर्गों से निकले हैं। नवें दशक के बाद जब अस्मितावादी राजनीति ने ज़ोर पकड़ा तो इस जुझारू दस्ते को भुला दिया गया। अखिलेश की कहानियाँ उस दौर की याद बनाये रखती हैं। 1980

के आसपास लिखी उनकी कहानी 'कोहरा और धरती' स्वतन्त्र भारत की संसद में छद्मवेशी जनप्रतिनिधियों की पहचान कराने के साथ दलितों की लड़ाई लड़ने वालों की भी सुध लेती है। दिलीप बहादुर के ख़ानदान को अपनी सेवाओं के कारण अंग्रेज़ों से प्रशंसा मिली थी और वफ़ादारी के बदले ढेर सारी ज़मीन। उनके दादा महाराज इन्द्रजीत ने ग़दर के दौरान अंग्रेज़ गवर्नर को अपने महल के पास बनी मीनार में छुपाया था। इस सच को जानने वाले पण्डित रामदेव की देशभक्ति कहीं भारी न पड़ जाये तो ऐसे ख़तरनाक आदमी को उन्होंने उस मीनार से ऐसे फिंकवाया कि "वह ससुरा लहराता हुआ भूमि पर गिरा। उसकी अँतड़ी-पँतड़ी सब छितरा गयी भूमि पर।" आज़ादी मिलने के बाद दिलीप बहादुर ने इनाम में मिली ज़मीन का एक हिस्सा 'लोककल्याण' के लिए मुक़र्रर किया। उसपर दलितों की बस्ती बसायी और नाम दिया 'दरिद्र नगर'। दरिद्र नगर के वोटों की बदौलत वे चुनाव जीते और संसद पहुँचे। अगली बार चुनाव में उनकी पार्टी और वे स्वयं हारे तो ज़मीन ख़ाली कराने का मन बनाया। दरिद्र नगर वाले अब अपना बसा-बसाया घर छोड़ने को तैयार नहीं। इससे शहर में तनाव का माहौल बन गया है। कुछ लोग दलितों के साथ हैं तो बाक़ी शहर तमाशबीन बना मज़े ले रहा है। प्रभु प्रसाद के दोनों बेटे रमेश और गुड्डू अलग-अलग पोजीशन लिये हुए हैं। गुड्डू जी-जान से दरिद्र नगर वालों की ओर है। इस मसले पर उदासीन उसका बड़ा भाई इतना ही कहता है कि ज़मीन दिलीप बहादुर की है, जो चाहे करें। गुड्डू के इस सवाल पर वह चुप्पी साध जाता है दिलीप बहादुर के पास ज़मीन आयी कहाँ से। रमेश थिएटर आर्टिस्ट है और वह कला की सीढ़ी चढ़कर अपना करियर चमकाना चाहता है। कला-चिन्तन में डूबे उस आर्टिस्ट पर रोती हुई माँ के आँसू भी कोई असर नहीं डाल पाते। कंगाल पिता की बकझक से ऊबा रमेश अलग कमरा लेकर रहना चाहता है जहाँ सुकून हो और वह "अपनी कला को ढेरों आगे ले जा सके।" वह इन दिनों 'अपना-अपना जंगल' नाटक के रिहर्सल में व्यस्त है। "प्रसिद्धि मिलने में अब ज़्यादा दिन नहीं है। जल्दी ही वह कलाकारों के बीच प्रतिष्ठा पा लेगा।" इधर दरिद्र नगर को उजड़ने से बचाने में ख़ून-पसीना एक किये गुड्डू को दिलीप बहादुर के गुण्डों ने यह धमकी देते हुए पीटा है कि "अबकी जो फिर किरांती छाँटे तो जान से ही मार डालेंगे।" गुड्डू के चेहरे पर ख़ौफ़ की जगह ख़ुशी देखकर रमेश हैरान है। गुड्डू डरता क्यों नहीं! वह कभी इतना बहादुर तो नहीं था। गुड्डू का जवाब है–"जुल्म के ख़िलाफ़ लड़ने वालों से जुड़ने पर हिम्मत आ ही जाती है। तुम भी जुड़कर देखो भइया।" गुण्डों ने उसे मारा और असर जनता पर पड़ा। लोग दिलीप बहादुर का महल घेरने की योजना बनाने

लगे। आत्मोत्सर्ग से जनता को जगाने का यह भगत सिंह मार्ग है; वाम-पद्धति है। इसी प्रकरण ने गुड्डू के कलामार्गी बड़े भाई को राह दिखायी। रमेश नाटक में अपने रोल को लेकर प्रफुल्लित है। "उसके भीतर आशा और ख़ुशी का सैलाब उमड़ रहा है"। नाटक के प्रदर्शन के अन्तिम वक़्त नाट्यसंस्था को चन्दे में मोटी रकम देने वाले एक धनाढड्य समीरचंद के पुत्र रॉकी को वह रोल दे दिये जाने और नाटक से निकाल दिये जाने से टूटे दिल वाले रमेश को आख़िरकार दिशा सूझती है। वह भी दलित बस्ती बचाने के संघर्ष में शामिल होता है। महाराज दिलीप बहादुर का महल प्रदर्शनकारियों ने घेरा हुआ है। चोट खाये गुड्डू को माँ ने बाहर जाने से रोक रखा है। गुड्डू कसमसा रहा है। इसी समय एक निर्णय पर पहुँचा हुआ रमेश उससे कहता है, "क्या मनहूसों की तरह पड़ा है। कैसा कामरेड है? जायेगा नहीं जुलूस में?"

'सेठ, मन्त्री, देवी और श्यामलाल' (1980) दलित-वंचित जीवन की झाँकी है; साथ ही यह वंचितों की एकजुटता की कथा भी है। निपट ग़रीबी में दिन काटता श्यामलाल ठेले पर कपड़े प्रेस करता है। उसकी पत्नी रामप्यारी इस काम में उसका हाथ बँटाती है। परिवार में छोटी बच्ची है और अशक्त पिता। पति-पत्नी कपड़ों की धुलाई भी करते हैं। इस्तरी करके, कपड़े धोकर भी परिवार भरपेट खाने का जुगाड़ नहीं कर पाता। दूसरी चारपाई नहीं ले पाता। झुग्गी में एक चारपाई है। उसपर बूढ़े पिता लेटते हैं। शेष सदस्य धुलाई और इस्तरी के लिए आये कपड़ों के गट्ठर पर रात गुज़ारते हैं। श्यामलाल तरह-तरह की छोटी बेईमानियाँ करता है। वह धुलाई के लिए आये ग्राहकों के कपड़े पहन लेता है। दूसरे ठेले वालों के मुहल्ले में जाकर उनके ग्राहकों के कपड़े प्रेस कर आता है। दूसरे धोबियों के मालदार ग्राहकों को फोड़ लेता है। यह सब करके वह पछताता भी ख़ूब है। उसने अपने जिगरी दोस्त साबिर के कई गहकी (ग्राहक का अवधी रूप) तोड़े। एक ठेले वाले सलीम ने जब उसके एक बड़े ग्राहक जगरामदास लोहा कम्पनी वाले को छीना तो रामप्यारी सहन न कर सकी और सलीम की अम्मी सलमा से मारपीट कर बैठी। एक जज के कपड़े पहनने पर जज के बेटे ने पुलिस बुला ली और श्यामलाल को हवालात भिजवा दिया। रामप्यारी ने बेईमानी करके कुछ भोले-भाले ग्राहकों के घरों से आयी दस साड़ियाँ बेचीं और पति को छुड़ाया। सलीम की अम्मी से झगड़े के बाद ग्लानि में डूबा श्यामलाल सोचता है–"मैंने भी तो साबिर के कई गाहक तोड़ लिए। कहाँ का धन्ना सेठ हो गया मैं। चीकट पहिले था, दरिद्दर ही रहा। साबिर पर कोई बज्जर नहीं गिर गया। बस हुआ यह कि हमारी दोस्ती दरक गयी।" ग्लानि से पेट की आग नहीं बुझती तो श्यामलाल की 'बेईमानी' पुनः सिर उठाती है। एक अलस्सुबह वह

शाकिर के इलाक़े में जाकर उनका काम हड़प लेता है। उस दिन न शाकिर की माँ की दवा आ पाती है और न चूल्हा जलता है। रामप्यारी से सारी हक़ीक़त जानकार श्यामलाल पुन: ग्लानि में डूबता है। परिमार्जन सम्भव नहीं क्योंकि वह उन पैसों से घर के लिए चावल-दाल-आलू ख़रीद चुका है। पछतावे से निजात पाने की कोशिश में लगे श्यामलाल को जो आइडिया सूझा वही इस कहानी का हासिल है–"अगर सारे ग़रीबों का एक परिवार हो तो हर कोई एक-दूसरे का दरद-दु:ख जाने-बूझेगा। एक का दरद दूसरे का दरद होगा। तब किसी से मेरे जैसा गुनाह नहीं होगा और..." श्यामलाल की कल्पित योजना चाहे कितनी अच्छी हो, उसके साकार होने में हज़ार दिक़्क़तें हैं। वैसे यह चरित्र अखिलेश के कहानी-कर्म की उपलब्धि है। मजबूरी के चलते यह बेईमानी कर जाता है लेकिन कपटी-काइयाँ नहीं है; नज़दीक की सोचता है लेकिन दूरदृष्टि बनी रहती है; अपनों के पेट में लात मारता है लेकिन उसमें अपने-पराये का वर्ग-विवेक है; कंगाली के आवर्त में है किन्तु सम्पन्नों के धनसंचय की विधियाँ ज्ञात हैं; धार्मिक है लेकिन धर्मसत्ता और अर्थसत्ता के गठजोड़ को सहज ही समझता है। मेले का शौक़ीन श्यामलाल दुर्गापूजा के पण्डालों में सजी मूर्तियाँ देखता है और उनके साथ नफ़ीस सिल्क कुरते और सोने की वज़नदार चेन पहने खड़े 'धर्मात्माओं' को। वह सड़क चलते इन 'धर्मात्माओं' की अश्लील हरकतों का द्रष्टा भी है। मेले के बाद देवी मूर्तियों के विसर्जन के लिए जाता रेला श्यामलाल का ठेला उलट देता है। ठेले के नीचे दबा श्यामलाल जगह-जगह इस्तरी में पड़े अंगारों से जल जाता है, घायल हो जाता है। घायल श्यामलाल की तीमारदारी में रामप्यारी के साथ उसके दोस्त शाकिर और बिसुन भी लगे हुए हैं। यह एकता अर्थपूर्ण है। शोक और आक्रोश का अनुभव करता उसका दोस्त "...दुश्मनों को पीट सकता है। उसके हाव-भाव से लग रहा है, धरती को ख़ून से रँगने में उसे कोई हिचक नहीं होगी।"

'पिंजड़े में ख़ुशबू' (1982) सहज प्रवाह में चलती हुई बेहतरीन अर्थ-संकेतों वाली कहानी है। आदर्श नगर बस अड्डे और नगरपालिका के बीच रखी गुमटी में चाय-बिस्कुट बेचने वाला मुनीराम शाम सात बजे से सुबह सात बजे के बीच दुकान चलाता है। दिन में ग्राहक उसके यहाँ न आकर होटल और रेस्त्रां जाते हैं। नगरपालिका के सफ़ाईकर्मियों ने जब हड़ताल की तो मुनीराम का ध्यान उनकी ओर गया। नगरपालिका दफ़्तर के सामने जब वे इकट्ठे होकर नारे लगाने लगे और यदा-कदा भाषण देने लगे तो मुनीराम उनकी ज़िन्दगी की तल्ख़ सच्चाइयों से रूबरू हुआ–"पहले वह हड़तालियों की ज़िन्दगी के कसैले हिस्सों को सोचकर दुखी हुआ फिर उनकी मामूली माँगों को ठुकराया जाता देख क्षुब्ध हो गया।" म्युनिसपैलिटी

के अधिकारियों ने हड़ताल तोड़ने की बहुत कोशिश की। मुनीराम का ग़ुस्सा बढ़ता गया। वह हड़तालियों का उत्साह बढ़ाने लगा और उन्हें बहुत सस्ते रेट पर चाय-बिस्कुट देने लगा। वह सफ़ाईकर्मियों से जुड़ गया; मानो उनके बीच का हो गया। इस हड़ताल का एक असर यह भी हुआ कि मुनीराम ने अपनी पत्नी दुलारी को पीटना बन्द कर दिया। पति में आ रहे बदलाव को लक्षित करके दुलारी ने कहा था–"तुम जब भंगियन को चाह-दालमोट सस्ते में बेचे तो हम्में देवता लगे रहे। फिर हम्में क्यूँ मारते हो? तुम देवता होओ सरोज के बाबू। हम्मै न मारा करौ।" म्युनिसपैलिटी के कर्मचारियों से मुनीराम का जो राब्ता क़ायम हुआ वह टिकाऊ था। सड़क से अतिक्रमण हटाओ अभियान पर निकली नगर निगम की हल्लागाड़ी मुनीराम, बनवारी आदि की गुमटियों से आगे न बढ़ी। गुमटी तोड़ने वाले मुनीराम को "देखते ही उनके क़दम रुक गये। वे नगरपालिका के वही लोग थे जिनकी हड़ताल में मुनीराम ने हिस्सा लिया था।"

न्याय, समता, अपनापे की विचारधारा नाइन्साफ़ी, ग़ैरबराबरी और नफ़रत के शिकार लोगों को आपस में जोड़ती है। यह उन्हें भी जोड़ती है जो नाइन्साफ़ी, नफ़रत के शिकार नहीं हैं लेकिन न्याय, समता आदि मूल्यों में यक़ीन रखते हैं। 'सैनिक लोग' (1982) इन्हीं मूल्यों की कहानी है। माधव काका इन मूल्यों के विश्वासी ही नहीं, अभ्यासी भी रहे हैं। गाँव के वे ऐसे युवा थे जो भगत सिंह के साथ थे। आज़ादी की लड़ाई में बड़ी बहादुरी से लड़े थे। उन्हीं की राह पर चलते हुए माधव ने जब गाँव के हरवाहों (दलितों) को संगठित करना शुरू किया तो ठाकुर वंशराज ख़तरा भाँप गये। वे किसी गाँव में संगठन और विचार की ताक़त देख चुके थे। वंशराज ने गुण्डे बुला लिए। माधव को अधमरा करके वे गुण्डे चले गये। तब से विक्षिप्त माधव पीपल के नीचे रहते हैं। रात-रात भर भगत सिंह को याद करके रोते हैं। लम्बे अन्तराल के बाद गाँव के दो युवा–रमाशंकर और मंगल समता और इन्साफ़ की राह पर चलना चाह रहे हैं। उन्होंने माधव काका से नाता जोड़ा है और ठाकुर वंशराज के शराब ठेके की संचालिका जानकी को अपनी तरफ़ मिलाया है। वे पास के शहर में पढ़ते हैं और दिन ढले साइकिल से अपने गाँव लौट आते हैं। गाँव में जब से प्रधानी आयी है, वंशराज के रहमोकरम पर है। इस बार प्रधानी के इलेक्शन में मंगल प्रत्याशी है। उसके दोस्त रमाशंकर ने चुनाव प्रचार का जिम्मा सँभाला हुआ है। रमाशंकर जन्मना ब्राह्मण है लेकिन साफ़ कहता है–"बाभन चमार से कुछ नहीं होता। सब बरोबर हैं।" रमाशंकर चाहता है कि उसके पिता (जिन्हें वह गाँव वालों की देखा-देखी बाबा कहता है) इस चुनाव में मंगल का साथ देने आगे आयें

लेकिन तुलसी की पंक्तियाँ उद्धृत करके अपनी बात पूरी करने वाले मानस-प्रेमी बाबा तटस्थ-से हैं। गाँव के ग़रीब-दलित उत्साहित हैं। मंगल कहता है, "पतझड़ के बाद कोंपलें फूटती हैं। नयी-नयी पत्तियाँ निकलती हैं। अब पतझड़ ख़त्म होना शुरू होगा।" वसन्तागमन का संकेत 'चमरौटी' से मिलने लगता है। चुनाव प्रचार को निकली वंशराज की दबंग टोली से घिन्नू की माई ने अनुभव-दग्ध भाषा में बात की तो उनकी पिटाई होने लगी। इस पर "सारी चमरौटी निकल पड़ी लट्ठ लै-लैकर।" बाबा की भी तटस्थता टूटी। वे भी सक्रिय हो गये हैं। फफककर रोते माधव से उन्होंने कहा, "दुखी न होवो माधो। भगत सिंह ज़िन्दा होएँगे।" उस रात बाबा ने खीर बनायी और निर्मल चाँदनी में माधव को भरपेट खिलाया। "बाबा का यहाँ शरीक होना युवकों को बड़ा बल दे रहा है।" चुनाव से पहले हुई जनसभा में माधव काका, मंगल, घिन्नू, घिन्नू की माई, ग्यारह साल का एक लड़का, बाबा... सभी ने भाषण दिया है। बाबा का भाषण बड़ा प्रभावशाली रहा। अभूतपूर्व यह हुआ कि इस जनसभा में जानकी भी सम्मिलित हो गयी। गाँव अब परिवर्तन पथ पर है।

डॉ. अम्बेडकर का मानना था कि सामाजिक परिवर्तन सभी घटकों के साझे प्रयत्न से ही सम्भव है। अखिलेश की कहानियाँ यही दर्शाती हैं। वे प्रेमचन्दोत्तर दलित जीवन के मुकम्मल कथाकार हैं। हिन्दी में दलित कहानीकारों की उल्लेखनीय उपस्थिति 1985 के बाद दिखती है। तबतक अखिलेश दलित जीवन, दलित चेतना और दलित प्रतिरोध के अनेक पहलुओं को अपनी कहानियों में चित्रित कर चुके थे। बाद की कहानियों में वे परिवर्तन की जटिलताओं व दुश्वारियों को धर्मसत्ता और राजसत्ता के बदले चेहरों और तेवरों के साथ दिखाते रहे हैं। 'वजूद' कहानी बताती है कि स्वतन्त्रता, समता और न्याय की ख़ुशबू आकर्षित तो करती है पर वह जंगल में कहीं गुम है। 'अँधेरा' (2005) इश्क़ की दुश्वारियों का आख्यान है। 'रोमियो स्क्वाड' का पूर्वरूप इसमें देखा जा सकता है। 'शृंखला' (2011) साफ़-साफ़ बताती है कि सच लिखने और सच के गोपन से पर्दा हटाने वाले लेखकों, बुद्धिजीवियों, रचनाकारों की जान साँसत में है। हिन्दी समाज ऐसे आगमजानी रचनाकार अखिलेश की अगली रचना की उत्सुक प्रतीक्षा करे, यह स्वाभाविक है।

मनुवाद के ख़िलाफ़ दलित महिला लेखन

–डॉ. भाषा सिंह

दलित साहित्य, दलित राजनीति और देश की राजनीति के बीच एक ख़ास रिश्ता स्थापित हुआ वर्ष 2019-24 के बीच। इस रिश्ते की राजनीतिक व्याख्या वर्ष 2024 में हुए लोकसभा चुनावों के प्रचार और परिणाम दोनों ही बेहतरीन ढंग से करते हैं। इसमें देश के संविधान की रक्षा का सवाल, बराबरी का सवाल तो केन्द्रीय फलक पर गुंजायमान हुआ ही। साथ ही जो अंडर करेंट था, वह यह कि किसी भी सूरत में मनुवादी विचारधारा को देश पर क़ब्ज़े से रोकना क्योंकि अगर यह जीत गयी तो फिर वर्ण-व्यवस्था की घिनौनी-अत्याचारी ग़ुलामी का दौर शुरू हो जायेगा।

इसकी ज़मीन दलित साहित्य और उसमें भी मुखर दलित महिला साहित्यकारों ने बहुत मज़बूती के साथ तैयार की। उनकी क़लम से निकले शब्दों ने मनुवादी सोच को ध्वस्त करने के साथ-साथ पितृसत्तात्मक सोच को बेनकाब करने का अहम काम किया। यह लम्बी कड़ी है, जिसमें अनगिनत लेखकों का अहम योगदान है और जिनके योगदान की वजह से मुक्ति की चाह और उसकी ज्योति लगातार जलती रही और बुलन्द रही। चाहे वह शान्ताबाई काम्बले की रचनाएँ हों–जिन्हें दलित महिला द्वारा लिखे जाने वाले पहला उपन्यास दुनिया को देने का गर्व प्राप्त है, या फिर कौशल्या वैसन्त्री, जिन्होंने 'दोहरा अभिशाप' के रूप में हिन्दी दलित साहित्य में पहली महिला आत्मकथा लिखने का साहस किया, या फिर तमिलनाडु की 'बामा', जिन्होंने भीतर-बाहर के संघर्ष की लम्बी लकीर खींची, या महाराष्ट्र की उर्मिला पवार, जो बाबा साहेब भीमराव अम्बेडकर के साथ, उनके रास्ते पर चलते हुए 12 साल की उम्र में बौद्ध बनी या गोगु श्यामला–जिनके कहानी-संग्रह Father May Be An Elephant And Mother Only A Small Basket, But... ने दलित महिला के समाज के भीतर संघर्ष, मनुवाद से संघर्ष और वाम धारा में भी धकियाये जाने के अहम मुद्दों को उठाया।

यह सिलसिला लम्बा-चुनौतीपूर्ण रहा है। इसके एक तरफ़ बेबी हाल्दर की आत्मकथा है 'आलो अंधआरी', तो एक तरफ़ सुशीला टाकभौरे की आत्मकथा है—'शिकंजे का दर्द', जो कितने परतों में एक औरत को ताउम्र संघर्षशील रहना पड़ता है इसकी बानगी है।

मेरा स्पष्ट मानना है कि इन सधे हुए प्रयासों की वजह से ही समाज में और ख़ासतौर से भारतीय राजनीति में इतनी दक्षिणपन्थी सोच, मनुवाद के जयगान के बावजूद लोकतान्त्रिक मूल्यों के ज़िन्दा रहने का स्पेस बचा हुआ है।

यही हमें लगातार एक बेहतर दुनिया के निर्माण की ओर अग्रसर करती है। इसी क्रम में मैं अपनी निजी यात्रा आप सबके साथ साझा करना चाहती हूँ जो मैंने अपनी किताब अदृश्य भारत (penguin publication) में लिपिबद्ध की है।

कैसे मैला ढोने वाले समाज की महिलाओं और उनकी मुक्ति के आन्दोलन ने हम जैसे अनगिनत लोगों के मन में मनुवाद-जाति प्रथा के प्रति भीषण नफ़रत पैदा की...

कैसे मैं बनी मैला ढोने वाली पत्रकार

'कौन जात हो? हमरी जात के त नइखु लागत!' (किस जाति की हो तुम, हमारी जाति की तो नहीं लगती हो!) यह सवाल इतने कड़कदार अन्दाज़ में पहली बार जब सामने आया तो गहरे संकोच से घिर गयी थी मैं। मैं वाकई उनकी जाति में नहीं पैदा हुई थी। जवाब नहीं समझ में आया, क्योंकि बताने को कुछ था नहीं और उनके लिए यह काफ़ी था कि मैं उनकी जाति की नहीं हूँ।

इस एक सवाल ने मेरे सामने, जाति की ताक़त को बिल्कुल अलग ढंग से पेश किया था। अभी तक जाति की ताक़त का मतलब था उच्च जातियों का दम्भ-शोषण और उनके द्वारा किये जाने वाला भेदभाव। पर यहाँ जाति का सवाल समाज के सबसे उपेक्षित, हाशिये पर डाले गये और छुआछूत का सदियों से शिकार बनाये गये तबके से आ रहा था। जाति क्या है, किस तरह से आपको नापने का पैमाना बनती है, इसका ज़मीनी अनुभव मेरी मध्यवर्गीय चेतना को हिलाने वाला रहा। इस यथार्थ से यह मेरी पहली मुठभेड़ थी। हिन्दू धर्म ने जाति व्यवस्था में किस तरह से दलितों में भी विभिन्न जातियों के भीतर भेदभाव दूरियाँ पैदा की हैं कि उनके बीच व्यापक एकता की डोर ही नहीं बन पाती है।

'हमारे बारे में क्यों जानना चाहती हो, इतना पसीना क्यों बहा रही हो?' यह दूसरा सवाल था जो सीधे गोली की तरह दागा गया था। यह सवाल इतना लाजवाब था कि सिर्फ़ मुस्कुरा कर ही इसे झेला जा सकता था। शब्दों का इस्तेमाल इस मौक़े पर बेमानी लगा।

ये सवाल बिहार की राजधानी पटना से सटे फुलवारी शरीफ में संगी मस्जिद के नया टोला इलाक़े में पीढ़ियों से मैला ढो रहे गांधी की पतोहू कुसमी ने ही पूछा हो, ऐसा नहीं। ये सवाल गुजरात से लेकर पश्चिम बंगाल, अम्बाला, कानपुर, अनन्तपुर, कश्मीर...यानी जहाँ-जहाँ मैं उनकी तलाश में गयी, वहाँ-वहाँ किसी न किसी रूप में पूछा गया। हाँ कई बार सीधे-सीधे और कभी-कभी थोड़ा आड़ा-तिरछा करके। मार्क्सवाद ने यह सिखाया था कि डि-क्लास (विवर्गीकृत यानी अपने वर्ग चरित्र को छोड़ देना) होना क्यों ज़रूरी है। मैले की बजबजाती दुनिया की इन बुलन्द महिलाओं ने सिखाया कि भारतीय समाज में डि-कास्ट (अपनी जातिगत पहचान को छोड़ देना) होना भी कितना ज़रूरी है। हिन्दू धर्म की जाति व्यवस्था उस ज़हरीली बेल की तरह है जो धर्म बदलने, जातिगत पेशा छोड़ने के बाद भी पीछा नहीं छोड़ती बल्कि डसती रहती है। लिहाज़ा डि-कास्ट होना बेहद जटिल है क्योंकि यहाँ आपकी जाति आपके मानने या न मानने से तय नहीं होती। सिर पर मैला ढोने वाली औरतें इस बात की ज़िन्दा मिसाल हैं। जाति व्यवस्था कैसी विडम्बनाएँ रचती हैं कि ये सब औरतें जागीरदार हैं और जज्मानी को आने वाली पीढ़ियों के लिए विरासत में देने के ज़हरीला तन्त्र का शिकार हैं। इन्सानी मैले की इस जागीरदारी और उसे रेहन रखने-ख़रीदने के दस्तावेज़ देखकर लगा कि वाकई किस सुनियोजित ढंग से मैले के नरक में इस समुदाय को ढकेले रखने का तन्त्र विकसित किया गया।

अपनी तरफ़ से कुछ बातें मैं स्पष्ट कर देना ज़रूरी समझती हूँ। पहली, आख़िर किस तरह से मैं इस दुनिया से टकराई और टकराने के बाद इससे बाहर निकलने के बजाय, उसी का हिस्सा कैसे हो गयी। पेशे से पत्रकार होने के नाते जब मेरे सामने पहली बार मैला ढोने की प्रथा जारी रहने की बात आयी, तो यह तमाम दूसरी स्टोरियों की तरह ही एक स्टोरी ही थी। लेकिन धीरे-धीरे यह मेरे साथ चलती गयी और साल दर साल निकलते गये। इस गन्धाती अदृश्य दुनिया को देखना 2003 में शुरू हुआ था और अभी तक, इसे देखने का दर्द झेलना पड़ रहा है। रोज़ एक बासी रोटी और महीने के 5-10 रुपये मजूरी पर महिलाएँ दूसरों का शौच (मैला) सिर पर ढो रही हैं, इस बजबजाते नरक से रूबरू कराया था अखिल भारतीय प्रगतिशील महिला एसोसिएशन (ऐपवा) की राष्ट्रीय अध्यक्ष और भारत की कम्युनिस्ट पार्टी (मार्क्सवादी-लेनिनवादी) यानी भाकपा माले की नेता श्रीलता स्वामीनाथन ने।...मेरे लिए यह सब जानना व्यक्तिगत तौर पर बड़े गहरे सदमे की तरह था। श्रीलता ने जिस मार्मिक ढंग से सारा चित्रण किया, जितनी तीखी नफ़रत इस प्रथा के ख़िलाफ़ उनके चेहरे पर थी, उसने इस कुप्रथा की पड़ताल के लिए मुझे ज़बर्दस्त ढंग से प्रेरित किया। इस अदृश्य दुनिया को जानने की जिज्ञासा ने मुझे बेचैन कर दिया।

यह दुनिया कितनी अदृश्य है कि मैंने ख़ुद 33 साल की उम्र के बाद ही एक जातिगत कुप्रथा के रूप में इसे महसूस किया। जबकि ऐसा नहीं कि यह पहले कभी मेरे अगल-बगल नहीं रही। मेरी परवरिश के शहर लखनऊ से लेकर कानपुर, इलाहाबाद, पटना...सब जगह मैला ढोने वाली औरतें रहीं और मैं उनकी मौजूदगी से अनजान रही। सबसे पहले मैंने इसे इलाहाबाद में देखा था अपनी निर्मला मौसी और मौसा दूधनाथ सिंह के यहाँ। इलाहाबाद उच्च न्यायालय के पास शंभू बैरक्स इलाक़े में। उस इलाक़े में कहीं भी सीवर लाइन बिछी हुई नहीं थी, लगभग सभी घरों में शुष्क शौचालय थे। बहुत छोटी तो नहीं लेकिन याद आता है कि 10-12 साल की उम्र रही होगी, जब उनके घर में पहली बार ऐसी लैटरीन देखी थी, जिसमें से मल उठाने के लिए एक बूढ़ी महिला आती थी। उसका इस्तेमाल चेतना के स्तर पर बेहद तकलीफ़देह-दुर्गन्धमय होता था। वह बूढ़ी महिला उसे साफ़ करने के लिए दिन में दो बार–सुबह और दोपहर, घर के पिछवाड़े से आती थीं। लेकिन इसके अलावा कभी कुछ नहीं पता चला क्योंकि तब मैं इस पाखाना को इस्तेमाल करने वाली की नज़र से सोचती थी। ख़ाली अपनी परेशानी ही दिमाग़ में आती थी। इसके इस्तेमाल करने से ही रोंगटे खड़े हो जाते थे। ये सोचा ही नहीं कि उठाने वाली का हाल क्या होता होगा। अब सोचती हूँ कि जिन घरों में इस तरह की कच्ची लैटरीन भी होती है, उन्होंने भी शायद इसी तरह से मैला उठाने वालों के बारे में कभी सोचा ही न हो। जाति व्यवस्था यह सोच गढ़ देती है कि गन्दगी से जुड़ा सारा काम दलितों का है। इसी के चलते सवर्ण सामन्ती जातियाँ ही नहीं, मैला न ढोने वाली दलित जातियाँ भी मैला ढोने वालों को इन्सान समझना ही बन्द कर देती हैं। हिन्दू धर्म की जो चार वर्णों की जो अवधारणा है और उसके आधार पर जो सामन्ती ब्राह्मणवादी सोच पनपी उसकी गिरफ़्त में निचली जाति भी उतनी ही हैं जितनी सवर्ण जातियाँ। मन्दिर अलग-गुरुद्वारे अलग-चर्च-मस्जिद में दूरियाँ इस बजबजाती दुनिया के बाशिन्दों का सच है। इसका ज़मीनी अनुभव इस अदृश्य दुनिया को टटोलने के दौरान हुआ।

जब इस मुद्दे पर काम करना शुरू किया तो अहसास हुआ कि देश भर में इस समुदाय की औरतें इस कड़वे सच के ज़हर को पीते-पीते ही जी रही हैं कि उन्हें इन्सान नहीं समझा जाता। चाहे वह पश्चिम बंगाल के उत्तर 24 परगना ज़िले में भाटपाड़ा की लक्ष्मनिया हारी हो या गुजरात के अहमदाबाद की पल्लवी बेन, राजस्थान के टोंक की इन्दिरा, कश्मीर की रफीका या आन्ध्र प्रदेश की नारायण अम्मा ...सब अपनी-अपनी ज़िन्दगी मैला ढोने में ख़र्च करने के बाद इसी निष्कर्ष पर पहुँची हैं कि ये हमें इन्सान ही नहीं समझते और सरकार को हम दिखाई नहीं देते क्योंकि वह हमें देखना नहीं चाहती। हम अदृश्य हैं !!!

श्रीलता ने अगर इस कुप्रथा के जारी रहने के बारे में बताया तो सी. शंकरन वह डोर बने जिन्होंने मुझे इस समाज से उठ रही बदलाव की आग का और उसके कर्ता-धर्ता बेजवाड़ा विल्सन का अता-पता दिया। बड़े ओहदों पर रह चुके सेवानिवृत्त सरकारी अधिकारी (आईएएस) और वरिष्ठ मानवाधिकार कार्यकर्ता सी. शंकरन, जो अब इस दुनिया में नहीं हैं, आन्ध्र प्रदेश से शुरू हुए वर्ष 1994 सफ़ाई कर्मचारी आन्दोलन के संस्थापक सदस्य थे। वह इतने विनम्र थे कि दिल्ली से मेरे बार-बार फ़ोन करने के बावजूद उन्होंने ख़ुद इस मुद्दे पर बात करने के बजाय यही कहा कि मैं फ़ोन पर ही विल्सन से सम्पर्क करूँ। यह सारी मशक्कत इस विषय पर मेरी पहली स्टोरी के समय हुई थी। विल्सन से बात हुई शायद 2003 के नवम्बर माह में। उन दिनों उनका संगठन आन्ध्र प्रदेश, तमिलनाडु, कर्नाटक, महाराष्ट्र में ही सीमित था। विल्सन से टुकड़ों-टुकड़ों में हुई बातचीत (जो उन्होंने बहुत अनमने ढंग से की) ने इस समस्या की भयावहता को समझने में मेरी मदद की। इस कुप्रथा का व्यापक, अखिल भारतीय परिदृश्य सामने आया और साथ ही महसूस हुआ कि किस तरह से इस समुदाय के भीतर से इस जलालत भरी ज़िन्दगी को छोड़ने की जद्दोजहद शुरू हो गयी।

बेजवाड़ा विल्सन और सफ़ाई कर्मचारी आन्दोलन (एसकेए) की मदद के बिना मैले के नरक को तह-दर तह उघाड़ना असम्भव था। दक्षिण भारत में आन्ध्र प्रदेश से वर्ष 1994 में शुरू हुआ ये आन्दोलन आज देश के 21 राज्यों में फैला हुआ है।...

यह बात 2004 के बाद की है जब मुझे जुनून की हद तक यह लगने लगा था कि अलग-अलग राज्यों, शहरों में जाकर इन महिलाओं से मिलना और उनके भीतर पनप रही बदलाव की आग को क़लमबन्द करना बेहद ज़रूरी है। हर यात्रा मुझे हिन्दू धर्म की घृणित जाति व्यवस्था, जिसने दूसरे धर्मों में भी अपनी गहरी पैठ बना ली है–की गन्धाती सीढ़ियों को समझने में और मददगार साबित होती।...ख़ैर, एक बार मैंने मैले की इस दुनिया में क़दम रखा तो फिर पीछे मुड़कर नहीं देखा।

इन महिलाओं की जिजीविषा, उनकी हँसी, उनके दु:ख, उनका संघर्ष (उनका लाजवाब चटक खाना!) सब इतना सिखाने वाला था कि हर समय अलग-अलग शहरों में जाकर उनसे मिलने का लालच सा बना रहता।... गुजरात में गांधीनगर में मैले मुक्ति पर एक जनसुनवाई का आयोजन किया गया था। उसमें आयी एक महिला पल्लवी बेन ने मेरी तरफ़ इशारा करते हए मंच से कहा, 'ये बेण माथु मैलू पत्रकार...', बग़ल में बैठी मंजुला ने गुजराती से हिन्दी में तर्जुमा करते हुए मुझे

बताया कि वह कह रही हैं, ये ख़ुशी की बात है कि मैला ढोने वाले समुदाय की कोई लड़की पत्रकार बनने के बाद भी मैला मुक्ति पर लिख रही है। मैंने कहा, 'यह ग़लत बोल रही हैं, किसने इन्हें ये बताया...', पर मंजुला ने मुझे टोकते हुए कहा, 'तुम अब बन गयी हो माथु मैलू पत्रकार। तुम मानो या न मानो ये सब यही मानती हैं।'

यह मेरा नया नामकरण था। मुझे ये सोच कर बहुत परेशानी होती थी कि इन महिलाओं के लिए यह समझ पाना तक़रीबन असम्भव है कि जो उनकी जाति में पैदा नहीं हुआ वह क्यों कर उनकी पीड़ा को समझने का इतना प्रयास करेगा। उनका ये दृढ़ मानना है कि मैले पर टिकी इस अदृश्य दुनिया को अदृश्य दुनिया का ही व्यक्ति देख सकता है। हर बार, साल-दर-साल इस अहसास से गुज़रना परेशान कर जाता। मेरे इस काम पर गहराई से नज़र रखने वाले हिन्दी लेखक-कवि और वरिष्ठ सरकारी अधिकारी (दिवंगत) सुदीप बनर्जी कहते थे—तुम्हारे लिए डि-कास्ट होने की प्रक्रिया शुरू हो गयी है और तुम्हें इसमें ख़ुश होना चाहिए, परेशान नहीं।

मैला ढोने वाली औरतों के पास इस प्रक्रिया (डि-कास्ट होने की प्रक्रिया) को जाँचने-परखने के अपने तरीक़े हैं—आप उनके घर पानी पीते हैं कि नहीं, चाय पीने को तैयार होते हैं कि नहीं और आख़िरी में उनके घर खाना खाने के निमन्त्रण पर आपकी प्रतिक्रिया क्या रहती है। यह सीधे-सीधे ब्राह्मणवादी सोच के तहत बनी आदतों को चुनौती देने वाली प्रक्रिया होती है, जिस पर उनकी बहुत पैनी निगाह होती है। उनकी ये जाग्रत चेतना सलाम करने के क़ाबिल है। उनके ये तरीक़े कम्युनिस्ट पार्टियों के डि-कास्ट करने की प्रक्रिया से बहुत मिलते-जुलते से लगे मुझे। डि-क्लास करने के लिए मार्क्सवादी साहित्य के तमाम अध्ययनों, संघर्षों में हिस्सेदारी के साथ समझ विकसित करने के इतर आम जनता (जिनमें बड़ी संख्या दलितों की होती है) घरों में खाना खाना भी सब शामिल होता है। खाने के ज़रिये वर्ग और जातिगत जकड़न तोड़ने की कमोबेश यही तकनीक ये महिलाएँ भी अपनाती हैं। डि-क्लास और डि-कास्ट होने की प्रक्रिया के बीच में एक ऐसी डोर है जो बड़ा राजनीतिक फलक बना सकती है। इस दिशा में कम्युनिस्ट पार्टियों को ज़मीनी धरातल पर और सांस्कृतिक स्तर पर ध्यान देना चाहिए—जिसमें खानपान बहुत महत्त्वपूर्ण भूमिका निभाता है। बहरहाल, पानी-चाय-खाने की कसौटी पार करने के बाद ही आप उनकी ज़िन्दगी की दहलीज़ पर क़दम रख सकते हैं। उसके बाद ही वे आपको अपना समझना शुरू करती हैं, सुख-दुःख बाँटना शुरू करती हैं। उनसे घुलने के लिए ज़रूरी है कि आपके कान और दिल दोनों खुले हों।

उनकी ज़िन्दगी जितनी नीरस, गन्दगी से भरे रुटीन वाली होती है उनका खाना उतना ही चटक व स्वादिष्ट। मानो सारा स्वाद मसाले के साथ पीस-भून कर ख़ुशबू उड़ाते हुए बदरंग जीवन में रस घोलने की कोशिश। चाहे वह भाटपाड़ा में लक्ष्मनिया हारी के मछली के अंडों के पकौड़े हों, नारायण अम्मा की मटन बिरियानी या कश्मीर में शोपिया की सारा के हाथ का साग में पका गोश्त या फिर हरियाणा के अम्बाला में सरोज के घर खायी बेसन को चांड के लाजवाब सब्ज़ी...सब रस घोलने की कोशिश का हिस्सा ही तो हैं। बहुत कम लोगों को शायद यह मालूम हो कि इस समुदाय की औरतें हल्दी इस्तेमाल बहुत ही कम करती हैं। पीली दाल खाना उनके लिए बेहद मुश्किल होता है। वे ख़ुद आपको आगाह करेंगी कि आप उन्हें मैला उठाते हुए ना देखें, नहीं तो आप भी नहीं खा पायेंगी। इस तरह से मल का रंग और बदबू उन्हें एक स्तर पर इन्सान होने के अहसास से भी वंचित करता है।

डि-कास्ट हुई कि नहीं हुई, यह तो पता नहीं लेकिन वाकई जब ख़ुद को टटोला तो लगा कि मैं अपने पेशे में मैला ढोने वाली पत्रकार ही बन गयी हूँ। यही मेरी पहचान का बड़ा हिस्सा हो गया है। साथ काम करने वाले हमेशा मज़ाकिया अन्दाज़ में कहते, 'फिर तुम मैला ढोने लग गयीं, एक और स्टोरी।' कब तक करोगी इसी पर काम। बाहर वालों को लगता कि यह मेरा कोई प्रोजेक्ट है। ये सारी बातें भीतर तक दिल को दुखाती रहीं और साथ ही हिम्मत भी बढ़ाती रहीं। बड़ी विडम्बना लगती कि किसी को यह दर्द क्यों नहीं महसूस होता है कि इतने साल बाद भी ये नरक मौजूद है—कश्मीर की हसीं वादियों से लेकर गुजरात-महाराष्ट्र तक...हज़ारों इन्सानों की ज़िन्दगी को, उनके आत्मसम्मान को जड़ से तबाह करता हुआ। हालाँकि जब इस मुद्दे पर काम करना शुरू किया था तब से लेकर आजतक एक बड़ा अन्तर आया है। आज ये चर्चा में है। मीडिया में छोटी-बड़ी ख़बरों में इन्हें जगह मिल रही है। तत्कालीन प्रधानमन्त्री मनमोहन सिंह से लेकर कांग्रेस अध्यक्ष सोनिया गांधी को इस पर बयान देने पड़ रहे हैं। इसके खात्मे की बातें राजनीतिक गलियारों में हो रही हैं। यानी इस अदृश्य भारत के प्रतिनिधियों ने बन्द दरवाज़ों में अपनी टाँग अड़ाने में सफलता हासिल की है। ख़ुद को सम्मान और गरिमा से ज़िन्दा रखने की उनकी जद्दोजहद को कुछ हद तक, अपनी सीमित दृष्टि और पहुँच के साथ मैंने इस किताब में कलमबन्द करने की कोशिश की है।

मैला ढोने पर मोहनदास करमचन्द गांधी और भीमराव अम्बेडकर के अलग-अलग नज़रिये का ज़िक्र किये बिना बात अधूरी रह जायेगी। गांधी ने मैला ढोने की प्रक्रिया को गरिमामय जताने की कोशिश की, उन्होंने कहीं भी उसे समाप्त

करने की बात नहीं की। वहीं अम्बेडकर इस प्रथा को ख़त्म करने के पक्ष में थे। गांधी कहते थे, 'मुझे ख़ुद को भंगी कहने में कोई शर्म नहीं है और मैं हर भंगी से भी यही कहूँगा कि वे ख़ुद को ऐसा कहे जाने पर शर्म महसूस न करें।" गांधी का मानना था, 'यह समाज कई सेवाओं पर टिका है, भंगी सभी सेवाओं की बुनियाद है' (हरिजन, 28 नवम्बर 1936)। इस मुद्दे पर ख़ुद अम्बेडकर ने गांधी को उद्धृत किया है, 'सफ़ाई करने का काम कितना पवित्र है। यह काम या तो कोई ब्राह्मण ही कर सकता है या फिर भंगी। ब्राह्मण अपनी समझ से ऐसा कर सकता है और भंगी अपनी नासमझी से। मैं दोनों का ही सम्मान करता हूँ। इन दोनों में से कोई भी हिन्दुत्व में न रहा तो हिन्दुत्व ख़ुद ही समाप्त हो जायेगा' (भावनगर में 8 जनवरी 1925 को हुए काठियावाड़ राजनीतिक सम्मेलन का अध्यक्ष चुने जाने के मौक़े पर दिये अपने भाषण में)। गांधी ने तो 11 जनवरी 1925 के नवजीवन के अंक में यहाँतक लिखा था कि 'अगर मुझे इस ज़न्म में मुक्ति नहीं मिलती है तो मैं अगले जन्म में भंगी के रूप में पैदा होना पसन्द करूँगा।' इनके बरअक्स अम्बेडकर के विचारों को रखकर यह समझा जा सकता है कि मैला ढोने की प्रथा को ख़त्म करने की कोशिश में क्या चुनौतियाँ रहीं। अम्बेडकर का मानना था सामाजिक व्यवस्था में अशुद्ध काम हमेशा ग़ुलामों को दिये जाते रहे और मैला ढोने की प्रथा उसी ग़ुलामी का प्रतीक है। उन्होंने इस विषय में गांधी के विचारों की तीखी आलोचना की। उन्होंने कहा, 'गांधीवाद मैला ढोने की प्रथा को सम्मानजनक पेशा बतलाकर उसे बनाये रखने की हिमायत करता है। भारत में कोई अपने काम की वजह से सफ़ाईकर्मी नहीं है बल्कि जन्म के चलते सफ़ाईकर्मी है। यह उपदेश देना कि मैला ढोने का काम अछूतों के लिए अच्छा है और उसे सेवाभाव से जोड़ना उस लाचार वर्ग के साथ क्रूर मज़ाक़ है जो केवल गांधी ही इतने शान्तचित्त और निरापद भाव से कह सकते हैं।' अम्बेडकर की किताब 1936–जातिव्यवस्था का सफाया...।

इन नज़रियों में अन्तर वही है जो एक ओर उद्धार-दया-उपकार और दूसरी ओर अधिकार व परिवर्तन मुक्ति के लिए विद्रोह में होता है। इसी अन्तर ने जहाँ अम्बेडकर को मैला ढोने वालों समेत तमाम दलितों के बीच निर्विवाद रूप से स्थापित किया वहीं गांधी को विमर्श के लिए छोड़ दिया। वजह साफ़ है मैला ढोने वाली औरतें किसी भी जन्म में मैला ढोकर समाज को साफ़ करने का सपना नहीं देखना चाहतीं। वे तो ख़ुद को और हर क़ीमत पर अपनी आने वाली सारी पीढ़ियों को इस नरक से मुक्त रखना चाहती हैं। ऐसा नहीं कि उद्धार-उपकार और मुक्ति के ये दो दृष्टिकोण आज मौजूद नहीं हैं। आज भी हैं और आज ज़्यादा तामझाम और पब्लिसिटी के

साथ हैं। तभी तो हमारे बीच अल्वर की राजकुमारियाँ (मैला ढोने से मुक्त करायी गयी महिलाएँ) हैं, जो अपने द्वारा डिजाइन की गई नीली साड़ियों के संयुक्त राष्ट्र की सीढ़ियाँ चढ़ने के बाद इन दिनों तमाम मन्दिरों-मस्जिदों-चर्चों-गुरुद्वारों में जा-जाकर माथा टेक रही हैं। उनके उद्धारक इस बात का जयघोष करते नहीं थकते कि किस तरह से इन अबलाओं को नरक से निकालकर यहाँतक पहुँचाया गया। छुआछूत को ब्राह्मणों के साथ भोज के ज़रिये ख़त्म करने का प्रचार किया जा रहा है। वहीं दूसरा रास्ता फ्लश शौचालयों के कारोबार से होकर नहीं गुज़रता है। न ही वह यह बताने की कोशिश करता है कि अगर जल-चालित शौचालय मुहैया करा दिये जायेंगे तो मैला प्रथा ख़त्म हो जायेगी, क्योंकि इस राह पर चलने वालों को पता है कि ऐसे शौचालयों को साफ़ करने वाले भी उन्हीं की जाति के भाई-बिरादर होंगे। जाति कोई रूमानी चीज़ नहीं है जो एक बार साथ खाने-पीने से ख़त्म हो जाती है। वह इस सच्चाई से वाक़िफ़ है कि अर्थव्यवस्था के विकास के साथ-साथ जाति और धर्म की जकड़नें टूटना तो छोड़ ही दीजिए, कमज़ोर होने के बजाय ज़्यादा मज़बूत ही हुई हैं। जाति एक राजनीतिक प्रश्न है और इसका गहरा रिश्ता वर्ग चेतना से है। लिहाज़ा दूसरा रास्ता लम्बे संघर्ष की ओर अग्रसर है, हालाँकि उसकी अपनी सीमाएँ हैं। यह रास्ता उन महिलाओं से गुलज़ार है जो सड़कों पर मैले की टोकरी जलातीं, शुष्क शौचालयों की दीवारों को तोड़तीं, सामाजिक परिवर्तन यात्रा निकालतीं, इन्सानी गरिमा का सवाल गुँजातीं, सरकार पर मैला प्रथा का समूल खात्मा करने का दबाव बनाने के लिए धरना-प्रदर्शन करतीं, नये गाने सिरजतीं, पोस्टर बनातीं, उच्च न्यायालयों से लेकर सर्वोच्च अदालत तक में बेख़ौफ़ ढंग से ये हलफनामे देतीं कि सरकारी दावे झूठे हैं और उनके सिर से अभी तक मैले की टोकरी हटी नहीं है... बढ़ी जा रही हैं।...

दलित साहित्य का रचना संसार और वैचारिकी

–जगदीश पंकज

प्रत्येक भाषा के साहित्य की अपनी ऐतिहासिक पृष्ठभूमि होती है और उसपर समयगत प्रवृत्तियों का प्रभाव रहता है। भारतीय भाषाओं विशेष रूप से हिन्दी भाषा के साहित्य पर भी अपने समय और परिवेश की घटनाओं और प्रवृत्तियों का प्रभाव पड़ना स्वाभाविक है। हर काल की वर्चस्वशाली प्रवृत्तियाँ उस काल के कला, साहित्य और संगीत में प्रकट होने से उसे ही मुख्यधारा मान लिया जाता है। ये वर्चस्व की मुख्य प्रवृत्तियाँ ही उस काल के ऐतिहासिक नामकरण में देखी जा सकती हैं। हिन्दी साहित्य के इतिहास में भी इसी आधार पर नामकरण किये गये हैं। मुख्यधारा में वर्चस्वशाली अभिजात वर्ग की मुख्य उपस्थिति होने से परम्परागत या शास्त्रीय प्रकृति की अनेक उप धाराएँ सम्मिलित रहती हैं। मुख्यधारा में लोक-प्रकृति की अभिव्यक्ति की उपस्थिति या तो नाममात्र की रही है या नगण्य रही है या पूरी तरह अनुपस्थित। हर निर्मिति अपने प्रतिपक्ष की भी या समानान्तर धारा की निर्मिति स्वयं कर देती है। अत: हर काल में प्रत्यक्ष या अन्तर्धारा के रूप में जो समानान्तर धारा बही है वह मुख्यधारा को चुनौती देती रही है। इसीलिए यह जन-सामान्य की अभिव्यक्ति लोकधारा के रूप में अपनी अन्तर्वस्तु की सबलता और सम्प्रेषणीयता के द्वारा प्रसारित-प्रवाहित होती रही है। साहित्य में नाथों, सिद्धों, भक्तों आदि की अभिव्यक्तियाँ इसी का प्रत्यक्षीकरण है जो सम्भ्रान्त और प्रभुत्वशाली वर्ग की धारा से अपनी अन्तर्वस्तु और शिल्प में भिन्न होकर लोक में प्रचलित है। लोक में कहावतों, मुहावरों, पदों, दोहों और चौपाइयों के रूप में प्रचलित यह धारा परम्परागत शास्त्रीय धारा द्वारा उपेक्षा, नकार, प्रहार सहते हुए अन्तत: स्वीकार की गयी।

यह भी विचारणीय है कि मुख्यधारा में शोषित, पीड़ित और अत्याचार के शिकार जन-सामान्य की पीड़ा को अभिव्यक्ति का विषय क्यों नहीं बनाया गया तथा

उस सामान्य जन की अपनी आवाज़ को साहित्य में जगह क्यों नहीं दी गयी? यह नहीं हो सकता कि वंचित वर्ग ने अपनी स्वयं की पीड़ा को कभी अभिव्यक्त ही नहीं किया। सामान्य जीवन के लोकगीत अपनी अनगढ़ता के बावजूद आज भी लोक में उपस्थित हैं। शास्त्रीय संगीत और लोक संगीत की तरह अन्य कलाओं में भी अपनी सम्पन्नता और विपन्नता के रूप में आज भी उपस्थित हैं।

जब अभिजात साहित्य में वंचित वर्ग की अनुभूतियों को वर्ण्य विषय नहीं बनाया गया तथा वंचित बर्ग की अभिव्यक्ति को साहित्य में स्वीकृत ही नहीं किया गया तब स्वाभाविक आक्रोश की अभिव्यक्ति के विकल्प उभर कर प्रकट हुए। वर्तमान युग में जब वंचित, उपेक्षित, शोषित, सर्वहारा दलित वर्ग में समयगत यथार्थ को समझने वाले सचेतन लोगों ने तुलनात्मक अध्ययन और तार्किक विवेचन के द्वारा परम्परागत षड्यन्त्र को समझा तब समानान्तर साहित्य की एक नयी धारा का दलित साहित्य के रूप में उदय हुआ। यह धारा सहानुभूति के द्वारा रचे गये काल्पनिक साहित्य के सामने स्वानुभूति के वास्तविक संवेदन की अभिव्यक्ति बना है। स्वानुभूति का लेखन परकाया प्रवेश के सहानुभूति या समानुभूति के लेखन से अपनी अन्तर्वस्तु में पूरी तरह भिन्न है। दलितों ने अपने उत्पीड़न के कारण और निदान की वैचारिकी पर विचार करते हुए पाया कि निरन्तर अन्याय और अत्याचार के कारणों को धर्म-ग्रन्थों के उस वाङ्मय में पाया जिसके निर्देश/उपदेश जन सामान्य के मस्तिष्क में घृणा के रूप में पहुँचाये गये और आज भी प्रभुत्वशाली वर्ग उन पर निष्ठा रखता है। दमन, उत्पीड़न, अन्याय, घृणा, अपमान और अत्याचार की दु:खद अनुभूतियों की दबे हुए आक्रोश, क्षोभ और क्रोध के द्वारा अभिव्यक्ति से मुख्यधारा के स्वयम्भू मठाधीशों ने नकार की मुद्रा ही प्रकट करते हुए प्रहार किये।

वर्तमान दलित साहित्य एक व्यापक विषय है जो बहुत से प्रश्नों के उत्तरों की माँग करता है। भारतीय परिप्रेक्ष्य में समकालीन दलित साहित्य केवल हिन्दी भाषा ही नहीं बल्कि भारत की सभी भाषाओं में लिखा जा रहा है। मौलिक लेखन के साथ-साथ विभिन्न भारतीय भाषों के दलित साहित्य का आपस में अनुवाद दलित साहित्य को न केवल व्यापकता प्रदान कर रहा है बल्कि बता रहा है कि पूरे भारत के दलित समाज द्वारा भोगी गयी या वर्तमान में भोगी जा रही वास्तविकताएँ लगभग एक जैसी ही हैं और उनके विरुद्ध किया जाने वाला प्रतिकार भी अपनी प्रकृति में एक जैसा ही है। यही प्रतिकार दलित लेखन में व्यक्त हो रहा है। दलित साहित्य की वैचारिकी पर विचार करने के लिए भी एक पूरी पृष्ठभूमि पर विचार करना आवश्यक है। अनावश्यक विस्तार से बचते हुए हमें उन मुद्दों पर चर्चा करना

उचित है जो समकालीन दलित साहित्य की वैचारिकी के भावी औज़ारों और उनके प्रयोग के लिए हितकर हों। दलित साहित्य अपनी अन्तर्वस्तु में भोगे हुए यथार्थ की अभिव्यक्ति है जो सदियों से प्रताड़ित समाज के आक्रोश और प्रतिरोध के लिए अपने नायकों के संघर्ष और विचारों से प्रेरणा लेता है तथा जहाँ से उसे ऊर्जा प्राप्त होती है।

दलित लेखन के वर्तमान स्वरूप को तराशने और नये विकल्प की खोज के उद्देश्य से अभी हाल ही में विगत 21 दिसम्बर '23 को भारतीय दलित साहित्य समिति, ग्रेटर नोएडा के तत्त्वावधान में अखिल भारतीय दलित लेखक सम्मेलन का आयोजन डॉ. रामप्रताप नीरज के संयोजकत्व में हुआ था, जिसमें देश के चर्चित दलित साहित्यकारों ने भाग लिया था। सम्मेलन में 'वर्तमान परिप्रेक्ष्य में दलित लेखन का मूल्यांकन और बदलाव की स्थिति : एक विमर्श' पर सीमान्तर्गत सार्थक बहस हुई, जिसमें मूलत: साहित्यकारों ने दलित साहित्य की जो भी विधा हो उसकी रचनात्मक पहल दलित लेखन के आगामी मोड़ की तलाश के रूप में की जायेगी इस पर सामूहिक रूप से अपना मन्तव्य जताया। लेखन में जो आक्रामकता होनी चाहिए इस पक्ष में इसके स्वरूप को नये सिरे से तराशकर कविता, कहानी, निबन्ध, आलोचना या फिर समाजशास्त्र और सौन्दर्यशास्त्र की रूपरेखा निरूपित की जायेगी जो निश्चित रूप से दलित लेखन के आगामी मोड़ की शुरुआत का रास्ता खोल सकेगी।

दलित साहित्य के प्रेरणास्त्रोत वे नायक हैं जिन्होंने दलितों के शोषण, उत्पीड़न, अन्याय, अत्याचारों और यातनाओं को धर्मसंगत बनाकर मनु से लेकर मोदी तक जो परम्परा घृणा, वैमनस्य फैलाती हुई चली आ रही है उसकी वैचारिकी के धार्मिक, सामाजिक और आर्थिक स्त्रोतों पर प्रहार करने के लिए वैचारिक संघर्ष किया उन्हीं से दलित साहित्यकार अपने लेखन के लिए ऊर्जा ग्रहण करता है। दलित साहित्य के अनेक विद्वान अपनी-अपनी अलग मान्यताओं के अनुसार भिन्न मत भी प्रकट करते हैं जिनमें दलित धर्म की अवधारणा भी सम्मिलित है। आज दलित वैचारिकी के रूप में बाबा साहब डॉ. भीमराव अम्बेडकर के विचारों को सर्वमान्य सिद्धान्त स्वीकार किया जा चुका है। अम्बेडकरवाद और बौद्ध धर्म की मान्यताएँ आज के दलित लेखन को अपने वैज्ञानिक विश्लेषण के कारण आकर्षित कर रही हैं। इन्हीं के साथ महात्मा ज्योतिवा फुले, पेरियार तथा कबीर और रैदास जैसे सन्तों की वाणी तथा वह विचार जो हिन्दू धर्म की अमानवीय परम्पराओं पर निर्मम प्रहार करता है दलित लेखन की वैचारिकी का अंग है। यों तो यह परम्परा चार्वाक, जैन और बुद्ध से शुरू होती है जो अपने समय से ही धर्म की असमानता और अविवेक पर प्रहार करते हुए आगे बढ़ी है।

आज की दलित वैचारिकी अपनी ऊर्जा मुख्य रूप से अम्बेडकरवाद से ले रही है और बाबा साहब अम्बेडकर द्वारा बौद्ध धर्म में दीक्षा लेते समय जिन बाईस प्रतिज्ञाओं का पाठ किया गया था, वे ही दलित चेतना की वैचारिकी हैं। इन्हीं को आगे बढ़ाते हुए बुद्ध की वाणी जो करुणा और अहिंसा के साथ-साथ समानता का उपदेश देती है तथा समाज में फैले पाखण्ड और ईश्वरवाद, भाग्यवाद और प्रारब्ध पर प्रहार करते हुए घोषणा करती है कि, 'अत्ता हि अत्तनो नाथो-अत्ता हि अत्तनो गति' और किसी अदृश्य शक्ति से याचना नहीं करके 'अप्प दीपो भव' के सूत्र को लेकर आगे बढ़ती है।

आइये, समकालीन परिदृश्य पर विचार करें ताकि उसके परिप्रेक्ष्य में दलित साहित्य की कार्यनीति और रणनीति का निर्धारण किया जा सके। वर्तमान में दलित साहित्य लेखन की हर विधा में अपनी उपस्थिति दर्ज कर रहा है। मराठी दलित साहित्य से प्रेरित होकर हिन्दी दलित रचनाकारों ने आत्मकथाओं के द्वारा अपनी उपस्थिति दर्ज की जो आज साहित्य की हर विधा में उत्कृष्ट लेखन के रूप में परिलक्षित हो रही है। आत्मकथाएँ, कविता, कहानी, ग़ज़ल, दोहे, गीत-नवगीत, क्षणिकाएँ, उपन्यास, नाटक तथा लघु कथाओं के माध्यम से भोगे हुए दलित-यथार्थ को शब्दों में चित्रित किया गया है। आज का दलित लेखन अपनी मात्रा में ही नहीं बल्कि गुणवत्ता में भी तथाकथित मुख्यधारा के साहित्य के सामने चुनौती बनकर उभरा है। यदि वर्तमान उत्कृष्ट दलित लेखकों की सूची बनायी जाय तो वह एक लम्बी दिशा में बढ़ती ही जा रही है। अत: नामों का उल्लेख करना समय का अपव्यय अधिक होगा।

दलित लेखन में केवल रचनात्मक साहित्य ही नहीं बल्कि उस वैचारिकी के स्रोत और प्रणेताओं की प्रेरक परम्परा पर भी शोध करते हुए विचार किया गया जो अतीत में प्रभुत्वशाली शोषक वर्ग को चुनौती देती रही। मुख्यधारा की वैचारिकी के विरुद्ध धार्मिक, सामाजिक, दार्शनिक और राजनैतिक वैचारिकी के साथ भेदभावपूर्ण और घृणा के विरुद्ध अन्तरराष्ट्रीय मुक्ति-संघर्षों की परम्परा से भी दलित वैचारिकी ने अपने को समृद्ध किया। महात्मा ज्योतिवा फुले और बाबा साहब डॉ. भीमराव अम्बेडकर के व्यक्तित्व और कृतित्व ने दलित जीवन-दर्शन को सशक्त और अकाट्य आधार प्रदान किया जो दलित आक्रोश की आत्मकथाओं के द्वारा अभिव्यक्ति कहानी, नाटकों और कविताओं में प्रकट होने लगी जो आज के दलित साहित्य की आधार-भूमि बनी है।

देश की स्वतन्त्रता भी साहित्यिक लेखन का एक नया प्रस्थान बिन्दु है जिसने जनसाधारण के सपनों को जन्म दिया। नयी अपेक्षाओं के परिप्रेक्ष्य में वंचित और दलित वर्ग में भी अपनी मुक्ति की आशाएँ जाग्रत हुईं। इन आशाओं और अपेक्षाओं की अनदेखी होने से जन-सामान्य का मोह भंग होने लगा और प्रतिरोध के स्वर कविता में प्रकट होने लगे। दलित कविता पर भी अपने अतीत की स्थितियों में बदलाव न आने से क्रोध और आक्रोश को अभिव्यक्त करने की ज़िम्मेदारी आ गयी। यह अभिव्यक्ति दलित पैन्थर जैसे युवा संगठनों के संघर्षों में प्रकट होने लगी जो भारत की विभिन्न भाषाओं के दलित साहित्य में व्यक्त हुआ। हिन्दी की दलित कविता भी इस प्रतिरोध को स्वर देने में पीछे नहीं रही। प्रारम्भ में यह आक्रोश सामाजिक रूढ़ियों, छुआछूत, वर्ण-व्यवस्था और जातिवाद पर आधारित असमानता पर चोट करते हुए सामाजिक सुरक्षा के संवैधानिक प्रावधानों के बावजूद निरन्तर होने वाले भेदभाव के विरुद्ध मुखर हुआ जो आगे चलकर अन्य क्षेत्रों के अन्याय के विरुद्ध सशक्त प्रतिक्रिया के रूप में दलित कविता में व्यक्त हुआ।

प्रश्न यह नहीं है कि क्या केवल जन्मना दलित द्वारा किया गया लेखन ही दलित साहित्य में मान्य है या ग़ैर-दलित लेखक द्वारा लिखा गया सहानुभूति का साहित्य भी दलित लेखन का हिस्सा है? मुख्य प्रश्न दलित जनता के प्रति की गयी उपेक्षा, घृणा, भेदभाव, अन्याय, अत्याचार, अपमान के उन विषयों पर लेखन है जो इनका प्रतिरोध करते हुए उन शक्तियों पर प्रहार करे जो इन सबके लिए ज़िम्मेदार हैं। महत्त्वपूर्ण यह है कि प्रत्यक्ष रूप से समाज में दलितों के प्रति जाति आधारित घृणा का प्रतिकार करने में कौन सामने आता है? सवर्ण समाज के वे कौन कवि, लेखक या बुद्धिजीवी हैं जो जातिवाद और वर्ण-व्यवस्था के विरुद्ध संघर्ष में खड़े होकर उन मान्यताओं पर प्रहार करते हैं जिनके आदेश-उपदेश भेदभाव, असमानता और जातिगत श्रेष्ठता के सन्दर्भों से भरे हुए हैं। यहाँ उदार दक्षिणपन्थियों के सहानुभूतिपूर्ण लेखन का मूल्यांकन भी ज़रूरी है जो दलित हितों पर दया या हृदय परिवर्तन की बात करते हैं किन्तु उन मान्यताओं पर चोट करने से कतराते हैं जो शोषण की व्यवस्था को जारी रखने के लिए ज़िम्मेदार हैं। अनेक सवर्ण बुद्धिजीवी जो शोषण की व्यवस्था का विरोध तो करते हैं किन्तु दलित-शोषित समाज के पक्ष में उनके संघर्षों में साथ देने से डरते रहे हैं। यह डर वृहद् सवर्ण समाज द्वारा उनके सम्भावित बहिष्कार और प्रहार का है जो सारी प्रगतिशील सोच के बावजूद उन्हें डि-क्लास या डि-कास्ट नहीं होने देता। यहाँ यह भी उल्लेखनीय है कि दलित अपमान की जड़ें ब्राह्मणवाद में हैं अतः दलित कविता का मुख्य स्वर ब्राह्मणवाद पर प्रहार का है। यह भी उल्लेखनीय

है कि दलित वैचारिकी ब्राह्मणवाद की विरोधी है ब्राह्मणवाद के विरोधी ब्राह्मण की नहीं। उसी प्रकार जो जन्मना दलित लेखक धर्मभीरुता के कारण ब्राह्मणवाद की उन मान्यताओं और रूढ़ियों को छोड़ना नहीं चाहते जो दलित समाज के व्यापक हिस्से को पाखण्ड में जकड़े हुए हैं, उनका लेखन जिन मूल्यों का पक्षधर है वह विचारणीय है अतः उस कविता और लेखन को दलित साहित्य का अंग नहीं माना जा सकता। संघर्ष करते हुए प्रतिकार और प्रहार के दृष्टिकोण को आगे बढ़ाने वाला लेखन ही दलित साहित्य में मान्य है। वे ग़ैर-दलित लेखक जिनका लेखन दलित वैचारिकी का पक्षधर और जातिविहीन समाज के निर्माण में सहयोग दे रहा है, उनको दलित वर्ग द्वारा समुचित सम्मान ही दिया गया है और दिया जाता है। दलित समाज केवल उन बातों पर ध्यान देने में रहता है कि इन दलित और ग़ैर-दलित लेखकों का आशय दलित हितों के विरुद्ध तो नहीं है। ऐसा भी देखने में आया है कि इनमें से कुछ दलित एकता में फूट डालने और दलित चिन्तन को विकृत और प्रदूषित करने के उद्देश्य से दलितों से सहानुभूति का ढोंग रचते हैं। यहाँ पर वर्ण-संघर्ष और वर्ग-संघर्ष के समन्वित रूप की वकालत करने वाले भी दीख जाते हैं। दलितों में भ्रम फैलाने के लिए समभाव और समरसता की बात करने वाले वर्ण और जाति को जीवित रखते हुए सौहार्द की बात तो करते हैं किन्तु उन मूल्यों पर चोट करने का साहस नहीं जुटा पाते जो असमानता और अन्याय की व्यवस्था का पोषण करते हैं। भारतीय परिप्रेक्ष्य में वर्ग-संघर्ष की अवधारणा आर्थिक मुद्दों पर सर्वहारा की एकता का प्रयास करती रही किन्तु सर्वहारा होते हुए भी उसका बहुसंख्यक हिस्सा जातिवाद की जड़ों पर प्रहार करके सर्वहारा को लामबन्द नहीं कर सका। वामपन्थ की इस विफलता से दक्षिणपन्थी शक्तियों को पनपने का अवसर मिला। अतः ये शक्तियाँ दलित वैचारिकी के लिए संघर्षरत शक्तियों में भी धर्म-जाति का भ्रम फैलाने के प्रयास में सफल हो रही हैं।

अपनी मूल प्रकृति में दलित साहित्य प्रतिरोध का साहित्य है। दलितों पर अतीत में किये गये अत्याचारों के विरुद्ध लेखन तथा दलित अस्मिता और स्वाभिमान को महिमाण्डित करने के लिए प्रगतिशील लेखन की छटपटाहट ने दलित लेखन के आक्रोश को जन्म दिया। यह आक्रोश दलित कविता में अत्यन्त मुखर होकर व्यक्त हुआ है। जब दलित कविता जलते हुए सवालों को शब्द देते हुए आगे आयी तब मुख्यधारा के मठाधीशों की भवें तन गयीं और दलित कविता के विरोध में साहित्यिक ठेकेदारों ने अपना छद्म आवरण उतारकर दलित मान्यताओं और वैचारिकी पर आक्रमण कर दिये। दलित कविता सीधे-सीधे सवालों से टकराती है और साहित्य

के सामन्तों को कटघरे में खड़ा करती है। यहीं पर मुख्यधारा के पक्षधर साहित्य के अभिजात सिद्धान्तों की दुहाई देते हुए कथ्य और शिल्प की शास्त्रीय अवधारणा की दुहाई देने लगते हैं। सत्यं, शिवं, सुन्दरं और स्वान्त: सुखाय के नारे लगाने वाले दलित साहित्य के लिए आलोचना के पूर्व स्वीकृत सिद्धान्तों का राग अलापने लगे। यहाँ दलित कविता के शिल्प की शिथिलता और भाषा-शैली के अनगढ़पन पर भी सवाल उठाये गये। साहित्य के ये सामन्त यह भूल जाते हैं कि जिस वर्ग को सदियों से साहित्य के क्षेत्र में निषिद्ध रखा गया उसके आक्रोश की अभिव्यक्ति सदियों के सन्ताप का लिप्यन्तरण है जिसमें अन्तराग्नि को अभिव्यक्त करने की स्वाभाविक और अनायास छटपटाहट है। यदि मुख्यधारा में आलोचना के प्रतिमान दलित कविता का मूल्यांकन करने में अक्षम है तो दलित आक्रोश की अभिव्यक्ति को मूल्यांकित करने के लिए इन प्रतिमानों पर पुनर्विचार करते हुए नये सिरे से निर्धारित करने की आवश्यकता है न कि दलित अभिव्यक्ति पर अंकुश लगाने की। जैसे साहित्यिक अतीत में नयी परम्परा की खोज होती रही है वैसे ही साहित्यिक मूल्यांकन के लिए नयी अवधारणा और वैचारिक विमर्श को आगे बढ़ाया जाये।

दलित कविता पर सौन्दर्यबोध की घिसी-पिटी अवधारणाएँ लागू करने से सही दृष्टि और निष्कर्ष सामने नहीं आ सकते। अभिजात सौन्दर्यशास्त्र जिस सौन्दर्य की बात करता है दलित कविता के रचना संसार में उससे भिन्न स्वाभाविक और वास्तविक श्रमजीवी सौन्दर्य का चित्रांकन होता है। सौन्दर्य और कल्पना के जिस अमूर्त और वायवीय उत्कर्ष को मुख्यधारा नख-शिख वर्णन में देखती है वह दलित कविता में श्रमशील पेशियों की जकड़न और बच्चे को कमर से लटकाये जीविका के लिए निर्माण कार्य में जुटी स्त्री का शरीर, सौन्दर्य का वर्ण्य विषय है। दलित साहित्य में सिर पर गट्ठर लिए अबाध गति से बोझा ढोती महिला का सौन्दर्य उसकी श्रमशीलता में है न कि बिना कोई काम किये सजने-सँवरने वाली स्त्री की सुन्दरता में है। कीकर के तने पर कुल्हाड़ी से निरन्तर वार करते हुए लकड़ी चीरने वाले या कमर पर सामान से भरे बोरे के बोझ को ढोते हुए सर्वहारा दलित की तनी हुई देह का चित्रण दलित कविता के केन्द्र में रहना किसी भी रूप में कमतर नहीं है। दलित सौन्दर्य बोध में धरती से जुड़े श्रमशील व्यक्ति का शब्दांकन है, न कि श्रम से दूर रहने वाले सजे-सँवरे शरीर की आकर्षक कामातुर मुद्राएँ।

दलित कविता के बारे में आलोचकों के विचार उसके खुरदरेपन को लेकर हैं। जब दलित चेतना अपने परिपक्व रूप में सवालों से जूझ रही है तब वहाँ किसी लालित्य की खोज करना बेमानी है। वहाँ दलित कविता खुरदरेपन के सवाल ही पूछेगी जो वर्चस्वशाली मुख्यधारा के मठाधीशों को असहज कर देते हैं।

दलित कविता का आग्रह स्वानुभूत संवेदनाओं को सफलता से व्यक्त करना है। पारम्परिक काव्य-शैली और विधाओं से दलित कविता को न तो कोई परहेज है न ही कोई दुराग्रह। कलात्मक अभिव्यक्ति का दलित कविता में कोई निषेध नहीं है बल्कि कविता का कथ्य जिस विधा में स्वाभाविक रूप से अनायास व्यक्त हो रहा है उसकी विभिन्न छान्दसिक या ग़ैर-छान्दसिक शिल्प में अभिव्यक्ति ही पूरी तरह स्वीकार्य है। कविता के प्रचलित भारतीय रूपों के साथ ही हाइकु जैसी शैलियों में भी दलित कविता स्वयं को व्यक्त कर रही है। आज की दलित कविता न केवल दलित अस्मिता के प्रश्नों को व्यक्त कर रही है बल्कि जन-सामान्य के साझा विषय भी उसकी बहुजन अभिव्यक्ति की अन्तर्वस्तु हैं। उन भेदभाव के विरुद्ध देशी-विदेशी जन संघर्षों से प्रेरणा और उनके मुक्ति संग्राम की पक्षधरता, मानवता के विरुद्ध किये जा रहे युद्ध का विरोध और राजनैतिक एवं आर्थिक उपनिवेशवाद, नस्लवाद तथा फ़ासीवादी शक्तियों का विरोध भी दलित कविता के वर्ण्य विषय बनाने लगे हैं। संविधान की रक्षा और एकतन्त्री व्यवस्था पर प्रतिक्रिया वर्तमान दलित कविता के केन्द्र में व्यक्त हो रहे हैं। दलित विमर्श के साथ ही नारी विमर्श भी वर्तमान दलित कविता का विषय है। वह अपने उन दलितों से भी प्रश्न करती है जो सचेतन होते हुए भी दलित हितों पर प्रहार करने वालों के साथ अपने निजी स्वार्थों की पूर्ति के लिए आँख मूँदकर खड़े हैं। इस प्रकार दलित कविता का रचना-संसार प्रतिपक्ष के पक्ष की अभिव्यक्ति है।

आज जब मुख्यधारा का साहित्य दलित कविता को अनेक प्रहारों के बावजूद स्थापित होने से नहीं रोक सका तब मुख्यधारा की साहित्यिक पत्रिकाओं ने दलित साहित्य विशेषांक निकालकर वंचित वर्ग की अभिव्यक्ति को स्वीकार करते हुए समग्र रूप से वृहद् साहित्यिक पाठक वर्ग के सामने प्रस्तुत किया है। इन विशेषांकों में मुख्य रूप से दलित कविता के द्वारा न्याय, समता, बन्धुता और स्वतन्त्रता को प्रतिष्ठित किया गया है। आज का दलित साहित्य का रचना संसार इतना व्यापक है कि वह अलग से गम्भीर विमर्श की माँग करता है।

सामाजिक न्याय के लिए दलित लेखन का औचित्य

–डॉ. तारा परमार

सामाजिक न्याय के लिए दलितों के संघर्ष पर चर्चा करने के पूर्व सामाजिक न्याय, दलित और संघर्ष शब्द की व्याख्या करना आवश्यक है।

प्राकृतिक न्याय के विपरीत न्याय का एक दूसरा रूप सामाजिक न्याय का है। प्राकृतिक न्याय का व्यावहारिक रूप 'जिसकी लाठी उसकी भैंस' का होता है। अत: न्याय के प्राकृतिक रूप की मान्यता से सम्भाव्य इस अवांछनीय स्थिति में उपचार के रूप में ही न्याय के सामाजिक रूप अथवा सामाजिक न्याय की अवधारणा का प्रतिपादन हुआ है। सामाजिक न्याय का आधार यह सर्वमान्य तथ्य है कि प्रत्येक व्यक्ति के व्यक्तित्व का महत्त्व है और किसी व्यक्ति के व्यक्तित्व को अन्यों के व्यक्तित्व का साधन मात्र ही नहीं समझा जा सकता। अत: सामाजिक न्याय की अवस्था वह होती है, जिसमें प्रत्येक व्यक्ति के व्यक्तित्व की स्थिति स्वयं के साध्य की ही रहे और वह समाज के अन्य व्यक्तियों के व्यक्तित्वों का केवल साधन ही न बन जाये। दूसरे शब्दों में, सामाजिक न्याय की व्यवस्था के अन्तर्गत प्रत्येक मनुष्य का मूल्य मनुष्य की तरह समझा जाता है तथा उसके अन्तर्गत जाति, धर्म, वर्ण आदि के आधार पर भेदभाव नहीं बरता जाता। दास प्रथा के समय में कुछ व्यक्ति दास होते थे और उन्हें नागरिकों से हेय समझा जाता था। संसार के अनेक भागों में अब भी स्त्रियों की स्थिति पुरुषों के समान नहीं है। भारत में अछूतों को समाज का हेय अंग समझा जाता रहा है। ये सब स्थितियाँ सामाजिक अन्याय की स्थितियाँ है। बार्कर का कथन है कि–"प्रत्येक व्यक्ति को उसके व्यक्तित्व के विकास के लिए पूर्ण सुविधाएँ उपलब्ध कराना और सामाजिक आवश्यकताओं की पूर्ति करना ही सामाजिक न्याय है।" न्यायाधीश पी. वी. गजेन्द्र गड़कर के शब्दों में–"सामाजिक न्याय का अर्थ सामाजिक असमानताओं को समाप्त करके सामाजिक क्षेत्र में प्रत्येक व्यक्ति को समान अवसर प्रदान करने से है।"

'दलित' को भ्रमवश लोग अनुसूचित जाति का ही पर्यायवाची मानते हैं जबकि ऐसा नहीं है। दलित कोई भी व्यक्ति हो सकता है चाहे अनुसूचित जाति का हो या ग़ैर-अनुसूचित जाति का। जिसका भी दलन हुआ है या हो रहा है वे सभी दलित है। भारतीय सामाजिक व्यवस्था आरम्भ में वर्णाश्रमाश्रित होकर कर्म पर आधारित थी लेकिन कालान्तर में जन्म पर आधारित हो गयी। यहीं से समस्या तीव्र रूप से बढ़ने लगी। समाज के एक बड़े भाग को समाज से न केवल काट दिया गया बल्कि उन्हें सभी प्रकार के अधिकारों से वंचित भी कर दिया गया। समाज के इस बड़े भाग को सदियों तक पद दलित होकर जानवर से भी बदतर जीवन जीने के लिए मजबूर किया गया। भारतीय सामाजिक जीवन की मुख्य धारा के अन्दर हाशिये की ज़िन्दगी व्यतीत कर रहे दलित समाज ने ग़ुलामी की यातना को सहा था और जब भी मौक़ा मिला अपनी बातों तथा दुःख, तकलीफ़ों को समाज के सामने रखा, किन्तु समाज के तथाकथित सवर्ण कट्टरपन्थी हिन्दुओं ने दलितों की अभिव्यक्ति को महत्त्व नहीं दिया। परिणामस्वरूप अन्याय, अत्याचार, शोषण के विरुद्ध इस वर्ग द्वारा उठायी गयी आवाज़ ही संघर्ष है। आदिकाल में नाथों और सिद्धों ने, भक्तिकाल में सन्त कबीर, सन्त रैदास, पीपा, त्रिलोचन, गुरु घासीदास, पेरियार स्वामी आदि ने शोषण, अन्याय, अत्याचार के विरुद्ध समता भरी वाणी और उपदेश द्वारा सौहार्द का प्रचार-प्रसार किया। महात्मा ज्योतिवा फुले ने ब्राह्मणवाद के ख़िलाफ़ अपने सामाजिक कार्यों और जन जागरण से तथा बोद्धिसत्व डॉ. भीमराव अम्बेडकर ने महार जल सत्याग्रह तथा कालाराम मन्दिर प्रवेश द्वारा संघर्ष का बीजारोपण किया जिसे 'मूक नायक' और 'बहिष्कृत भारत' जैसे समाचार-पत्रों ने अर्ज़ी दी। ज्योतिवा फुले का कहना है कि "ग़ुलामी की यातना को जो सहता है, वही जानता है और जो जानता है, वही पूरा कर सकता है।" बी. आर. अम्बेडकर के जीवन और दर्शन ने दलित संघर्ष को नयी दिशा प्रदान की।

बुद्ध के बाद अम्बेडकर पहले व्यक्ति थे जिन्होंने वर्ण-व्यवस्था को समूल उखाड़ फेंकने के लिए अपना सम्पूर्ण जीवन लगा दिया। वे दलितों को सामाजिक असमानता से मुक्ति दिलाकर उन्हें देश की सत्ता और सम्पदा में बराबर हिस्सेदारी दिलाना चाहते थे। इसके लिए उनकी दृष्टि में संघर्ष के अलावा कोई दूसरा रास्ता नहीं था। मार्च 1924 में डॉ. अम्बेडकर ने समाज सुधार का काम आरम्भ किया। 9 मार्च 1924 को उन्होंने दामोदर हॉल, बम्बई में एक विशाल सभा आमन्त्रित की, ताकि अछूतों की उन्नति के लिए एक केन्द्रीय संस्था स्थापित की जा सके। पर्याप्त विचार-विमर्श और बहस के उपरान्त यह निर्णय लिया गया कि एक केन्द्रीय संस्था

स्थापित की जाये। इस प्रकार 20 जुलाई 1924 को 'बहिष्कृत हितकारिणी सभा' स्थापित की गयी जिसका प्रमुख उद्देश्य दलित वर्गों में शिक्षा प्रसार के लिए होस्टल खोलना, उद्योग और कृषि स्कूलों द्वारा दलित वर्ग की आर्थिक दशा उन्नत करना, दलित-पिछड़े वर्गों में सभ्य जीवन प्रसार के लिए पुस्तकालय, सामाजिक केन्द्र और अध्ययन केन्द्र स्थापित करना था। डॉ. अम्बेडकर यद्यपि दलित-शोषित एवं त्रस्त लोगों के लिए वैधानिक और राजनैतिक अधिकारों की प्राप्ति के लिये संघर्ष कर रहे थे तथापि वे उनकी मानसिक और बौद्धिक उन्नति से विमुख नहीं थे। जून 1928 में उन्होंने दलित छात्रों के लिए दो होस्टल खोले। एक माह पश्चात् उन्होंने डिप्रेएस्ड क्लासिस शिक्षा संस्था स्थापित की ताकि पिछड़े वर्गों के लोग शिक्षा प्राप्त कर सके। बाबा साहब ने बम्बई सरकार को डिप्रेएस्ड से सम्बन्धित छात्रों के लिए होस्टल खोलने की अपील की। बम्बई के गवर्नर ने 8 अक्टूबर 1928 को पाँच होस्टल खोलने की घोषणा की।

डॉ. अम्बेडकर का मानना था कि भारतीय सामाजिक व्यवस्था में स्वतन्त्रता, समानता और बन्धुत्व की भावना का अभाव ही सामाजिक अन्याय का कारण है। उनके अनुसार "हिन्दू समाज का आधारभूत सिद्धान्त असमानता है। हिन्दू धर्म, चिन्तन तथा कार्य-व्यवस्था की रचना असमानता के सिद्धान्त पर ही हुई है यह हिन्दू समाज और धर्म की आत्मा है।" हिन्दू धर्म के विस्तृत अध्ययन के उपरान्त डॉ. अम्बेडकर इस निष्कर्ष पर पहुँचे कि "हिन्दू विधान और हिन्दू समाज ने व्यक्ति के महत्त्व को स्वीकार नहीं किया वरन् वर्ण एवं जाति को महत्त्व दिया और व्यक्ति की उपेक्षा की। हिन्दू विधान लौकिक नहीं ईश्वरीय है, इसलिए परिवर्तनीय नहीं है।"

भारतीय सामाजिक व्यवस्था में विद्यमान अन्याय के स्वरूप और निहित कारणों की खोज एवं व्याख्या उपरान्त वे इस निष्कर्ष पर पहुँचे कि न्यायपूर्ण व्यवस्था न्यायपूर्ण विधान के बिना स्थापित नहीं हो सकती। अतः सर्वप्रथम इन कमियों को समाप्त किया जाना आवश्यक है। संविधान के द्वारा उन्होंने न्यायपूर्ण व्यवस्था की आधारशिला रखी जिसके तहत एक ओर तो उन्होंने व्यक्ति की गरिमा की रक्षा के लिए आवश्यक उपबन्ध किये और दूसरे जिन जातियों के साथ सदियों से अन्याय होता आ रहा था उनकी निर्योग्यताओं को समाप्त किया। संविधान के माध्यम से डॉ. अम्बेडकर ने एक ऐसे लोकतान्त्रिक समाज की रचना की जिसका लक्ष्य व्यक्ति है, जिसकी मूलभूत इकाई व्यक्ति है। वे इस बात के प्रबल समर्थक थे कि सामाजिक ढाँचे का निर्माण इस प्रकार किया जाना चाहिए कि यह व्यक्ति को स्वाभावितक

विकास के अवसर प्रदान करे। उसकी स्वतन्त्रता और अधिकारों की रक्षा करे तथा उसकी गरिमा को सुनिश्चित करे।

संविधान द्वारा प्रदत्त मौलिक अधिकार वस्तुतः इसके मूल उद्देश्य स्वतन्त्रता, समानता और भ्रातृत्व के परिपालन की व्यावहारिक परिणति है। जो संविधान के भाग-3 अनुच्छेद 13 में वर्णित होकर इस प्रकार है–स्वतन्त्रता, समानता, शोषण से सुरक्षा, धार्मिक स्वतन्त्रता का अधिकार, संस्कृति और शिक्षा सम्बन्धी अधिकार, संवैधानिक उपचारों का अधिकार। संविधान के अनुच्छेद 15 के अन्तर्गत यह प्रावधान किया गया है कि राज्य धर्म, वंश, जाति, लिंग तथा जन्म स्थान के आधार पर नागरिकों के बीच किसी प्रकार का भेदभाव नहीं करेगा। अनुच्छेद 17 के द्वारा अस्पृश्यता का अन्त कर दिया गया तथा अस्पृश्यता सम्बन्धी किसी भी निर्योग्यता को लागू करना दण्डनीय अपराध घोषित किया गया। अनुच्छेद 25 (2) (ब) के प्रावधानानुसार सभी सार्वजनिक प्रकृत की हिन्दू संस्थाओं को सभी हिन्दुओं के लिए खोल दिया गया। भारतीय संविधान ने भारतीय नारी पर थोपी गयी निर्योग्यताओं को समाप्त कर उसे पुरुष के समान अधिकार प्रदान किये। अनुच्छेद 14 नारी को पुरुष के समान दर्जा देता है तथा समान कार्य के लिए समान वेतन दिये जाने का प्रावधान करता है। अनुच्छेद 15 (1) के द्वारा लिंग के आधार पर भेदभाव को समाप्त किया गया है।

साथ ही साथ संविधान के अनुच्छेद 14, 15, 16, 17, 19, 21, 23 तथा 35 के द्वारा असमानता, भेदभाव, अस्पृश्यता, सम्पत्ति व पेशे सम्बन्धी एकाधिकार, शोषण, बेगार तथा दलितों की धार्मिक निर्योग्यताओं का अन्त कर दिया गया है। अनुच्छेद 16 के तहत राज्याधीन नौकरियों में नियुक्ति के लिए धर्म, वंश, लिंग, जाति, जन्मस्थान, निवास आदि के आधार पर बिना भेदभाव के सभी नागरिकों को समान अवसर प्रदान किये जाने का प्रावधान किया गया है। अनुच्छेद 19 के द्वारा व्यवसाय के जातिगत आधार को समाप्त कर दिया गया है। संविधान के अनुच्छेद 29 (2) के द्वारा शिक्षा के द्वार सभी के लिए खोल दिये गये हैं। अनुच्छेद 46 द्वारा यह निर्देशित किया गया है कि राज्य अनुसूचित जातियों, अनुसूचित जनजातियों तथा अन्य पिछड़े वर्गों के लोगों की शैक्षिक उन्नति की ओर विशेष ध्यान देगा। इसी के तहत राज्य सरकारें इन वर्गों के विद्यार्थियों को छात्रवृत्ति प्रदान कर रही हैं तथा उच्च एवं तकनीकी शिक्षा में इनके प्रवेश में रियायतें दे रही हैं।

संविधान के अनुच्छेद 335 के प्रावधान के अनुसार केन्द्र और राज्य सेवाओं में नियुक्ति के लिए अनुसूचित जातियों तथा अनुसूचित जनजातियों के सदस्यों के लिए

स्थान आरक्षित किये गये हैं। इसी प्रकार अनुच्छेद 330 के तहत लोकसभा तथा अनुच्छेद 332 के तहत राज्य विधान सभाओं में इन जातियों के लिए स्थान सुरक्षित किये जाने का प्रावधान है।

सामाजिक न्याय को प्रभावपूर्ण ढंग से लागू किये जाने के लिये इन अधिकारों की सुरक्षा का प्रावधान किया जाना भी आवश्यक है। अत: स्वतन्त्र न्यायपालिका को इनकी सुरक्षा का दायित्व सौंपा गया है। स्वतन्त्र न्यायपालिका जहाँ व्यवस्थापिका और कार्यपालिका पर नियन्त्रण रखती है वहीं उसे स्वेच्छाचारी होने से रोकती है। सामाजिक न्याय की स्थापना के लिए भारतीय महिलाओं के लिए हिन्दू कोड बिल की व्यवस्था डॉ. अम्बेडकर द्वारा की गयी है। उन्होंने साफ़ शब्दों में कहा था कि– "हिन्दू कोड बिल इस देश में विधायिका द्वारा हाथ में लिया गया सबसे महत्त्वपूर्ण समाज सुधार है।"

उच्च वर्णों की सुख-सुविधा के लिए हाड़ तोड़ मेहनत और उसकी एवज में नाममात्र की मज़दूरी, गालियों और लात-घूँसों की प्राप्ति, दलित समाज के लोगों की नियति बन गयी है। जागीरदार-ज़मींदार प्रथा के उन्मूलन के बाद भी डण्डे के बल पर 'जिसकी लाठी उसकी भैंस' की कहावत को चरितार्थ करता दलितों की इज़्ज़त से खेलता रहा और महाजन उसे आर्थिक रूप से एकदम नंगा करने पर उतारू हो गया। स्वतन्त्रता के पचहत्तर वर्षों के बाद भी देश के विभिन्न प्रान्तों के विभिन्न अंचलों में घटने वाली घटनाएँ एक ओर समता, न्याय व भ्रातृत्व के लिए प्रतिश्रुत जनतान्त्रिक व्यवस्था पर प्रश्न चिह्न लगाती है तो दूसरी ओर यह स्पष्ट करती है कि नौकरशाही और पुलिसतन्त्र पूरी तौर पर उत्पीड़कों के साथ है। हरिजन-सवर्ण का संघर्ष प्राय: जाति संघर्ष के रूप में उभरा है। इसको वर्ग संघर्ष नहीं कहा जा सकता। कुछ अपवादों को छोड़ दें तो अधिकतर जगहों के संघर्ष आर्थिक, राजनैतिक कारणों से हुए हैं। उच्च वर्ग अभी हाल तक खेती आदि के लिए हरिजनों का इस्तेमाल लगभग बँधुआ मज़दूरों की तरह करता रहा है। आज यदि सरकारी संरक्षण और आर्थिक असमानता के प्रति क्षोभ और असन्तोष व्याप्त हो रहा है तो यह बात कृषि व्यवस्था पर एकाधिकार जमाये बैठे लोगों के हक़ में नहीं जाती। वोट बैंक के रूप में हरिजनों के महत्त्व से ऊँची जातियाँ सशंकित है तथा सरकारी नौकरियों में हरिजन आरक्षण ने भी उन्हें चिढ़ाया है। इस सम्बन्ध में बाबू जगजीवनराम की मान्यता है कि–"आरक्षण सम्बन्धी आदेशों का पालन किया गया हो या नहीं। इसके परिणामस्वरूप सवर्ण हिन्दू कर्मचारियों के मन में अनुसूचित जातियों और जनजातियों के प्रति द्वेष की भावना जाग उठी है।"

आगे उन्होंने लिखा है–"सामान्यतया यह माना जाता है कि सवर्ण हिन्दुओं में जन्म से ही योग्यता और कुशलता होती है। अनुसूचित जातियाँ व जनजातियाँ जन्म से ही अयोग्य और अकुशल होती हैं और उन्हें पग-पग पर अपनी कुशलता व योग्यता का प्रमाण देना पड़ता है। उनके वरिष्ठ अधिकारी उन्हें फटकारते हैं, साथी असहयोग करते हैं व अधीनस्थ कर्मचारी अपमानजनक व्यवहार करते हैं। विभाग या संस्थान में गड़बड़ी होने पर इन्हें बलि का बकरा बनाया जाता है। आरक्षण का विरोध करने वाले समाज में परिवर्तन आता नहीं देख सकते। सामाजिक परिवर्तन का विरोध वे इसलिए करते हैं। जिससे कि उनके विशेषाधिकार और इजारेदारी बनी रहे। जो व्यक्ति यह समझते हैं कि सरकारी सेवाओं में भर्ती आर्थिक प्रगति का माध्यम मात्र है, वे इस प्रकार के आरक्षण के वास्तविक उद्देश्य को नहीं समझ पाये हैं।"

सामाजिक न्याय की तरह ही आर्थिक न्याय की समतामूलक समाज की स्थापना के लिए आवश्यक है भूख, बेकारी और दरिद्रता से पीड़ित लोग अपने अधिकारों का उपभोग नहीं कर सकते। इसके अतिरिक्त आर्थिक असमानता सदैव सशस्त्र भ्रान्ति को जन्म देती है। यदि हम सामाजिक न्याय मूलक समाज की स्थापना करना चाहते हैं तो हमें लोगों को न केवल स्वतन्त्रता प्रदान करनी होगी बल्कि आर्थिक समृद्धि भी। बाबू जगजीवनराम ने अपने विचार व्यक्त करते हुए लिखा है कि–"इस सम्बन्ध में सबसे पहला काम तो यह होना चाहिए कि पुनर्जागरण और सुधार की प्रक्रिया को पूर्ण किया जाय। उसके बाद महत्त्वपूर्ण है–हमारी अर्थव्यवस्था के पुनर्गठन का जिसका अर्थ है कि व्यावसायिक व्यवस्था में आमूल परिवर्तन हो। जो लोग स्वयं खेती करते हैं केवल उन्हीं को भूमि देना एक सार्थक क़दम है जिसके परिणामस्वरूप स्वतन्त्रता की ज्योति ग्रामीण क्षेत्रों तक पहुँचेगी। इससे गाँवों में लोकतन्त्र और समांगिकता को नया जीवन मिलेगा और ऐसी परिस्थितियाँ उत्पन्न होंगी जिनमें सहकारी उद्यम प्रभावी ढंग से काम कर सकेंगे।" अपने विचारों को व्यक्त करते हुए आगे उन्होंने लिखा है कि–"भारत की अर्थव्यवस्था में सबसे निर्धन वे लोग हैं जो सम्पत्ति का उत्पादन करते हैं और समाज के लिए अनिवार्य सेवाएँ प्रदान करते हैं। ये शोषित वर्ग शताब्दियों से पिछड़े रहे हैं और इन्हें समाज के अन्य वर्गों के स्तर तक पहुँचने के लिए सेवाओं में आरक्षण, सामाजिक तथा आर्थिक प्रगति के विशेष कार्यक्रमों और शिक्षा के लिए विशेष सुविधाओं की आवश्यकता है।"

दलित साहित्य की परम्परा, कविता एवं समकालीन चुनौतियाँ

–डॉ. राजेश पाल

कहते हैं–"साहित्य समाज का दर्पण है" अर्थात साहित्य अपने समय के समाज का प्रतिबिम्ब प्रस्तुत करता है, यहाँ पर मैं यह कहना चाहूँगा कि प्रतिबिम्ब बाहरी आवरण का बनता है, यह ज़रूरी नहीं है कि अन्दर जो घटित हो रहा है उसका भी प्रतिबिम्ब बने। कहने का तात्पर्य यह है कि दर्पण के सामने हम जो ऑबजेक्ट रखेंगे, दर्पण उसी का प्रतिबिम्ब दिखायेगा। अब यहाँ पर तीन चीज़ें हुई ऑबजेक्ट, मिरर एवं इमेज। यहाँ पर यह पड़ताल करना ज़रूरी हो जाता है कि हिन्दी साहित्य के विभिन्न कालखण्ड में हमने अपना ऑबजेक्ट यानी समाज क्या चुना, समाज का स्वरूप क्या चुना तथा समाज के भीतर जो घटित हो रहा था उसे हम दर्पण के सामने रख पाये या नहीं। या तत्कालीन समाज की जो इमेज बनी उसे नष्ट कर हमने बाद में उसकी विकृत छवि गढ़ दी।

कला-कला के लिए या कला मनुष्य के लिए, दलित साहित्य के परिप्रेक्ष्य में इस पर भी बात करना ज़रूरी है। प्रत्येक मनुष्य की भावनाएँ एवं संवेदनाएँ मूल्यवान हैं। कलावादी तत्त्व सुखी मन की सुषुप्त भावनाओं को उद्दीप्त करके उसे और सुख पहुँचा सकते हैं। लेकिन हताश, कुण्ठित व दलित व्यक्ति के लिए कला नहीं सम्मान व अस्मिता कला से ज़्यादा आनन्द का विषय है। भूखे व्यक्ति को जो सन्तुष्टि व आनन्द रोटी दे सकती है वह खिला हुआ गुलाब नहीं। भूख मिटेगी तो ही गुलाब अच्छा लगेगा। कला व साहित्य मनुष्य व मनुष्यता के लिए होने चाहिए न कि कोरे आनन्द के लिए। एक पीड़ित व अभावग्रस्त समाज में संवेदनशील व्यक्ति का आनन्द मनाना उसी प्रकार से है जिस प्रकार बराबर के घर में लाश रखे होने पर किसी का ख़ुशी मनाना। संवेदनशील व्यक्ति कमज़ोर के पक्ष में खड़ा होकर मनुष्य

या मनुष्यता के पक्ष में लिख या बोल नहीं रहा है तो वह कलावादी साहित्य मनुष्यता के किसी काम का नहीं है।

यहाँ पर यह बात भी ग़ौर करने की है कि भारत में पहले इतिहास लिखने का काम हुआ ही नहीं है। जो भी इतिहास लिखा गया है वो श्रुतियों या पुराणों को आधार मानकर लिखा गया है या फिर मध्यकालीन इतिहास आक्रमणकारियों के घटनावृत्त का इतिहास है, इसलिए हाशिये के लोगों का इतिहास का क्या हुआ होगा इसका सहज ही अनुमान लगाया जा सकता है। हाशिये के लोगों के साहित्य को किस गर्त में धकेला गया होगा या किस प्रकार नष्ट किया गया है यह अभी निरन्तर शोध का विषय है। डॉ. अम्बेडकर ने कहा है–The history of Indian is nothing but the struggle of Buddhism and Brahmanism. The history of struggle for supremacy between Buddhism and Brahmanism.

आर्यों द्वारा लिखित प्राचीन वैदिक वाङ्मय में ही इतने सारे प्रमाण मिल जाते हैं कि जिनसे हाशिये के समाज (शूद्रों) की हीन व पराजित स्थिति का पता लग जाता है। हिन्दू धर्म के पुनर्जन्म, पाप-पुण्य और कर्म सिद्धान्तों ने इसे और भी पुष्ट किया। मनु ने मनुस्मृति नामक ग्रन्थ लिखे जिसमें इस जाति और वर्ण-व्यवस्था की जड़ें और मज़बूत कर दी गयीं उसी के आधार पर समाज का संचालन होने लगा।

इस व्यवस्था ने शूद्र जातियों को अत्यन्त हीन बना दिया। आज का दलित और पिछड़ा वर्ग उसी समाज के भूमि, सम्पत्ति और सम्मान से वंचित समुदाय है ये ही वे हाशिये के लोग हैं जिनमें से कुछ को तो अछूत तक बना दिया गया और उनके साथ सदियों तक अमानवीय व्यवहार होते रहे। इन्हें समाज से बहिष्कृत भी कर दिया गया। कल की यही अछूत और बहिष्कृत जातियाँ आज की दलित आदिवासी जातियाँ हैं। वैदिक ग्रन्थों में शूद्रों की सामाजिक, सांस्कृतिक और आर्थिक स्थिति अत्यन्त ही हीन और अपमानजनक बतायी गयी है। उन्हें मान-सम्मान और सम्पत्ति आदि के मानवीय अधिकारों से वंचित रखने की साज़िश रची गयी है।

हमें यह भी ध्यान देना होगा कि भारत में वर्ण और जाति के मनुवादी इतिहास ने देश के सामाजिक, आर्थिक विकास में कोई सकारात्मक भूमिका नहीं निभायी है। इस वर्गीकरण ने समाज में अनेक असमानताएं फैलायी हैं इससे एक सीमित वर्ग को लाभ हुआ, समाज का बहुसंख्यक हिस्सा हाशिये पर चला गया, जिन्हें बुनियादी मानवाधिकारों से भी वंचित रखा गया।

सामाजिक श्रेणी क्रम की श्रेष्ठ-अश्रेष्ठ भावना के कारण छुआछूत, भेदभाव, बँधुआ मज़दूरी, सामाजिक शोषण आदि अनेक बुराइयाँ पैदा हुईं, इससे ये जातियाँ

लगातार हाशिये पर आती चली गयीं आज इनकी संख्या आबादी की तीन चौथाई से भी अधिक है।

इतिहास में शूद्रों के साहित्य की एक समृद्ध परम्परा रही है। यदि हम हड़प्पा कालीन सभ्यता से शुरू करें तो इस काल में आर्य एवं अनार्य के संघर्ष का वर्णन मिलता है। आर्य बाहर से आये थे जबकि अनार्य यहाँ के मूल निवासी थे (जिन्हें वैदिक ग्रन्थों में कभी दस्यु तो कभी असुर कहा गया है) उसके बाद जैन एवं बौद्ध धर्म से सम्बन्धित विपुल साहित्य लिखे गये जो ब्राह्मण-श्रमण विवाद के कारण नष्ट कर दिये गये। बाद में जिन्हें विद्वानों (ख़ासकर राहुल सांकृत्यायन) ने तिब्बत, चीन या अन्य स्त्रोतों से प्राप्त किया है। इन्हीं में बौद्धों के त्रिपिटक ग्रन्थ हैं। 'थेरी गाथाएँ' बौद्ध भिक्षुणियों के गीतों का संग्रह है जिनमें तत्कालीन स्त्री जीवन की त्रासदी, सामाजिक स्थिति, दु:ख और संघर्षों का चित्रण है। नागार्जुन, स्वयंभू, हेमचन्द्र, पुष्पदन्त आदि के ग्रन्थों में स्त्री एवं दलितों की तत्कालीन स्थिति को देखा जा सकता है। इनमें वर्ण-व्यवस्था व लिंगभेद पर सीधा प्रहार किया गया है तथा समानता, बन्धुत्व व भेदमुक्त जीवन की कामना की गयी है जो दलित चेतना के अनुकूल है।

8वीं से 13वीं सदी तक सिद्ध-साहित्य का समय माना जाता है। इसमें चौरासी सिद्धों की रचना आती है जिनमें सरहप्पा, सबरप्पा, लुईप्पा आदि आते हैं जिनमें से अधिकांश पिछड़े वर्ग से थे। साहित्य के क्षेत्र में सिद्धों ने चर्यापद और दोहे जैसे छन्द दिये। विचार के क्षेत्र में सामाजिक रूढ़ियों का उग्रतम विरोध सिद्धों की ही देन है जिसे बाद में कबीर आदि सन्तों ने अपनाया।

सिद्धों के बाद बौद्ध साधना का ही दूसरा आन्दोलन नाथों का है। नाथपन्थ के प्रवर्तक बाबा गोरखनाथ थे। नाथों की संख्या नौ बतायी जाती है इनका समय 10-11वीं शताब्दी के बीच बताया जाता है। जाति प्रथा का विरोध, अन्धविश्वास और कर्मकाण्डों का खण्डन, मानवीय समानता, परम सत्ता में विश्वास आदि नाथ पन्थियों की देन है।

भारत में दिल्ली सल्तनत की स्थापना के साथ ही सूफ़ी धर्म का भी बोलबाला हो जाता है। जिसमें निज़ामुद्दीन औलिया, अमीर ख़ुसरो, शेख फरीद आदि सूफ़ी सन्तों के गीत, प्रेम और भक्ति की भावना प्रमुख रही है।

गौतम बुद्ध के वंश शाक्य राजवंश को भी कोयरी जाति (पिछड़ा वर्ग) का राजवंश बताया जाता है। बौद्ध और जैनों की एक क्षीण परम्परा पहले से ही आ रही थी जिसे आजीवक या लोकायत परम्परा कहते हैं। अधिकांश वैश्य और शूद्र समुदाय के लोग इसी परम्परा को मानने वाले थे। बाद में महावीर को वैश्यों एवं बुद्ध को शूद्रों से भारी समर्थन मिलने का भी यही कारण रहा है।

मध्यकाल में मुग़लों का शासन स्थापित होने से पूर्व आस्ट्रिक, यवन, शक, हूण, कुषाण आदि जो भी जातियाँ यहाँ आयीं उन्होंने प्राय: बौद्ध धर्म स्वीकार कर लिया। परन्तु हिन्दुस्तान में आकर मुसलमान भी हिन्दुओं की तरह जाति-पाँति और भेदभाव की चपेट में आ गये। ऊँच-नीच, पाक-नापाक की भावना उनमें भी उत्पन्न हो गयी तथा शादी-विवाह में जातियों का ख़याल किया जाने लगा।

मध्यकाल में 'भक्ति आन्दोलन' के सन्त कवियों ने हिन्दू व मुस्लिम के धार्मिक आडम्बरों पर प्रहार करते हुए एक समान मानव धर्म की स्थापना पर ज़ोर दिया। इनमें से अधिकतर शूद्र व पिछड़ी जातियों के ही थे। कबीर (जुलाहा), दादूदयाल (मोची), कुबाजी (कुम्हार), मलूकदास (खत्री), कुतुबन (दलित मुसलमान), कासिम शाह, नूर मुहम्मद (मुसलमान), सेन महाराज (नाई), पीपा (दलित), रैदास (दलित), नाभादास (डोम), कृष्णदास (दलित), रसखान (मुस्लिम), लालचदास (हलवाई), मनोहर कवि (कछवाहा) आदि ने सामाजिक चेतना जगाने का कार्य किया। इसी प्रकार दक्षिण भारत में तिरुवल्लूवर, नामदेव, तुकाराम, अन्दाल भी पिछड़ी जातियों के सन्त कवि थे। उन्होंने ये धार्मिक, सामाजिक आन्दोलन चलाये। इन सभी ने जाति भेद, छुआछूत और दलित, पीड़ित जनता पर हो रहे अत्याचार का प्रबल विरोध किया। आज की बदली हुई परिस्थिति और दलित चेतना के मूल्यों के बीच सन्त कवियों का पुनर्मूल्यांकन आवश्यक हो गया है। इनमें कबीर सूफ़ी विचारधारा से भी प्रभावित थे। इस्लाम के एकेश्वरवाद, बौद्धों के शून्यवाद, उपनिषदों के ब्रह्म सम्बन्धी विचार आदि कबीर साहित्य की व्यापक पृष्ठभूमि है। कबीर, रैदास, नानक के विचार मानवता के इतिहास में सम्पूर्ण सामाजिक एवं धार्मिक क्रान्ति का उद्घोष है। सन्त कवियों की विचारधाराओं ने दलित-पिछड़ी चेतना को उभारने में बीज का काम किया। यही विचारधारा आधुनिक समाज की विचारधारा बनी और आज का दलित पिछड़ा वर्ग चिन्तन इन्हीं चिन्तनों के क़रीब है।

अंग्रेज़ी राज के स्थापित होते ही शूद्रों (दलितों एवं पिछड़ों) की सामाजिक स्थिति में सुधार आना शुरू हुआ। ईस्ट इंडिया कम्पनी ने देश के इतिहास में पहली बार अछूतों को सेना में भर्ती किया। इसलिए महात्मा फुले ने अंग्रेज़ों को शूद्रों का भगवान कहा है। इसी काल में जजमानी प्रथा के विकल्प के रूप में सड़क पर दुकान लगाकर नाई, धोबी इत्यादि का काम शुरू हुआ। इस दौरान सामाजिक सुधार आन्दोलन में दयानन्द सरस्वती, तिलक, और गांधी हिन्दू समाज में केवल सुधार चाहते थे परिवर्तन नहीं।

इस दौर में दलितों, पिछड़ों के लिए महात्मा ज्योतिवा फुले का सत्यशोधक समाज आन्दोलन चला जिन्होंने ग़ुलामगिरी व किसान कोड महत्त्वपूर्ण पुस्तकें लिखीं। शाहूजी महाराज ने दलितों-पिछड़ों को सर्वप्रथम आरक्षण दिया तथा रामास्वामी नायकर पेरियार ने आत्म-सम्मान आन्दोलन चलाया। तथा बाबा साहेब ने सर्वांग परिवर्तन का आन्दोलन चलाया। जिसमें समाज के दलित चेतना की क्रान्ति ने जन्म लिया।

दलित समाज को डॉ. अम्बेडकर के रूप में पहली बार प्रखर व्यक्तित्व मिला जो इसके लिए ज्योति स्तम्भ साबित हुआ और जिसने युगों से अँधेरे में भटकते हुए इस वर्ग को राह दिखाने का काम किया। डॉ. अम्बेडकर के आगमन के साथ दलितों में एक बेचैनी-सी उभर रही थी जो सम्मान, सत्ता, धन और धरती में अपना हिस्सा चाहते थे। डॉ. अम्बेडकर ने इसी बेचैनी को वाणी दी तथा मुम्बई से मूकनायक (1920) तथा बहिष्कृत भारत (1927) नामक अख़बार निकाले। महाराष्ट्र में अस्मितादर्श, विद्रोह और आम्ही जैसी पत्रिकाएँ प्रारम्भ हुईं जिन्होंने दलित साहित्य की नींव स्थापित की।

उत्तर भारत में बीसवीं शताब्दी के आरम्भ से ही हीरा डोम, अछूतानन्द हरिहर दलित चेतना का साहित्य लिख रहे थे। उसके बाद अयोध्यानाथ दण्डी, केवलानन्द, रूपचन्द, बिहारीलाल हरित, दुलारेलाल जाटव, बदलूराम रसिक, भीखाराम गड़ेरिया, रमेशचन्द्र मल्लाह, मंगलदेव विशारद दलित चेतना के लेखक थे। स्वतन्त्र भारत में दलित आन्दोलन की धार को बाबा साहब के बाद महाराष्ट्र में दलित पैन्थर ने तेज़ किया। यह आन्दोलन सामाजिक, राजनैतिक के साथ-साथ दलित साहित्य का आन्दोलन भी बन गया, जिसमें अनन्त काणेकर, लालजी पेण्डसे, अण्णाभाऊ साठे से होते हुए दया पंवार, लक्ष्मण माने, नामदेव ढसाल, केशव मेश्राम, अमिताभ तथा शरण कुमार लिंबाले के नाम आते हैं।

हिन्दी में कमलेश्वर ने 'सारिका' के दो दलित साहित्य विशेषांक (1975) में सम्पादित कर हिन्दी साहित्यकारों का दलित साहित्य से परिचय कराया। उसके बाद डॉ. महीप सिंह ने 'संचेतना' का एक दलित साहित्य अंक (1980) में सम्पादित किया। परन्तु सन् 1980 के आसपास हिन्दी में बाकायदा दलित साहित्य आन्दोलन की शुरुआत हुई। धीरे-धीरे यह आन्दोलन ज़ोर पकड़ता गया और नागपुर में पहला 'हिन्दी दलित साहित्यकार सम्मेलन' (1993) में ओमप्रकाश वाल्मीकि की अध्यक्षता में किया गया। इसमें भारतीय दलित साहित्य अकादमी, दिल्ली का भी महत्त्वपूर्ण योगदान रहा। इस आन्दोलन में श्री बिहारी लाल हरित, माता प्रसाद, बाबूलाल सुमन,

डॉ. रामशिरोमणि होरिल तथा नयी पीढ़ी के सर्वश्री धर्मवीर, ओमप्रकाश वाल्मीकि, डॉ. एन. सिंह, कंवल भारती, जयप्रकाश कर्दम, मोहनदास नैमिशराय, श्यौराज सिंह बेचैन, डॉ. सुशीला टाकभौरे, रजत रानी मीनू, डॉ. कुसुम मेघवाल, आदि के नाम महत्त्वपूर्ण हैं। तथा आज दलित साहित्य सभी विधाओं में उत्तरोत्तर प्रगति कर रहा है।

इस प्रकार हम देखते हैं कि हड़प्पा सभ्यता से लेकर आधुनिक काल तक कई बार हाशिये पर गये समाज की आवाज़ को मुख्यधारा में लाने का प्रयत्न हुआ है। परन्तु क्या कारण रहे कि हाशिये के लोगों का आन्दोलन तथा उनका साहित्य उन्हें मुख्यधारा में नहीं जोड़ पाया। दलित साहित्य की परम्परा बौद्ध साहित्य से मानी जाती है तथा उसके बाद यह परम्परा सिद्ध व नाथ कवियों तक पहुँची। जबकि बौद्ध धर्म को अशोक व कनिष्क का राज्याश्रय भी मिला। इसका एक कारण तो यह हुआ कि यह मुख्य रूप से धार्मिक आन्दोलन बन गया तथा व्यापक सामाजिक आन्दोलन बनने तक हिन्दुस्तान में इसे ब्राह्मणवादी शक्तियों ने नष्ट करने की पुरज़ोर कोशिश की। यही कारण है कि बौद्ध धर्म का प्रभाव हिन्दुस्तान से बाहर विदेशों में अधिक फैला पर वैदिक व चारण साहित्य ने हाशिये के समाज का तिरस्कृत स्वरूप ही प्रस्तुत किया तथा हाशिये के समाज व साहित्य को दबाने अथवा नष्ट करने का काम किया।

इसी प्रकार निर्गुण सन्त कवियों का आन्दोलन सामाजिक तो था परन्तु वह भक्ति व सदाचार का स्वरूप बन गया। सत्ता पर क़ाबिज़ सामन्ती व ब्राह्मणवादी ताक़तों ने इसे मात्र भक्ति आन्दोलन तक सीमित कर दिया तथा इस काल के साहित्य का आमजन तक प्रचार-प्रसार होने के बावजूद उसका जनवादी दृष्टिकोण से मूल्यांकन नहीं हो पाया उसे भक्ति साहित्य करार देकर एक अलग खाँचे में डाल दिया गया।

मध्यकाल में निर्गुण सन्त कवियों रैदास और कबीर से होती हुई यह परम्परा आधुनिक काल में हीरा डोम व अछूतानन्द तक आयी है तथा फुले व अम्बेडकर के सामाजिक, राजनैतिक आन्दोलन से उपजी चेतना जन-जन तक पहुँची है। इसका मुख्य कारण आधुनिक काल में संवैधानिक जनतान्त्रिक व्यवस्था का मज़बूत होना भी है।

दलित साहित्य में दो तरह का साहित्य लिखा गया है, मुख्य रूप से विधागत साहित्य में कविता, कहानी, आत्मकथा, उपन्यास, नाटक या निबन्ध की बात करते हैं ये तो समकालीन में लिखा ही जा रहा है लेकिन जितना दलित दर्शन और दलित चिन्तन में लिखा गया है उसपर कभी ध्यान नहीं दिया गया है। दलित साहित्य में दलित चिन्तन व दलित दर्शन का पक्ष ज़्यादा मज़बूत है और वह आज से नहीं है

उसकी परम्परा भी बहुत पहले से है। बुद्ध, नाथों, सिद्धों, चार्वाक से लेकर मध्यकाल में कबीर और रैदास जैसे सन्तों से होते हुए आधुनिक काल में फुले-अम्बेडकर व पेरियार के दर्शन व चिन्तन दलित दर्शन का ठोस आधार है। जब हम बात 18वीं सदी ज्योतिवा फुले से करते हैं जिनकी महत्त्वपूर्ण पुस्तक आयी थी—ग़ुलामगिरी, तो वहाँ से दलित दर्शन व चिन्तन बड़ी प्रखरता से आता है। ग़ुलामगिरी के उसी समय कई भाषाओं में अनुवाद छप चुके थे, उसके बाद बाबा साहब अम्बेडकर का जितना भी विपुल साहित्य है, वो भी दलित चिन्तन व दर्शन का महत्त्वपूर्ण दस्तावेज़ है। उसमें 'जाति विमुक्ति' हो या 'हिन्दुत्व का दर्शन' हो, बाबा साहब का सम्पूर्ण वाङ्मय दलित दर्शन का अपार भण्डार है। आज चाहे कांचा एलैय्या का 'मैं हिन्दू क्यों नहीं हूँ' हो, ललई सिंह की 'सच्ची रामायण' हो, इस पर कभी ध्यान नहीं दिया गया और इसके प्रचार-प्रसार की प्रजातान्त्रिक व्यवस्था या स्वीकार्यता व ग्रहणशीलता का कार्य नहीं हुआ है। इन पर जो सरकारी संस्थाओं के माध्यम से कार्य होना चाहिए था, वह नहीं हुआ है। उदाहरण स्वरूप जैसे पिता के पत्र, पुत्री के नाम, जो जवाहरलाल नेहरू ने इन्दिरा जी को लिखे थे और उसमें से बहुत कुछ दर्शन ढूँढ़ कर निकाला गया है। उसी प्रकार से हमारे कई महापुरुषों के महत्त्वपूर्ण भाषण दस्तावेज़ के रूप में उपलब्ध हैं जैसे कि मान्यवर कांशीराम साहब के समय-समय पर दिये गये भाषण संकलित हैं जो सामाजिक व राजनैतिक विश्लेषण के महत्त्वपूर्ण दस्तावेज़ हैं। उनके भाषणों में महत्त्वपूर्ण दलित दर्शन व चिन्तन व्याप्त है। मुख्यधारा के लोग उसपर ध्यान ही नहीं देते हैं वे सोचते हैं कि इससे हमारा क्या सम्बन्ध है ये तो जो लोग बहुजन समाज की राजनीति कर रहे हैं सिर्फ़ और सिर्फ़ उन्हीं के लिए है। जन-सामान्य में भी उस चिन्तन का प्रजातान्त्रिक प्रचार व प्रसार नहीं है। जिसकी सम्यक् विवेचना होनी चाहिए जो उनके बाद भी उतना ही प्रासंगिक है जितना कि उनके जीवित रहते हुए था।

दलित साहित्य, दलित अस्मिता और चेतना का वाहक है। दलित दर्शन का मूल आधार समता, स्वतन्त्रता एवं बन्धुत्व ही है। दलित साहित्य को अम्बेडकर जीवन दर्शन से वैचारिक ऊर्जा, बुद्ध की दार्शनिकता से सामाजिक दृष्टि तथा फुले के जीवन संघर्ष से प्रेरणा मिली है। आज दलित साहित्य में विधागत साहित्य प्रचुर मात्रा में लिखा जा रहा है जिसकी मूल चेतना नकार व प्रतिरोध है, जो अस्मिता व संघर्ष का प्रेरणास्रोत है। दलित साहित्य में दलित चिन्तन मानवीय सरोकारों को स्थापित करने में सतत क्रियाशील रहा है इसलिए दलित दर्शन मानवता के मूल सिद्धान्तों का बेजोड़ सार है। अतः मानवीय मूल्यों के कारण दलित दर्शन दलित

साहित्य का ज़्यादा मज़बूत पक्ष है जिसका ऐतिहासिक विकासक्रम संघर्ष और समन्वय का रहा है।

दलित कविता की ऐतिहासिक पृष्ठभूमि, संवेदना और वर्तमान स्थिति की पड़ताल करने के लिए थोड़ा पीछे जाना पड़ेगा। क्योंकि इसकी शुरुआत हिन्दी साहित्य के पूर्वार्द्ध में सन्त काव्य के रूप में हुई थी। जब सन्त कवि रैदास और कबीर ने भारतीय समाज की असमानता, अन्धविश्वास और रूढ़िवादिता पर निरन्तर जमकर चोट की थी। इस समय के सन्त कवियों में अधिकांश तथाकथित निम्न जातियों से आये थे। हिन्दी दलित कविता की जो शुरुआत पन्द्रहवीं सदी के मध्य बनारस में प्रवाहित हुई थी, वह धीरे-धीरे सूखती चली गयी और लगभग पाँच सौ वर्षों तक दलित कविता के क्षेत्र में पूरी तरह सन्नाटा रहा। सन् 1914 में पटना के हीरा डोम ने भोजपुरी में एक कविता 'अछूत की शिकायत' लिखी। जिसे श्री महावीर प्रसाद द्विवेदी ने 'सरस्वती' में प्रकाशित किया। इसकी पंक्तियाँ यहाँ प्रस्तुत हैं :

'हमनी के इनरा के निगिचे ना जाइलेजा, पाके में भरी भरी पीअतानी पानी।
पनही से पीटि पीटि हाथ गोड़ तुरि दइल, हमनी के एतनी काही के हलकानी।।'
('सरस्वती', मासिक, सितम्बर, सन् 1914)

समकालीन दलित काव्य परम्परा के अन्तर्गत अनेक कवियों ने अपनी रचना से दलित कविता साहित्य को समृद्ध किया है। इन रचनाकारों की कविताओं में युगीन सरोकारों का निरूपण मिलता है। विगत पैंतीस-चालीस वर्षों में दलित रचनाकारों की जो पीढ़ी तैयार हुई है वह अपने समाज के दर्द और अनुभव का इतिहास रच रही है। भारत की सभी भाषाओं में दलित जीवन का एक ही इतिहास है। पीड़ा का दंश एक सा है, वैचारिक ज़मीन एक है, परिप्रेक्ष्य एक है। बस भाषा का तेवर भिन्न है। सभी का प्रेरणास्त्रोत डॉ. अम्बेडकर ही हैं। दलित कविता अपनी यातनाओं के अतीत के साथ अपने समसामयिक जीवन और परिवेश के साथ गहराई के साथ जुड़ी हुई है जिससे उसकी प्रासंगिकता बनी हुई है। हिन्दी दलित कविता का आन्दोलन चेतना के स्तर पर बहुत गहराई से जुड़ा है, जिसकी जड़ में सदियों का अन्याय, अत्याचार और शोषण का इतिहास है। इसलिए हिन्दी की दलित कविता समय के दौर में दलित आन्दोलन को स्थायित्व प्रदान करनेवाली कविता है। वह वर्ण-व्यवस्था के सामाजिक, सांस्कृतिक एवं राजनीतिक वर्चस्व के ख़िलाफ़ प्रतिरोधात्मकता का अपना नया मोर्चा निर्मित करती है। यह सदियों की यातना है जो आक्रोश एवं विद्रोह के रूप में फूट रही है।

इन रचनाकारों की रचनाओं में इस वर्ग के प्रति शताब्दियों से बरती जा रही भेदभाव की नीति अपने विकास के लिए छटपटाहट और उसके मार्ग में अवरोध उपस्थित करने वाली व्यवस्था के प्रति सतत आक्रोश दृष्टिगोचर होता है। धार्मिक और सामाजिक रूढ़ियों के प्रति विद्रोह भी इन कवियों की कविताओं का मुख्य स्वर है।

दलित के पास गाँव में ऐसा कुछ भी नहीं है जिसे वह अपना कह सके, जिस पर गर्व कर सके। सड़कें, गलियाँ, श्मशान कहीं पर भी उनका अधिकार नहीं है। डॉ. सुखबीर सिंह ने अपनी प्रसिद्ध कविता 'बयान बाहर' में गाँवों में दलितों की स्थिति का चित्रण किया है–

'ओ मेरे गाँव! तेरी ज़मीन पर, घुटी-घुटी साँसों के साथ, पलना पड़ता है, अलग-अलग, लड़खड़ाते क़दमों से चलना पड़ता है अलग-अलग, मरने के बाद भी, जलना पड़ता है अलग-अलग।' (दर्द के दस्तावेज़, सं. डॉ. एन. सिंह, पृ. 42)

इसी तरह का प्रश्न सूरजपाल चौहान ने अपनी 'मेरा गाँव' नामक कविता में उठाया है–'मेरा गाँव कैसा गाँव न कहीं ठौर ना कहीं ठाँव।'

डॉ. दयानन्द बटोही की कविता 'द्रोणाचार्य सुनें उनकी परम्पराएँ' सुनें 'इस सम्पूर्ण स्थिति का पर्दाफ़ाश करती है कि अब कोई द्रोणाचार्य किसी एकलव्य से अँगूठा माँगने का तो साहस नहीं करता, हाँ! उसे प्रेक्टिकल में फेल अवश्य कर देता है। देखिए कविता का अंश इस प्रकार है –

'अब दान में अँगूठा माँगने का साहस कोई नहीं करता 'प्रेक्टिकल में फेल करता है, प्रथम अगर आता हूँ तो छठा या सातवाँ स्थान देता है; जातिगन्ध टाइटिल में खोजता है, वह आत्मा को बेमेल करता है।'

डॉ. चन्द्रकुमार बरठे का कविता-संग्रह 'अधूरी चिट्ठी रोशनी की' दलित चेतना की कविताओं से परिपूर्ण है। उन्होंने अपने जीवन के संघर्ष को जो शताब्दियों से उसकी जाति के लोग अँधेरों के विरुद्ध करते आये हैं। इस प्रकार अभिव्यक्त किया है–

सूरज का बेटा हूँ, मिट्टी का जाया, सदियों से, अँधेरे की तानाशाही के ख़िलाफ़, लड़ता हूँ आया। (अधूरी चिट्ठी रोशनी की, पृ. 14)

अब दलित भी धीरे-धीरे विद्रोही हो रहे हैं जिसके संकेत कुछ दलित रचनाकारों की कविताओं में मिलने भी लगे हैं, जो इस सम्पूर्ण दुरवस्था का ज़िम्मेदार इस व्यवस्था को मानते हैं क्योंकि उस सामन्ती युग में तो दलित शोषण और अत्याचार के शिकार थे ही, लेकिन आज भी उन पर अत्याचारों की कमी नहीं आयी है। इन

सभी के लिए दलित व्यक्ति नहीं, वोट होकर रह गया है, इस स्थिति को डॉ. एन. सिंह, अपनी एक कविता में इस प्रकार अभिव्यक्त करते हैं–

उड़ रही हैं चिंदिया क़ानून की। धार पैनी हो रही नाख़ून की।।
अर्थ बदले जा रहे हर शब्द के। व्याख्याएँ यूँ हो रहीं मजमून की।।
जुल्म बढ़ते जा रहे हैं भाव से। राजनीति हाट है परचून की।।
वोट की क़ीमत यहाँ सब आँकते। किन्तु क़ीमत कुछ नहीं है ख़ून की।।

हिन्दी की सर्वश्रेष्ठ ग़ज़लें, गिरिराज शरण अग्रवाल, पृ. 96।

श्री माताप्रसाद ने यूँ तो 'भीमशतक' और 'एकलव्य' खण्डकाव्य भी लिखे हैं। लेकिन उनकी पहचान 'राजनीति की अर्द्ध सतसई' से ही हुई। इसमें उन्होंने 350 दोहों में दलित, नारी और राजनीति को अपने दोहों का विषय बनाया है। इनके यह दोहे बहुत प्रभावकारी हैं तथा उनकी साधना और अनुभव को रेखांकित करते हैं। उनकी पीड़ा को महसूसने के लिए यह एक ही दोहा पर्याप्त है–

मनुष न पैदा होत यहाँ' ज़ाति पेट से आय।
कंटक बनि वह गडि रहीं, मित्र कष्ट है पाय।।

राजनीति की अर्द्ध सतसई, पृ. 26

श्री लालचन्द 'राही' का नाम हिन्दी दलित कविता में बड़े सम्मान के साथ लिया जाता है। उनकी कविताएँ हमारे समय का सच बयान करती हैं। उनकी एक कविता स्वतन्त्रता के बाद का यह अंश देखने योग्य है–

'पन्द्रह अगस्त के दिन, फूल चढ़ाने पर, डण्डे मिले, पण्डे 'देवपाल' के, अछूत, को उसी की बेटी के, साथ बलात्कार हुआ, और मन्दिर अपवित्र नहीं हुआ, छब्बीस जनवरी की रात को, स्वतन्त्र भारत के, एक छोटे से गाँव में।'

मूक नहीं मेरी कविताएँ, पृ. 21।

डॉ. पुरुषोत्तम 'सत्यप्रेमी' हिन्दी दलित कविता के एक अन्य महत्त्वपूर्ण हस्ताक्षर हैं। अपनी 'आँसू ही आँसू' कविता में वे लिखते हैं–

'आँसू ही आँसू हैं, मेरे भारत, नम हुई है आँसू से, हर आदमी की आँख, और स्वतन्त्रता, स्वराज्य व समता का सपना सँजोती भारतमाता, संशय की पीड़ा भोग रही है।'

(सवालों के सूरज, पृ. 47)

श्री मोहनदास नैमिशराय ऐसे दलित पत्रकार और कवि हैं, जिन्हें हिन्दी जगत में पर्याप्त सम्मान मिला है। देशभर के स्तरीय पत्रों एवं पत्रिकाओं में उनकी रचनाएँ छपती रहती हैं। अबतक उनका एक कविता-संग्रह 'सफ़दर एक बयान' प्रकाशित

हुआ है। अपनी एक प्रसिद्ध कविता 'फ़र्क़ तय करना है' में उन्होंने दलित जीवन की एक महत्त्वपूर्ण समस्या को उठाया है। सिर्फ़ जाति के कारण ही अपमानसूचक शब्द जो कल तक गाँव में ही कहे जाते थे, अब महानगरों में भी क्यों कहे जाने लगे।

'एक ही मनुष्य जाति के होने पर भी, जातिगत सम्बोधनों के आधार पर, कसैले से लगने वाले स्वर, कल तक जो गाँव और क़स्बों के, परिवेश में सुनाई देते थे आज उजालों के प्रतीक, महानगरों में भी, वही जातिगत सम्बोधन के आधार पर, कसैले से लगने वाले स्वर, सुनाई पड़ने लगे हैं।'

(दर्द के दस्तावेज़ पृ. 89)

अपने विद्रोही तेवर के कारण श्री जयप्रकाश 'नवेन्दु' का नाम समकालीन हिन्दी दलित कविता में अब किसी परिचय का मोहताज नहीं है। उनका कविता-संग्रह 'कविताएँ 1991' जिस क्रान्तिकारी रूप को हमारे सम्मुख प्रस्तुत करता है, उससे लगता है कि अब दलित अपनी मुक्ति के लिए किसी भी हद तक जाने के लिए तैयार है। प्रमाणस्वरूप उनकी एक कविता का यह अंश देखिए–

'मत रोक अब मत रोक, मुझे सम्पूर्ण उत्तेजना के साथ, अपनी पीढ़ी की तरह से वक़्त के सीने पर, फट जाने दे बम की तरह, मैं शेष के लिए पूरी तरह कटिबद्ध हूँ।' (कविताएँ 1991)

सबसे महत्त्वपूर्ण बात यह है कि हिन्दी दलित कविता के क्षेत्र में महिलाएँ भी अपना रचनात्मक योगदान कर रही हैं। इनमें सुशीला टाकभौरे के 'स्वाति बूँद और खारे मोती' तथा 'यह तुम भी जानो दो काव्य-संग्रह प्रकाशित हो चुके हैं। दलित नारी की मुक्ति का स्वर ही उनकी कविताओं का मुख्य स्वर है। वे अपनी 'विद्रोहिणी' कविता में लिखती हैं–

'माँ बाप ने पैदा किया था, गूँगा, परिवेश ने लँगड़ा बना दिया, चलती रही, निश्चित परिपाटी पर, बैसाखियों के सहारे, कितने पड़ाव आये, आज जीवन के चढ़ाव पर बैसाखियाँ चरमराती हैं, अधिक बोझ से अकुलाकर, विस्फारित मन हुंकारता है, बैसाखियाँ तोड़ दूँ।' (यह तुम भी जानो, पृ. 24)

डॉ. प्रेमशंकर लम्बे समय से दलित कविता की रचना यात्रा से जुड़े हैं अपनी बात को उत्तेजना के साथ कहना उनकी कविताओं की विशेषता है। अपनी एक कविता 'वे सभ्य हैं' में उनकी प्रहारात्मक क्षमता देखते ही बनती है–

'वे सभ्य हैं, आदमी से हाथ मिलाने के बाद, वे हाथ धोते हैं, माँजते हैं, और फिर मुस्कराकर कहते हैं, हम एक हैं, फिर हाथ धोते हैं, ताकि हाथ में आदमी की 'जाति' न छप गयी हो।'

(कविता : रोटी की भूख तक, पृ. 14)

डॉ. श्यौराज सिंह 'बेचैन' हिन्दी दलित कविता के महत्त्वपूर्ण कवि हैं, इसकी एक छोटी-सी बानगी उनकी कविता 'मातृस्मरण' में हमें देखने को मिलती है। जिसमें वह लिखते हैं कि–

'पेट भरने के लिए क्या-क्या नहीं, मैंने किया, लोग बचपन के लिए, आवाज़ देते हैं, कि वह लौटे, उजालों की करे बरसात, पर ओ!, मेरे दु:खों भरे बचपन, न आ, नहीं लौटा, पुराने दर्द, काली रात।' (क्रौंच हूँ मैं, पृ. 54)

हिन्दी में दलित साहित्य एक प्रकार का विरोध, आक्रोश और क्रोध का साहित्य है। इसमें समाज से बहिष्कृत किये जाने का, समाज के द्वारा पीड़ित हो जाने का ज़िक्र है। सवर्ण समाज के द्वारा सदियों से उन्हें हाशिये पर रखे जाने के बाद दलित उस रूढ़ बन्धन से निकलने की कोशिश में हैं। उस संघर्ष से हम दलित साहित्य में रूबरू होते हैं। उस संघर्ष में समानता, समरसता और सामाजिकता का आग्रह दिखाई देता है।

ज्योतिवा फुले ने दर्द के अहसास को दर्शाते हुए कहा था कि 'राख ही जानती है जलने का दर्द' जिसकी यथार्थ अभिव्यक्ति कवि नारायण सुर्वे की प्रस्तुत कविता में देख सकते हैं–

'जो कभी, भूखा न रहा वह क्या जाने, ऐंठती आँतों का दर्द।' (दलित साहित्य, वार्षिकी 2004, पृ. 189)

दलित कविता में मलखान सिंह ने अपने आक्रोश और तेवर से गाँव का जो मनोवैज्ञानिक यथार्थ प्रस्तुत किया है उसने इनकी कविताओं को एक अलग पहचान दी है।

यक़ीन मानिये, आदमखोर गाँव में, मुझे डर लगता है, बहुत डर लगता है।'

लगता है कि अभी बस अभी, ठकुराईसी मेंड़ चीख़ेगी, मैं अधशौच ही खेत से उठ आऊँगा।

कवि और कथाकार ओमप्रकाश वाल्मीकि हिन्दी दलित कवियों में एक ऐसा नाम है, जिसे हिन्दी साहित्य की मुख्यधारा में भी सम्मान प्राप्त है। उनकी कविता हमारी सोच को बराबर ठकठकाती है। और प्रश्न बनकर तीर की तरह चुभती है और हमारी चेतना को पीड़ा का अहसास कराती है। उनके काव्य-संग्रहों में 'सदियों का सन्ताप' तथा 'बस्स! बहुत हो चुका' प्रमुख हैं। उनकी चर्चित कविता 'ठाकुर का कुआँ' के साथ 'झाड़ू वाली' भी है। जिसके माध्यम से उन्होंने भारत की सम्पूर्ण लोकतान्त्रिक व्यवस्था पर ही प्रश्न लगा दिया है।

'जबतक रामेसरी के हाथ में, खडांग-खांग घिसटती लौह गाड़ी है मेरे देश का लोकतन्त्र, एक गाली है।'

(सदियों का सन्ताप, पृ. 17)

अस्पृश्यता और जातिगत भेदभाव के कारण अलगाव और अनजानेपन के दंश के साथ-साथ सामाजिक-आर्थिक शोषण और शारीरिक-मानसिक उत्पीड़न की मार ने दलितों की निरन्तर और इतनी कमर तोड़ी है कि वे मनुष्य होने का अहसास तक नहीं कर पाते हैं। आजीविका से लेकर अपनी प्रत्येक ज़रूरत के लिए उसे दूसरों पर निर्भर रहना पड़ता है। ओमप्रकाश वाल्मीकि की कविता 'ठाकुर का कुआँ' में दलित की इस त्रासदी का चित्रण मिलता है–

चूल्हा मिट्टी का, मिट्टी तालाब की, तालाब ठाकुर का।
भूख रोटी की, रोटी बाजरे की, बाजरा खेत का, खेत ठाकुर का।
बैल ठाकुर के, हल ठाकुर का, हल की मूठ पर हथेली अपनी।
फ़सल ठाकुर की कुआँ ठाकुर का खेत खलिहान ठाकुर के।
गली मुहल्ले ठाकुर के, फिर अपना क्या, गाँव, देश

(ओमप्रकाश वाल्मीकि, सदियों का सन्ताप, पृ. 3)

सदियों से भोगा दर्द जब शब्द बनता है तो दर्द देनेवालों के लिए बहुत ख़तरनाक होता है। दलित कविता उनके लिए ख़तरनाक है जो आज भी जाति व्यवस्था की वकालत करते हैं और चाहते हैं कि उनका वर्चस्व बना रहे। ऐसे लोगों से कँवल भारती का सीधा प्रश्न है।

'यदि यह विधान लागू हो जाता कि, तुम्हारे जीवन का कोई मूल्य नहीं, कोई भी कर सकता है, तुम्हारा वध, तुम्हारी स्त्री, बहिन और पुत्री के साथ, कर सकता है बलात्कार, जला सकता है घर बार, तब तुम्हारी निष्ठा क्या होती।'

(तब तुम्हारी निष्ठा क्या होती)

जाति के दंश, दमन और उत्पीड़न को दलितों ने जितना अमानवीय रूप से भोगा है उससे जाति के प्रति उनके मन घृणा से भरे हैं। जाति के प्रति दलितों की घृणा को जयप्रकाश लीलवान की कविता में देखा जा सकता है–

'वर्ण धर्म की वैचारिकी के, सुडौल उरोजों का, ज़हरीला दूध पीकर, विखण्डन के खप्पर भरनेवाली डायन है हमारे देश की जातिप्रथा।' (जयप्रकाश लीलवान, अब हमें ही चलना है, पृ. 55)

यह जाति एवं वर्ण-व्यवस्था सवर्ण समाज की सुनियोजित एवं सुखाकांक्षी तथा सुविधाप्रद सामाजिक व्यवस्था है जिसके तहत उच्च वर्गों को निम्न जातियों के

उत्पीड़न के अधिकार स्वत: प्राप्त हैं। कवि असंगघोष ऐसी जाति व्यवस्था के प्रति आक्रोश व्यक्त करते हैं–

'जाति, खेतों में पैदा नहीं हुई, घर के अन्दर-बाहर रखे गमलों में नहीं खिली कभी, किसी पेड़ के फल से भी, पल्लवित नहीं हुई ना ही किसी कारख़ाने में निर्मित हुई, यह बनी है, तुम्हारे ही बोये बबूल के काँटों की नोक पर बामन!' (दलित निर्वाचित कविताएँ, सं. कँवल भारती, इतिहासबोध प्रकाशन, इलाहाबाद, 2006, पृ. 127)

जाति के कारण ही समाज में दलितों को निम्न श्रेणी का मनुष्य माना जाता है। ग़ैर-दलितों के बीच दलित को निरन्तर उपेक्षा और अपमान की आशंका बनी रहती है। वह इस आशंका से मुक्त नहीं हो पाता। जाति के कारण वह समाज में अनजान, अपरिचित और पराये की तरह जीता है। कवि एन. आर. सागर ने अपनी एक कविता में दलित जीवन के इस दर्द को इस प्रकार अभिव्यक्त किया है–

'गिनती में हम नहीं हैं तो वोट की ख़ातिर, वरना तो जी रहे हैं सर्वनाम की तरह।'

(एन. आर. सागर, आज़ाद हैं हम, पृ. 15)

दलित कविताएँ सत्ता-व्यवस्था और उनकी विचारधारा पर धारदार प्रश्न व तर्क करती हैं। ये कविताएँ आशावाद से भरपूर है। ये कविताएँ नया इतिहास रचने की बात करती हैं। दलित साहित्य उन प्रश्नों को उठा रहा है जिन्हें पूर्व का साहित्य बहुत सोच समझकर हाशिये पर ठेलता आया है। लोकतन्त्र और आज़ादी मिलने के बाद जब अछूत आज भी अन्याय सह रहा है तब यह किस तरह का लोकतन्त्र है जो छह दशकों से ज़्यादा समय होने के बाद भी दलित को न्याय नहीं दे पाया।

'अछूत राष्ट्रीय धारा से उपेक्षित, साहित्य से तिरस्कृत, दफ़्तर से अनिश्चित, समाज से असन्तुलित, गाँव से असुरक्षित, विश्वविद्यालयों में अनुपस्थित, राजनीति में बिकाऊ, क़स्बे में उबाऊ, समाचार-पत्रों से विलुप्त, शहर में असन्तुष्ट, हाँ, ये अम्बेडकर की मूर्ति थामे, ज़मीन की तलाश में, लगभग आधी सदी से खड़ा है।'

(अम्बेडकरीय कविता-5, प्रेमशंकर)

अपने कविता-संग्रह 'आक्रोश' में डॉ. सी.बी. भारती जी ने सवर्णों एवं अवर्णों के अन्तर को स्पष्ट कर दिया है। वे सीधे संवाद की शैली में लिखते हैं–

'तुम जब खेलते थे खिलौने से, मैं भटकता था ढोर-डंगरों के पीछे तब, तुम जब जाते थे पढ़ने स्कूल, मैं अपने भाई बहनों को छाती पर लादे, अपनी झोंपड़ी में भूखा-प्यासा आँसू बहाता था तब, तुम्हारी माँ जब तुम्हें जगाकर, प्यार करती थी,

स्कूल भेजती थी, मेरी माँ उस समय तुम्हारे ही खेतों पर ठिठुरती, काँपती मशक्कत करती रहती थी, तुम अपनी माँ की लोरियाँ सुनकर ही सो पाते थे, उस समय मैं भूखा पेट रहकर भी खाता था केवल झिड़कियाँ।' (दलित साहित्य, 1999, सं. जयप्रकाश कर्दम, पृ. 279)

क्योंकि दलित साहित्य की यह अवधारणा सर्वमान्य है कि यह प्रतिरोध का साहित्य है, इसलिए वह सभी पौराणिक परम्पराओं और मान्यताओं पर आघात करने से नहीं चूकता। दलित कविता का विद्रोह व्यक्ति स्वाधीनता की प्रखर चेतना को मुखरित करता है।

शिक्षा का अभाव दलितों की स्थिति और दयनीय बना देती है। जयप्रकाश कर्दम अपनी कविता 'गूँगा नहीं था मैं' में लिखते हैं–

'आपसी मतभेदों को भुलाकर, तुरत-फुरत स्कूल के, सारे सवर्ण छात्र, गोलबन्द हो जाते, और खेल, गुरुजी से हाकियाँ ले-लेकर दलित छात्रों पर हमला बोल देते।'

('गूँगा नहीं था मैं' अतिश प्रकाशन, दिल्ली, 1997, पृ. 37)

दलित कविता की मूल चेतना मनुष्यता है। भारतीय समाज में ख़ासतौर से सवर्णों के बीच में कहीं न कहीं इसका सर्वथा अभाव दिखाई देता है। सुशीला टाकभौरे लिखती हैं–

'भक्ति से बड़ा ज्ञान है, अन्धी भक्ति से बड़ी जागृति, मन्दिर नहीं चाहिए, विद्यालयों के खटखटाये।' (दलित साहित्य-समस्त परिदृश्य, सं. डॉ. मनोहर भण्डारे, स्वराज प्रकाशन, नयी दिल्ली, 2013, पृ. 105)

जबतक वर्ण-व्यवस्था रहेगी तबतक अस्पृश्यता भी बनी रहेगी। मनुवाद के रहते मनुष्यता नहीं पनप सकती। कवि लक्ष्मीनारायण 'सुधाकर' ने इस तथ्य को कविता में अभिव्यक्त किया है।

'पूँजीवाद मिटा दो, समता तभी विश्व में होगी, मनुवाद मिटा दो, दुनिया से तो मानवता पनपेगी।' (लक्ष्मीनारायण सुधाकर, उत्पीड़न की यात्राए, पृ. 61)

इस दौर में लिखी जा रही दलित कविताएँ सहानुभूति का कम भोगे हुए यथार्थ का भावनात्मक दस्तावेज़ीकरण अधिक है। इसका स्वर आक्रोश से भरा हुआ है, मगर सच्ची संवेदना और गहरे दर्द का है। हम यह कह सकते हैं कि हिन्दी की दलित कविता भारतीय समाज की विसंगतियों, दलितों के साथ हो रहे जातिवादी भेदभावों व अमानवीय अत्याचारों के प्रति विरोध की कविता है। यह इस समाज और व्यवस्था को बदलकर समतामूलक बनाने की चाह और संघर्ष की कविता भी है। समकालीन दलित कविता केवल मानवता की पक्षधर है।

समकालीन दलित कविता का समय 1980 के बाद से लिया जाता है जब दलित साहित्य प्रचुर मात्रा में लिखा जाने लगा था। पहली पीढ़ी में जो साहित्यकार सक्रिय होकर लिख रहे थे उनमे मुख्य रूप से ओमप्रकाश वाल्मीकि, मलखान सिंह, डॉ. एन. सिंह, डॉ. जयप्रकाश कर्दम, मोहनदास नैमिशराय, कँवल भारती, डॉ. प्रेमशंकर, डॉ. सोहनपाल सुमनाक्षर, डॉ. श्यौराज सिंह बेचैन, सूरजपाल चौहान, डॉ. दयानन्द बटोही, डॉ. सी.बी. भारती, असंगघोष, कुसुम मेघवाल, डॉ. कालीचरण स्नेही, जयप्रकाश लीलवान, रत्न कुमार सांभरिया, डॉ. कुसुम वियोगी, डॉ. सुशीला टाकभौरे, रजत रानी मीनू, डॉ. हेमलता महिश्वर, रजनी तिलक, डॉ. सुखबीर सिंह, डॉ. चन्द्रकुमार वरठे, हरिकिशन सन्तोषी, जयप्रकाश 'नवेंदु, एन.आर. सागर, डॉ. पुरुषोतम सत्यप्रेमी, विपिन बिहारी, ईश कुमार गंगानिया, दामोदर मोरे आदि का महत्त्वपूर्ण योगदान रहा है। इसी पीढ़ी के समानान्तर एक नयी पीढ़ी भी दलित लेखन में सक्रिय हो रही थी, जो नयी ऊर्जा और तेवर के साथ कविताएँ लिख रही थी, इस दौर में दलित साहित्य में स्त्री विमर्श भी महत्त्वपूर्ण रूप से रेखांकित हुआ है, इस दौर में जो साहित्यकार सक्रिय होकर लिख रहे हैं उनमें कर्मशील भारती, डॉ. कौशल पंवार, रजनी अनुरागी, अनीता भारती, पूनम तुषामड़, दिलीप कठेरिया, जगदीश पंकज, अजय यतीश, सुदेश तनवर, लालचन्द राही, डॉ. पूर्ण सिंह, एस. के. पंजम, मुकेश मानस, मुसाफ़िर बैठा, राजेश पाल, राजेन्द्र बडगुज्जर, हीरालाल राजस्थानी, टेक चंद, राज वाल्मीकि, कर्मानन्द आर्य, सन्तोष पटेल, खन्ना प्रशाद अमीन, अरविन्द भारती, श्याम निर्मोही, नरेन्द्र वाल्मीकि, राजेश कुमार बौद्ध, कार्तिक चौधरी, दीपक मेवाती, सतीश खनगवाल, अमित धर्म सिंह, बच्चा लाल उन्मेष, मोहन मुक्त आदि के साथ-साथ अन्य लोग भी लिख रहे है।

अतः अब बदलते समय में ज़रूरत इस बात की है कि बदलती हुई परिस्थितियों में शोषण और अन्याय के बदलते हुए चेहरों की बारीकी से शिनाख़्त करे और पीड़ा और आक्रोश से आगे बढ़कर कविता को नये विषय, नये बिम्ब, नयी भाषा और शिल्प, नये तेवर के साथ कविता में प्रयोग करे इससे दलित कविता अपने विकास के साथ अपनी पहचान को और प्रखर करेगी। आज दलित कविता में एक नयी पीढ़ी अपनी बौद्धिक ऊर्जस्विता के साथ सक्रिय है जो कविता में नित नये प्रयोग के साथ आगे आ रही है इस प्रकार दलित कविता अपने विकास और पूरी सफलता के साथ अग्रसर है।

अब प्रश्न यह उठता है कि दलित दर्शन व चिन्तन से या दलित साहित्य से दलितों के सामाजिक, राजनैतिक व आर्थिक पक्ष पर क्या प्रभाव पड़ा? तथा वर्तमान में दलित विमर्श किन चुनौतियों का सामना कर रहा है।

जब हम यथास्थितिवाद की बात करते हैं जितने भी श्रेष्ठता बोध या अस्तित्वबोध के विचार हैं उनमें ये विचार प्रबलता के साथ स्थापित किया गया है कि समाज का जो दबा-कुचला या पिछड़ा वर्ग है वह अपनी यथास्थिति से ऊपर ना निकल पाये, वह अपने अभावों से न उबर पाये। अतः अस्तित्ववादी ताक़तें व सामन्तवादी ताक़तें उनको आगे बढ़ने नहीं देना चाहती हैं। लेकिन आज के प्रगतिशील समय में दलित व पिछड़ा समाज अपनी पहचान के साथ-साथ प्रभुत्व में भी अपनी हिस्सेदारी चाहता है। सत्ता में भी अपनी हिस्सेदारी चाहता है। सम्मान व अस्मिता की भी हिस्सेदारी चाहता है। वह अब डर से आगे निकलकर अपने अधिकार प्राप्त करना चाहता है। जैसे पहले किसी मज़दूर को उसकी मज़दूरी माँगने पर डरा-धमका दिया जाता था, अब वह किसी डर या बहकावे में नहीं आना चाहता है, अब वह समय चला गया है लेकिन यथास्थितिवादी ताक़तें उन्हें इससे उबरते हुए नहीं देखना चाहती हैं। तो यहीं पर दलित साहित्य व दलित दर्शन की भूमिका महत्त्वपूर्ण हो जा रही है। दलित साहित्य नकार व प्रतिरोध का साहित्य है वह अपने पात्रों को विजेता देखना चाहता है, वह शोषण व कुण्ठा के मनोवैज्ञानिक पक्षों को उद्घाटित कर अपने पात्रों में अस्मिता व संघर्ष की चेतना जाग्रत करता है। अपने पात्रों को हतोत्साहित नहीं देखना चाहता है, अतः दलित साहित्य व चिन्तन से प्राप्त प्रेरणा ही उन्हें आगे बढ़ने के लिए नैतिक मनोबल प्रदान कर रही है।

दलित साहित्य व दलित दर्शन को अपना प्रेरणास्रोत लेकर ही सामाजिक व राजनैतिक आन्दोलन की शुरुआत हुई है। दलित दर्शन इन आन्दोलनों से ही जन सामान्य तक पहुँचा है वह समतामूलक समाज की स्थापना को उद्यत है। अतः दलित दर्शन से उत्प्रेरित समाज अब किसी समझौतावादी स्थिति में नहीं है, वह उसके लिए आन्दोलन के लिए भी तैयार है। चाहे इतिहास में दलित पैन्थर का आन्दोलन हो, चाहे आगरा का जाटव आन्दोलन हो, अभी सहारनपुर में भीम आर्मी का आन्दोलन हो, इन सबकी पृष्ठभूमि में दलित साहित्य की प्रेरणा ही काम करती है। अतः दलित साहित्य का प्रभाव समाज में जिस प्रबलता के साथ आ रहा है उसी प्रबलता के साथ राजनीति में भी आ रहा है और यह एक महत्त्वपूर्ण परिवर्तन है।

सामाजिक, राजनैतिक आन्दोलन में मार्क्सवाद व अम्बेडकरवाद को भारतीय सन्दर्भ में समझना ज़रूरी है। जहाँ मार्क्स असमानता में मज़दूर और मालिक की बात करते हैं, सर्वहारा एवं पूँजीपति की बात करते हैं तो मार्क्स का मानना है कि आर्थिक समानता आने से सामाजिक समानता प्राप्त की जा सकती है। परन्तु भारतीय समाज की संरचना बड़ी जटिल है। भारतीय संस्कृति में मार्क्स का यह विचार सामाजिक

समानता के लिए पर्याप्त नहीं है। भारतीय समाज में देखने में आता है कि यदि कोई दलित व्यक्ति समाज में उच्च अधिकारी बन जाता है या कोई व्यक्ति आर्थिक रूप से भी अमीर हो जाता है तो उसके साथ सामाजिक भेदभाव, ऊँच-नीच, छुआछूत का भाव बना रहता है अर्थात आर्थिक रूप से सम्पन्न होने पर भी सामाजिक असमानता बनी रहती है। इसीलिए बाबा साहब ने कहा था कि भारत में वर्ग संघर्ष नहीं अपितु वर्ण संघर्ष की लड़ाई है। इसीलिए उन्होंने कहा था कि सामाजिक समानता प्राप्त किये बिना आर्थिक समानता का कोई महत्त्व नहीं है।

इसमें कोई दो मत नहीं है कि बाज़ार एवं टैक्नोलॉजी के प्रभाव से दलितों का जीवन स्तर भी कुछ हद तक उन्नत हुआ है। टैक्नोलॉजी से अधिक उत्पादन होने पर कुछ चीज़ें आम आदमी की पहुँच तक आ पायी हैं तथा इन चीज़ों के प्रयोग से जीवन स्तर में सुधार हुआ है। उदाहरण के लिए टैक्नोलॉजी व बाज़ार के प्रभाव से आधुनिक टॉयलेट गाँव-गाँव तक पहुँचा है जिससे साफ़-सफ़ाई का स्तर बढ़ा है तथा मैला प्रथा से स्वत: ही मुक्ति का मार्ग बना है।

निजीकरण से शिक्षा, स्वास्थ्य, सार्वजनिक प्रतिष्ठान पूँजीपतियों के निजी हाथों में सौंपे जा रहे हैं, जिससे उनमें आरक्षण की व्यवस्था समाप्त हो जायेगी, अत: इसके प्रभाव से दलित अवसर से वंचित रह जायेंगे। जहाँतक उदारीकरण का प्रश्न है उसका लाभ दलित समाज नहीं ले पाया है, क्योंकि दलित समाज को बैंकों से लाभ लेने के लिए नैतिक संरक्षण प्राप्त नहीं था। अत: उदारीकरण का लाभ भी दलित वर्ग उचित प्रकार से नहीं ले पाया है।

आज के बदलते परिदृश्य में व्यावहारिक छद्म भी देखने में आ रहा है। आरक्षित वर्ग के व्यक्ति अपनी मेहनत, कार्य शैली व व्यक्तित्व से अपने सहकर्मियों के बीच रचनात्मक छवि बना रहे हैं, उनकी मेहनत के कारण उनको सामान्यत: उपेक्षित कर पाना सम्भव नहीं हो पा रहा है। ऐसे में हम अपने संस्थानों में या कार्य-स्थलों पर देखते हैं कि दिन भर सब लोग ख़ूब घुल-मिलकर रहते हैं, सामान्य व्यवहार करते हुए दिखाई देते हैं, साथ ही खाते-पीते हैं, हँसी-मज़ाक़ भी करते हैं साथ पिकनिक इत्यादि पर भी जाते हैं, साथ-साथ मौज-मस्ती भी करते हैं, परन्तु जब लोग अपने समाज के समान तरह के लोगों के साथ मिलते हैं तो वहाँ पर आपस में दलित समाज के लोगों के बारे में ऐसी हेय बातें करते हैं, जिनके शब्द बहुत ही घटिया क़िस्म के होते हैं। तो इसका क्या कारण है कि आज हम उन्नत होते हुए भी, प्रगतिशील व विकासशील होते हुए भी दलित समाज के बारे में अपनी सोच व मानसिकता नहीं बदल पाये हैं, ये सामाजिक व्यवहार के वो मनोवैज्ञानिक

पहलू हैं जो दलित साहित्य के माध्यम से उद्घाटित हो रहे हैं। और ये काम दलित साहित्यकार ही कर सकता है क्योंकि इस कुण्ठा की अनुभूति वही कर सकता है। इसलिए अनुभव की प्रामाणिकता ही दलित साहित्य का सौन्दर्य है।

आज के समाज में आरक्षण को लेकर नयी-नयी बहसें शुरू हो गयी हैं जबकि आरक्षण अवसर की समानता के लिए दिया गया था न कि आर्थिक समानता के लिए। आरक्षण संविधान प्रदत्त अधिकार है कोई एहसान नहीं। इधर आरक्षण एक नये प्रकार की कुण्ठा को जन्म दे रहा है। अत: एक तो जातीय दंगा ऊपर से आरक्षण की कुण्ठा, ये सब चीज़ें कार्य-स्थलों पर असहज वातावरण पैदा कर देती हैं। आज सहकर्मी ही नहीं अपितु उच्च अधिकारी भी अपने हाव-भाव अथवा भाषा के तरीक़े से आरक्षण को लेकर माहौल को बोझिल कर देते हैं। इसका मुख्य कारण है जन-सामान्य में सामाजिक न्याय की जानकारी न होना। दूसरे पढ़े-लिखे सवर्ण भी जन-सामान्य को भ्रमित कर सामाजिक न्याय को कमज़ोर करना चाहते हैं। उच्च वर्ग सामाजिक न्याय को ईमानदारी से न व्याख्या करना चाहता है, न ही उसे ईमानदारी से स्वीकार करना चाहता है। इन स्थितियों में सामाजिक समानता प्राप्त करना जनतान्त्रिक मूल्यों के प्रति एक गम्भीर चुनौती है जबकि एक सभ्य मानव समाज के लिए यह बहुत ज़रूरी है कि सबको प्रगति के समान अवसर प्राप्त हों।

दलित अस्मिता में सामाजिक व राजनैतिक आन्दोलन का विशेष योगदान रहता है। इधर राजनैतिक शक्ति कमज़ोर होने से दलित अस्मिता पर हमले तेज़ हुए हैं इसका कारण श्रेष्ठताबोध व सामन्तवादी शक्तियों की वह मानसिक कुण्ठा है जो समाज को यथास्थिति व जड़ता में देखना चाहती है। समाज के दबे-कुचले वर्ग को अपने अधिकारों के लिए उठकर खड़े हुए सामन्तवादी शक्तियाँ पचा नहीं पा रही हैं, इसलिए उनका अहम तथा छद्म श्रेष्ठता प्रगतिशील समाज को कुचलने के लिए बार-बार अधम प्रयास करते हुए दिखते हैं। दूसरा महत्त्वपूर्ण कारण बुद्ध, फुले व अम्बेडकर के विचार से हिन्दू धर्म में व्याप्त संकीर्णताओं व आडम्बरों के ख़िलाफ़ नयी पढ़ी-लिखी पीढ़ी जागरूक हो रही है, जिसमें आधुनिक सोशल मीडिया का महत्त्वपूर्ण योगदान है। नयी पीढ़ी बड़ी तत्परता से सामाजिक परिवर्तन करने व देखने के लिए उत्सुक है। इससे हिन्दुत्ववादी लोग घबराये हुए हैं, क्योंकि ब्राह्मणवाद का आधार ही हिन्दू धर्म के ढकोसले व भेदभाव रहा है इसलिए वे राजनैतिक स्वार्थ के रूप में तो दलितों को हिन्दू घोषित करते हैं, परन्तु सामाजिक स्थिति में उनके साथ घृणित व्यवहार करते हैं। अत: उभरती हुई दलित चेतना को दबाने के लिए ब्राह्मणवादी एवं सामन्तवादी शक्तियाँ उन पर गाहे-बगाहे किसी भी

बहाने से हमलावर हो रही हैं। यह बहुजन राजनैतिक शक्ति के कमज़ोर होने का भी प्रतिफल है।

दलित साहित्य दलित अस्मिता की तलाश है। जातिविहीन, वर्णविहीन समाज की संरचना ही इसका मूल प्रतिपाद्य है। दलित साहित्य दलित यातनाओं की अनुगूँज भर नहीं है। दलित साहित्य की व्यापकता इसी में है कि वह अन्याय, अत्याचार, सामाजिक विषमताओं, शोषण, दमन के विरुद्ध एक दीवार की तरह खड़ा हो जाये। सामाजिक न्याय, लोकतन्त्र, संविधान पर हो रहे हमले तथा अभिव्यक्ति के ख़तरों को पहचान कर उन्हें हर विधा में जनचेतना का विषय बनाये, तभी उसका सामाजिक दायित्व और वैचारिक प्रतिबद्धता सिद्ध होगी। बदलते समाज में भेदभाव के बदलते स्वरूप की जो महीन परतें बन रही हैं सामाजिक न्याय के दंश और कुण्ठाएँ समाज को झकझोर रहे हैं उनका मनोवैज्ञानिक समाधान प्रस्तुत करना समय व समाज की बड़ी ज़रूरत है। अत: दलित साहित्यकारों के पास पीड़ा व आक्रोश से आगे बढ़कर बड़े सामाजिक एवं मानवीय सरोकार का उत्तरदायित्व है जिसे हर हाल में दलित साहित्य को ही निभाना है। निश्चित रूप से दलित साहित्य में अनुभव व दृष्टिजन्य अभिनव लेखन का अभी एक बड़ा स्पेस है दलित साहित्यकारों को धैर्यपूर्वक विषमताओं की महीन रेखाएँ पहचानकर उन्हें नये शिल्प और तेवर में प्रस्तुत करना होगा, दलित साहित्य को ही भविष्य में मुख्य धारा का साहित्य होना है क्योंकि इसमें मनुष्य के सरोकार हैं, अत: दलित साहित्यकारों को एक बड़ी ज़िम्मेदारी के लिए तैयार होकर लिखना है, निश्चित रूप से दलित साहित्य बड़ी सम्भावनाओं और सार्थक लेखन की ओर निरन्तर बढ़ रहा है।

दलित साहित्य का सौन्दर्य, सिद्धान्त एवं सामाजिक सरोकार

–हीरालाल राजस्थानी

"दलित सौन्दर्यशास्त्र वर्ण आधारित नहीं बल्कि संघर्ष आधारित सौन्दर्य है। जिसमें सामाजिक न्याय का भाव प्रबल रूप से मनुष्यता की ओर उभरता है। और यदि वह वर्ण आधारित है तो वह सौन्दर्य नहीं वर्चस्व का शास्त्र है, सौन्दर्य का अतिक्रमण है।"

सर्वविदित है कि दलित चेतना के स्वर बुद्ध-फुले-अम्बेडकर के दर्शन से फूटे हैं। चेतना के मूल में जायें–तो चेतना, चयनित विचारधारा से प्रभावित होकर जाग्रत होती है। जैसे कोई बच्चा जिस देश-प्रदेश-परिवेश में पलता है। उसी के अनुरूप उसका मस्तिष्क मूल्यांकन करता है और उसके विचारों पर भौतिक, सामाजिक, धार्मिक, राजनैतिक और आर्थिक परिस्थितियों का प्रभाव पड़ता है। मनुष्य की इन्द्रियाँ वही महसूसती हैं जो उसके आसपास के वातावरण में घटित हो रहा है। यदि भारत की बात की जाये तो उसकी सामाजिक संरचना व्यवस्था वर्ण के आधार पर गढ़ी गयी। जिसके फलस्वरूप मनुष्य को जन्मजात एक काम से जोड़, एक ही साँचे में उसके जीवन मूल्य तय किये गये और इस निम्न वर्ण के जीवन में सामाजिक अवरोध उत्पन्न किये गये। उसे अछूत बना, मनुष्य होने से उपेक्षित किया गया।

कला-साहित्य मनुष्य अभिव्यक्ति की सबसे विशिष्ट और सर्वव्यापक विधाओं में से एक है। वास्तव में अनुकरण मनुष्य की सहज प्रक्रिया रही है। अरस्तू के अनुसार कला प्रकृति की अनुकृति उसका अनुकरण है। यह बाह्य जगत से सामग्री चुनता है और उसे अपने तरीक़े से पुन: संयोजित करता है जिसे कलात्मक अनुभूति कहते हैं। हालाँकि, यह केवल नक़ल नहीं है जो कला को निर्धारित करती है बल्कि यह कलात्मक कौशल है जो वास्तविकता को फिर से बनाता है और नया स्वरूप

देता है। शास्त्रीय पुरातनता से लेकर आधुनिकता तक, कला प्रथाओं ने कला के विभिन्न रूपों की सराहना करने के लिए विभिन्न सिद्धान्त विकसित किये हैं। आज इन सिद्धान्तों ने दर्शनशास्त्र में सौन्दर्यबोध की एक अलग शाखा विकसित कर ली है जिसे सौन्दर्यशास्त्र के नाम से जाना जाता है। यह व्यापक रूप से स्वीकार किया जाता है कि हम कला की सराहना करते हैं क्योंकि यह हमें आनन्द देती है, यथार्थ से परिचय करवाती है और हमारी भावनाओं को आकर्षित व प्रभावित करती है। शास्त्रीय युग से इस बात पर लगातार बहस होती रही है कि क्या सुन्दरता व्यक्तिपरक है, 'देखने वाले की नज़र' में या मिथ्य, किसी कलाकृति का ही एक अन्तर्निहित हिस्सा है। शास्त्रीय युग में, सुन्दरता को वस्तुनिष्ठ माना जाता था यानी कुछ अपरिवर्तनीय उच्च क़ानूनों द्वारा शाश्वत रूप से शासित। इसके विपरीत तर्क युग में सुन्दरता को व्यक्तिपरक के अलावा और कुछ नहीं माना जाता था। बाद में उत्तराधुनिक युग में, यह व्यक्तिपरक धारणा सुन्दरता की अवधारणा में आमूल-चूल परिवर्तन लाने के लिए उत्प्रेरक बन गयी।

उत्तर-आधुनिक युग में, सुन्दरता देखने वाले की आँखों में नहीं बल्कि देखने वाले के सांस्कृतिक रूप से अनुकूलित दिमाग़ में निहित होती है। शरद पाटील के अनुसार–"एकात्म सौन्दर्यकल्पना गण, वंश, जाति अनुसार भिन्न-भिन्न होते हैं।" लेकिन सौन्दर्यबोध की अवधारणा पारलौकिक, निरपेक्ष, मनमानी और शाश्वत नहीं है। समय के साथ इसमें बदलाव आता गया और इससे भी महत्त्वपूर्ण बात यह है कि यह सुदृढ़ीकरण के अधीन है। जिसे कभी तुच्छ, असभ्य, घृणित, अशिष्ट, विचित्र, उपेक्षित, अपमानजनक माना जाता रहा। आज वही संघर्ष विमर्श मेहनती वृत्ति रचनात्मक, सार्थक और दलित जीवन मूल्यों की अभिव्यक्ति बन गयी है। मुख्यतः हिन्दी पट्टी में दलित साहित्य के सौन्दर्यशास्त्र पर अभी तक तीन पुस्तकें प्रकाश में आयी हैं–एक शरणकुमार लिंबाले की वाणी प्रकाशन से, दूसरी ओमप्रकाश वाल्मीकि की राजकमल प्रकाशन से और तीसरी अभी हाल ही में राजकमल प्रकाशन से ही चंचल चौहान की 'साहित्य का दलित सौन्दर्यशास्त्र' नाम से आयी है। यह विमर्श के लिए जगह बनाने का दौर है जिसमें जितना भी आह्वान हो अच्छा है। उससे स्थापनाओं को दृढ़ता मिलती है। जो साहित्य और समाज दोनों के हित में जुड़ती है।

ये उन्हीं का सौन्दर्य संसार है जिसमें कर्मशील उपेक्षित दलित-आदिवासी क़ौम का जीवन सामाजिक ग़ैर-बराबरी में बसर हुआ है जो उत्पादन को अपना धर्म मानते है। जिन्हें कर्म के आधार पर जातियों में बाँट दिया गया। वे मामूली मजूरी के एवज़

में खेतों में, खलिहानों में, निर्माण में, चाकरी में गालियाँ कहते हुए अपना जीवन खपाते आ रहे हैं। जिससे बाहर निकलने के मार्ग बन्द कर दिये गये थे। ये जब भी अपनी कथा-व्यथा लिखेंगे तो अपने इस संघर्ष से अलग कैसे हो सकते हैं। इसका जीता-जागता उदाहरण दिल्ली से सटे फ़रीदाबाद हरियाणा का सूरज कुंड हैंडिक्राफ्ट मेला है जो हर साल 1 से 14 फ़रवरी तक लगता है। जहाँ हाथ से बनी कलाकृतियाँ प्रदर्शित की जाती हैं। उन कलाकृतियों, नृत्यों, लोक गीतों और खानपान, वेशभूषा और बोलियों की रंगत सीधे हमें उनके मेहनत के सौन्दर्य से जोड़ती है। यही मेहनत हमारे देश की समृद्धि का अंग है। इसमें उनकी पीढ़ियों के अनुभव साफ़तौर पर महसूस किये जा सकते हैं। दलित साहित्य का सौन्दर्य कर्म, समता, बन्धुता और न्याय के पक्ष में समाहित है। जबकि कुछ लोग कहते मिल जायेंगे कि दलित साहित्य के पास अपना कोई सौन्दर्यशास्त्र नहीं है इसलिए उसे ब्राह्मणी सौन्दर्यशास्त्र पर निर्भर रहना पड़ता है। शरद पाटील (अब्राह्मणी साहित्य का सौन्दर्यशास्त्र, पृ.6) कहते हैं–"प्रतिक्रान्ति के साहित्य के पास सौन्दर्यशास्त्र का हथियार है तो विद्रोही साहित्य के पास वह क्यों नहीं है, इस पर विचार करना चाहिए।" समझने वाली बात ये है कि सौन्दर्यशास्त्र को हथियार मानने की आवश्यकता क्यों है? प्रकृति ने कभी अपना सौन्दर्यशास्त्र नहीं गढ़ा लेकिन वह अपने रूपरंग, आकार, सुगन्ध और अपनी उपस्थिति से इसे दर्ज करती है। उसे किसी सहायक की आवश्यकता नहीं। वह अपना परिचय ख़ुद है।

सुशीला टाकभौरे के अनुसार–"दलित साहित्य का लेखन सौन्दर्यशास्त्र के मानदण्डों को सामने रखकर नहीं किया जाता, बल्कि यह लेखन सत्य यथार्थ के कड़वे अनुभवों की अनुभूति और पीड़ा वेदना के आधार पर सहज ही लिखा जाता है। यदि दलित साहित्य लेखन का सौन्दर्य देखना है तो इसकी अभिव्यक्ति की सफलता में देखें, दलित जीवन में होने वाले अन्याय-अत्याचार के हाहाकार में देखें। इसकी भाषा का सौन्दर्य देखना है तो भाषा के तेजतर्रार रूप में, फटकार में और उसके प्रभाव में देखें। दलित साहित्य का सौन्दर्य इसके शिल्प सौन्दर्य में नहीं बल्कि अन्याय की परम्पराओं को तोड़ देने के प्रभाव में माना जाता है। यहाँ सिर्फ़ अपना वर्ग अपनी जाति से आगे बढ़कर सम्पूर्ण मानवता की भलाई का उद्देश्य हो–यह दलित साहित्य लेखन के सौन्दर्यशास्त्र की प्रमुख कसौटी बन सकेगा।"

बक़ौल नामवर सिंह इस बात को मुख्यत: अस्वीकार करते हुए कहते हैं–"दलित कहते हैं कि दलित साहित्य वह जो दलितों द्वारा लिखा गया हो, दलित के बारे में लिखा गया हो, दलितों के लिए लिखा गया हो। मैं इस कोट में तो नहीं रहता।

ज़रूरी नहीं कि दलित द्वारा लिखा गया साहित्य दलितों के अनुकूल ही हो। और दलित साहित्य को लिखने का हक़ भी दलित को ही है, तो मैं इस नियम को तोड़ता हूँ। मैं जानता हूँ, जातिवाद का विष इतनी दूर तक फैल गया कि दलितों में भी विचार होता है कि यह किस जाति का/किस दलित का लिखा हुआ है और भेदभाव किया जाता है।" नामवर जी का यह कथन ग़लत नहीं है दलितों में भी जातियाँ आपस में भेद नीति का पालन करती आयी हैं। लेकिन दलित साहित्य धीरे-धीरे इस खाई को पाटने का काम कर रहा है। यही इसका मज़बूत पक्ष है और यही इसका सौन्दर्य भी है। और यह भी ग़लत नहीं है कि दलित साहित्य पर एकाधिकार इसकी क्षमताओं के पक्ष में होगा।

भारतीय साहित्य कुछ रूपों और शैलियों को संस्कृत काव्यशास्त्र, शेक्सपियर की भाषा या अरस्तू के 'काव्यशास्त्र' की नक़ल करते हुए लागू किया जाता है, तो साहित्य को सौन्दर्य मापदण्डों का पालन करने वाला माना जाता है जो कलात्मक आनन्द के लिए आवश्यक माने जाते हैं। सभी प्रकार के साहित्य के लिए पारम्परिक भारतीय सौन्दर्यशास्त्र को क़ानून की किताब के रूप में रखने के इस तरह के दावे को मान्य नहीं किया जा सकता है। अखिल भारतीय सौन्दर्यशास्त्र के रूप में मुख्यधारा के सौन्दर्यशास्त्र का दावा उपेक्षित विषयों की सच्चाई को बाहर करने के लिए बाध्य है। दलित साहित्य को वैकल्पिक सौन्दर्यशास्त्र अपनाने की आवश्यकता है क्योंकि दलित लेखन भोगे और देखे हुए यथार्थ के अस्तित्व की वास्तविक कहानी है।

यह सही है कि सवर्णों ने कला की अनेक विधाओं जैसे–स्थापत्य, नृत्य, संगीत, चित्र, शिल्प, साहित्य आदि ये सब मनोरंजन, रसास्वादन की भाव अभिव्यक्ति के मानदण्ड माने गये हैं।

भारतीय शिल्प के षडंग 1921 में अवनीन्द्र नाथ टैगोर ने लिखा है। वात्स्यायन विरचित 'कामसूत्र' में वर्णित उपरोक्त श्लोक में आलेख्य (अर्थात चित्रकर्म) के छह अंग बताये गये हैं–रूपभेद, प्रमाण, भाव, लावण्ययोजना, सादृश्य और वर्णिकाभंग। ये षडंग का सिद्धान्त कामसूत्र से लिया गया है। प्राचीन भारतीय चित्रकला में यह षडंग हमेशा ही महत्त्वपूर्ण और सर्वमान्य रहा है। आधुनिक चित्रकला पर पाश्चात्य प्रभाव पड़ने के बावजूद यह महत्त्वहीन नहीं हो सका। क्योंकि षडंग वास्तव में चित्र के सौन्दर्य का शाश्वत आधार है। इसलिए चित्रकला के सौन्दर्यशास्त्रीय अध्ययन के लिए इसकी जानकारी आवश्यक है।

कला और डिजाइन के सिद्धान्तों में सन्तुलन, अवधारण, वैषम्य, अनुपात, लय, पत्तेर्ण (पैटर्न–एक निश्चित प्रक्रिया) और एकता एवं विविधता शामिल हैं। षडंग क्रम में एक कलाकार द्वारा कला के तत्त्वों (रेखा, आकार, रंग, मूल्य, रूप-बनावट और स्थान) का उपयोग किया जाता है।

यह श्लोक भारतीय कला के छह अंगों की गणना करता है–रूप-भेद (रूप का रहस्य), प्रमाणनी (अनुपात), भाव (भावनात्मक स्वभाव), लावण्ययोजनम (रचना में सुन्दरता), सदृश्यम (समानता) और वर्णिका-भंग (रंग भेद)। चित्रकला के लिए किस प्रकार के वर्णों का प्रयोग करना चाहिए तथा किस रंग के साथ कौन-सा रंग आना चाहिए, ये सभी समस्याएँ वर्णिका-भंग के अन्तर्गत आती हैं। बिना वर्ण साधना के ऊपर वर्णित सभी सिद्धान्त बेकार हो जायेंगे। ऊपर वर्णित सभी सिद्धान्तों को वर्ण एवं तूलिका ही सार्थक कर सकती है। चित्रकला के षडंग का दूसरा अंग है 'प्रमाण'। यह वस्तुओं की संरचनात्मक शारीरिक रचना में एक अन्तर्दृष्टि प्रदान करता है। साधारण अर्थों में प्रमाण, मान, सीमा, क़द और लम्बाई-चौड़ाई; अर्थात वस्तु की विवरणात्मक स्थिति को समझा जाता है।

इन्हें तीन भागों में बाँटा गया है–

1. दृश्य कला–वास्तुकला, मूर्तिशिल्प, फ़िल्म निर्माण, चित्रकला, फोटोग्राफ़ी।
2. साहित्यिक कला–लेखन-नाटक, कविता, कथा और गद्य-पद सहित।
3. प्रदर्शन कला–नृत्य, संगीत और रंगमंच (अभिनय) है।

जिसमें रस के नौ भेद हैं–(1) श्रृंगार रस (2) हास्य रस (3) करुण रस (4) रौद्र रस (5) वीर रस (6) भयानक रस (7) वीभत्स रस (8) अद्‌भुत रस (9) शान्त रस के साथ वत्सल और भक्ति को भी 9 रसों में शामिल किया गया। इस तरह यह ग्यारह हो जाते हैं। और रस के 4 अंग हैं–(1) स्थायी भाव, (2) विभाव, (3) अनुभाव, (4) संचारी भाव। 'रस' शब्द रस धातु और अच् प्रत्यय के संयोग से बना है। संस्कृत वाङ्मय में रस की उत्पत्ति 'रस्यते इति रस' इस प्रकार की गयी है अर्थात जिससे आस्वाद अथवा आनन्द प्राप्त हो, वही रस है। साथ ही साथ जीवन के सबक भी शामिल हैं, यकीनन ये अद्‌भुत कामयाबी कही जा सकती है जो देह से कथित अध्यात्म की ओर जाता है।

आचार्य जावडेकर (यदुनाथ थत्ते, युगवाणी, नागपुर, एमेजू 1990, पृ.9) के अनुसार–'क्रान्ति' को दसवाँ रस और 'आक्रोश' को ग्यारहवाँ रस मानना चाहिए। और 'विद्रोह' को भी रस बनाये जाने की बातें सामने आयीं। इस सन्दर्भ में माधव आचवल का मत है–"यह कौन-सा 'रस' है–यह रसास्वादन करते हुए, धीरे-धीरे

घूँट भरते और हर एक घूँट के साथ उसका स्वाद, स्पर्श, गन्ध, मुँह में घोलते हुए उसकी 'रसमयता' चखते हुए ही जाना जा सकता है।" (रसास्वाद : वाङ्मय और कला, पृ. 7) इन सब विमर्श को देखते हुए दलित साहित्य में विद्यमान दलितों के सामाजिक उत्पीड़न व जातिगत भेदभाव, संघर्ष, वेदना, आक्रोश, नकार, विद्रोह, अन्याय, ग़ैरबराबरी को रसास्वाद से जोड़कर देखना अनावश्यक विमर्श है। इसमें सामाजिक विभेद का कोई संघर्ष नहीं मिलता। इससे अलग यदि हम दलित आदिवासियों की जीवन शैली को देखें तो पायेंगे की ज़मीन का श्रमसौन्दर्य उनकी रग-रग में बसा दिखाई देगा। जिसमें जातीय उत्पीड़न की संघर्ष गाथाएँ मिलेंगी। इसी संघर्ष ने आज साहित्य की रूढ़ अवधारणा को बदलकर रख दिया है। जिसका सामाजिक विषमता के विरुद्ध मुख्य स्वर आक्रोश, नकार और विद्रोह का है। जिसके प्रेरणास्रोत बुद्ध, फुले, पेरियार और अम्बेडकर के मानवीय मूल्य हैं। जिसे हम लोक जीवन से जुड़ी कलाओं में देखते हैं। जैसे–रंगोली, भित्ति चित्र, लघुचित्र शैली, मिट्टी के शिल्प, कसीदेकारी, लोकगीत, रागिनियाँ और लोकनृत्य आदि जो हर राज्य की अलग-अलग परम्पराओं को हमारे सामने रखते हैं। जमुना देवी की मधुबनी शैली किसी से छिपी नहीं है, रामकिंकर बैज के मूर्तिशिल्प और सवी सावरकर के चित्र जो पूरी दुनिया को मेहनतकशों की जीवन शैली और सामाजिक संघर्ष के सौन्दर्य से परिचय करवा चुके हैं। दलित चिन्तन पर बनी हिन्दी फ़िल्में जिसमें फंड्री, सैराट, काला और जय भीम जैसी उपस्थिति ने भी दलित मुद्दों को उन्हीं की पृष्ठभूमि पर अन्य सामान्य फ़िल्मों से भिन्न प्रस्तुत किया। पश्चिम के चित्रकार विंसेंट वैन गॉग ने भी कला के विषय और पर्यायों की अवधारणाओं को तोड़ कर उपेक्षितों की दिनचर्या को रचा। लोककला के उदाहरण हड़प्पा से लेकर भीमबेटका, अजन्ता ऐलोरा, भाजा, कालरा, एलिफेंटा, कोणार्क और खजुराहो आदि में भी स्पष्ट देखे जा सकते हैं। दलित साहित्य व कला हज़ारों वर्षों के इसी भारतीय समाज व्यवस्था के संघर्ष की लम्बी यात्रा का परिणाम है।

दलित की अवधारणा–'दलित' शब्द–जाति-रंग-लिंग भेद के आधार पर जिसका सामाजिक रूप से दमन हुआ है, अछूत समझा गया, उत्पीड़न किया गया, शोषित, उपेक्षित, घृणित समझा गया, दबाया-कुचला गया, विनिष्ट, हतोत्साहित, वंचित किया गया। व्यापक अर्थों में दलित जिन्हें संवैधानिक तौर पर अनुसूचित जाति व अनुसूचित जनजाति सम्बोधित कर घोषित किया गया है, वह दलित है। कँवल भारती के अनुसार–"दलित वह है जिस पर अस्पृश्यता का नियम लागू किया गया। जिसे कठोर और गन्दे कार्य करने के लिए बाध्य किया गया है। जिसे शिक्षा ग्रहण

करने और स्वतन्त्र व्यवसाय करने से मना किया गया है और जिस पर सछूतों ने सामाजिक निर्योग्यताओं की संहिता लागू की, वही दलित है।"

स्वतन्त्रता के बाद, भारत के संविधान ने जाति व्यवस्था को ग़ैरक़ानूनी घोषित कर दिया लेकिन व्यवहार में यह अभी भी विभिन्न रूपों में मौजूद है। दलित शब्द आज ग़ैरबराबरी के ख़िलाफ़ उपेक्षित समाज की क्रान्ति का प्रतीक बन गया है तथा दलित साहित्य 20वीं सदी के उत्तरार्ध में आधुनिक भारत की जाति व्यवस्था के मुद्दे को उजागर करने वाली साहित्यिक धारा के रूप में उभरा। दलित लेखकों व आलोचकों ने इसकी व्याख्या और मूल्यांकन के लिए एक अलग सौन्दर्य मानदण्ड की घोषणा से आधुनिक और उत्तर-आधुनिक सामाजिक आन्दोलन ने सौन्दर्यशास्त्र की प्रकृति में एक आदर्श बदलाव आया है। जिससे दुनिया भर में, हाशिये पर पड़े निम्न वर्ग के साहित्य को वैश्विक मान्यता मिली।

जिस तरह से दलित साहित्य का स्वागत हुआ। वहीं इस पर सवर्ण लेखक आलोचकों ने उँगलियाँ भी उठाईं। किसी ने कहा कि इसकी अवधारणा कमज़ोर है, तो किसी ने कहा कि इसमें सौन्दर्यबोध नहीं है। कुछ ने माना कि निचली जाति और असभ्य होने के कारण दलित अपने कार्यों में सौन्दर्य की भावना पैदा नहीं कर सके। इसका प्रतिउत्तर बाबूराव बागूल के शब्दों में–"मनुष्य की मुक्ति को स्वीकार करने वाला, मनुष्य को महान मानने वाला, वंश, वर्ण और जाति श्रेष्ठत्व का प्रबल विरोध करने वाला साहित्य ही दलित साहित्य है।" इसी अवधारणा पर दलित साहित्य का अलग सौन्दर्यबोध/सौन्दर्यशास्त्र विकसित हुआ है। इसके अपने प्रतीक, बिम्ब और मानवीय आकर्षण किसी से छुपे नहीं रह गये हैं। ओमप्रकाश वाल्मीकि के शब्दों में–"दलित साहित्य 'आशय' को महत्त्व देता है। अभिव्यक्ति और शिल्प दूसरे स्थान पर आता है। जीवन अनुभवों की प्रामाणिकता 'आशय' को अर्थ-गम्भीर बनाती है। यह अर्थ-गाम्भीर्य डॉ. अम्बेडकर-दर्शन के विचार तत्त्व पर आधारित होना चाहिए। इसीलिए दलित साहित्य के सौन्दर्यशास्त्र का स्वरूप पारम्परिक सौन्दर्यशास्त्र से भिन्न है।"

शरणकुमार लिंबाले के अनुसार–"यह दावा सतही और संकीर्ण है। दलित लेखन को व्यापक परिप्रेक्ष्य में देखना चाहिए।" वे स्पष्ट रूप से दलित सौन्दर्यशास्त्र और पारम्परिक सौन्दर्यशास्त्र के बीच एक विभाजक रेखा खींचते हैं। वे कहते हैं–"दलित साहित्य का मूल्यांकन न तो संस्कृत सौन्दर्यशास्त्र के आधार पर किया जा सकता है और न ही पश्चिमी सौन्दर्यशास्त्र के आधार पर। दलित साहित्य का सौन्दर्यशास्त्र बुद्ध, फुले, अम्बेडकर के दर्शन पर ही आधारित हो सकता है।"

आलोचक इस विघटन पर दलित साहित्य के सौन्दर्यात्मक पहलू पर प्रश्न खड़ा करते हैं कि कोई साहित्य अपने पाठकों के लिए सौन्दर्यात्मक रुचि कैसे पैदा कर सकता है जो क्रोध, नाराज़गी, गाली-गलौज, नकार और अपमानजनक शब्दों, घृणित छवियों से भरा हुआ है? लेकिन वे भूल जाते हैं कि दलित साहित्य का जन्म अस्पृश्यता और घृणा की कोख से हुआ है और यही इसकी अवधारणा भी है। इस अनुभव के आधार पर ही दलित चिन्तकों ने आलोचना में कल्पना की नियति और आनन्द प्राप्ति जैसे सिद्धान्तों को सिरे से नकार दिया। दलित साहित्य में क्रोध और आक्रोश के पीछे एक ऐसा सौन्दर्यबोध है जो जीवन मूल्यों से परिपूर्ण मानवीय और यथार्थवादी है। यथार्थ को भी दो भागों में बाँटा जा सकता है–एक भोगा हुआ यथार्थ और दूसरा देखा हुआ यथार्थ। देखा हुआ यथार्थ भोगे हुए यथार्थ का जब साक्षी बनकर स्वीकृति देता है तब वह भोगे हुए यथार्थ को न्याय तक पहुँचाने का कार्य करता है। प्रेमचन्द इसी की पूर्ति करते हुए–सद्गति, ठाकुर का कुआँ, कफ़न, मन्दिर और सवासेर गेहूँ जैसी कहानियाँ और ग़बन, कर्मभूमि, सेवासदन, गोदान जैसे उपन्यासों में दलित विमर्श का उल्लेखनीय योगदान देते हैं। जिसकी अपेक्षा सदैव ही बनी रहती है। समाज में विभिन्न रूपों में व्याप्त ग़ैरबराबरी एवं अमानवीय प्रथाओं विशेषकर जाति-व्यवस्था को मिटाने के लिए कठोर विद्रोह एवं आक्रामक रहता है। दलित साहित्य रोज़मर्रा की ज़िन्दगी की घटनाओं को रोमांटिक बनाने में विश्वास नहीं रखता। बल्कि यह समाज को दर्पण दिखाता है ताकि लोग अपना बुरा प्रतिबिम्ब देख सकें। इस प्रकार, दलित साहित्य में सौन्दर्यशास्त्र–सामाजिक समता, स्वतन्त्रता, न्याय, बन्धुता और मानवतावादी दृष्टिकोण में निहित है। मानवतावादी दृष्टिकोण और मानवीय मूल्यों पर ज़ोर देना ही दलित साहित्य के वास्तविक सौन्दर्य के मानक हैं। जबकि परम्परागत साहित्य ने जाति-धर्म, समाज-समुदाय, वर्ण-वर्ग, क्षेत्र-भाषा के आधार पर अपने-अपने सौन्दर्य के मानक गढ़े और बुने। कोई रूप में सौन्दर्य देखता है, कोई बल में देखता है, कोई छल में देखता है, तो कोई ऊपरी आवरण में ही सौन्दर्य की तलाश करता है। जबकि चमड़ी और मन के बीच की धुरी में मनुष्यता की खोज ही सौन्दर्य की ज़मीन है। जिस तरह सुख-दुःख, प्रेम और सद्भावना अमूर्तन होते हैं ठीक वैसे ही सौन्दर्य को भी अमूर्तन माना जाना चाहिए जिसे बिना आकार के महसूस किया जा सकता हो। भारतीय सन्दर्भ में 'सत्यमेव जयते' और 'सत्यम् शिवम् सुन्दरम्' को मानक मानकर देखें तो भी मनुष्यता के पग दिखाई पड़ते हैं। कबीर इसके काफ़ी क़रीब थे, नानक और रैदास भी प्रर्दाय कहे जा सकते हैं। गांधी के सत्य अपनी धुरी पर बने रहे लेकिन अम्बेडकर के सत्य समाज

का सड़ा हुआ हिस्सा थे और यह हिस्सा कभी खुला नहीं था जिसे खोलने का काम बुद्ध से लेकर फुले तक ने अपने संघर्ष के रास्ते से किया और एक अलग मनुष्यता का मार्ग प्रशस्त किया। जिसे अपनाकर अम्बेडकर ने मानवीय मूल्यों की शिला पर मनुष्यता की इबारत लिखी। जिसे मिटाने की क्षमता शायद ही आज किसी में हो। इन सिद्धान्त-सूत्रों को अपनाये बिना किसी भी कोरी काल्पनिक रचना को दलित साहित्य का हिस्सा नहीं माना जा सकता। दलित साहित्य का लक्ष्य काव्यात्मक चमत्कार उत्पन्न करना नहीं बल्कि इसका लक्ष्य सामाजिक न्याय और बराबरी की पुकार है। अस्मिता के आधार पर इस साहित्य की अलग सत्ता को स्वीकार करने की अपेक्षा, इसे साहित्य में आरक्षण की माँग कह कर ख़ारिज करने की कोशिश की गयी। जबकि सौन्दर्यशास्त्र की सवर्ण शास्त्रीय धारणाएँ साहित्य का मूल्यांकन आदर्श, कल्पना और अध्यात्मवाद की अवधारणा के आधार पर स्थापित हुई। जो साहित्य को अस्पष्ट और अवास्तविक बनाता है। जिसमें इधर-उधर की तो बहुत बातें लेकिन जातिभेद-उत्पीड़न उन्हें कभी विचलित नहीं करता, दलित साहित्य उसी विचलन का प्रतिरोध है। यही दृष्टिकोण दलित साहित्य की अवधारणा और उसके महत्त्व को आकार देने में सफल साबित हुआ है। जो साकार भी है और अमूर्तन भी। इस अवधारणा में भारतीय दलित साहित्य मानवमुक्ति के संघर्ष में ही सौन्दर्य ढूँढ़ता है। यह उन लोगों का साहित्य है जो हज़ारों वर्षों तक सामाजिक और सांस्कृतिक रूप से शोषित-पिछड़े रहे। दलित लेखकों के लिए साहित्य लोगों में उनके शोषण के प्रति चेतना पैदा करने का एक माध्यम रहा है। दलित साहित्य पाठक की संवेदनाओं को उस समाज में होने वाले अमानवीय व्यवहार के प्रति जाग्रत करता है, जिसमें वे रहते हैं।

दलित साहित्य के मूल्यांकन से पूर्व परम्परावादी समीक्षकों को भारतीय समाज व्यवस्था, वर्ण-व्यवस्था, जातिभेद, जाति-संघर्ष, विषमताओं, भेदभावों, सामन्ती सोच, ब्राह्मणवादी दृष्टिकोण, अन्तर्विरोधों, आर्थिक-सामाजिक मनोस्थितियों, सांस्कृतिक पृष्ठभूमियों का विश्लेषण करना होगा, भारतीय राजनीति को समझकर साहित्य का सामाजिक अध्ययन करना होगा। तभी दलित साहित्य का सही और यथार्थपरक मूल्यांकन सम्भव हो सकेगा। दलित समुदाय सदा श्रम से जुड़ा मेहनती प्रवृत्ति और प्रकृति पूजक रहा है वह जानता है कि मूलभूत रूप से प्रकृति ही उसकी पालक है न कि मनगढ़ंत कोई देवी-देवता। आर्यों के पाखण्ड ने दलितों में काल्पनिक देवी-देवताओं को रोपित कर उन्हें हत्याओं पर खड़े किये गये उत्सव, व्रत-उपवास, पूजापाठ जैसे कर्मकाण्डों में उलझा दिया जिससे दलितों का कभी कोई

लेना-देना नहीं रहा लेकिन आज दलित अपनी प्रकृति को भूलकर सवर्णों के पाखण्ड ढो रहे हैं ख़ासतौर से दलित स्त्रियाँ इस झाँसे में ज़्यादा फँसी हैं। जिस सनातन संस्कृति को समृद्ध होने का पर्याय माना जाता है वह एकतरफ़ा वर्चस्व बनाये रखने हेतु शोषणकारी और अन्यायपूर्ण मानसिकता का दम्भ भरती है। संस्कृति की आड़ में वर्णव्यवस्था की नीति ने सदियों तक दलितों के भीतर हीनताबोध जमाये रखा। जिसके अन्तर्गत एक बड़े वर्ग को पशुवत जीवन जीने के लिए विवश किया गया। निस्सन्देह ही दलित साहित्य इस षड्यन्त्रकारी संस्कृति को उजागर कर मनुसंहिता की मानवीय मूल्य विरोधी और हिन्दी साहित्य के रसास्वादन लेखन के विरुद्ध बुद्ध के सूत्र–सामाजिक समानता, न्याय और बन्धुता का निर्माण कार्य करने हेतु प्रतिबद्ध और संकल्पित है। दलित साहित्य मनुष्य से मनुष्यता की पहचान करवाता है। यही वैचारिक चेतना इस साहित्य का सौन्दर्य है। यही बोध सामाजिक परिर्वतन का आधार है। जहाँ किसी भी प्रकार का अपमान, असमानता नहीं। यही विश्वास मानव जीवन का लेखा-जोखा दलित साहित्य का मूल सौन्दर्य है जिसमें असमानता के विरुद्ध अंशमात्र भी प्रतिशोध नहीं बल्कि प्रतिरोध के स्वर गुंजायमान हैं। प्रतिरोध की यही चेतना सामाजिक समता की संरचना और परिवर्तन के लिए अनिवार्य तत्त्व है। और देखा जाये तो इससे सुन्दर और क्या हो सकता है कि मनुष्य अपने को पहचाने और समझे। शरणकुमार लिंबाले के इस विचार से पूर्णतः सहमत हुआ जा सकता है–"दलित साहित्य की केवल साहित्य के रूप में समीक्षा होनी चाहिए। चूँकि यह दलितों द्वारा रचित साहित्य है इसलिए सहानुभूति का दृष्टिकोण अपनाकर इसकी स्तुति करना पूर्णतः अनुचित है।" यह कथन इस बात की पुष्टि करता है कि दलित साहित्य को उसकी अपनी कसौटी पर कसकर देखना चाहिए न कि बतौर सहानुभूति।

मोहनदास नैमिशराय 'दलित' शब्द को और अधिक विस्तार देते हुए कहते हैं कि दलित शब्द मार्क्स प्रणीत सर्वहारा शब्द के लिए समानार्थी लगता है। लेकिन इन दोनों शब्दों में पर्याप्त भेद भी है। दलित की व्याप्ति अधिक है तो सर्वहारा की सीमित। दलित के अन्तर्गत सामाजिक, धार्मिक, आर्थिक, राजनीतिक शोषण का अन्तर्भाव होता है, तो सर्वहारा केवल आर्थिक शोषण तक ही सीमित है। प्रत्येक दलित व्यक्ति सर्वहारा के अन्तर्गत आ सकता है लेकिन प्रत्येक सर्वहारा को दलित कहने के लिए बाध्य नहीं हो सकते अर्थात सर्वहारा की सीमाओं में आर्थिक विषमता का शिकार वर्ग आता है, जबकि दलित विशेष तौर पर सामाजिक विषमता का शिकार होता है। दलित शब्द व्यापक अर्थबोध की अभिव्यंजना देता है। भारतीय समाज में जिसे

अस्पृश्य माना गया वह व्यक्ति ही दलित है। वनों के बीच जीवनयापन करने के लिए बाध्य जनजातियाँ और आदिवासी, जरायम-पेशा (वह जो चोरी, डकैती आदि अपराध करके अपनी जीविका चलाता हो) घोषित जातियाँ को इस दायरे में रखा गया। जो आज भी प्रशासन में उनके उत्पीड़न का कारण बना हुआ है। ये कम श्रम मूल्य पर चौबीसों घण्टे काम करने वाले श्रमिक, बँधुआ मज़दूर व स्त्रियाँ दलित की श्रेणी में आते। इन विवेचनाओं एवं विश्लेषणों के आधार पर जो तथ्य स्थापित होते हैं, उनसे यह निष्कर्ष निकलता है कि दलित शब्द सामाजिक क्रान्ति का प्रतीक बन गया है। यह विषमता के ख़िलाफ़ विरोध और नकार के संकेत करता है। यह नकार या विरोध चाहे समाज व्यवस्था का हो, विसंगतियों का हो या धार्मिक, आर्थिक रूढ़ियों का हो या भाषा प्रान्त के अलगाव का हो या साहित्यिक परम्पराओं, मानदण्डों या उसके कला व सौन्दर्य पक्ष का हो, दलित साहित्य ग़ैरबराबरी के विरुद्ध संघर्ष से उपजा साहित्य है जो मानवीय संवेदनाओं के सरोकारों से जुड़कर समाज के प्रति सद्भावना हेतु प्रतिबद्धता स्थापित करता है। यूँ कहना चाहिए कि दलित साहित्य अगरबत्ती का नहीं, आन्दोलन का साहित्य है। तभी तो दलित साहित्य जितनी भी भाषाओं में लिखा गया, उसका एकमात्र स्वर सामाजिक परिवर्तन ही रहा है।

एक साक्षात्कार में ओमप्रकाश वाल्मीकि ने शरणकुमार लिंबाले से पूछा– "दलित साहित्य का सौन्दर्यशास्त्र अलग होना चाहिए, ऐसी भी चर्चा है। आप इस विषय में क्या सोचते हैं?"

इस पर लिंबाले जी का जवाब था–"बिल्कुल अलग होना चाहिए। क्योंकि अभी तक साहित्य में राजा, महाराजाओं का ही चित्रण था। किसी लब्धप्रतिष्ठित वर्ग को ही प्रतिष्ठित करता था वह सौन्दर्यशास्त्र, जो दलित साहित्य के साथ न्याय नहीं कर सकता। क्योंकि दलित साहित्य आम आदमी की बात करता है। आम आदमी का चेहरा, नस्ल अलग है। पारम्परिक सौन्दर्यशास्त्र का स्थायी भाव आनन्द है। जिस कलाकृति को पढ़कर ज़्यादा आनन्द की अनुभूति होगी, वही उत्कृष्ट है। क्या आनन्द ही जीवन में सर्वश्रेष्ठ भाव है, मैं नहीं मानता। समता, बन्धुता, स्वतन्त्रता का भाव आनन्द से बढ़कर कहीं ज़्यादा मूल्यवान है।

सूरजपाल चौहान भी दलित अवधारणा पर शरणकुमार लिंबाले से पूछते हैं– "डॉ. साहब आपके मतानुसार दलित साहित्य की अवधारणा अलग से ज़रूरी है। ये अलगाव के बिन्दु कौन-कौन से हैं?" इस पर वे कहते हैं–"बाबा साहब भीमराव अम्बेडकर ने कहा था, 'इस देश में दो देश हैं। एक भारत और दूसरा बहिष्कृत भारत।' आज भी यह चित्र बदला नहीं है। गाँव और शहर में दलित बस्ती और

सवर्ण बस्ती में सीमा रेखा स्पष्ट दिखाई देती है। ऐसे ही समाज में जो भेद हैं, वह साहित्य में भी दिखाई देते हैं। जैसे दलित समाज अलग है, वैसे ही दलित साहित्य अलग है। दलित लेखकों की प्रतिबद्धता की भावना, उनकी दलित चेतना, उनकी भाषा और यथार्थ चित्रण ही दलित साहित्य को सवर्ण साहित्य से अलग कर देता है। सूरज जी, हमारी तो भाषा तक का शोषण हुआ है। दूसरा, हमारा लेखक-कार्यकर्ता आन्दोलन से जुड़ा है और अपने लेखन को हथियार मानकर चलता है। ये सब बातें ही दलित साहित्य की अवधारणा को पृथक् करती हैं।" वे आगे कहते हैं–"मनुष्य सबसे अधिक अपनी स्वतन्त्रता से प्रेम करता है। इतिहास गवाह है कि वह उसके लिए जीता और मरता आया है। इसी में उसकी सम्पूर्ण मौलिकता का वास है जहाँ वह प्रसन्न रहता है। यदि वही उससे छीन ली जाये तो वह अवसाद के गर्त में समा जायेगा। यही दलित साहित्य का मूल तत्त्व है जिसकी वह वकालत करता है। मैंने देखा है समता के लिए आन्दोलन हुए हैं, न्याय के लिए लड़ाइयाँ हुई हैं। और बन्धुता के लिए सत्याग्रह हुए हैं। लेकिन आनन्द के लिए ऐसा कुछ भी नहीं हुआ है। स्वतन्त्रता के लिए आत्म-बलिदान हुए हैं, लोग जेल जाते हैं, बड़े-बड़े आन्दोलन होते हैं। लोग मरते हैं आनन्द के लिए ऐसा कुछ भी नहीं होता है। क्या आनन्द से बड़ा स्वतन्त्रता मूल्य नहीं है? दलित साहित्य का सौन्दर्यशास्त्र का विचार, फुले-अम्बेडकर की विचारधारा है जो मनुष्य की स्वतन्त्रता की बात करती है। यही वह बिन्दु है जो आनन्दवादियों से हमारी सोच को अलग करता है। इसीलिए हमारा सौन्दर्यशास्त्र अलग होगा। दलित साहित्य की रचना पढ़कर पाठक के मन में स्वतन्त्रता की चेतना प्रखर रूप से जाग्रत हो। जो कृति इस चेतना को उदात्त भाव से जगाये वही श्रेष्ठ कलाकृति है, ऐसा मैं मानता हूँ।" इसी स्वतन्त्रता को छीनने के लिए वर्णव्यवस्था ने साम, दाम, दण्ड, भेद के आधार पर समाज को बाँटने का काम किया। यही मनुष्य की कमज़ोरी भी है कि वह इन षड्यन्त्रों में फँसकर अपना नुक़सान कर बैठता है जो धीरे-धीरे परम्परा का रूप धारण कर लेती है और यही परम्परा संस्कृति में तब्दील होकर मनुष्य को मनुष्य का ग़ुलाम बनाने का काम करती आयी है। आख़िर क्या वजह रही है कि भारतीय समाज जाति-व्यवस्था जैसी बीमारी से ग्रस्त हुआ और मानव-मानव के बीच विभेद एवं विषमतापरक व्यवस्था फैली। इसी चिन्तन के बीच दलित साहित्य फुले-अम्बेडकर के जीवन-संघर्ष, विज़न एवं दर्शन से प्रेरणा लेकर अपने वैचारिक स्तर को विकसित कर रहा है और बुद्ध से प्रेरित हो रहा है। वहीं सौन्दर्यबोध का निर्णय करने के लिए कोई शाश्वत नियम नहीं होता है। चेतना के अनुरूप ही उसका सौन्दर्यबोध भी ऐतिहासिक विकास

का प्रतिफलन होता है। प्रेमचन्द भी सुन्दरता की परम्परागत क़सौटी को बदलने की बात करते हैं। जबकि नामवर सिंह दलित साहित्य के लिए अलग से सौन्दर्यशास्त्र को अनावश्यक करार देते हैं। वहीं डॉ. एन. सिंह दलित साहित्य का शिल्प सौन्दर्य प्रहार में पाते हैं। और राजेन्द्र यादव इस सौन्दर्य को संघर्ष, यातना और विज़न में खोजते हैं। दलित साहित्यकार पारम्परिक साहित्य के सौन्दर्यशास्त्र के प्रतिमानों से अलग संघर्ष बोध के सौन्दर्यशास्त्र की आवश्यकता महसूस करते हैं।

मैनेजर पाण्डेय का कहना है–"कोई भी सौन्दर्यशास्त्र एक दिन में नहीं बनता। प्रतिरोध और विकल्प का सौन्दर्यशास्त्र तो और भी नहीं। वैसे तो हिन्दी में कोई विकसित सौन्दर्यशास्त्र नहीं है, लेकिन जो है उसके पीछे एक ओर संस्कृत के काव्यशास्त्र की लम्बी परम्परा है तो दूसरी ओर पश्चिम के सौन्दर्यशास्त्र का प्रभाव। स्वयं पश्चिम में सौन्दर्यशास्त्र का विकास कई सदियों में हुआ है। जो लोग कहते हैं कि सौन्दर्यशास्त्र का जाति, वर्ग और विचारधारा से क्या लेना-देना, वे या तो बेवकूफ़ हैं या बदमाश। सौन्दर्यशास्त्र कला की अलौकिक अनुभूति नहीं है। वह कलात्मक सौन्दर्य के बोध और मूल्यों का शास्त्र है, और बोध की प्रक्रिया तथा मूल्यों के निर्माण में जाति, वर्ग और लिंग से जुड़ी विचारधाराओं की महत्त्वपूर्ण भूमिका होती है इसीलिए दलित सौन्दर्यशास्त्र का विकास दलित समाज, उसकी चेतना, संस्कृति, विचारधारा और दलित सौन्दर्यशास्त्र के विकास पर निर्भर है, जो एक लम्बी प्रक्रिया में होगा।"

एक अन्य साक्षात्कार में बजरंग बिहारी तिवारी भी दलित सौन्दर्यशास्त्र पर लिंबाले जी से पूछते हैं–"आपने दलित सौन्दर्यशास्त्र की अवधारणा पर काम किया है। दलित सौन्दर्यशास्त्र पर आपकी पुस्तक सभी भारतीय भाषाओं में शायद पहली पुस्तक है। आप दलित सौन्दर्यशास्त्र की ज़रूरत, उसकी बनावट व बुनावट पर कुछ कहें। हिन्दी में तो अभी मुख्य बहस इस मोड़ पर है कि दलित-लेखन को किसी सौन्दर्यशास्त्र की ज़रूरत नहीं। सौन्दर्यशास्त्र का आग्रह दलित पीड़ा को, उस दंश की तीव्रता को कुंद करेगा?"

इस पर लिंबाले जी कहते हैं–"दलित साहित्य को किसी सौन्दर्यशास्त्र की ज़रूरत नहीं ऐसा कहना ग़लत होगा। दलित साहित्य को अलग सौन्दर्यशास्त्र की ज़रूरत है। सौन्दर्यशास्त्र साहित्य की फिलॉसफ़ी है। साहित्य के निर्माण के लिए सौन्दर्यशास्त्र की ज़रूरत नहीं होती। साहित्य के निर्माण के बाद उसकी मीमांसा करने के लिए सौन्दर्यशास्त्र की ज़रूरत होती है। समीक्षाशास्त्र का एक ब्रांच है सौन्दर्यशास्त्र। इसके अध्ययन से लेखक और पाठक को भी लाभ होगा।

सौन्दर्यशास्त्र दलित पीड़ा और दंश को कुन्द करेगा ऐसा सोचने वालों ने, न तो सौन्दर्यशास्त्र का अध्ययन किया है न ही उन्हें इसमें रुचि है। सवर्ण साहित्य का सौन्दर्यशास्त्र अपने साहित्य को कला मानना है और साहित्य सृजन को आनन्द देने का हेतु। दलित साहित्य, दलित आन्दोलन का हथियार है और वह दलितों की मुक्ति के लिए लिखा जाता है। इसे लेकर मराठी में दलित साहित्य के सौन्दर्यशास्त्र पर बहस हुई है। हिन्दी में भी ओमप्रकाश वाल्मीकि जी ने इस पर लिखा है। दलित साहित्य का विषय, आशय अलग है, दलित साहित्य का नायक और स्वर अलग है। दलित साहित्य कला नहीं बल्कि सोशियल, पोलिटिकल डॉक्यूमेंट है। इसका लक्ष्य मानव मुक्ति है पाठक का आनन्द नहीं। इसकी थ्योरी अपने अधिकार और स्वतन्त्रता की भावना से विकसित हुई है। इसे ध्यान में रखकर इस साहित्य की चर्चा होनी चाहिए। ऐसी चर्चा के लिए हम अलग सौन्दर्यशास्त्र की बात करते हैं। इस दिशा में विकास करने का प्रयास भी किया है।"

दूसरी ओर चंचल चौहान अपनी पुस्तक 'साहित्य का दलित सौन्दर्यशास्त्र' में शरणकुमार लिंबाले और ओमप्रकाश वाल्मीकि के दलित सौन्दर्यशास्त्र के सिद्धान्तों की मौलिकता को सिरे से नकारते हुए कहते हैं–"दलित साहित्य के सामने आज जो चुनौती है वह है ठहराव की। इसी ठहराव का प्रतिबिम्ब हमें किसी नये सौन्दर्यशास्त्र के न रच पाने में दिखाई देता है। लगता है कि आत्मकथाएँ लिखने के बाद दलित साहित्य की क्षमताएँ चुक गयीं। कविता में सदियों से चले आ रहे सवर्णीय अत्याचार का चित्रण और अपने आक्रोश की अभिव्यक्ति भी सबने ख़ूब कर ली। अब क्या करें? अब नया कथ्य क्या लायें, नया 'आशय' और नया 'आकार' क्या हो जो बासी न लगे? यह तो रचनात्मक साहित्य की हमेशा ही माँग रही है।" वे इस पर सलाह भी देते हैं–"मुझे लगता है कि दलित साहित्य का सौन्दर्यशास्त्र रचने के बजाय हम पूरे साहित्य के आकलन के लिए अम्बेडकरवादी नज़रिये से 'साहित्य का दलित सौन्दर्यशास्त्र' क्यों न रचें? जिस तरह मार्क्स के नज़रिये से दुनिया भर के साहित्य को देखने-परखने के लिए 'मार्क्सवादी सौन्दर्यशास्त्र' की रचना हुई।" हाँ ज़रूर, पाश्चात्य दर्शन के मार्क्सवादी सौन्दर्यशास्त्र और ब्लैक सौन्दर्यशास्त्र से इसका अन्त:सम्बन्ध ज़रूर देखा जा सकता है, लेकिन भारत में उसका भी स्वरूप पारम्परिक भारतीय सौन्दर्यशास्त्र से भिन्न नहीं कहा जा सकता। मार्क्सवादी दर्शन की जो ज़मीन रही है, वह भारतीय समाज की नहीं है। इसी वजह से भारत में मार्क्सवादी दर्शन अपना सौन्दर्यशास्त्र नहीं गढ़ पाये हैं, वहीं दलित साहित्य का सौन्दर्यशास्त्र भारतीय समाज की सरज़मीन की उपज है। भूमण्डलीकरण एवं बाज़ारवाद की

पूँजीवादी मानसिकता का विरोध करता है। लोकसंस्कृति से ही भारतीय इतिहास लेखन की दृष्टि विकसित करता है। रस बनाम जीवन मूल्यों का सिद्धान्त ही दलित साहित्य का सौन्दर्यशास्त्र है। दलित साहित्य में सौन्दर्य की परिभाषा कल्पना और आदर्श से परे सामाजिक यथार्थ में जातिगत उत्पीड़न और उपेक्षा से जन्मा साहित्य है। पसन्द-नापसन्द, जीवन-मूल्यों का आधार बनती है। दलित साहित्य सिर्फ़ एक साहित्यिक आन्दोलन भर नहीं है। बल्कि दलित समाज की सांस्कृतिक, सामाजिक, राजनीतिक आकांक्षाएँ भी साहित्य की भाषा में व्यक्त हो रही हैं। इसके विपरीत हिन्दी साहित्य में सौन्दर्यशास्त्र की विवेचना-कल्पना, बिम्ब और प्रतीकों और स्त्रियों का नख-शिख वर्णन को ही कलावादियों ने प्रमुख माना है। कला और साहित्य में सौन्दर्यबोध जहाँ संस्कारजन्य परिवेशगत है। यह सर्वविदित है कि मार्क्स का दर्शन वर्ग आधारित है जबकि दलित दर्शन वर्ण आधारित है। ये अन्तर अर्थ और जाति का है जिसे भारतीय समाज दो अलग-अलग आँख से देखता है। यही दृष्टिकोण शोषण का रूपभेद है।

सवर्ण साहित्यकार समाज व विज्ञान की बहिर्गत सौन्दर्य साधना से मुक्त होकर मानव समाज को आन्तरिक जीवन की सौन्दर्य साधना पर आरोपित व आरूढ़ करना चाहता है। उसकी सौन्दर्यवृत्ति में एक काल्पनिक रंगीनी होती है। वह वस्तु के अन्तर्निहित सौन्दर्य के अन्वेषण में गतिशील रहता है जबकि दलित साहित्य का सर्जक सामाजिक सरोकारों से जुड़कर जीवन की विषमताओं, धार्मिक विसंगतियों, शोषण से निर्मित कृत्रिम उपादानों, मानव-मानव के मध्य बने अन्तराल को मापने का प्रयास करता है। डॉ. मुल्कराज आनन्द का मानना था–"आज यदि हमारे देश में, साहित्य में कोई सार्थक या उपयोगी कुछ हो रहा है तो वह दलित लेखन है।" यह कथन सही साबित हो रहा है। नया सृजन सदैव ही नया सौन्दर्य उत्पन्न करता है। मानव और मानवीय अधिकार दलित साहित्य की कसौटी है। इसमें किसी भी प्रकार की विषमता असमानता न्यायोचित नहीं है। दलित साहित्य की अवधारणा समतामूलक है। दलित साहित्य इसी समतामूलक सौन्दर्यबोध की स्थापना करता है। पहले इसका सौन्दर्य याचना में देखा गया, फिर आक्रोश में और अब इसे सामाजिक चेतना और बदलाव में देखा जा रहा है। दलित जीवन का श्रम ही दलित साहित्य की मूल संवेदना व सौन्दर्य है। यह विषमता के प्रति आक्रोश, विद्रोह और नकार कोई नकारात्मक मूल्य नहीं है बल्कि यह एक समुदाय का सामाजिक विज़न है जो पारम्परिक व्यवस्थाओं के ख़िलाफ़ अपनी अस्मिता की रक्षा करता है। फुले के 'सत्यशोधक समाज' की संरचना भी इसी तर्ज़ को व्याख्यायित करती है।

दलित विचारकों ने दलित साहित्य की अवधारणा को स्पष्ट करते हुए साहित्यिक अभिरुचि के परिवर्तन को रेखांकित किया है। ओमप्रकाश वाल्मीकि के अनुसार–"हिन्दी साहित्य में ढूँढ़ने पर भी हमें अपना चेहरा दिखाई नहीं देता।" शरणकुमार लिंबाले का विचार है–"अछूत का अनुभव, जाति-व्यवस्था का कलंक अलग कर दिया जाये तो सर्वहारा का जीवन एक जैसा होता है। प्रत्यक्ष जाति-व्यवस्था होने के बावजूद उसे नकार कर सभी का जीवन एक समान है, यह कहना वास्तविकता को नकारना तथा यथार्थ पर लीपा-पोती करना है। अछूत के अनुभव की ओर से आँखें नहीं मोड़ी जा सकतीं क्योंकि दलित साहित्य का जन्म ही अस्पृश्यता की कोख से हुआ है। इसी अनुभव के आधार पर ही दलित चिन्तकों ने आलोचना में कल्पना और आनन्द की प्राप्ति जैसे सिद्धान्तों को सिरे से नकार दिया" उनके अनुसार प्रगतिशील आलोचना भी उनके जीवन को काल्पनिक ढंग से प्रस्तुत करती है। सहानुभूति के लिए रहस्य रोमांच का ऐसा वायवीय लोक रचती है जो यथार्थ से कोसों दूर है। जातिगत असमानता पर अवस्थित यथार्थ का सही चित्रण दलित साहित्य की आलोचना का सबसे बड़ा प्रतिमान है। यही तत्त्व उनके कथ्य और भाषा दोनों को निर्देशित करता है साहित्यिक आलोचना की कसौटियों का निर्माण इस आधार पर होना चाहिए कि बोलने वाले की 'सामाजिक स्थिति' एवं 'भौतिक उपस्थिति' उसके लेखन को कैसे नियन्त्रित करती है अर्थात उसका स्थान और समय, उसकी अभिव्यक्ति के अर्थ आशय को कई स्तरों पर प्रभावित करता है। यह अकारण नहीं है।

दलित साहित्य की आधारभूत रचनाएँ बेशक आत्मकथात्मक हैं। जैसे–शरण कुमार लिंबाले की 'अक्करमाशी', दया पंवार की 'अछूत', मोहनदास नैमिशराय की 'अपने-अपने पिंजरे', ओमप्रकाश वाल्मीकि की 'जूठन', श्यौराज सिंह बेचैन की 'मेरा बचपन मेरे कन्धों पर, कौशल्या बैसन्त्री की 'दोहरा अभिशाप', सूरजपाल चौहान की 'तिरस्कृत' और 'सन्तप्त', बेबी कांबले की 'जीवन हमारा', कावेरी की 'टुकड़ा टुकड़ा जीवन', तुलसीराम की 'मुरदहिया' व 'मणिकर्णिका', रजनी तिलक की 'अपनी ज़मीन अपना आसमान' और सुशीला टाकभौरे की 'शिकंजे का दर्द' ऐसी आत्मकथाएँ हैं जिसने दलित साहित्य को स्थायी पहचान दी। इनके माध्यम से रचनाकारों के जीवन की ओर तो हमारा ध्यान गया ही, साथ ही अन्यायपूर्ण सामाजिक व्यवस्था भी बेपर्दा होती है और समाज का सच सामने आता है। यही सच दलित साहित्य की अन्तर्वस्तु है। 'मैं साधु नहीं' काव्य-संग्रह से 'सौन्दर्य' नामक कविता को देखें–"सौन्दर्य/चमड़ी और/मांसपेशियों से/निकलकर/मन के

गहरे तक/जाति-धर्म के आवरण से निकलकर/मनुष्यता के आँगन तक/मानवीय पगडण्डियों से चलकर/पहुँचना अभी बाक़ी है/जहाँ स्वस्थ विचारों के/आविष्कार से/जब नये द्वार खुलेंगे/उसी से/वास्तविक सौन्दर्य के झरने फूटेंगे।" कविता का अनुनय-विनय साहित्य सद्भावना के सौन्दर्य को प्रेषित करता है। जिसमें आक्रोश संयत होकर सौन्दर्य के लिए आग्रहयुक्त है। जो मनुष्य हित को साधता है।

दलित साहित्य के सौन्दर्यशास्त्र के मूल्यांकन की कसौटी के निम्न 7 मूल सूत्र-सिद्धान्त–

1. पाखण्ड, अन्धविश्वास और मिथकों की परिकल्पना का तर्कसंगत खण्डन करना।
2. सच, विनम्रता और अहिंसा का पालन करना।
3. बुद्ध, फुले, अम्बेडकर के सामाजिक दर्शन को महत्त्व देना।
4. घृणा के बदले सद्भावना का भाव जाग्रत करना।
5. जातिमुक्त समाज के लिए प्रयासरत होना।
6. प्रतिबद्धता से नैतिक मूल्यों को स्थापित करना।
7. सौन्दर्यबोध, रूपता-कुरूपता से परे की द्रष्टा का होना।

'संवेदनात्मक ज्ञान और ज्ञानात्मक संवेदना' को भी कला-साहित्य का आधार हिस्सा होना चाहिए है। यदि इसको हिन्दी और दलित साहित्य के सौन्दर्यशास्त्र का आठवाँ सूत्र व मापक माना जाये तो यह दोनों साहित्यों के बीच एक सेतु सूत्र का काम कर सकता है। यह सूत्र सिर्फ़ शब्द सौन्दर्य और व्याकरण की वकालत नहीं करता बल्कि संवेदनाओं की बात करता है और संवेदना सीधे-सीधे वेदना-चेतना की अनुभूति से जुड़ती दिखती है। यह द्रष्टाभाव एक मनुष्य के जीवन में ख़ुद के शामिल होने, उसे बाहर से देख सकने की क्षमता से ही सम्भव है। द्रष्टा, स्वयं से बाहर ख़ुद को द्रष्टाभाव में देखना जहाँ शरीर क्षेत्र भर हैं, जहाँ घटनाएँ घटती हैं। वहाँ तुम क्षेत्रज्ञ हो, जो घटनाओं को जानता है, साक्षी बनता है। अगर यह एक सूत्र जीवन में फलित हो जाये, तो फिर वह दलित अदलित से अलग संवेदनात्मक ज्ञान तक पहुँचता है। कला-साहित्य यही कार्य यथास्थान, स्थानीयकृत, क्षेत्रीय, दूरवर्ती और स्थिर-अस्थिर होकर करता है। इसमें व्यक्तिगत जीवन से ज़्यादा सामाजिक जीवन का लेखा जुड़ता है। यह जुड़ाव ही इसको महत्त्वपूर्ण बनाता है और यह कला-साहित्य की रूढ़ अवधारणाओं को भी पीछे धकेलता है। अशोक चक्रधर ने मुक्तिबोध के इस विचार को कुछ इस तरह व्याख्यायित किया है–"बिना संवेदना के कोई ज्ञान अस्तित्व नहीं रखता और बिना ज्ञान के कोई संवेदना परिपक्व नहीं होती।"

यदि इसको ऐसे देखा जाये–संवेदनात्मक ज्ञान मतलब दलित लेखन और ज्ञानात्मक संवेदना ग़ैरदलित लेखन तो ज़्यादा सही होगा। कोरे ज्ञान और कोरी संवेदना का क्या आख़िर कर सकते हैं, यह किस ही काम के हैं। एक-दूसरे के बिना यह व्यर्थ ही साबित है।

यह प्रमाणित है कि दलित साहित्य की आरम्भिक यात्रा याचना से शुरू हुई और इसका सौन्दर्य दलित जीवन के जुझारूपन से पनपा जिसे बाँटा नहीं जा सकता, जिसे हम देख तो सकते हैं लेकिन इसकी पीड़ा तक पहुँचा नहीं जा सकता। जो साहित्य अन्याय के विरुद्ध सवाल करता या उठाता है। इससे इतर सौन्दर्य कहाँ खोजा जा सकता है। सौन्दर्य दबाने में नहीं उजागर करने में है। यह सिद्धान्त सत्य को पोसने की पहली शर्त है। व्यापक स्तर पर देखा जाये तो दलित साहित्य जीवन संघर्ष का साहित्य है जिसमें उन उपेक्षाओं का ज़िक्र मिलता है जो जाति-लिंग-रंगभेद के संघर्ष में बीता है। और उससे बाहर निकलने का मार्ग दलित साहित्य की कसौटी है। यही कसौटी इसका आन्तरिक सौन्दर्य है। सनद रहे दलित साहित्य रिपिटेशन का नहीं, बारंबार हो रहे जातिगत उत्पीड़न का लेखन है।

यह भी सच है कि दलित साहित्य के आरम्भिक स्वर तीव्र आक्रोश से भरे रहे हैं। जिसमें उत्पीड़न, शोषण और तिरस्कार के अलावा संघर्ष, त्याग-बलिदान और प्रेम की गाथाएँ तो दलितों के जीवन का हिस्सा रहेगा ही लेकिन जब समाधान की बात होगी तो इसमें सबका साथ शामिल होना आवश्यक होगा। बग़ैर सभी जातियों के सहयोग के इस जातिवाद से लड़ना मुश्किल ही नहीं नामुमकिन है। यदि ऐसा नहीं हो पाता है तो हम भी कहीं न कहीं जातिवाद की जड़ों में पानी देने का काम कर रहे होंगे। माफ़ीनामा लिखने वाले वरिष्ठ कवि मदन कश्यप के इस कथ्य से सहमत हुआ जा सकता है–"सम्पूर्णता से स्वीकारना और सम्पूर्णता से नकारना भी यक़ीनन ब्राह्मणवाद का ही एक रूप है।" आस्वाद को बदलना होगा तभी सौन्दर्यबोध की व्याख्या सम्भव है। लोकतन्त्र में सभी की आहुति शामिल होना लाज़मी है। जिस तरह से बाबा साहब डॉ. अम्बेडकर ने गांधी जी की तर्ज़ पर महाड़ सत्याग्रह किया और बाद में 25 दिसम्बर 1927 में इसके अधिवेशन में अपने ब्राह्मण साथियों के साथ मिलकर मनुस्मृति का दहन किया जो एक क्रान्तिकारी कार्य था। इसमें ग़ैरदलितों का शामिल होना यह दर्शाता है कि मानवहित के पक्ष में खड़े होना किसी जाति-धर्म को महत्त्व नहीं देता। इसी सकारात्मक दृष्टिकोण से हमें प्रगतिशील मानदण्डों के साथ-साथ इस समाज की दशा और दिशा बदलनी होगी।

रमणिका गुप्ता का मानना था–"दलित साहित्य ने सामाजिक समानता और राजनीतिक भागीदारी को भी साहित्य का विषय बनाकर उनकी आर्थिक समानता की अधूरी मुहिम को पूर्णता दी। इन तीनों मुद्दों पर समानता प्राप्त किये बग़ैर मनुष्य पूर्ण समानता प्राप्त नहीं कर सकता। दलित साहित्य इस पूर्ण समानता के लिए संघर्षरत है। दलित आलोचना और साहित्य में, दया और सहानुभूति के पर्दे गिराकर, अपने पर हुए अत्याचारों का हिसाब माँगा जा रहा है। इस प्रक्रिया में कुछ व्यक्ति या जातियाँ ही कटघरे में नहीं होंगी, पूरे समाज को जवाब देना होगा कि कैसे उसने अपने जनसमूह के एक बड़े भाग को शताब्दियों तक असंख्य यन्त्रणाओं की अग्नि में जलने को विवश किया। बरसों से ऊँच-नीच के सामन्ती ढाँचे का शिकंजा दलित जीवन के लिए अपमान के अध्याय रचता रहा है। उनके यहाँ व्यतीत जीवन-स्मृतियाँ अपमान का पर्याय बनी हुई हैं। पूर्वजों की पीड़ा को सन्ताप तथा वर्तमान में बार-बार जाति के नाम पर भोगा गया अपमान, जीवन अनुभव का सत्य है। ये सब स्थितियाँ घोर अपमानजनक ही नहीं सामाजिक दृष्टि से अस्वीकार्य हैं।

सामाजिक स्थितियों की जड़ता के पीछे, धर्म व संस्कार के नाम पर होने वाले अनुकूलन की विशेष भूमिका है। अपने प्रति होने वाले अन्याय और अपमान के विरुद्ध पूरे वर्ग की सहिष्णुता, विरोधी स्वर का अभाव उस समाज में सवर्णों द्वारा निम्न जातियों के भयंकर अनुकूलन का प्रतीक है। क्यों ये जातियाँ अपने अधिकार या सम्मान के लिए खड़ी नहीं हो सकीं, यह सवाल केवल समाजशास्त्र का ही नहीं साहित्य का भी है और दलित साहित्य बार-बार इससे जूझता है। आमूल परिवर्तन की राह जातिगत समीकरण में प्रत्यावर्तन चाहती है। पीड़ा जितनी अधिक है विरोध उतना ही आक्रामक। संघर्ष का रास्ता केवल आक्रोश की अभिव्यक्ति से तय नहीं हो सकता, यह दलित चिन्तक और साहित्यकार भी जानते हैं। इसीलिए आक्रोश उनके साहित्य की एक रचनात्मक युक्ति है। छोटे-छोटे विवरण भी जो सामाजिक ताने-बाने पर एक बहस खड़ी करने के साथ-साथ सामाजिक परिवर्तन की प्रक्रिया की पहल भी बनाते हैं।"

जिस विचारधारा के प्रति निष्ठा एवं प्रतिबद्धता दलित रचनाओं को ऊर्जा देती है वह प्राय: उसे दृष्टि के विस्तार का अवसर नहीं देती। लेकिन कुछ रचनाएँ अपवादस्वरूप ऐसी अवश्य हैं जिनमें रचनाकार का विज़न विस्तृत होता दिखता है जैसे ओमप्रकाश वाल्मीकि की 'जूठन' एक आत्मकथा ज़रूर है लेकिन इनमें समस्त दलित जीवन के सामाजिक ताने-बाने का ग्राफ़ खींचती है। जिसमें 'यातना, संघर्ष और मुक्ति'–ये तीन बिन्दु एक बड़ा दायरा बनाते हैं। साथ ही दलित साहित्य

का एक मुद्दा दलित स्त्रीवाद का भी है। दलित लेखन के शुरुआती दौर में यह असमंजस बना रहा कि दलित साहित्य में स्त्री साहित्य को कहाँ रखा जाये। कुछ लोग समस्त स्त्री वर्ग को दलित मानने की पैरवी कर रहे थे तो दूसरा वर्ग स्त्री की पीड़ा को अलग से रेखांकित करने के प्रयत्न को दलित आग्रहों को कमज़ोर करने की पेशकश मान रहा था। दलित लेखिकाओं का मानना है कि सवर्ण स्त्रियों का व्यवहार भी दलित स्त्री के प्रति कम क्रूर नहीं है। हमें नहीं भूलना चाहिए कि स्त्रियाँ स्त्रीवाद की बात तो करती हैं लेकिन वे सास-ननद की दकियानूसी भूमिका अमूमन दमनकारी ही रही है। जिन भी कारणों से रही हो, इन परिस्थितियों में स्त्रियाँ एकल पारिवारिक जीवन जीना चाहती हैं और वे भी अपनी जाति का डंका पीटती नज़र आती हैं। इसलिए लैंगिक समानता उन्हें एक वर्ग में नहीं बाँधती। उनकी लड़ाई अलग-अलग है। समाज और परिवार में भी दोयम दर्जे की समझी जाती हैं। समाज में दलितों में दलित अतिसंवेदनशील स्थिति स्त्री की ही है। स्त्री रचनाकार के नाते कौशल्या बैसन्त्री, बेबी कांबले, कावेरी, रमणिका गुप्ता, रजनी तिलक और सुशीला टाकभौरे ने अपनी आत्मकथाओं में स्त्री जीवन की विडम्बनात्मक स्थिति, पीड़ा व संघर्ष की धारदार अभिव्यक्ति की है। स्त्रियाँ बचपन और युवावस्था के आरम्भिक काल में बन्धन ही बन्धन महसूसती हैं। कहीं परम्परा, कहीं सुरक्षा और कहीं इज़्ज़त लुटने के डर स्वतन्त्र होने का अहसास ही छीन लेते हैं। बलात्कार, यौन शोषण का भय इस वर्ग की स्त्री के लिए अँधेरे साये की तरह उसके व्यक्तित्व को घेरे रहता है। दलित वर्ग के पुरुष को दण्डित करने के लिए उसके परिवार की स्त्रियों की देह, हिंसा का रणक्षेत्र बनती है। महिलाओं के प्रति हिंसा और अपराध पर जितनी भी रिपोर्ट हैं वे सब इस सत्य की साक्षी हैं। रजनी तिलक अपनी आत्मकथा 'अपनी ज़मीन अपना आसमान' में मानती हैं कि वे ताउम्र बतौर स्त्री अपनी देह और रूप के कारण समाज, परिवार में उपेक्षित रहीं। अपहरण, दैहिक शोषण, निर्वस्त्र घुमाना (मणिपुर की घटनाएँ इसका ताज़ा उदाहरण हैं।) जैसी अनेक परिस्थितियाँ उनके जीवन को और भी विकट कर देती हैं। दलित स्त्रियों के शोषण का बहुत बड़ा कारण यह भी है कि अपनी सत्ता या ताक़त का आभास देने के लिए सवर्ण जातियों के पुरुष इन स्त्रियों को हथियार बनाते हैं। पूरे वर्ग को दण्डित करने के लिए दलित स्त्रियों का दैहिक शोषण किया जाता रहा है। इस पर घरेलू हिंसा, पारिवारिक दमन, उनकी अस्मिता व अस्तित्व दोनों के लिए संकट खड़ा करते हैं।

दलित साहित्य का मुख्य मुद्दा जातिगत असमानता के दंश का प्रतिकार था। कुछ विचारकों को लगता रहा है कि इसमें लैंगिक अस्मिता के सवालों को जोड़

देने से यह संघर्ष बिखर सकता है। उनका आग्रह स्त्री-पुरुष विवाद के परे सबको जातिगत संघर्ष में शामिल रखने का रहा। दलित वर्ग में लैंगिक असमानता को वे अन्दरूनी मसला मानते थे। इस दुविधा का उत्तर रजनी तिलक के शब्दों में मिलता है–दलित स्त्रियों की दो दुनिया हैं। एक दुनिया में वह अपने भाई, पति, पिता, साथी, मित्र के साथ जाति-व्यवस्था के ख़िलाफ़ साथ खड़ी है, दूसरी दुनिया में अपने ही घर में, समाज में, आन्दोलन में हाशिये से फिसल जाती है, फिर भी वह इसी क्रम में दलित चेतना सावित्री फुले, अम्बेडकर और बुद्ध की विचारधारा से प्रभावित है। उनका मानना था कि जाति और लिंग के सवालों के बीच जातिगत शोषण के ख़िलाफ़ जब भी आवाज़ उठेगी स्त्रियाँ और पुरुष एक साथ होंगे यानी प्राथमिकता जाति की होगी क्योंकि दलित पुरुष शोषित और अपमानित वर्ग में ही हैं, उन्हें जाति के आधार पर तरह-तरह से प्रताड़ित किया जाता है। दूसरी स्थिति का सम्बन्ध दलित परिवारों के भीतर स्त्री की स्थिति को लेकर है जहाँ स्त्री होने के कारण हाशिये पर धकेल दी जाती है। इस दोहरी विषमता के बावजूद स्त्रियों के उद्धारक वे फुले और अम्बेडकर को मानती हैं क्योंकि उन दोनों ने ही भारतीय समाज में जातिगत भेदभाव और उत्पीड़न के ख़िलाफ़ गहराई से लिखने और बोलने के साथ-साथ लैंगिक भेदभाव के उत्स पर गम्भीरता से विचार करते हुए प्रतिरोध की ऐतिहासिक ज़िम्मेदारी को इसलिए निभाया। ओमप्रकाश वाल्मीकि मानते हैं, व्यवस्था जनित परम्परावादी सोच उत्तरदायी है, जो स्त्री को दूसरे दर्जे का नागरिक ही नहीं, पाँव की जूती समझती है। दलित वर्ग में भी इस व्यवस्था की घुसपैठ है। इस तरह दलित साहित्य दोहरी लड़ाई लड़ रहा है। दलित व स्त्री अस्मिता की स्वतन्त्र राहें एक-दूसरे से होकर गुज़रती हैं। दलित और स्त्री दोनों अपमान की पीड़ा झेलते हैं और यह संघर्ष दोनों के लिए है। भारतीय समाज में, दलितों में दलित अतिसंवेदनशील स्थिति यदि किसी की है तो वह दलित स्त्री की है। स्त्री अस्मिता की राहें उनकी देह स्वतन्त्रता के संघर्ष से होकर गुज़रती हैं। जहाँ, स्त्रीवाद पितृसत्ता से तो टकराता है मगर पिता-पुत्र को कठघरे में न रख, बड़ी चूक भी करता है। जहाँ से पितृसत्ता की शुरुआत होती है।

स्त्रीवाद में स्त्री को स्त्री के रूप में बराबरी देने की बात होती है लेकिन इसकी अवधारणा स्त्री को पुरुष के बराबर इन्सान समझे जाने की होनी चाहिए। और स्त्री-पुरुष की धारणा से अलग एक इन्सान के रूप में स्थापित करने का दायित्व हो। जब-जब स्त्रियों में स्त्रीत्व होगा, तब-तब पुरुषों में पुरुषपन को अलग नहीं किया जा सकता। क्योंकि स्त्री जब स्त्री का शोषण करती दिखती हैं तब उनमें इन्सान होने की गुंजाइश माँग करती है। जहाँ स्त्री का वर्चस्व दिखेगा वहीं पुरुष का वर्चस्व उफान

मारता दिख ही जायेगा। यह सही है कि स्त्रियों को बनाया गया, बनने नहीं दिया गया। हमें बहुत धीरे से 'हम आपके साथ हैं' जैसी आने वाली आवाज़ जो जातिभेद को सिरे से नकारती है, को भी महत्त्व देना होगा।

दलित साहित्य में दलित और स्त्री जिन दो वर्गों की दयनीय स्थितियों का अंकन है इन वर्गों में फैली अशिक्षा और बेरोज़गारी का ज़िम्मा किन आर्थिक नीतियों पर है इसकी पड़ताल भी हमें असन्तोषजनक निष्कर्षों की ओर धकेलती है। नब्बे के दशक में जब साहित्य में दलित और स्त्री साहित्य अपनी अलग जगह तलाश रहे थे, उसी समय आर्थिक दृष्टि से भूमण्डलीकरण का दौर था। उदारीकरण की नीतियाँ व्यापक जनहित में नहीं थीं। यह विकास का ऐसा मॉडल था जिसमें समाज का एक तबक़ा तो पूँजी के बाज़ार में खरबपतियों की सूची में शामिल हो रहा था जबकि व्यापक जन-समाज, महँगाई की मार झेलते हुए भूख, ग़रीबी और लाचारी की ज़िन्दगी जीने को विवश था। दलित साहित्य ने इन सब विषयों को अपने साहित्य में शामिल कर उसके साहित्यिक क्षितिज को विस्तृत किया। दलित साहित्य के सौन्दर्यशास्त्र पर ऊपर दिये गये सभी कोट में इसके पक्ष में न्यायात्मक विश्लेषण सामने आये जिनके बल पर यह सिद्ध होता है कि दलित साहित्य, शिष्ट साहित्य से अलग इसकी दिशा और दशा भटकी हुई कत्तई नहीं है। इसलिए इसके पक्ष में खड़ा हुआ जा सकता है।

यह सरासर अनुचित कथ्य है कि दलितों के दु:ख-दर्द, कष्ट, संघर्षों को कोई ग़ैरदलित लेखक या जनसामान्य महसूस नहीं कर सकता। हाँ जो भोगता है वह जानता है लेकिन जो देखता है वह भी जानता है। देखा हुआ भी उतना ही सत्य है जितना भोगा हुआ। जिसे सिरे से नकारना संवेदनशीलता की अनदेखी है। संवेदनशीलता के कारण ही अन्तर्जातीय विवाह को मज़बूती मिली है। यह परकाया के दर्द को महसूस करने का ही प्रमाण है कि वह समाज हित में अपने को झोंकता है। जैसे–भगत सिंह से लेकर प्रेमचन्द तक ने दलित मुद्ददों को बहुत संवेदनशीलता से उठाया। फुले, अम्बेडकर और गांधी स्त्री न होते हुए भी उनके हितों के लिए संघर्ष करते हैं। इसके लिए उन्हें स्त्री होने की आवश्यकता नहीं थी बल्कि संवेदनशील होने की ज़रूरत थी और वे संवेदनशील थे इसीलिए ऐसा कर सके। जब अंग्रेज़ों के शासन काल को दलित अपने हित में मानते हैं तो उसके पीछे उनकी संवेदनशीलता ही थी। जिसमें शिक्षा, बराबरी और रोज़गार के सम्मान अवसर निहित थे। जिससे छुआछूत का क्रम टूटता है, सती प्रथा को निषेध किया जाता है, काम के घण्टे निर्धारित होते हैं, मासिक वेतन का प्रावधान होता है। जबकि राजशाही शासन और वर्णव्यवस्था में यह सम्भव ही नहीं था।

समतामूलक समाज की संकल्पना तभी सम्भव हो सकेगी जब उसमें सबकी भागीदारी होगी। इसमें प्रत्येक व्यक्ति की समान ज़िम्मेदारी है, स्त्री और पुरुष, दलित-ग़ैरदलित सभी को साथ-साथ यह ज़िम्मेदारी निभानी होगी। क्योंकि मैं समझता हूँ कि सड़े हुए पानी में खड़े होकर परिवर्तन नहीं किया जा सकता इसके लिए हमें साफ़ पानी में आकर साफ़ बात करने की ज़रूरत है। इस दृष्टि से सामाजिक परिवर्तन में सामूहिक भागीदारी की बात करते हुए भी दलित साहित्य में अपनी रचनाशीलता को अस्मिता से जोड़कर देखे जाने का आग्रह बना हुआ है। इस जातिभेद के संघर्ष में स्वानुभूति-सहानुभूति से आगे निकलकर कर्मानुभूति की ओर बढ़ने की ज़रूरत है जहाँ जन्माधारित ठप्पे से निजात पाकर जीवन में कर्मानुभूति को महत्त्व देना होगा। सहानुभूति स्वानुभूति मामले में डॉ. काशीनाथ सिंह का मानना है–"दलितों पर लिखने के लिए दलित होना ज़रूरी नहीं है। ज़रूरी है दलितों की पीड़ा पर लिखा जाये।" इस कथा के समर्थन में कहा जा सकता है–डॉक्टर रोगी की जाँच परख कर ही उसका इलाज करते हैं। न कि वह पहले बीमार पड़ता है फिर इलाज करता है। डॉक्टर को इलाज करने के लिए रोगियों के हित में रोगी होने की कभी आवश्यकता नहीं पड़ती। इसके लिए उसे दलित ग़ैरदलित के खोल से बाहर सिर्फ़ डॉक्टर होने की आवश्यकता है। वैसे तर्क आधार पर देखा जाये तो आलोचना से परे कुछ भी नहीं है, न होना चाहिए और जो आलोचना से परे है वह सम्भावनाओं और क्षमताओं को संकुचित करता है। क्योंकि थोपा गया विचार समाज की लोकतान्त्रिक अवधारणा से कभी मेल नहीं खाता।

प्रेमचन्द ने 'कर्मभूमि' उपन्यास में छुआछूत, मन्दिर प्रवेश आन्दोलन आदि मुद्दों को रेखांकित किया। उन्हीं के समकालीन लेखक पाण्डेय बेचन शर्मा 'उग्र' ने अपने उपन्यास 'बुधुआ की बेटी' में दलित जीवन की समस्याओं को विस्तृत रूप में दर्ज किया। इसमें अस्पृश्यता और स्त्री शोषण को सामने लाने का कार्य किया। वे आजीवन सामाजिक विषमताओं से संघर्ष करते रहे। सूर्यकान्त त्रिपाठी निराला ने 'तोड़ती पत्थर' और 'भिक्षुक' नामक कविताओं में दलित चित्रण किया है। नागार्जुन के उपन्यास 'बलचनमा' में दलित वर्ग की पीड़ा और यातनाओं का ज़िक्र मिलता है। रांगेय राघव के उपन्यास 'कब तक पुकारूँ' में भी दलित उत्पीड़न की व्यथा को विविध रूपों में व्यक्त किया गया है। इसके अतिरिक्त रामदरश मिश्र ने 'पानी के प्राचीर' व 'जल टूटता हुआ' में स्वाधीनता से पहले और बाद के गाँवों में दलितों की सामाजिक, आर्थिक, धार्मिक परिस्थितियों को व्यक्त किया है। उन्होंने इस बात को भी दर्ज किया है कि आज़ादी के बाद भी सवर्ण समाज का दलित के प्रति कहीं कोई सामाजिक परिवर्तन नहीं हुआ।

बीसवीं सदी के सातवें दशक के बाद जिन ग़ैरदलित रचनाकारों ने दलित जीवन को केन्द्र में रखकर उपन्यास लिखे उनमें–जगदीश चन्द्र का 'धरती धन न अपना' और 'नरकुण्ड में वास', गोपाल उपाध्याय का 'एक टुकड़ा इतिहास', अमृतलाल नागर का 'नाच्यो बहुत गोपाला', गिरिराज किशोर का 'यथाप्रस्तावित', रमेशचन्द्र शाह का 'हिस्सा की ईंट', तेजिन्दर का 'उस शहर तक' और मदन दीक्षित का 'मोरी की ईंट' आदि उपन्यास दलित विमर्श को रेखांकित करते हैं। कर्मानुभूति कोई कमज़ोर भाव नहीं है जिससे परहेज़ किया जाये यह भी एक मानवीय मूल्यों की एक मज़बूत कड़ी है जो समाज में मनुष्यता का भाव जाग्रत करती है। आलोचक कँवल भारती भी मदन दीक्षित जैसे लेखक को जिन्होंने 'मोरी की ईंट' जैसा उपन्यास लिखा, दलित विमर्श की वास्तविक तस्वीर मानते हैं।

गांधी जी इसी कर्मानुभूति का निर्वहन अपने जीवन में करते रहे और यही अभ्यास वे चम्पारन से पूरे देश में पोषित कर रहे थे। कर्मानुभूति के सहारे ही उस कर्म करने वाले की मनोस्थिति तक पहुँच सकता है जिसे अक्सर हम दूर से आकलन करते हैं। जैसे एक मूर्तिकार के जीवन में आने वाली चुनौतियाँ उस काम में आने के बाद ही महसूस की जा सकती हैं। ठीक वैसे ही अन्य सब कामों में भी बिना उस कर्म के जुड़े हम उस व्यक्ति और कर्म की व्यथा को नहीं समझ सकते। इसलिए तो गांधी सवर्णों को सफ़ाई और चर्म का कार्य करने के लिए प्रेरित करते थे। वे सिर्फ़ बोल ही नहीं रहे थे, कर भी रहे थे। इसके अनेक उदाहरण मिलते हैं। इन्हें बन्द आँखों से भी देखा जा सकता है। एक समाजकर्मी और राजनेता इससे अधिक और क्या ही कर सकता है। इसे उसी तरह समझा जाना चाहिए जिस तरह से अम्बेडकर द्वारा किये गये सत्याग्रह और आन्दोलन को हम समझते आये हैं। हम सत्य को जाति भेद के आधार पर नहीं जाँच सकते। यह निष्पक्ष प्रक्रिया से बिल्कुल अलग दृष्टिकोण होगा।

कर्मानुभूति से ही समानुभूति का भाव जाग्रत होगा : कर्मानुभूति से ही जाति धर्म के भेद मिटाकर समानुभूति का भाव जाग्रत कर, सम्भावित समावेशी विचार का दृष्टिकोण प्रतिपादित करना होगा। "जाके पाँव न फटे बिवाई, सो क्या जाने पीर पराई।" एक यही अनुभूति समतामूलक समाज की परिकल्पना को साकार करने में सहायक सिद्ध हो सकती है। मेरा आशय उन लोगों से है जो अपने जन्म के आधार पर न जाकर अपने कर्मों के ज़रिये जीते और सोचते हैं जो जाति के आवरण से बाहर है और सदा समता, बन्धुता और न्याय में विश्वास करते हैं। इससे समाज में जिस वातावरण का निर्माण होगा वह अद्‌भुत ही कहा जा सकता है। इस देश के

नागरिक होने के नाते यह हम सब का संघर्ष है क्योंकि यह देश हम सबका है और यह चुनौती भी। जैसे बाबा साहब डॉ. अम्बेडकर ने कहा था–"मेरा जन्म हिन्दू धर्म में हुआ यह मेरे वश में नहीं था लेकिन मैं हिन्दू मरूँगा नहीं यह मेरे वश में ज़रूर है।" जिस तरह बाबा साहब जाति-धर्म के सब उत्पीड़न झेलते हुए सबके हित में निष्पक्षता से एक ऐसे लोकतान्त्रिक संविधान को निर्माण करते हैं जो सभी वर्ग के हित साधता है और उसकी उद्देशिका में स्पष्ट अंकित है कि हम भारत के लोग... यानी जातिविहीन नागरिक।

कंवल भारती एक सन्दर्भ में कहते हैं–"प्रेमचन्द का उपन्यास रंगभूमि (रचना-काल 1925) याद आ रहा है। उसमें सूरदास कहता है, हम मिलकर नहीं खेले, इसलिए हारे। दुश्मन मिलकर खेले, इसलिए जीत गये। हम भी मिलकर खेलेंगे, और एक दिन जीतेंगे। इस उपन्यास को सौ साल हो गये लेकिन भारतीय समाज में आजतक कुछ नहीं बदला। सामाजिक न्याय की ताक़तें आज भी मिलकर नहीं खेल रही हैं, और शत्रु मिलकर खेल रहे हैं।" इस बात को भारतीय जितना जल्द समझ लें उतना देश-समाज के लिए अच्छा हो। लेकिन अवसरवादियों ने इस कर्म और क्रम को तोड़ा है। यही अवसरवादी दूसरों के प्रति निन्दा, आलोचना और घृणा तो करता ही है, अपने प्रति कोई जवाबदेही से भी कतराता है। ऐसे लेखक, समाजकर्मी, राजनेता सामाजिक आन्दोलन को व्यापार से ज़्यादा कुछ नहीं समझते। इनकी प्रवृत्ति पाने की तो होती है, देने की नहीं। इसका जीता-जागता उदाहरण पिछले दस सालों में अवसरवादियों ने सत्ता पक्ष से पद-प्रतिष्ठा-सम्मान पाने हेतु लोकतान्त्रिक मूल्यों को क्षति पहुँचाई। उनका उद्देश्य यही था और वे यही कर भी रहे हैं। ऐसे थोथले लोग ही समाज हित आन्दोलन की हवा निकालते आये हैं, हम उन्हें पहचान सकते हैं। वे हमेशा अधिकारों के प्रति तो सजग रहते हैं लेकिन कर्तव्यों के प्रति उनमें कोई आकर्षण नहीं जगता। कुल मिलाकर इकतरफ़ा लाभ ही इनका ध्येय है। ऐसी मानसिकता समाज को स्वार्थ की ओर तो ले जाती है, बदलाव की ओर नहीं। अवसरवाद या मौक़ापरस्ती उसूलों के ख़िलाफ़ जाकर या दूसरों की परवाह किये बिना नैतिक मूल्यों की हत्या कर, परिस्थितियों का लाभ उठाकर स्वार्थी निर्णय लेता है। अमेरिकी नोबेलिस्ट ओलिवर ईटन विलियमसन के अनुसार–"अवसरवादी एक स्वार्थी व्यवहार है जो केवल अपने हितों पर ध्यान देता है। यह एक ऐसा व्यवहार है जो दूसरों के हितों की क़ीमत पर अपने हित प्राप्त करता है।" यही तत्त्व ग़ुलामी की ओर ले जाने में अहम भूमिका निभाते हैं। और इसीलिए अवसरवादी मानसिकता में लोकतन्त्र की परिभाषा भिन्न है। जो अम्बेडकर के नाम पर, गांधी के नाम पर,

मार्क्स के नाम पर सिर्फ़ अपनी स्वार्थपूर्ति करते हैं उनके विचारों और सिद्धान्तों से उनके कोई सरोकार नहीं हैं। नैतिकता की क़ीमत पर सिर्फ़ लाभ प्राप्त करने का मौक़ा देखते हैं। वे ही सामाजिक संघर्ष को क्षत-विक्षत कर रहे हैं। वे शब्दसौन्दर्य तो गढ़ सकते हैं लेकिन समाज और व्यवहार में कोई सौन्दर्य स्थापित नहीं कर पाते। जबकि सौन्दर्य तो सत्य के संघर्ष से उत्पन्न होता है।

वर्तमान परिप्रेक्ष्य में दलित साहित्य के स्वरूप की रूपरेखा

–सतीश खनगवाल

भारतीय समाज में एक ऐसा तबका रहा है जिसे धर्मशास्त्रों, सामाजिक परम्पराओं और मनुवादी वर्ण-व्यवस्था में सबसे निचले पायदान पर फेंक दिया गया है। इसे शिक्षा और ज्ञान जैसी मूलभूत आवश्यकताओं से वंचित कर दिया गया। एक मानव होने के बाद भी उससे समस्त मानवीय अधिकार छीन लिये गये। उनको केवल एक काम दिया गया कि वह ऊपर के तीनों वर्णों की सेवा करेंगे। उन्हें हमेशा-हमेशा के लिए मानसिक और शारीरिक रूप से गुलाम बना दिया गया। परन्तु यह निचला तबका जिसे शूद्र, पिछड़ा, अछूत और दलित कहा गया, प्राचीन काल से ही अपने अधिकारों के प्रति सचेत रहा और संघर्ष का मार्ग अपनाया। दलित साहित्य का उद्‌भव इसी संघर्ष और चेतना का परिणाम है। आज सम्पूर्ण भारत में चलाये जा रहे दलित आन्दोलनों का उद्‌देश्य वर्ण-व्यवस्था का अन्त कर उसकी जगह एक ऐसी समाज व्यवस्था का निर्माण करना है जिसमें व्यक्ति की सामाजिक, आर्थिक व राजनीतिक मुक्ति की बात हो। समाज को धार्मिक जकड़न, आडम्बर, पाखण्ड और ब्राह्मणवाद से मुक्त करना भी इस आन्दोलन का उद्‌देश्य है और दलित साहित्य इन आन्दोलनों को और अधिक धारदार बनाता है।

आन्दोलन के साथ साहित्य का बहुत गहरा रिश्ता है। कभी-कभी आन्दोलन साहित्य के माध्यम से खड़ा होता है और कभी-कभी साहित्य आन्दोलन का प्रचार-प्रसार कर उसे प्राण वायु देता है। इस तरह आन्दोलन और साहित्य एक दूसरे के पूरक हैं। जब हम दलित साहित्य का अध्ययन करते हैं तो पाते हैं कि यहाँ आन्दोलन और साहित्य आपस में पूरक होकर एक-दूसरे में ही समाहित हैं। दलित साहित्य प्रतिबद्धता का साहित्य है। यह बाबा साहब की वैचारिकी के प्रति प्रतिबद्ध है, यह

हमारे संवैधानिक मूल्यों के प्रति प्रतिबद्ध है, यह दलितों की सामाजिक, राजनीतिक, आर्थिक उन्नति और अन्य हितों के प्रति प्रतिबद्ध है। मेरा तो ये मानना है कि दलित साहित्य अपने आप में ही पूर्ण आन्दोलन है। इसका एक निश्चित उद्देश्य है और सकारात्मक साहित्य और गतिविधियों से ही उस उद्देश्य को पूरा किया जा सकता है।

सर्वप्रथम तथागत बुद्ध ने अछूतों की मुक्ति का मार्ग प्रशस्त किया। इसके पश्चात् कबीर, रैदास, नानक, दादू आदि सन्त कवियों के साहित्य में समाज में व्याप्त छुआछूत, अन्धविश्वास, जाति-पाँति, पण्डे-पुजारियों के चंगुल, शास्त्रों का विरोध, जातिगत भेदभाव, वर्णाश्रम व्यवस्था, आदि मानवता विरोधी परम्पराओं को नकार कर जाति और मज़हब से हटकर मानवीय स्वतन्त्रता तथा समानता का आह्वान किया गया था। सन्त कवियों ने पहली बार साहित्य को आलोचना का विषय बनाकर साहित्य एवं समाज में नयी चेतना और जाग्रति का प्रयास किया। उन्होंने सामाजिक व धार्मिक रूढ़ियों तथा जातिवाद पर भी भारी प्रहार किया। आधुनिक युग में फुले, पेरियार और अम्बेडकर, आदि ने जातिवाद के जाल को तोड़कर समाज में चेतना की लहर जगायी। इसके फलस्वरूप आधुनिक युग में सामाजिक, राजनीतिक और सांस्कृतिक चेतना युक्त संवेदना और अनुभूतिपरक साहित्य हमारे सामने आता है। परन्तु फिर भी दलित-आदिवासी साहित्य का अभाव ही रहा।

60-70 के दशक में मराठी साहित्य और दलित आन्दोलन के प्रभाव से हिन्दी साहित्य में दलित आन्दोलन/विमर्श की दस्तक सुनाई देने लगी और 90 के दशक में इसकी ज़मीन ठोस होती हुई दिखाई देती है। जिस समाज व्यवस्था, परम्पराओं, धर्म, संस्कृति पर हमारा देश हज़ारों वर्षों से गर्व करता आ रहा है, उसकी विषमताओं, विरोधाभासों, मानवता और समानता विरोधी तत्त्वों को आज दलित साहित्य और चेतना ने कठघरे में खड़ा कर दिया है। दलित, आदिवासी और स्त्री-विमर्श के बहाने जो साहित्य हिन्दी जगत में आया है, उसने मुख्यधारा के साहित्य के समाज शास्त्रीय सौन्दर्यबोध पर प्रश्नचिह्न लगा दिया है। दलितों को हिन्दू समाज व्यवस्था में सबसे निचले पायदान पर होने के कारण न्याय, शिक्षा, समानता, स्वतन्त्रता, आदि मानवाधिकारों से वंचित रखा गया है। इसलिए दलित साहित्यकारों ने समाज की यथार्थ स्थिति को बयान करने के लिए साहित्य को अपना माध्यम बनाया और बाबा साहब की वैचारिकी और दर्शन को उसके केन्द्र में रखा। बीसवीं सदी का अन्तिम दशक दलित साहित्य के विकास में अपना महत्त्वपूर्ण स्थान रखता है। आत्मकथा, कहानी, कविता, उपन्यास, जीवनी, निबन्ध, नाटक, लघुकथा, लेख-

आलेख, साक्षात्कार और आलोचना के साथ-साथ अनुवाद और शोध के क्षेत्र में भी पर्याप्त लेखऩ हुआ। वर्तमान में दलित साहित्य भारत की लगभग सभी भाषाओं में लिखा जा रहा है। अब इसका स्वरूप भी अखिल भारतीय हो गया है। अपने साहित्य के माध्यम से दलित साहित्यकारों ने देश की राजनीति और सामाजिक व्यवस्था को इस दिशा में सोचने के लिए विवश किया है। दलित साहित्य आज के अन्धे युग में मानवता, समरसता, स्वतन्त्रता और बन्धुत्व की निर्मल धारा है।

दलित साहित्य का उद्‌देश्य समाज को तोड़ना या हिंसा फैलाना नहीं है और ना ही अधिकारों से वंचित करना है। अपितु दलित साहित्य तो अधिकारों की माँग करता है। दलित साहित्य व्यक्ति के अन्दर से मानवता विरोधी विकारों और पूर्वाग्रहों को पूर्णतः निकाल देना चाहता है। जिससे एक मनुष्य दूसरे मनुष्य को अपने समान समझें और सामाजिक न्याय की अवधारणा विकसित हो सके। प्रसिद्ध दलित मराठी लेखक बाबूराव बागुल ने लिखा भी है कि, "दलित साहित्य में भाषिक, प्रान्तीय, राष्ट्रीय दुराभिमान नहीं है। दलित साहित्य मनुष्य को सर्वोपरि मानता है। अतः मनुष्य की महानता के लिए जो कुछ अच्छा हो रहा है, वह सब कुछ दलित साहित्य का है। भारतीय विचार, समाज और साहित्य परम्परा वर्ण-व्यवस्था से सम्बद्ध है। इस परम्परा को दलित साहित्य पूर्णतया नकारता है।"

दलित साहित्य के साथ बरसों पुराना एक प्रश्न जुड़ा है कि दलित साहित्य कौन लिख सकता है। जहाँतक मेरी बात है या मेरा अपना मानना है तो मैं ये मानता हूँ कि दलित साहित्य स्वानुभूति और सहानुभूति दोनों के आधार पर लिखा जा सकता है, किन्तु जो दलित उन यन्त्रणाओं से गुज़रा है, उन यातनाओं, अत्याचारों, शोषण और अन्याय का भुगतभोगी है, उसकी अभिव्यक्ति कहीं अधिक मार्मिक, सूक्ष्म, गहन और प्रभावशाली होगी तथा पाठक की भावनाओं और संवेदनाओं को झँझोड़ कर उसे विचलित कर देगी। जबकि सहानुभूतिपूर्ण दलित साहित्य अधिक से अधिक पाठक के मन में भी सहानुभूति ही जगा पायेगा। जैसे एक व्यक्ति जिसे चोट लग गयी है जो गम्भीर रूप से घायल हो गया है। वह दर्द से, पीड़ा से छटपटा रहा है, तड़प रहा है। उसे देखने वाला व्यक्ति उसकी स्थिति का वर्णन कर सकता है, उसकी छटपटाहट और तड़प का वर्णन कर सकता है। उसका वह वर्णन भावनाओं और संवेदना को छू भी सकता है और नहीं भी। जबकि दूसरी ओर यदि वह चोटिल व्यक्ति स्वयं अपने दर्द, अपनी पीड़ा और तड़प की अभिव्यक्ति करेगा तो वह कहीं अधिक मार्मिक होगी, करुणा से भरी हुई और कहीं अधिक सूक्ष्म होगी। वह अपने आप अधिक प्रामाणिक और प्रभावशाली भी होगी, क्योंकि वह उसकी अपनी अन्तर्वेदना की अभिव्यक्ति है।

दलित साहित्य के केन्द्र में दलित है और यह बाबा साहब के स्वतन्त्रता, समानता और बन्धुत्व के सिद्धान्तों का पालन करता है। यह सामाजिक न्याय की माँग करता है। इसमें अत्याचार, शोषण और संघर्ष से जन्मा आक्रोश है, करुणा है, मार्मिकता और गहनता है। दलित साहित्य की एक अलग भावभूमि, पृष्ठभूमि और परिवेश है। यह नदी किनारे नर्म रेत पर बैठकर लिखा जाने वाला साहित्य नहीं है और ना ही चाँदनी रात में चाँद को निहारते हुए लिखा जाने वाला साहित्य है। यह प्रेमिका की जुल्फ़ों में अँगुलियाँ फिराते हुए उसके सौन्दर्य की तारीफ़ करते हुए लिखा जाने वाला साहित्य भी नहीं है। यह तो भंयकर गर्मी में सूर्य के तेवर और पसीने की स्याही से लिखा जाता है। यह कड़कड़ाती ठण्ड में कँपकँपाती हड्डियों से निकलने वाला साहित्य है। आँधी-तूफ़ान मिश्रित बरसात में भीगकर लिखा जाने वाला साहित्य है, अतः एक ग़ैर-दलित साहित्यकार सम्भवतः उस भावभूमि, उस पृष्ठभूमि और परिवेश के साथ सही न्याय नहीं कर पायेगा, जो उसके जीवन से सर्वथा दूर है।

जहाँतक साहित्य की विधाओं की बात है तो कविता, कहानी, आत्मकथा, संस्मरण, उपन्यास और नाटक, आदि में एक दलित ही अपनी व्यथा-कथा कहीं अधिक बेहतर ढंग से कह सकता है। किन्तु जब बात आलोचना की होती है, तो आलोचना एकदम अलग विधा है और यहाँ पर स्वानुभूति या सहानुभूति वाला सिद्धान्त काम नहीं करता। उसके अलग मापदण्ड हैं, तो एक ग़ैर-दलित द्वारा दलित साहित्य की समीक्षा/आलोचना/समालोचना की जा सकती है। दलित साहित्यकारों को इसका स्वागत करना चाहिए। एक तरफ़ तो अक्सर दलित साहित्यकार इस बात को लेकर रोष में रहते हैं कि ग़ैर-दलितों द्वारा उनके साहित्य को नज़रअन्दाज़ किया जाता है, उसका अध्ययन और विश्लेषण नहीं किया जाता। उसे ख़ारिज किया जाता है। किन्तु जब कोई ग़ैर-दलित आलोचक दलित साहित्य पर काम करता है, उसकी आलोचना करता है, उसको विश्लेषित करने का कार्य करता है तो दलित साहित्यकारों द्वारा उसका विरोध किया जाता है। उसे दलित साहित्य में घुसपैठ माना जाता है। जबकि दलित साहित्यकारों द्वारा इस बात का स्वागत किया जाना चाहिए।

लेकिन...ग़ैर-दलित आलोचक का स्वागत करने से पहले हमें यह अवश्य ही देख लेना चाहिए कि दलित रचनाकर्म की आलोचना के पीछे उसका उद्देश्य क्या है? यदि वो अपने जातिगत पूर्वाग्रहों, दुराग्रहों, दुर्भावनाओं को दूर रखकर, पूर्ण निष्पक्षता के साथ दलित साहित्य का मूल्यांकन करता है, यदि वह आलोचना में दलित साहित्य के सन्दर्भ में नये मानदण्ड स्थापित करता है और उनका पालन

करता है, यदि वह दलित साहित्य को सुदृढ़ करने, नये शोध और अन्वेषण के मार्ग खोलने का कार्य करता है तो उसका स्वागत है। किन्तु यदि ग़ैर-दलित आलोचक आलोचना की बँधी-बँधाई शुक्लवादी दृष्टि दलित साहित्य के सन्दर्भ में अपनाता है, अपने उच्च वर्णीय मूल्यों को स्थापित करता है, उसकी आलोचना में उसके जातिगत पूर्वाग्रह, दुराग्रह, और उसका पक्षपातपूर्ण रवैया दिखाई देता है, तो ऐसे आलोचक का विरोध करना चाहिए। यदि ऐसा प्रतीत होता है कि ग़ैर-दलित आलोचक दलित साहित्य का मार्ग अवरुद्ध करने का प्रयास कर रहा है और उसका उद्देश्य मात्र दलित साहित्य की चीरफाड़ करना है तो ऐसे आलोचकों का दलित साहित्यकारों की ओर से बहिष्कार किया जाना चाहिए। ग़ैर-दलित आलोचक के जातिगत दुराग्रहों, पूर्वाग्रहों, पक्षपातपूर्ण रवैये, उच्चवर्णीय मूल्यों की स्थापना के उसके प्रयासों को उसकी आलोचनाओं को पढ़कर आसानी से पता लगाया जा सकता है और उनको सन्दर्भित करके उसका विरोध किया जा सकता है। पुनः कह रहा हूँ कि यदि कोई ग़ैर-दलित आलोचक दलित साहित्य के लिए अच्छा प्रयास कर रहा है तो उसका स्वागत किया जाना चाहिए और उसके कार्य को सराहा जाना चाहिए किन्तु यदि उसका कार्य कहीं से भी ज़रा-सा भी सन्देहास्पद लगे तो उसका विरोध किया जाना चाहिए। इसमें दलित साहित्यकारों को अपना व्यक्तिगत स्वार्थ छोड़ना पड़ेगा। मैंने देखा है कि अक्सर दलित साहित्यकार इस बात के लिए लालायित रहते हैं कि कोई ग़ैर-दलित आलोचक उनके और उनकी रचनाओं पर अपनी क़लम चलाये। दलित साहित्यकारों को इस प्रवृत्ति से बाहर निकलना होगा। उन्हें केवल अपना रचनाकर्म करना चाहिए। यदि उनका रचनाकर्म उत्कृष्ट होगा तो उसे अवश्य ही सभी से प्रशंसा मिलेगी। यदि दलित साहित्यकारों को ये लगता है कि कोई ग़ैर-दलित आलोचक उनके क्षेत्र में घुसपैठ कर रहा है या वह उनके साहित्य के साथ पक्षपात कर रहा है, उसके साथ सही न्याय नहीं कर पा रहा है तो दलित साहित्यकारों को अपने दलित आलोचक तैयार करने चाहिए। आज दलित आलोचकों की बात की जाये तो वे एक हाथ की अँगुली पर गिने जा सकते हैं। तो इस क्षेत्र में दलित साहित्यकारों को और अधिक कार्य करने की आवश्यकता है।

वर्तमान में दलित साहित्य ख़ूब लिखा जा रहा है, ख़ूब पढ़ा जा रहा है। इसमें ख़ूब शोध कार्य भी हो रहा है। अब इसका प्रचार-प्रसार केवल शहरों तक सीमित नहीं रह गया है। इंटरनेट और ऑनलाइन मार्केट के इस ज़माने में दलित साहित्य की पत्र-पत्रिकाएँ और पुस्तकें शहरों के साथ-साथ अब छोटे क़स्बों और गाँवों में भी पहुँच रही हैं। और यदि देखा जाये तो दलित साहित्य की वास्तविक आवश्यकता

भी इन्हीं छोटे क़स्बों और गाँवों में अधिक है क्योंकि आज भी इनमें निवास करने वाला दलित अपने अधिकारों के प्रति सचेत नहीं है। वह धार्मिक आडम्बरों में डूबा हुआ है और मानसिक रूप से ग़ुलामी झेल रहा है। वैसे इस बात की ख़ुशी है कि अब सोशल मीडिया के माध्यम से युवा पीढ़ी जाग्रत हो रही है और इन क़स्बों और गाँवों में अम्बेडकर और फुले के विचार पहुँच रहे हैं। अम्बेडकर, कबीर, रैदास, फुले, आदि के नाम पर आयोजन होने लगे हैं। इनके नाम पर पुस्तकालय खोले जा रहे हैं। अतः हमारा नैतिक दायित्व बनता है कि हम इन्हें सम्बल प्रदान करें। इन पुस्तकालयों को दलित साहित्य की अधिक से अधिक पुस्तकें और पत्र-पत्रिकाएँ उपलब्ध करवायें जिससे कि गाँवों के दलितों में भी उचित जन-जाग्रति लायी जा सके और दलित साहित्य का प्रचार-प्रसार और अधिक मात्रा में हो सके। यहाँ एक बात और कहना चाहूँगा कि उच्च शिक्षण संस्थानों और विश्वविद्यालयों में जो दलित प्रोफ़ेसर, आदि हैं वे इस बात की ओर अधिक ध्यान दें और दलित छात्रों को मानसिक रूप से इस प्रकार तैयार करें कि वो अपना शोध कार्य दलित साहित्य और साहित्यकार पर करें और दलित साहित्य के विकास में अपना योगदान दें।

आज दलित महिलाओं ने भी साहित्य में अपनी सशक्त उपस्थिति दर्ज करवायी है। कावेरी, सुशीला टाकभौरे, कुसुम मेघवाल, रजनी दिसोदिया, रजनी अनुरागी, नीलम, कौशल पंवार, नीलिमा चौहान, अनिता भारती, रजत रानी मीनू, आदि साहित्य में अपना परचम बुलन्द कर रही हैं। इन दलित महिला साहित्यकारों ने ना केवल उच्चवर्णीय मानसिकता की धज्जियाँ उड़ाई हैं अपितु पितृसत्तात्मक प्रवृत्तियों को भी चुनौती दे रही हैं। किन्तु मुझे लगता है कि अभी भी दलित महिलाओं की साहित्य में भागीदारी कम है। अतः और अधिक दलित महिलाओं को साहित्य के क्षेत्र में आगे आना होगा। महिलाओं के आने से ना केवल दलित साहित्य समृद्ध हुआ है अपितु उसकी भाषा भी सुधरी है, उसमें अधिक मार्मिकता आयी है, लालित्य आया है। भावना और संवेदना के स्तर पर उसने और अधिक गहरी पकड़ बनायी है।

समय के साथ हर क्षेत्र में परिर्वतन आता ही है तो दलित साहित्य इससे अछूता कैसे रह सकता है। पिछली सदी और वर्तमान के साहित्य में अन्तर स्पष्ट दिखाई देता है। पिछली सदी के अनेक दलित साहित्यकार आज भी सक्रिय हैं और दलित साहित्य को समृद्ध कर रहे हैं परन्तु उनकी लेखनी में भी समयानुसार परिवर्तन आया है। प्रसिद्ध दलित चिन्तक और विचारक कँवल भारती ने अतीत और वर्तमान दलित साहित्य के बारे में लिखते हुए दलित साहित्य के वर्तमान परिप्रेक्ष्य पर चिन्ता व्यक्त की है। वे कहते हैं, "पहले के दलित साहित्य की एक दिशा थी, परन्तु वर्तमान

दलित साहित्य की कोई दिशा ना होकर अनेक दिशाएँ हैं। वह अनेक दिशाओं में अपनी राह बना रहा है। कल के दलित साहित्य को सत्ता की चिन्ता नहीं थी, परन्तु वर्तमान दलित को सत्ता की चिन्ता है। सत्ता उसे आकर्षित करने लगी है। कल का दलित साहित्य विचारपरक था, पर आज का दलित साहित्य व्यक्ति-केन्द्रित है और यह व्यक्ति स्वयं लेखक है। कल का दलित साहित्य समाज के साथ जुड़ा था, पर आज का दलित साहित्य काफ़ी हद तक बाज़ारवाद से जुड़ा है। वह अपना बाज़ार नहीं बना रहा, अगर ऐसा होता तो शायद अच्छा होता। वस्तुतः वह काफ़ी हद तक बाज़ार की माँग पर लिखा जा रहा है। कल के दलित साहित्य की भूमिका सीमित थी, आज के दलित साहित्य की भूमिका सीमित नहीं है। आज का दलित साहित्य न सिर्फ़ साहित्य की विभिन्न विधाओं में विस्तार पा रहा है, बल्कि उसने राष्ट्रीय अख़बारों और पत्र-पत्रिकाओं के माध्यम से ग़ैर-दलित के विशाल वर्ग को भी आकर्षित किया है।"

मेरा अपना मानना है कि पहले के दलित साहित्य में हमें वर्ण-व्यवस्था का विद्रूप चेहरा देखने को मिलता है। इस साहित्य में शोषण था, उत्पीड़न था, सामाजिक न्याय और अधिकारों की माँग थी, संघर्ष था, और वर्ण-व्यवस्था पर करारी चोट थी। पहले का साहित्य सवर्णों को कटघरे में खड़ा करता है। उनकी संकीर्ण मानसिकता पर करारा प्रहार करता है। समाज में समानता की बात करता है और समता की स्थापना चाहता है। पहले के साहित्य में गाँवों में व्याप्त वर्ण और सामन्ती व्यवस्था में पिसते दलितों की हाहाकार है, वहीं छोटे-छोटे शहरों और महानगरों में बसे दलितों की व्यथा-कथाएँ हैं। मोहनदास नैमिशराय की आत्मकथा 'अपने-अपने पिंजरे', ओमप्रकाश वाल्मीकि की 'जूठन', डॉ. तुलसीराम की 'मुर्दहिया' और 'मणिकर्णिका', श्यौराज सिंह बेचैन की 'मेरा बचपन मेरे कन्धों पर', सूरजपाल चौहान की 'तिरस्कृत' और 'सन्तप्त', कौशल्या बैसन्त्री की 'दोहरा अभिशाप', माताप्रसाद जी की 'झोपड़ी से राजभवन तक', डी. आर. जाटव की 'मेरा सफ़र मेरी मंज़िल', श्यामलाल जैदिया की 'एक भंगी उपकुलपति की आत्मकथा', रूपनारायण सोनकर की 'नागफनी', आदि दलित आत्मकथाएँ दलित समाज का नंगा सच है जिन्हें पढ़ते हुए एक प्रकार की बेचैनी अनुभव होती है। दलित आत्मकथाकारों ने जातिवाद का दंश झेला है और वे समाज में क्रान्तिकारी बदलाव लाना चाहते हैं।

न केवल आत्मकथाओं में बल्कि दलित साहित्यकारों की कहानियों, कविताओं, नाटकों, आदि में भी दलितों के जीवन के कटु सत्य से परिचय होता है। दयानन्द बटोही, बुद्धशरण हंस, ओमप्रकाश वाल्मीकि, मोहनदास नैमिशराय,

कुसुम वियोगी, सूरजपाल चौहान, जयप्रकाश कर्दम, रत्नकुमार सांभरिया, एस. आर. हरनोट, प्रहलाद चन्द्र दास, श्यौराज सिंह बेचैन, आदि के कथा साहित्य और कविताओं में दलित जीवन की पीड़ा, सन्त्रास और संघर्ष से परिचय होता है। ये साहित्यकार अपने साहित्य के माध्यम से सामन्तशाही और ब्राह्मणवाद के साथ-साथ धर्म, ईश्वर, पाखण्ड और तमाम सामाजिक विषमताओं का ख़ात्मा करना चाहते हैं। इस प्रकार पहले के दलित साहित्यकारों ने दलित मुक्ति के संघर्ष में अपना ऐतिहासिक योगदान दिया है। इन्होंने ना केवल दलित विमर्श के लिए रास्ते खोले अपितु बड़े-बड़े सवर्ण आलोचकों का भी ध्यान खींचा और उन्हें विवश किया कि वे दलित साहित्य को गम्भीरता से लें। उसपर बात करें। इन दलित साहित्यकारों ने अपने समय की समस्याओं से दो-दो हाथ किये और अपने आक्रोशित स्वर को साहित्य सर्जना में ढालकर उसे ना केवल यथार्थ की भूमि पर खड़ा किया अपितु बदलाव के नये रास्ते खोले।

वर्तमान पीढ़ी के दलित साहित्यकार दलितों में जन-जागृति लाने एवं वर्तमान सन्दर्भों में उनकी समस्याओं, संघर्षों को आवाज़ दे रहे हैं। दलितों में सामाजिक, राजनीतिक, आर्थिक, सांस्कृतिक और धार्मिक चेतना के साथ-साथ नयी ऊर्जा, शक्ति, क्षमता और साहस का शंखनाद कर रहे हैं। उदारीकरण, भूमण्डलीकरण और बाज़ारवाद के समय में पली-बढ़ी यह पीढ़ी अपने परिवेश के अनुरूप साहित्यकर्म में रत है। नया दलित साहित्य पहले के दलित साहित्य से मात्र भावभूमि की समानता रखता है, अन्यथा विषयवस्तु, भाषा-शैली और शिल्प के आधार पर ये पहले के दलित साहित्य से पर्याप्त भिन्न है। अजय नावरिया इस पीढ़ी के सशक्त कथाकार हैं जिनकी कहानियों को ना केवल राष्ट्रीय अपितु अन्तरराष्ट्रीय स्तर पर पहचान मिल रही है। विपिन बिहारी, कैलाश वानखेड़े, रजनी दिसोदिया, मुकेश मानस, सूरज बड़त्या, टेकचंद, कैलाश चन्द्र चौहान, जितेन्द्र विसारिया, अभय कुमार, पूनम तुषामड, खन्नाप्रसाद अमीन, राज वाल्मीकि, अरविन्द भारती, अर्जुन सेवदिया, कौशल पंवार, नामदेव, हीरालाल राजस्थानी, सतीश खनगवाल, डॉ. राजकुमारी, डॉ. संजीत कुमार, अनुपम वर्मा, ज्योति पासवान, डॉ. नीलम, हूबराम लाल अलकहा, दिलीप कठेरिया, सुनील पंवार, प्रियंका हंस, हरदीप बौद्ध, रानी कुमारी, प्रीति बौद्ध, श्याम निर्मोही, डॉ. विजेन्द्र प्रताप सिंह, अमित धर्म सिंह, अरविन्द कालमा, ज्योति पासवान, आदि का साहित्य अत्यधिक ऊर्जा और ओजस्विता से भरा हुआ है। इस पीढ़ी का कैनवास बड़ा है और अन्दाज़े-बयां प्रभावशाली है। आज की पीढ़ी परिवेश और व्यवस्था को अपने साहित्य के केन्द्र में रखते हैं।

उदारवाद, बाज़ारवाद और भूमण्डलीकरण के इस दौर में दलित-शर्तों को जीती आज की पीढ़ी ने अपनी एक अलग विचारधारा निर्मित कर ली है जो दलित अस्मिता और आत्मसम्मान को अत्यधिक महत्त्व देती है। यह प्रत्येक दुराग्रह या पूर्वाग्रह से मुक्त है। यह समरसता, समानाधिकार, समान सम्मान और सामाजिक न्याय का पक्षधर है तथा मानव समाज में वर्ग, प्रान्त, भाषा और धर्म के नाम पर किसी भी प्रकार का विभाजन स्वीकार नहीं करता। यह वह मशाल है जो अन्धविश्वासों, अन्धश्रद्धा, अन्धभक्ति के प्रतिकूल वातावरण की पथ प्रदर्शक हैं। आज के दलित साहित्य की सबसे बड़ी उपलब्धि यह है कि वह ग़ैर-दलितों को दलित पीड़ा का अहसास कराने में सफल हो गया है। आज का दलित साहित्य अखिल भारतीय स्वरूप ले चुका है। आज दलित साहित्य दलित केन्द्रित होते हुए भी अपनी सीमाओं को तोड़ रहा है। अब उसमें दलित चिन्तन के साथ-साथ मानव चिन्तन भी समाता जा रहा है। उसका दायरा विस्तृत होता जा रहा है। अब यह मुख्यधारा के साहित्य को अपदस्थ करने की दिशा में अपने क़दम बढ़ा रहा है। भारतीय भाषा केन्द्र, जवाहर लाल नेहरू विश्वविद्यालय के प्रोफ़ेसर डॉ. रामचन्द्र ने लिखा भी है कि, "आधुनिक साहित्य के इतिहास में दलित साहित्य एक ऐसा साहित्य है जो क्षेत्र और भाषा की सीमाओं को लाँघकर राष्ट्रीय संवेदना एवं सामूहिकता का बोध कराता है। भक्तिकाल के बाद आधुनिक काल की यह एक ऐसी परिघटना है जिसने साहित्य के मायने और मानदण्डों को रूपान्तरित और अर्थान्तरित कर दिया है। इसी सन्दर्भ में यह एक राष्ट्रीय साहित्यिक आन्दोलन है जो सामाजिक और राजनीतिक आन्दोलनों के समानान्तर चल रहा है।"

निष्कर्षत: यह कहा जा सकता है कि साहित्य के साथ दलित शब्द जुड़ते ही उसकी व्यापकता और अधिक क्रान्ति बोधक हो जाती है। अर्थ और अधिक व्यंजनात्मक होकर साहित्य की भूमिका और सामाजिक उत्तरदायित्वों को और अधिक विश्लेषित करने की क्षमता हासिल कर लेता है। यह विरोध की अभिव्यक्ति बन जाता है। यह डॉ. अम्बेडकर की वैचारिकी और चिन्तन से विकसित हुआ है। यह धर्म, ईश्वर, वर्ण-व्यवस्था और अन्य विषमताओं से भरी सामाजिक व्यवस्था को नकार कर मानव मात्र की समानता पर बल देता है। दलित अस्मिता की स्थापना और हीनता ग्रन्थि को तोड़ना इसका सर्वप्रथम उद्देश्य है। मानवीय संवेदनाओं और सरोकारों से जुड़कर सामाजिक प्रतिबद्धता स्थापित करना इसका ध्येय है। आज दलित साहित्य की विचारभूमि, विषयवस्तु और भाषा-शैली में पर्याप्त अन्तर आ चुका है। अनेक ग़ैर-दलित साहित्यकार भी अब अपनी रचनाओं में दलित विषयों

को शामिल करने लगे हैं। इसने आलोचकों का ध्यान भी अपनी ओर खींचा है। अब इसका स्वरूप राष्ट्रव्यापी हो चुका है और यह मुख्यधारा का साहित्य बनने की ओर अग्रसर है। परन्तु यदि दलित साहित्य का सही और सटीक साहित्यिक मूल्यांकन और विश्लेषण करना है तो वर्ण-व्यवस्था से उपजी विषमताओं और विसंगतियों को दृष्टि में रखकर ही करना होगा।

दलित साहित्य के आईने में स्त्री विमर्श

–डॉ. राजकुमारी 'राजसी'

सर्वप्रथम प्रश्न उठता है कि आधुनिक काल में स्त्री विमर्श का प्रश्न कहाँ से और किसने उठाया? स्त्री शिक्षा की साहित्यिक प्रामाणिक रचनावली हमें थेरीगाथाओं के रूप में बौद्धकाल से प्राप्त होती हैं। तत्पश्चात फुले दम्पति के अथक प्रयासों से भारत में स्त्री शिक्षा के लिए विद्यालय खोले गये, जिसमें अध्यापन का कार्यभार माता सावित्री बाई फुले द्वारा किया गया। भारतीय इतिहास में माता सावित्री बाई फुले प्रथम महिला शिक्षिका रूप में अपनी विशेष पहचान रखती हैं। स्त्री शिक्षा की पक्षधर सावित्री बाई फुले जी ने भारत में स्त्री साहित्य लेखन की दूसरी शुरुआत मराठी भाषा में लेखन से की। स्त्री जीवन की व्यथाओं, विडम्बनाओं के अन्तरंग पहलुओं को काव्य रूप में शब्दबद्ध करने का कार्य किया। 18वीं शताब्दी स्त्री के सामाजिक जीवन, विचारधारा, जीवनदर्शन और साहित्यिक पृष्ठभूमि को तैयार करने का महत्त्वपूर्ण कार्य सावित्री बाई फुले कर चुकी थीं। चातुर्वर्ण्य हिन्दूवादी समाज जो लिंगभेदी असमानता, स्त्री शोषण और दासप्रथा लिए था, ऐसी विपरीत, विषमतापूर्ण परिस्थितियों में स्त्रियों में शिक्षा की अलख जगाकर समतामूलक समाज की परिकल्पना उन्होंने की। सामाजिक व्यवस्था की चुनौतियों का निडरता से सामना करते हुए शिक्षा, समानता का अधिकार दिलाने का कार्य भी उन्होंने किया। स्त्रियों को मानवीय शरीर अवश्य मिला था किन्तु पितृसत्तात्मकता की वैचारिकी के बुने ताने-बाने में उनको दैहिक और बौद्धिक तौर पर पुरुषों से कमतर आँका गया और अधिकारों से वंचित कर दिया गया था। उनके पास शिक्षा, सम्पत्ति, व्यवसाय जैसे अधिकार नहीं थे। जिनके अभाव में वे जीवन भर हाशिये पर रहीं। चूँकि शिक्षा के अभाव में मनुष्य अपने लिए सोच पाने में भी असक्षम ही रहता है। इसलिए निरक्षर रखा गया। यही वजह थी कि वो लम्बे समय तक शोषण झेलती रहीं। विमल थोरात अपनी पुस्तक 'दलित साहित्य का स्त्रीवादी स्वर' में कहती हैं–

"जिसे समाज में शिक्षा नहीं थी वह सपने कैसे देखता? लेकिन जैसे ही वहाँ शिक्षा आयी तो कुछ इकाइयों में अपने विगत को लेकर जमा हुआ क्षोभ फूट पड़ा। शिक्षा ने अस्तित्व का अहसास कराया और अस्मिता को नष्ट करने तथा दबाने वाले हज़ारों कारणों को प्रकाशित कर दिया।"[1]

सामाजिक न्याय के प्रति भी यदि स्त्रियों के विद्रोही स्वर उठे तो वो मराठी साहित्य ही है। जिसने दलितों स्त्रियों को लम्बी गहरी निद्रा से जगाया। आधुनिक भारत में स्त्री विमर्श की गति और तीव्र तब हुई जब फ्रांस की लेखिका सिमोन द बोउआर की पुस्तक 'द सेकंड सेक्स' 1949 में फ्रांसीसी भाषा में प्रकाशित हुई। जो स्त्री अस्तित्ववाद के शताब्दियों से दबे प्रश्नों को स्त्रीवर्ग के समक्ष रखती है। इस पुस्तक 'द सेकंड सेक्स' को विश्व स्त्री इतिहास में नारी आन्दोलन का दस्तावेज़ माना गया। पुस्तक की आरम्भिक पंक्तियाँ क्रान्ति बिगुल प्रतीत होती हैं–

"स्त्री पैदा नहीं होती बल्कि उसे बना दिया जाता है।"[2]

अब भारतीय महिलाओं का शिक्षितवर्ग बन चुका था। वो हाशिये तक की यातनाओं को झेल चुकी थी। स्त्री अब पुरुष वर्चस्व के शक्तिशाली शिकंजे से मुक्ति पा अपने अस्तित्व की भिन्न पहचान के लिए संघर्षरत होने लगीं। नारीवादी लहर का दूसरा हिस्सा जर्मेन गीयर की पुस्तक 'बधिया स्त्री' को माना गया। हिंकमैन टालर के अनुसार–"यह पुस्तक नारीवाद की दूसरी लहर का एक हिस्सा उन पुरानी स्त्री मताधिकारों की संघर्षकर्ताओं ने जिन्होंने क़ैद काटी। धीरे-धीरे व्यवसायों में, जिन्हें अपनाने से इनकार कर दिया, उन संसदीय स्वतन्त्रताओं में जिन्हें इस्तेमाल करने से इनकार किया, उन शैक्षिक संस्थानों में जिन्हें उन्होंने विवाह होने के इन्तज़ार का समय काटने और डिग्रियाँ लेने दुकानों के रूप में उपयोग किया, स्त्रियों के प्रवेश देखने को ज़िन्दा रही। अपनी भावनाओं को नयी और जीवन्त भूमिकावाली युवा स्त्री में पुनर्जीवित होते देखा।"[3]

आधुनिक युग की कुछ स्त्रियां चरित्र के मायनों को परिवर्तित कर यौवन कुण्ठा, यौवन वर्जनाओं को ठोकर लगाने में कुछ हद तक सक्षम होने लगी। संवेदनात्मकताओं में बिंधने के प्रलोभन को त्याग अपनी प्रगतिशीलताओं, समानताओं, आधुनिक अवधारणाओं में ढल अपनी ताक़त को संचित करने लगी थीं।

आधुनिक युग में आधुनिक स्त्री पक्ष के पलड़े भारी पड़ने लगे। प्रपंचों से लिप्त इतिहास ने उन्हें उनकी पहचान से वंचित किया किन्तु अब वे सोचने लगी थीं कि सहजता से अपने अधिकार नहीं छीनने देंगी। हिन्दू विवाह की तानाशाही, विवाहेतर

सम्बन्धों के सन्दर्भित विमल थोरात कथादेश के मनुवाद का नया संस्करण में कहती हैं–"औरत अगर... देह में उठी प्यास को बुझाने के लिए किसी मनपसन्द पुरुष का साथ चाहती हैं तो...इसे समाज और विवाह संस्था के नियमों का उल्लंघन क्यों माना जाता है?"[4]

पुरुष श्रेष्ठता को आधुनिक स्त्री अस्वीकार करती हैं। प्रेम पहल करें तो लफंगी बिगड़ी औरतें हो जातीं, पुरुष ये काम करें तो प्रेम प्रस्ताव। दोगलेपन के ऐसे अनेको उदाहरण हमें मिलते हैं। स्त्रियाँ पुरुषों के प्रति सेवाभाव रखें, तो पुरुष ऐसी भावनाएँ रखने से क्यों परहेज़ करें? ऐसे में स्त्री-पुरुष सम्बन्ध यदि बोझिल, नीरस झेलने जैसे हैं तो मुक्ति कौन-सी बुरी बात है। ख़ैर, नारी सरंचना में परम्परागत होना उसके लिए अभिशप्त हो गया। पुरुष विरोध यानी सामाजिक पितृसत्तात्मक का प्रतिकार, पति का विरोध ईश्वर का और सामाजिक वैवाहिक परम्परा का विरोध। सामाजिक संगठन द्वारा चयनित वर का विरोध समाज, परिवार को असहनीय था। जिसकी एक मिशाल कौशल्या बैसन्त्री रहीं, वे लिखती हैं–

"62 वर्ष की उम्र में जब अधिकांश स्त्रियाँ अपने घर में आराम से रहना चाहती हैं, तब मैं अपने घर से निकल कर अपने जीने और आत्मसम्मान की लड़ाई लड़ रही थी। यह लड़ाई मैंने अकेले दस वर्ष तक लड़ी है।"[5]

अब आप ही बताइए वो समाज कहाँ चला जाता है जो ऐसे चुनाव स्त्रियों के लिए कर के देता? कहाँ चला जाता है वो परिवार जिसके लिए वह अपना अस्तित्व ख़त्म कर लेती हैं?

आधुनिक स्त्री चिन्तन नये आयाम लिए है। वे अन्याय के ख़िलाफ़ खड़ी होकर न्यायालयों के दरवाज़ों को तबतक खटखटाती हैं जबतक बन्द साँकल ना खुल जाये। असुविधाओं, चुनौतियों का सामना करते हुए अपने पथ पर अग्रसर हो जाती हैं। स्त्रियों की विधाओं में आत्मकथाओं, कहानी, कविता, उपन्यास, रेखाचित्र आदि में वेदना, सन्ताप सब क़लम से उतार देती हैं। आधुनिक स्त्रियाँ यथार्थ अभिव्यक्ति कर अग्निपरीक्षाओं के अन्त कर देने को आतुर हैं। अपनी देह पर अपना अधिकार चाहती हैं। उन्हें अपवित्रताओं, यौन शुचिताओं जैसे शब्द खलने लगे हैं। दोयम दर्जे के व्यवहार उसकी प्रगतिशीलता में बाधक हैं। अब शनै:-शनै: स्त्रियों ने सामाजिक, धार्मिक, सांस्कृतिक निषेधताओं को खण्डित कर स्वयं को प्रतिष्ठित करने की ठान ली है। स्वयं की देह पर अपना अख़्तियार चाहना कोई गुनाह तो नहीं इस बात को समझ चुकी हैं। अब स्त्रियों के लिए साजो-शृंगार कर दफ़्तरों में प्रस्थान, सार्वजानिक, निजी वाहनों में सफ़र सामान्य होने लगा है। अपने सहकर्मी मर्दों में

हँसना-बोलना, बॉस के ठीक सामने बैठ काम करना औरतों के लिए अब भी इतना सहज नहीं है। अब भी अधिकतर मर्दाना कामुक लोलुपता भरी नज़रें झपट पड़ने को तत्पर रहती हैं। रजनी तिलक जो बहुजन आन्दोलन का मुख्य प्रतिरोधी स्वर माना गया उनकी एक रचना में वो लिखती हैं–

मैं आज़ाद इंसां की तरह
सम्पूर्ण जीवन चाहती हूँ
कुण्ठा मुक्त
मर्द दर्प की से दूर
अच्छे दोस्त चाहती हूँ
छल, कपट, दुराव-छुपाव
ताक़त वर्चस्व
हिंसा मुक्त जीवन
ध्येय है हमारा।[6]

समयानुकूल परिस्थितियाँ, समस्याएँ बदलती हैं तो साहित्य भी युगानुरूप परिवर्तित हो जाता है। नासिरा शर्मा लिखती हैं–

"किसी भी देश में होने किसी बदलाव, क्रान्ति या बदलते, नये बनते सामाजिक मूल्यों से उत्पन्न परिस्थितियों में सबसे अधिक मार महिलाओं पर पड़ती है और कोई भी क्रान्ति तबतक सफल नहीं हो सकती जबतक उसमें महिलाओं का योगदान न हो।"[7]

इस बात को महसूस किया जा सकता है कि स्त्री में वो सारी क्षमताएँ हैं, जो एक पुरुष में विद्यमान हैं। समकालीन युग में इसके अनेक उदहारण हैं। वे अपनी मूलभूत पहचान साहित्य में अपने जीवन से जुड़े ज्वलन्त प्रश्नों को उठाकर ही नहीं अपितु सामजिक आन्दोलन खड़ा कर नारी उत्थान में जुटी हुई हैं। सामान्यत: हिन्दी साहित्य के स्त्रीवाद की यदि बात करें तो वहाँ की उपेक्षाओं के बाद साहित्य में दलित स्त्रीवाद अस्तित्व में आता है। जो तिहरे शोषण के दायरे में अंकित किया गया। अपने लेख में लेखिका हेमलता महिश्वर इस कथन की पुष्टि करती हैं, "स्त्रीवाद में जब दलित स्त्री को कोई स्थान नहीं मिला तो दलित स्त्रीवाद ने स्त्रीवाद से आशय केवल और केवल आर्थिक सम्बल, आर्थिक सुरक्षा, सम्पत्ति में प्राप्त अधिकार प्राप्त करने तक सीमित कर दिया। दलित और आदिवासी स्त्री के लिए इससे भी महत्त्वपूर्ण मुद्दा था आत्मसम्मान का, अपने जीवन का। अधिकांशत: दलित परिवारों में कन्या भ्रूण हत्या नहीं होती। कन्या भ्रूण हत्या तो अधिकांशत:

उच्च जातियों और धनाढ्य लोगों की समस्या है। दलित स्त्री को ग़ैर-दलित स्त्रियों में सम्मान नहीं मिलता। डॉ. पायल तड़वी की सांस्थानिक हत्या इसका ताज़ा उदहारण है। जब पढ़ी-लिखी सम्भ्रान्त स्त्रियों में जाति भेद कूट-कूट कर भरा है तब ग्रामीण या क़स्बाई ग़ैर-दलित स्त्री से सम्मान की अपेक्षा करना कितना तर्कसंगत है।"[8]

इस प्रकार दलित स्त्री पितृसत्तात्मकता, जातिगत, आर्थिक शोषण को लगातार झेलती है। ये वो चुनौतियाँ हैं जो उनके स्त्रीवाद को उनसे भिन्न करती हैं जिसे वे आज भी समझ पाने में असमर्थ हैं। मुख्यधारा में वे अपने नवाख्यान रच रही हैं। समय समय पर स्त्रियों की इन्हीं विरोधी भावनाओं को दबाने का प्रयास किया जाता है। स्त्रियाँ पुरुषों की भाँति आज भी अटल फ़ैसले लेने में सक्षम नहीं हैं। स्त्रीमन के अन्तर्द्वन्द्व को ममता जयन्त प्रस्तुत करती हैं। काव्य-संग्रह 'मनुष्य न कहना' में चित्रित करती हैं। यह किताब समय प्रकाश से प्रकाशित है। शीर्षक 'पिता'। अमूमन होता ये है कि पिता पक्ष को स्त्रियाँ छुपा लेती हैं उनसे प्रश्न करने से कतराती हैं और ससुराल पक्ष उनके विषय और विमर्श के केन्द्र में होता है। मनचाही लताड़, भड़ास, शोषण हर पहलू क्रोध सब उन्हीं के हिस्से लेकिन ममता जयन्त ने अपने पितृ पक्ष के यथार्थ को प्रत्यक्ष उजागर करने का हौसला बटोर लिया है–

यूँ तो मैं टुकड़ा थी तुम्हारे कलेजे का पिता
फिर कौन से निमित्त थे मेरी जल्द विदाई के
क्या सौंपे थे संस्कृति ने सरोकार तुमको
या किया था सभ्यता से करार तुमने?
या फिर दिखाना था समाज को
उजला चेहरा?"[9]

एक पुत्री की मार्मिक पीड़ाएँ, अधूरे सपने और वर्षों बाद उठते जायज़ सवाल जिसका सामना अब दादा, पिता, भाई सभी को करना ही पड़ेगा। बेटियों के इन अनगिनत सवालों की जवाबदेही उन्हीं की है।

अनेक उदाहरण साहित्य में देखने को मिलते हैं। स्त्रियाँ क़ानून में पारित अधिकार शिक्षा, सम्पत्ति, मतदान, संसद में प्रवेश के लिए संघर्ष कर रही हैं। नारीवादी आन्दोलनों से सम्भव हुआ कि वे कुछ हद तक सफल भी रहीं। किन्तु आज भी उन क़ानूनों पर अमल कम बहुत कम हुआ है। स्त्री विमर्श के मुद्दों में आज अनेक स्त्रीवादी मुद्दे सामने मुँह बाये खड़े हैं। बलात्कार, पत्नी प्रताड़ना, फ़ैमिली प्लानिंग, समान वेतन आदि। स्त्री विमर्श साहित्य में स्त्रियाँ अपनी क़लम से ख़ूब लिख रही हैं। लैंगिक असमानताएँ, दहेज के कारण असमय मृत्यु की

बढ़ती दरें, घरेलू हिंसाएँ, ऑफ़िसियल असुविधाएँ, जातीय दंश, स्त्री का स्त्री के प्रति द्वेष, रिश्तों में अपने आत्मीयता की खोज, अधिकार की माँग, स्वाभिमान के लिए पुरुषवादी समाज से अलगाव, उनको दबाने की संस्कारी जामे वाली रुकावटें आदि। अपने विरासत के हिस्सों के लिए भी वह मुँह खोल रही हैं। सामाजिक नाक, इज़्ज़त, आबरू ने उनकी रीढ़ तोड़ दी थी लेकिन अब अपनी रीढ़ को मज़बूत कर खड़ी हैं। अब आँखों का तारा, बुढ़ापे की लाठी बनने की नयी परम्परा का आगाज़ साहित्य, समाज में कर रही हैं।

आधुनिक औरतें सहशिक्षा, सहकर्मचारी, मनोविश्लेषक, ग़ैरबराबरी, देहमुक्ति, आदि की माँग के साथ सड़कों पर मुट्ठी ताने खड़ी हैं। वे स्वतन्त्र निर्णायक बन रही हैं, साहित्य में क्रान्ति पैदा कर समाज को सोचने पर बाध्य कर रही हैं। सच कहने, लिखने के ख़तरे मोल लेने लगी हैं।

भाग्यवाद के भरोसे चलने वाली स्त्रियों का यथार्थवाद से कोई ताल्लुक नहीं होता। वे आडम्बरों की परिधियों में बंधकर हर घटना, शोषण को भाग्य का लिखा मानकर सहज स्वीकृति देती हैं। इनसे पिंड छुड़वाने के अभ्यास या प्रयास से उनका कोई सरोकार नहीं; बस हाथ पर हाथ रखकर बैठी रहती हैं। हीरालाल राजस्थानी की 'श्रेय' कविता के केन्द्र में पुरुष है। 'शरीरों की दुनिया में' कविता में स्त्रियाँ वस्तु नहीं, इस बात पर कवि ने बल दिया है। 'प्रतिशोध' कविता में कवि ने जो कहा है, उन्हीं के शब्दों में–

तुम मनुस्मृति से बँधी हुई
कोई द्रौपदी नहीं हो
जो दाँव पर लगाई जाये
तुम पत्थर की बनी हुई अहल्या भी नहीं हो
जो तुम्हें छूकर कोई कृतज्ञ करेगा
न ही तुम सीता की तरह अधिकारहीन हो
जिसे छोड़ दिया जायेगा गर्भ के साथ
जंगल के बीहड़ों में असहाय।[10]

सवाल यह उठता है कि सीता को जब स्वयं वर चुनने का अधिकार था तो वो गर्भावस्था में जंगल क्यों गयी? न सीता अधिकारहीन थी, न ही द्रौपदी। द्रौपदी अग्निकुण्ड से पैदा हुई थी तो क्या वो जिसने उसे दाँव पर लगाया और जिसने चीरहरण किया उन्हें जलाकर राख नहीं कर सकती थी? एक श्राप देने की शक्ति रखती थी; तो दूसरी में तिनके से अस्तित्व बचाये रखने की शक्ति थी।

साफ़ ज़ाहिर है कि वे भी अपने समय में राजघरानों की मान मर्यादा, पुरुष वर्चस्व, संस्कारों को ढोते हुए राजसी जीवन के ठाठ और संस्कारों के बोझ तले दबी रही। राजरानियाँ होने के बाद भी संस्कारों में धरोहर स्वरूप मिला दब्बूपन और शोषण को सहने की प्रवृत्ति के चलते ही ख़िलाफ़त करने की चेष्टाएँ नहीं कर सकी। वर्तमान दौर में भी इन्हीं परम्परागत तरीक़ों में ज़बरन स्त्रियाँ मर-मर जी रही हैं। होलिका आग में जल गयी और अब गैस सिलेंडर में होलिकाएँ जलाई जा रही हैं। बहरहाल, कवि ने रजनी तिलक जो दलित साहित्य में स्त्री विमर्श और ज़मीनी कार्यों में सलग्न थीं जैसी संघर्षशील महिला और रमणिका गुप्ता जैसी आदिवासी विमर्श की आधारशिला रखने वाली स्त्रियों को काव्य में समाहित कर एक सराहनीय कार्य किया है। ये दोनों नेत्रियाँ सावित्री बाई फुले के बाद सशक्तीकरण की दूसरी मज़बूत कड़ी मानी जाती हैं। दलित विमर्श एवं स्त्री विमर्श की दो सशक्त महिला लेखिकाओं, सामाजिक कार्यकर्ताओं के अभाव में विमर्श की बात को पूर्णता प्रदान की जा सकती है।

वे दोनों एक-दूसरे की पूरक थीं
और थीं उपेक्षितों की अभिभावक भी
दबी ज़ुबान के लोग
उन्हें मर्द औरत कहते थे
एक अभाव की कहानी
तो दूसरी बेबाक जीवन की रवानी थी
एक दलित की देहरी पर जन्मी
दूसरी स्वर्ण की कोख में
रजनी विषमताओं में ढूँढ़ती रही समता का आसमान
वहीं रमणिका रम नहीं पायी मनु की मर्यादा में।[11]

ये महिला सशक्तीकरण की मिसाल पुरुषों और धर्म द्वारा गढ़े गये दायरों को तोड़ स्त्री मुक्ति आन्दोलन को खड़ा करती हैं। शिक्षा, मुखरता, वैचारिक स्तर से मज़बूत महिलाएँ हैं। नये नारों और अपनी युवा पीढ़ी के संघर्ष को कविताओं में ढाल प्रोत्साहित करने वाली ये दोनों महान स्त्रियाँ मुक्ति, स्वतन्त्रता, अधिकारों की लड़ाई के आन्दोलन की रीढ़ थीं। कवि उनके द्वारा किये गये कार्यों को महत्त्व देना नहीं भूलते क्योंकि वो सभी स्त्रियाँ जो परिवर्तन की राह पर हैं कवि उन्हें बिसार नहीं सकते हैं यही गुण उन्हें सबसे पृथक् बनाता है। मुस्लिम युवतियाँ भी अपने समाज के क़ायदे-क़ानून के पीछे छिपे शोषण से वाक़िफ़ होकर क्रान्ति बिगुल फूँक रही

हैं। अपने धर्म तथा संसद को चुनौतियाँ देती हैं। संविधान में दिये अपने हक़-हकूक के लिए निर्भीकतापूर्वक सड़कों पर आ चुकीं ये जामिया की लड़कियाँ। इनकी इस नवीन छवि के पीछे, फुले दम्पती, फ़ातिमा शेख और डॉ. अम्बेडकर का संघर्ष है। कवि को यकीं है कि ये–

ये बदल ही देंगी इस तन्त्र की तासीर को।

मानसिक तनाव और शारीरिक शोषण की दीर्घ परम्परा को विखण्डित कर स्त्री मुक्ति का आवाहन करती कविता से स्त्री होने का मूल अर्थ समझा रही है। कवि के हृदय में स्त्रियों की स्वतन्त्रता का तीव्र आवेग ठीक उतना ही है जितना एक जाग्रत और प्रगतिशील स्त्री में। मर्यादाओं, संस्कारों, रूढ़ियों की आड़ में जो भी कुछ छीना गया वो सब अपने बलबूते हासिल करें, ये अपेक्षाएँ, सम्भावनाएँ उन्होंने सामाजिक मध्यमवर्गीय स्त्रियों से की है चूँकि उन्हें ज्ञात है कि पुरुषों के सहारे तो वो कभी कुछ हासिल नहीं कर सकेंगी।

पुरुष कवियों ने भी स्त्रियों की वेदनाओं को गहनता से समझा और काव्य अभिव्यक्ति देकर उनके साथ इस संघर्ष मार्ग की ओर बढ़े। स्त्री-पुरुष के सम्बन्धों को सामाजिक परिप्रेक्ष्य में किस दृष्टिकोण से देखा जाता है और कितना फिक्स फेम है सभी इससे अवगत हैं। स्त्री और पुरुष का केवल एक ही रिश्ता माना गया जिसे प्रेम सम्बन्ध के रूप में स्वीकृत किया गया अन्य रूप में नहीं। जिससे उनके मध्य दूरियाँ बनी रहें और वे एक-दूसरे के मार्गदर्शन से वंचित रहें। इस रिश्ते में केवल स्त्रियाँ ही नहीं पुरुष भी बाधित हैं। युवा कवि सुनील पंवार की ये कविता इन्हीं सम्बन्धों की सत्यता और दुर्लभता को चित्रित करती है–

मुश्किल है
बहुत मुश्किल है
स्त्री-पुरुष का मित्र होना।
मुश्किल है
जवाब देना,
लोगों के मन में उठते सवालों का,
चेहरों पे तैरती कुटिल मुस्कानों का,
और दबी हुई ज़ुबानों का।।
X X X
मुश्किल है,
अनाम रिश्ते को निभाना,

अपना दामन दाग़ से बचाना,
अफ़वाहों को छुपाना और
उठते बवालों को दबाना,
बहुत मुश्किल है।
मुश्किल है...
स्त्री-पुरुष का मित्र होना।[12]

स्त्री और पुरुष की विडम्बनाएँ समान द्रष्टव्य होती हैं जब पुरुष स्त्री पक्ष की पीड़ाओं को आत्मसात करते हैं। 'काम करती महिलाएँ' शीर्षक कविता जो पुरुषप्रवृत्ति और स्त्री यौवन अंगों पर निगल जाने की दृष्टि से पड़ती है। लगता है वही एक अति महत्त्वपूर्ण अंग है उनके शरीर में। कितने महाकुण्ठित होते हैं वो मर्द जो स्त्री शरीर से परे भावनाओं तक कभी नहीं पहुँच पाते–

कुछ बन्धन हैं
तन के
मन के
समाज के,
हर साँस क़ैद है
औरत की
2 इंच के नीचे
2 इंच से ज़्यादा
औरत को आँका नहीं जाता।[13]

अनेक प्रपंच रचे जाने के बावजूद स्त्री संघर्षरत रहती है। वह ताक पर रखती है खोखली आस्थाओं, मर्यादाओं को उतार फेंकने के दुस्साहस कर सन्तुष्ट होने लगी है। वे जानती हैं ख़ुद को उठाना, गिरे हुए लोगों के पैंतरों को जानती हैं। उन्हें ख़ुद पर विश्वास हो चला है। यक़ीनन कभी तो बुदबुदाये जाने वाले स्वर ऊँची आवाज़ बनेंगे।

आधुनिक स्त्रियाँ मंज़िल तक अवश्य पहुँचेंगी, भले ही वक़्त लगे। अर्थवान जीवन खोजने की ललक एवं सम्भावना साहित्य से ही सम्भव भी होगी। स्त्री मन फूट-फूट कर रो रहा है। वह मौन रहकर भी समझती है षड्यन्त्र पिता और पति घरानों के। जिनकी मुस्कान को बचाये रखने के लिए वह द्वन्द्व कर रही है स्वयं से। वह काग़ज़ की छाती पर धँसा क़लम लिख रही है अपनी लहूलुहान भावनाओं को। ऐसी ही एक कविता जो सीने को अध्ययन करते हुए आँसू बहाने पर मजबूर

कर देती है सन्तोष कुमारी की कविता शीर्षक 'वंश मशीन' में वे अपने उद्‌गारों को लिखती हुई–

मैं अंश हूँ
किसी पिता का
या पाली गयी हूँ
समझकर
मांस का लोथड़ा
मेरे रक्षक
भाई, पिता और पति
मनुवादी मानसिकता की
परिधि में आते हैं
प्रेम, लाड़-प्यार की आड़ में
चीर देते हैं मेरा सीना
दु:खों के साथ में पड़ा है मुझे जीना
मैं अंश नहीं
वंश बढ़ाने की मशीन रह गयी हूँ।[14]

ऐसी मार्मिक कविता को पढ़कर रूह काँपने लगती है।

मैं इसे पूर्ववर्ती महाकाव्यों से एकदम बौद्धिक स्त्रियों की अन्तर्निहित पीड़ाओं का महाकाव्य स्वीकृति करती हूँ। उनके अन्तर्मन में धधकती प्रखर ज्वालाओं, स्त्रियों के ह्रास, अधीर हृदय की उद्विग्नता, भावक्षिप्तता इन सभी के चित्र भिन्न स्थलों पर अंकित ही नहीं साकार रूप लिये हैं। बिना किसी अवलम्बन के ही सौन्दर्यशास्त्र गढ़ती ये तमाम कविताएँ चीत्कार भी हैं और ललकार भी। काव्य की पूर्व पीठिकाएँ भी उन्हें रोक पाने में असक्षम हैं। हृदयस्पर्शी ये कविताएँ जटिलता की अभिव्यक्ति करती हुई भविष्य में स्त्रियों के विकास पथ का प्रकाश हैं। वो प्रकाश जो इन्हें लक्ष्य की प्राप्ति करायेगा। अपनी जीवन विडम्बना को ठेलती हुई स्त्रियाँ पुनर्निर्माण की ओर निर्भीकता से बढ़ रही हैं।

सन्दर्भ

1. दलित साहित्य के स्वर–विमल थोरात, पृ. 49
2. सेकेंड सेक्स–सीमोन द बाउआर, पृ. 28
3. बधिया स्त्री–जर्मन बीयर, पृ. 125

4. मनुवाद का नया संस्करण, कथादेश, विमल थोरात–जुलाई-2003, पृ. 69
5. हंस पत्रिका, स्त्रियों की मर्यादा करने वाले धर्मवीर चौधरी–कौशल्या बैसन्त्री
6. दलित कविताओं की तीन पीढ़ियाँ, पृ. 31
7. औरत के लिए औरत–नासिरा शर्मा, पृ. 69
8. हंस दलित विशेषांक नवम्बर 2019–दलित स्त्री की सैद्धान्तिकी–हेमलता महेश्वर, पृ. 86
9. मनुष्य न कहना–काव्य-संग्रह, ममता जयन्त
10. स्त्रियाँ अब प्रेम नहीं करतीं–हीरालाल राजस्थानी, पृ. 43
11. वही, पृ. 21
12. मैं शान्त हूँ ठहरे पानी सा–सुनील पंवार, पृ. 27
13. अनुराधा कनौजिया–दो इंच, पृ. 27
14. आगाज़–सन्तोष कुमारी, पृ. 156

दलित साहित्य की अन्तर्यात्रा और लेखन की आवश्यकता

–डॉ. अमित धर्मसिंह

दलित शब्द के साथ साहित्य शब्द डॉ. बी. आर. अम्बेडकर के परिनिर्वाण के दो वर्ष बाद सन 1958 में जुड़ना शुरू हुआ। इसी वर्ष महाराष्ट्र दलित साहित्य संघ ने एक सम्मेलन द्वारा दलित शब्द को आन्दोलन से जोड़ने की आवश्यकता महसूस की; जिसकी रचनात्मक पूर्ति 1972 में दलित पैन्थर ने की। इस तरह दलित साहित्य और दलित आन्दोलन जैसे दो पदबन्द अस्तित्व में आये, जिन्होंने सदियों से चली आ रही साहित्य धारा को बदलकर रख दिया। दलित शब्द न सिर्फ़ आन्दोलन का पर्याय बन गया बल्कि एक अलग तरह के साहित्य का परिचायक बन गया। इससे पहले जो साहित्य लिखा व पढ़ा जा रहा था, वह सिर्फ़ साहित्य था। विशुद्ध रूप से कलावादी साहित्य। जो कल्पना और नायक विशेष के झूठे-सच्चे यशगान पर टिका होता था। उसका शिल्प कलावादी और अनुभूति अधिकांशतः मनगढ़ंत होती थी। लेकिन दलित ने आकर न सिर्फ़ साहित्य धारा को मोड़कर रख दिया बल्कि उसके परम्परावादी टूल्स और परम्परागत सौन्दर्य बोध तक को चुनौती दे डाली। साहित्य को लेकर जो भी सौन्दर्य बोध चला आ रहा था, वह पूरी तरह ध्वस्त हो गया। साहित्य की सदियों पुरानी धारा में यह परिवर्तन बिल्कुल नया था, क्योंकि साहित्य की लम्बी धारा में दलित साहित्य से पूर्व जितने भी परिवर्तन हुए थे, वे या तो विधागत थे या कालसापेक्ष। युग प्रवृत्ति या जनरेशन गैप भी इस परिवर्तन का एक कारक था। परन्तु दलित साहित्य ने सम्पूर्ण साहित्य धारा की दिशा और सौन्दर्य बोध में नया मोड़ पैदा कर दिया। उसने साहित्य में उन विषयों और नायकों को शामिल कर दिया जिन्हें साहित्य में तो क्या, समाज में भी प्रत्याशित स्थान उपलब्ध नहीं था। दलित साहित्य से पहले साहित्य में इतने बड़े परिवर्तन के विषय में न किसी ने कभी

सुना था और न कभी सोचा था। इसलिए साहित्य और साहित्यकारों की मठाधीशी का बैंड बज गया और दलित साहित्य के नगाड़े और दुन्दुभी के सामने साहित्य के तथाकथित मर्मज्ञ भाग खड़े हुए। उनका साहित्य, दलित साहित्य के सामने एक पाँव भर ज़मीन पर भी खड़ा न रह सका। किन्तु साहित्य के इन रणछोड़ साहित्यकारों ने दलित साहित्य पर हमले करने बन्द नहीं किये। तरह-तरह के आक्षेपों और प्रश्नों से दलित साहित्य का सीना छलनी करने की पुरज़ोर कोशिश की। जिनसे लोहा लेता हुआ दलित साहित्य, गत छह दशकों से आज भी टिका हुआ है। बल्कि यह कहिए कि और अधिक मज़बूती से टिका हुआ है। जबकि आधुनिक काल में कोई भी साहित्य अथवा साहित्यिक आन्दोलन इतने लम्बे समय तक नहीं टिक पाया है। दलित साहित्य इतने लम्बे समय से इसलिए टिका हुआ है कि यह कल्पना की हवा में नहीं तैरता, न ही आभासी संसार में विचरण करता है, यह विशुद्ध रूप से यथार्थ की ज़मीन पर खड़ा होता है और अनुभव के वास्तविक संसार में रमण करता है। दलित साहित्य के विभिन्न विद्वानों ने दलित साहित्य की विविध परिभाषाएँ और अवधारणाएँ प्रस्तुत की हैं। जिन्हें दलित साहित्य के सौन्दर्य शास्त्र सम्बन्धी पुस्तकों में आसानी से देखा सकता है। इन परिभाषाओं से साबित होता है कि दलितों द्वारा लिखा गया साहित्य ही दलित साहित्य है। फिर भी, कुछ प्रमुख बातों पर विचार करना अनिवार्य है।

दलित साहित्य पद के सम्मुख आते ही मन में जो सबसे पहला सवाल उभरता है, वह यह है कि आख़िर कौन-सा साहित्य, दलित साहित्य है। दलितों द्वारा लिखा गया साहित्य, दलित साहित्य है या कि दलितों पर लिखा गया साहित्य, दलित साहित्य है; या फिर दोनों तरह का साहित्य दलित साहित्य की श्रेणी में आता है। इस सन्दर्भ में कँवल भारती लिखते हैं–"दलित साहित्य से अभिप्राय उस साहित्य से है जिसमें दलितों ने स्वयं अपनी पीड़ा को रूपायित किया है। अपने जीवन संघर्ष में दलितों ने जिस यथार्थ को भोगा है, दलित साहित्य उनकी उसी अभिव्यक्ति का साहित्य है। यह कला के लिए कला नहीं, बल्कि जीवन और जिजीविषा का साहित्य है। इसलिए कहना न होगा कि वास्तव में दलितों द्वारा लिखा गया साहित्य ही दलित साहित्य की कोटि में आता है।"...नारायण सूर्वे लिखते हैं–दलित साहित्य संज्ञा मूलत: प्रश्न सूचक है। महार, चमार, माँग, कसाई, भंगी, जैसी जातियों की स्थितियों के प्रश्नों पर विचार तथा रचनाओं द्वारा उसे प्रस्तुत करनेवाला साहित्य ही दलित साहित्य है। डॉ. सी.बी. भारती की मान्यता है कि नवयुग का एक व्यापक वैज्ञानिक व यथार्थपरक संवेदनशील साहित्यिक हस्तक्षेप है। जो कुछ भी तर्कसंगत, वैज्ञानिक,

परम्पराओं का पूर्वग्रहों से मुक्त साहित्य सृजन है, हम उसे दलित साहित्य के नाम से संज्ञायित कर सकते हैं।...डॉ. श्यौराज सिंह बेचैन लिखते हैं–"दलित साहित्य उन अछूतों का साहित्य है जिन्हें सामाजिक स्तर पर सम्मान नहीं मिला। सामाजिक स्तर पर जातिभेद के जो लोग शिकार हुए हैं, उनकी छटपटाहट ही शब्दबद्ध होकर दलित साहित्य बन रही है।...बाबूराव बागुल के शब्दों में कहें तो मनुष्य की मुक्ति को स्वीकार करनेवाला मनुष्य को महान माननेवाला, वंश, वर्ण और जाति श्रेष्ठत्व का प्रबल विरोध करनेवाला साहित्य ही दलित साहित्य है।" (दलित साहित्य का सौन्दर्यशास्त्र, ओमप्रकाश वाल्मीकि, सम्बन्धित पृष्ठ) दलित साहित्यकारों की उक्त परिभाषाएँ देखने से ज्ञात होता है कि दलित साहित्य, वह है जो भारतीय समाज में उन उपेक्षित और तिरस्कृत लोगों द्वारा स्वयं के बारे लिखा गया, जो दलित शब्द के अस्तित्व में आने की ऐतिहासिक परम्परा और संस्कृति में रहे हैं। जिस तरह उनसे दलित शब्द को नहीं अलगाया जा सकता है, उसी तरह दलित साहित्य को भी उनसे अलग करके नहीं देखा जा सकता है। इसे और अधिक स्पष्ट करने के लिए कुछेक बिन्दुओं के अन्तर्गत दलित साहित्य का परिसीमन करना अनिवार्य है।

दलित साहित्य के परिसीमन के दो प्रमुख आधार हो सकते हैं। बाह्य और आन्तरिक अथवा भाषा और विचार। विचार की जहाँतक बात है तो दलित साहित्य का विचार बुद्ध से होता हुआ फुले और अम्बेडकर तक पहुँचा है। बुद्ध के चिन्तन में जहाँ वैज्ञानिकता, तार्किकता और रूढ़िवाद रहित समाज और मनुष्य कल्याण की भावना थी, वही फुले के चिन्तन में समाज के जातिगत ढाँचे के प्रति मुखर विद्रोह और आक्रोश था। दलित चिन्तन की इस लम्बी परम्परा को विस्तृत ज़मीन और ऊँचा फलक मिला अम्बेडकर के चिन्तन में। अम्बेडकर ने भारतीय संस्कृति और धर्म की जिस गम्भीरता से परतें खोलीं, उससे सारा विश्व भारतीय समाज की जातिगत विसंगति और असंगतियों को अनावृत्त रूप में देख पाया। दलित साहित्य के बीजांकुर भले ही शम्बूक, बुद्ध, रविदास, कबीर, फुले और सावित्रीबाई में पाये जाते हों किन्तु ये बीजांकुर एक वृक्ष में तब्दील हुए अम्बेडकर के चिन्तन में ही आकर। अम्बेडकर चिन्तन ही दलित साहित्य का प्रस्थान और आरम्भिक बिन्दु है। अम्बेडकर का विचार ही दलित साहित्य की प्राण वायु और अक्षत ऊर्जा का स्रोत है और अम्बेडकर चिन्तन ही दलित साहित्य की धुरी है। कहना न होगा कि अम्बेडकर के चिन्तन और विचार में अम्बेडकर का त्रयी सिद्धान्त, समाजवाद और अम्बेडकर की बाईस प्रतिज्ञाएँ भी शामिल हैं। अम्बेडकर की बाईस प्रतिज्ञाओं में अनात्मवाद और अनीश्वरवाद है तो समाजवाद में जाति और वर्ण रहित समाज की

बात है। ऐसा समाज जो हर स्तर पर समान हो और जिसमें रोटी, बेटी का समान सम्बन्ध हो। अपने समवर्ती और पूर्ववर्ती चिन्तकों में अम्बेडकर इसलिए भी अलग ठहरते हैं कि वे भारतीय परिप्रेक्ष्य में भारतीय समाज की मूल परेशानी को समझते हैं और उसका उपचार भी जानते हैं। इस नाते अम्बेडकर न सिर्फ़ गांधी, लोहिया और नेहरू से अधिक तार्किक और समाजवादी हैं बल्कि मार्क्स के बाद में जन्मने के बाद भी उनसे पहले दर्जे पर ठहरते हैं। भारतीय परिप्रेक्ष्य में अम्बेडकर का चिन्तन और समाजवाद, मार्क्स के चिन्तन और समाजवाद से पहले औचित्यपूर्ण और ज़रूरी है। क्योंकि मार्क्सवाद जाति और वर्ण की बात नहीं करता जबकि भारत में दलितों की मूल समस्या यही है। मार्क्स धर्म को अफ़ीम बताता है जबकि अम्बेडकर धर्म को नहीं धार्मिक अन्धविश्वास और रूढ़िवाद को ख़तरनाक बताते हैं। मार्क्स समस्त समस्याओं की जड़ पूँजी को मानते हैं इसलिए भौतिक द्वन्द्ववाद की बात करते हैं। अम्बेडकर मनुष्य की मुक्ति को केवल भौतिक नज़रिये से ही नहीं देखते हैं बल्कि वे मनुष्य के अस्तित्व और अस्मिता को भी प्रमुखता से लेते हैं। भारत में ग़रीब, अमीर में सिर्फ़ आर्थिक असमानता ही नहीं है बल्कि कुल, जाति, वर्ण जैसी खाई भी हैं। अमीर, ग़रीब तो फिर भी सम्मान से रह सकते हैं किन्तु सामाजिक भेदभाव के चलते जीना बहुत मुश्किल है इसलिए अम्बेडकर चाहते थे कि भारतीय समाज में पहले सबका सम्मान हो और सबको स्वाभिमान से जीने का हक़ हो। तभी तो अम्बेडकर पहले सामाजिक न्याय और परिवर्तन की बात करते हैं। इसके लिए जिन अवयवों/घटकों को वे ज़रूरी मानते हैं, वे अम्बेडकर को अपने समवर्ती और पूर्ववर्ती चिन्तकों से न सिर्फ़ अलग ठहराते हैं बल्कि अपेक्षाकृत अधिक अपील भी करते हैं। इसलिए दलित साहित्य अम्बेडकर के चिन्तन और विचार को ही आधार मानता है। अम्बेडकर के चिन्तन और विचार के साथ-साथ दलित साहित्य में भी सामाजिक असमानता, धार्मिक रूढ़िवाद, आत्मवाद और ईश्वरवाद का कोई स्थान नहीं है। ऐसे विचार जिनका कोई ठोस प्रमाण मौजूद न हो और न ही कोई वैज्ञानिक और तार्किक आधार हो, उनके लिए भी दलित साहित्य में कोई स्थान नहीं है। भारतीय संस्कृति में प्रचलित ऐसे रीति-रिवाज, रूढ़िवाद पर टिके हों या रूढ़िवाद को बढ़ावा देते हों या फिर किसी ऐसी परम्परा पर टिके हुए हों जो सामाजिक अन्याय और भेदभाव की परिचायक हो, उनका भी दलित साहित्य में कोई स्थान नहीं है। यही कारण है कि दलित साहित्य, परम्परागत साहित्य में चली आ रही मान्यताओं और अवधारणाओं से सर्वथा अलग ठहरता है।

वेदों से लेकर उपनिषदों, रामायण, महाभारत तक जो साहित्य रचा गया, वह वर्णव्यवस्था तथा वर्णाश्रम पर आधारित रहा। उसकी भाषा और शिल्प (संस्कृत और श्लोक) भी ऐसे रहे जो जनसामान्य के अध्ययन और समझ के वश की बात कभी नहीं रहे। बुद्ध और महावीर स्वामी के समय में इनका खण्डन और वैचारिक विरोध हुआ, किन्तु भारत में ब्राह्मणवादी और सनातन संस्कृति के पुरोधा और मठाधीश, बुद्ध की वैचारिक क्रान्ति को हिंसक तरीक़े से दबाने में सफल रहे। मुस्लिम साम्राज्य में वर्ण-व्यवस्था के अत्याचारों पर नाममात्र अंकुश लगा। यद्यपि मुस्लिम साम्राज्य ने हिन्दू धर्म के अनेक सामाजिक और धार्मिक रूढ़िवाद को चुनौती दी किन्तु वे भी भारत के जातीय और धर्म आधारित ढाँचे को ध्वस्त नहीं कर पाये। इसका एक कारण यह भी रहा कि उनका फोकस मुस्लिम साम्राज्य के विस्तार, इस्लाम धर्म के प्रचार-प्रसार और एकेश्वरवाद पर अधिक था। परिणामतः हिन्दू-मुस्लिम खाई और पैदा हो गयी और यहाँ से शुरू हो गया हिन्दी साहित्य का उद्भव काल। आदिकाल में जो साहित्य रचा गया वह अधिकांशतः राजा रजवाड़ों की स्तुति और यशगान का साहित्य था। मध्यकाल के सन्तकवियों (रविदास, नानक, दादू, कबीर आदि) ने सामाजिक भेदभाव, धार्मिक अन्धविश्वास व रूढ़िवाद का वैचारिक खण्डन तो किया, किन्तु प्रत्यक्षतः कोई विरोध अथवा क्रान्ति जैसी चीज़ वे नहीं कर पाये। इसका बड़ा कारण उनका आस्तिक होना रहा। उनकी वैचारिक प्रवृत्ति उन्हें मानव कल्याण के विषय में विचार करने पर तो विवश करती थी किन्तु आध्यात्मिक प्रवृत्ति ने उन्हें एकल और अन्तर्मुखी बना दिया था, जिससे वे सत्संग तो कर पाये किन्तु सांगठनिक शक्ति का गठन नहीं कर सके। आधुनिक काल में आते-आते साहित्य भी विविध धाराओं में विभक्त होने लगा। ये धाराएँ वैचारिक परिवर्तन और युग परिवर्तन पर आधारित रहीं।

भारतेन्दु काल में साहित्य का फोकस भारतीय सामाजिक विषमताओं की अपेक्षा अंग्रेज़ी शासन द्वारा की जा रही 'भारत दुर्दशा' पर रहा। द्विवेदी काल का फोकस भारत की सनातन धर्म और संस्कृति के प्रचार-प्रसार में रहा। इस समय साहित्यिक मानदण्डों पर तो बात हुई किन्तु सामाजिक मानदण्डों की समुचित चर्चा न हो सकी। इसलिए सामाजिक समानता, न्याय और परिवर्तन इस साहित्य के विषय न बन सके। राष्ट्रकवियों (मैथिलीशरण गुप्त, रामधारीसिंह दिनकर और श्यामसुन्दरदास आदि) ने भी राष्ट्रप्रेम जगाने के लिए पौराणिक, रामायण और महाभारतकालीन मिथकों का ही बढ़ा-चढ़ाकर सहारा लिया, जिनसे आमजन का जीवन और उनकी सामाजिक परेशानियाँ अछूती ही रहीं। तत्पश्चात प्रगतिशील साहित्य की नींव रखी गयी, जिसमें

मार्क्स के सर्वहारा वर्ग के हितों की बात करने और लिखने वाला साहित्य रचा जाने लगा। भारतीय साहित्यकारों के इस साहित्य में शोषक और शोषित तो चिह्नित हुए, किन्तु भाग्य, ईश्वर, वर्ण, जाति आदि यथावत बने रहे। प्रयोगवाद में आकर साहित्य शिल्प में पुराने प्रतीकों और उपमान के परिवर्तन की बात हुई किन्तु सामाजिक परिवर्तन और न्याय जैसे ज़रूरी विषय इस साहित्य से भी अछूते ही रहे। नई कविता, अकविता, अकहानी, सचेतन कहानी आदि ने भी साहित्य में साहित्यिक प्रवृत्ति और शिल्प परिवर्तन आदि को तो वरीयता से दर्ज किया परन्तु मनुष्य कल्याण का धरातलीय प्रयास उनसे भी दूर की कौड़ी ही रहा। इसके अतिरिक्त राजनीति के क्षेत्र में गांधी, नेहरू, लोहिया आदि ने समाजवाद की बात तो की लेकिन दलितोत्थान का कोई भी कारगर मॉडल प्रस्तुत नहीं किया। सावरकर, हेडगेवार, दीनदयाल आदि ने तो सामाजिक खाई और अधिक गहरी की। ऐसे में एकमात्र अम्बेडकर ही थे जिन्होंने देश के वंचित, उपेक्षित, दबे-कुचले और जातीय भेदभाव के शिकार लोगों की सामाजिक स्थिति को प्राथमिकता से दर्ज किया और देश व दुनिया के सामने रखा। वंचितों और उपेक्षितों के सम्मान और अधिकारों की लड़ाई लड़ी। यह लड़ाई उन्होंने न सिर्फ़ क़लम और विचारों के माध्यम से लड़ी बल्कि अनेक सामाजिक और राजनीतिक आन्दोलन भी किये। इसलिए उन्हीं के विचारों और प्रेरणाओं के फलस्वरूप साहित्य में दलित साहित्य की अगाध धारा का प्रस्फुटन हुआ; जो छठे दशक से लेकर आजतक बरकरार है।

दलित साहित्य के परिसीमन के बाह्य आधार के अन्तर्गत दलित साहित्य की भाषा, शिल्प अथवा भाषा-सौन्दर्य आता है। कोई भी भाषा अनुभव, विचार, मान्यता और संस्कृति से निर्मित होती है। वेदों के श्लोकों और संस्कृत साहित्य से लेकर, आधुनिक साहित्य के विविध स्वरूपों तक जो साहित्य रचा गया है, उसकी भाषा उसके विचार, मान्यता और संस्कृति में ही अन्तर्निहित है। सर्वविदित है कि तथाकथित साहित्य में दलितों और उनकी सामाजिक दशाओं से जुड़ी शब्दावली समाहित नहीं हो पायी है। कारण साफ़ है कि वंचितों को सम्मान, अधिकार के साथ-साथ शिक्षा-दीक्षा तक से वंचित रखा गया। इस कारण दलित साहित्य की अपनी ही एक भाषा निर्मित हुई। इस भाषा में जो शब्द आये, वे दलित जीवन के दग्ध अनुभवों से पैदा हुए। उनके प्रतीक और उपमान उनकी सामाजिक दुर्दशा और उपेक्षित इतिहास से निर्मित हुए। उनके क़िस्से उनकी चिन्तनधारा के महापुरुषों के चिन्तन से उपजे। उनके नायक महानायक उनकी पूर्ववर्ती पीढ़ी के महापुरुषों (शम्बूक, एकलव्य, कर्ण आदि) के रूप में सामने आये। भाषा के आन्तरिक सौन्दर्य में जो

अनुभूति है, वह परानुभूति पर नहीं स्वानुभूत पर आधारित रही। इसके मूल स्वर में वेदना, नकार, विद्रोह मुख्य रूप से समाहित हुए। इस तरह दलित साहित्य की भाषा ने, न सिर्फ़ साहित्य में प्रचलित भाषा के आभिजात्यिक स्वरूप के वर्चस्व को तोड़ा बल्कि इसने प्रयोगवाद की प्रयोगधर्मी भाषा से भी अलग राह ली। इसलिए दलित साहित्य अपनी अलग भाषा और शब्दावली के साथ जन्मा साहित्य है। चूँकि दलित साहित्य स्वयं के भोगे हुए यथार्थ पर टिका हुआ है, इसलिए इसमें स्वानुभूति को वरीयता दी गयी और भाषा के सन्दर्भ में यह सहज ही ज्ञात है कि वह अपने अनुभव के अनुरूप ही निर्मित और अभिव्यक्त होती है। दलित साहित्य में जो यत्र-यत्र गाली गलौच के शब्द अथवा कूड़ा, करकट, गन्दगी, मल, मूत्र, झाड़ू, नाला, मांस मज्जा, रक्त, चमड़ा, कीचड़ आदि शब्दों वाली शब्दावली आती है, सायास आती है। जिन तथाकथित साहित्य के मठाधीशों को यह शब्दावली जुगुप्सा पैदा करने वाली लगती है, उन्हें यह समझना चाहिए कि यह शब्दावली दलितों के साहित्य से पहले उनके जीवन का अभिन्न अंग है। जिसे उन्हें पल-पल जीना पड़ता है। ऐसे में दलितों के साहित्य में उक्त शब्दों का समाहित रहना सहज ही है। इस पर नाक-भौं सिकोड़ने अथवा दलित साहित्य से इसे दूर करने से पहले दलितों के जीवन से इस शब्दावली को निकाले जाने पर विचार किया जाना चाहिए। क्योंकि दलित भाषा की शब्दावली, प्रतीक-योजना और उपमान 'बासन अधिक घिसने से मुलम्मा छूटने' के कारण पैदा नहीं हुए बल्कि सदियों, सदियों तक घिसते हुए जीवन से पैदा हुए हैं। इसलिए दलित साहित्य से इसे तबतक दूर नहीं किया जा सकता, जबतक दलितों के सामाजिक जीवन में आमूलचूल परिवर्तन नहीं हो जाता है।

इस आमूलचूल परिवर्तन की ज़िम्मेदारी ग़ैर-दलितों से अधिक स्वयं दलितों की है। दलित साहित्यकारों को इसके लिए दो बातों का विशेष ध्यान रखने की ज़रूरत है—एक तो उन्हें दलित साहित्य की गहरी समझ और पहचान होनी चाहिए ताकि वे विशुद्ध रूप से दलित साहित्य का सृजन कर सामाजिक परिवर्तन की आवाज़ बुलन्द कर सकें। दूसरा यह कि उन्हें अपने साथ चल रही साहित्यिक धाराओं की भी बराबर समझ होनी चाहिए ताकि दलित साहित्य को उनके अनावश्यक घालमेल से बचाया जा सके। यथा दलित साहित्य मार्क्सवादी, प्रगतिवादी और जनवादी साहित्य से अपनी अनुभूति, अभिव्यक्ति, निहितार्थ और उद्देश्य में सर्वथा अलग पहचान और महत्त्व रखता है। जबतक दलित साहित्य अपने उद्देश्यों में सफल नहीं हो जाता तबतक इसका अपनी समवर्ती साहित्यिक धाराओं से दूर का ही रिश्ता हो सकता है। इसके निकट के रिश्ते में तो केवल अम्बेडकरवादी साहित्य ही आता है। ऐसा

इसलिए कि अम्बेडकरवादी साहित्य के अतिरिक्त बाक़ी साहित्य दलित साहित्य से अगले क़दम के ध्येय हैं। भारतीय समाज में प्राथमिक ध्येय तो वही है जिसे दलित साहित्य लेकर चला हुआ है। इतने पर भी, दलित साहित्य के परिसीमन और पहचान में संकट उत्पन्न हो तो इसे दलित साहित्य के लोकतान्त्रिक पक्ष की इस एक पंक्ति द्वारा आसानी से समझा जा सकता है। यह एक पंक्ति है–दलितों द्वारा दलितों के लिए दलितों पर लिखा गया साहित्य दलित साहित्य है। इस एक पंक्ति से स्वानुभूति की व्यक्तिवादी सीमा की सीमितता और एकालाप के आक्षेप का समाधान भी हो जाता है। चूँकि दलित साहित्य बुद्ध से लेकर अम्बेडकर तक के समाजवाद व सामाजिक न्याय के सपने को लेकर चला हुआ है, इसलिए जबतक यह सपना अधूरा है तबतक दलित साहित्य, न सिर्फ़ यथावत बना रहेगा बल्कि और अधिक मज़बूती के साथ आगे बढ़ेगा। इसके लेखन के मूल्यांकन या बदलाव की स्थिति पर बात करना अभी जल्दबाज़ी होगी। एक बात और, दलित साहित्य हम लिखते ज़रूर हैं लेकिन यह केवल हमारा ही साहित्य नहीं होता अपितु सम्पूर्ण दलित, वंचित समाज का साहित्य होता है इसलिए इसमें बदलाव भी दलित वंचित समाज के बदलाव के साथ ही आयेगा। केवल लेखनी के माध्यम से इसमें बदलाव नहीं लाया जा सकता। दलित समाज के सम्पूर्ण बदलाव से दलित साहित्य में बदलाव सम्भव है। इसलिए सामाजिक बदलाव के लिए दलित साहित्य को अभी साहित्य और सामाजिक न्याय के बहुत से सोपान तय करने हैं जिसके लिए दलित साहित्यकारों को अभी और अधिक प्रतिबद्ध होकर कार्य करने की पुरज़ोर आवश्यकता है।

वर्तमान परिप्रेक्ष्य में दलित लेखन का स्वरूप और बदलाव पर बहस

–बलविन्द्र सिंह 'बलि'

मेरी पृष्ठभूमि अकादमिक नहीं रही है फिर भी मैं अपने पक्ष को ठीक-ठीक रखने का प्रयास करूँगा। दिया गया विषय है–वर्तमान परिप्रेक्ष्य में दलित लेखन का मूल्यांकन और बदलाव की स्थिति–एक विमर्श।

इसमें मैं दलित साहित्य की एकता के बारे में बात करूँगा। उसके बाद मैं उन प्रश्नों के सम्बन्ध में बात करूँगा जो दलित रचनाकारों से अक्सर पूछे जाते हैं। हम दलित लेखन के सामने कड़ी कुछ चुनौतियों को जानने का प्रयास करेंगे। वास्तव में इन बाधाओं को पार करके ही हम दलित लेखन में बदलाव की आशा कर सकते हैं।

एकता का साहित्य

इस सभा में उपस्थित सभी लोगों से मेरा आग्रह है कि वे मेरे साथ उत्तर प्रदेश के एक गाँव में चलें। ओमप्रकाश वाल्मीकि गाँव के कुएँ पर ठाकुर के अवैध अधिकार होने के कारण प्यासे ही रह जाते हैं। 'ठाकुर का कुआँ' कविता के माध्यम से वे सवाल उठाते हैं कि देश के स्वतन्त्र होने के बावजूद भी हम लोगों को मौलिक अधिकारों से वंचित क्यों रखा गया है। प्रेमचन्द की इसी शीर्षक पर लिखी गयी कहानी का पात्र जोखू भी गन्दा पानी पीने के लिए विवश है। उसकी पत्नी गंगी के मन में तथाकथित उच्च जाति के प्रति प्रश्न उठते हैं। वह अशिक्षित होने पर भी सामाजिक विषमता के विरुद्ध क़दम उठाती है और छुपकर कुएँ से पानी भरने का विफल प्रयास करती है।

अब चलते हैं महाराष्ट्र के एक गाँव में। यहाँ एक छोटी-सी नदी है जो सवर्णों के क्षेत्र से बहकर दक्षिण की और महारों की बस्ती में आती है। एक व्यक्ति नदी से पानी पी रहा है। उसे दिखाई देता है कि किसी महिला ने अपने बच्चे का मैला धोया है

जो उसके बिल्कुल निकट आ चुका है। वर्षों बाद भी यह घटना उसके दिल में घाव की तरह दर्द देती रहती है और वह उसे अपनी आत्मकथा 'अक्करमाशी' (अवैध सन्तान) में दर्ज करता है। इस व्यक्ति का नाम है शरणकुमार लिंबाले।

आगे बढ़ने से पहले एक शब्द का प्रयोग हुआ है। इसे समझ लेते हैं। यह शब्द है आत्मकथा। आपने सुना होगा अत्त दीप भव। अत्त का अर्थ है अपना। यहाँ आत्म का अर्थ अपना ही है। लेकिन आत्म से किसी काल्पनिक आत्मा का आभास होता है। इसलिए लेखकों द्वारा इसे स्पष्ट कर दिया जाना चाहिए।

चलिए थोड़ा दक्षिण की ओर चलते हैं। आन्ध्र प्रदेश के एक गाँव में दलितों के कुएँ का पानी सूख जाता है। चिदम्बरम शरीर से बलिष्ठ और मन से साहसी दलित युवक है। वह सवर्णों के कुएँ से जबरन पानी भरने के लिए अपने लोगों को तैयार करता है। सवर्णों के षड्यन्त्र के कारण उस कुएँ का पानी भी गन्दा हो जाता है। इसका इल्जाम चिदम्बरम पर लगाया जाता है लेकिन उसकी पत्नी सवर्णों को बेनकाब ही नहीं करती वरन उन्हें भविष्य में दलितों को कुएँ से पानी भरने देने के लिए बाध्य भी करती है। दलितों की सहायता लिए बिना कुएँ के पानी को स्वच्छ करना सम्भव नहीं है। स्वच्छ पानी न मिल पाने की मजबूरी के कारण सवर्णों को यह बात स्वीकार करनी पड़ती है।

इस कहानी का शीर्षक है–गाँव का कुआँ। तेलुगु भाषा की इस कहानी के कहानीकार हैं–कोलकलूरी इनाक।

इन सभी उदाहरणों द्वारा भारत के विभिन्न हिस्सों में अलग-अलग भाषाओं के साहित्य में एकरूपता दिखाई पड़ती है। ब्राह्मणवाद की दलितों के प्रति घृणा, शोषण के ढंग और भेदभाव पूर्ण व्यवहार लगभग पूरे भारत में एक सा है। यही कारण है कि समूचे भारत में दलितों में विवशता से उत्पन्न रोष, संघर्ष करने की भावना भी एक जैसी है। दलितों के संघर्ष की शुरुआत एक साधारण मानव जीवन से आरम्भ होती है। अपमान से मुक्त होकर एक सम्मान का जीवन जीना दूसरे पायदान पर आता है। दलितों के संघर्ष की दास्तान भूख, प्यास और अन्य शारीरिक आवश्यकताओं को पूरा करने से शुरू होती है। बहुत ही दुःख की बात है कि अपने को शिक्षित कहने वाले वर्ग ने अपने जैसे मनुष्यों को मनुष्य नहीं समझा और उनका मनचाहा उपयोग किया। आज भी तथाकथित उच्च वर्ण के लोग ब्राह्मण धर्म की इस अनैतिक, अन्यायपूर्ण व्यवस्था को सही ठहराने की चेष्टा करते हैं। दलित साहित्य का तीसरा क़दम है अपने अधिकारों के बारे में सटीक जानकारी एकत्र करना तथा उसे प्राप्त करने में सम्पूर्ण दलित समाज का सहयोग करना।

यहाँ हम दलित लेखन के बारे में चर्चा कर रहे हैं। मैं बताना चाहता हूँ कि दलित लेखन देश की विभिन्न भाषाओं में किया जा रहा है। हिन्दी भाषा में भी भले ही लेखकों के बहुत से अलग और अनेक संगठन हैं लेकिन वे सभी एक साझा वैचारिकी से प्रेरित हैं। एक दिन जब सभी का एक साथ मूल्यांकन किया जायेगा तो निश्चित ही वे एक छतरी के नीचे ही दिखाई पड़ेंगे।

दलित लेखन के समक्ष प्रश्न

अकादमिक क्षेत्र में दलित लेखन से सम्बन्धित कई प्रश्न खड़े किये जाते रहे हैं। बहुत से लेखकों, बुद्धिजीवियों और चिन्तनशील विचारकों ने उनके यथासम्भव उत्तर भी दिये हैं। मैं यह मान कर चल रहा हूँ कि इन प्रश्नों और सुझाये गये उत्तरों की जानकारी यहाँ मौजूद सभी को होगी। अमुक प्रश्न पर अमुक विद्वानों द्वारा जो वक्तव्य दिया गया, वह प्रासंगिक है या नहीं। मैं इस चर्चा को बेवजह अधिक विस्तार देने के पक्ष में नहीं हूँ। इसलिए सम्बन्धित प्रश्नों पर मैं अपने विचार सीधे तौर पर रख रहा हूँ। आप इन विचारों से सहमत हों यह बिल्कुल भी आवश्यक नहीं है। आइये, हम एक-एक कर इन प्रश्नों पर विचार करते हैं।

पहला प्रश्न—दलित कौन हैं?

शब्दकोश के अनुसार जिन्हें दला गया, कुचला गया, जिनका शोषण हुआ आदि आदि।

संविधान के द्वारा आरक्षण प्राप्त करने वाली जातियों के लोग।

मुख्यधारा के समाज द्वारा हाशिये पर रखे गये लोग जिनमें सामाजिक दृष्टि से नीच समझे जाने वाली जातियाँ, स्त्रियाँ, थर्ड जेंडर, माइनॉरिटी और शारीरिक रूप से अक्षम लोगों को रखा जा सकता है।

यदि भारतीय समाज द्वारा कोई सबसे भयंकर और अमानवीय कृत्य किया गया है तो वह है छुआछूत। एक मनुष्य द्वारा दूसरे के प्रति ऐसा व्यवहार केवल इस आधार पर होता है कि उसका जन्म इस जाति में हुआ है। ऐसी जातियाँ जिन्हें अछूत समझा जाता है।

मेरी दृष्टि में उपर्युक्त सभी दलित की श्रेणी में समा जाते हैं। लेकिन जिन जातियों ने अस्पृश्यता का अनुभव किया है वह ऐसा है जैसे किसी को बिच्छू ने डंक मारा हो। उसे ऐसी असह्य पीड़ा होती है कि वह कड़वाहट से भर सकता है। जिनके साथ अपमानजनक व्यवहार किया जाता हो उसकी पीड़ा की उपमा मधुमक्खी के डंक से होने वाली पीड़ा से की जा सकती है। आर्थिक, जेंडर आधारित और

शारीरिक अक्षमता के कारण किये जाने वाले भेदभाव पूर्ण व्यहवार से होने वाला कष्ट मकोड़े या चींटे के काटने से होने वाले दर्द से समझा जा सकता है। इसे ऐसा भी समझें कि यह दर्द एक बार नहीं जीवन में अनेक बार होता है। इस नज़रिये से देखने पर अछूत कहे जाने वाले व्यक्ति द्वारा सवर्ण व्यक्ति, चाहे आर्थिक रूप से निर्धन ही क्यों न हो, को दलित के रूप में स्वीकार करना एक कठिन कार्य है।

दूसरा प्रश्न—क्या जन्म से एससी/एसटी/ओबीसी वर्ग से सम्बन्धित लेखक ही दलित लेखक कहलायेगा? क्या कोई ग़ैर-दलित स्त्री या पुरुष दलित साहित्य का सृजक नहीं हो सकता?

ओमप्रकाश वाल्मीकि जी ने कहा था कि स्वानुभूति का साहित्य ही वास्तविक दलित साहित्य हो सकता है। मैं उनसे सहमत हूँ। जैसा कि मैंने दलित की पीड़ा की तुलना बिच्छू के डंक से की है। कोई ग़ैर-दलित अपनी मकोड़े के काटने की पीड़ा को एक दलित के बराबर बता सकता है। अब प्रश्न में से प्रश्न निकलता है कि यदि कोई दलित व्यक्ति अपने लेखन कार्य में ब्राह्मणवादी व्यवस्था का पोषण करता है तो क्या वह लेखन दलित साहित्य की श्रेणी में रखा जायेगा? निश्चित ही नहीं। दूसरी ओर किसी ग़ैर-दलित रचनाकार का दलित वैचारिकी और मूल्यों से युक्त लेखन कार्य क्या दलित साहित्य नहीं कहलायेगा? हाँ। उसे दलित लेखन कहा जा सकेगा। इस स्थान पर आकर भई ओमप्रकाश वाल्मीकि जी से असहमत हो जाता हूँ जहाँ वे कहते हैं कि सहानुभूति का साहित्य दलित साहित्य नहीं हो सकता। मेरे अनुसार यह हो सकता है। जब हम किसी तथ्य को समझना चाहते हैं तो हम उसे विभक्त कर लेते हैं। इसका अर्थ यह नहीं होता कि वह दो भिन्न आइडेंटिटी हैं। जीवन की पूर्णता उसके विरोधाभास में है। एक सिक्के के दो पहलू होते हैं। सही पक्ष को सँभाल कर रखेंगे तो ग़लत भी बच जायेगा और यदि ग़लत को फेंक देंगे तो सही भी हाथ से निकल जायेगा। हम दलित साहित्य को दो भागों में विभक्त कर सकते हैं। इसमें एक होगा दलित वर्ग से आने वाले रचनाकारों का लेखन और अन्य होगा ग़ैर-दलित वर्ग के लेखकों का रचना क्रम। लेकिन यह सब होने से पूर्व दलित साहित्य की अवधारणा, सिद्धान्त, वैचारिकी और स्वरूप स्पष्ट होना आवश्यक है।

तीसरा प्रश्न—दलित लेखन का स्वरूप कैसा होना चाहिए?

वैसे तो मुख्यतः समता, समानता, बन्धुता, स्वतन्त्रता, जाति विहीन समाज का निर्माण, तर्कशीलता और वैज्ञानिक दृष्टिकोण दलित लेखन के आधार बिन्दु हैं किन्तु व्यवहार में अनजाने ही इसके विपरीत लेखन के दर्शन हुए हैं। नीचे कुछ मुख्य बिन्दु हैं जो दलित लेखन के आयाम को स्पष्ट कर सकते हैं।

1. बाबा साहब का संवैधानिक दृष्टिकोण
2. बुद्ध का अनीश्वरवाद, अनात्मवाद, वैज्ञानिक दृष्टिकोण, कर्मकाण्ड और पाखण्ड विरोध
3. वर्ण-व्यवस्था, साम्प्रदायिकता का विरोध
4. भाईचारे का समर्थन
5. स्वतन्त्रता और सामाजिक न्याय का पक्ष लेना
6. आर्थिक क्षेत्र में पूँजीवाद का विरोध
7. महाकाव्य की रामचन्द्र शुक्ल द्वारा की गयी परिभाषा से असहमति
8. साहित्य के पारम्परिक सौन्दर्यशास्त्र पर अविश्वास

उपर्युक्त बिन्दुओं को आधार मानकर दलित चेतना अपना अलग अस्तित्व रखते हुए दलित संस्कृति विकसित करने की ओर अग्रसर है। आत्म-विश्लेषण, अस्मिता की खोज, जीवन मूल्यों की खोज और मानवीय संवेदनाओं को महत्त्व देना दलित लेखन में पाया जाता है।

चौथा प्रश्न— दलित लेखन की भाषा, शैली, गठन और सौन्दर्य के विभिन्न आयाम कौन से हैं।

दलित साहित्य पर इल्ज़ाम लगाया जाता है कि इसकी भाषा में अश्लीलता है। संरचना की दृष्टि से इसमें खामियाँ हैं। पारम्परिक साहित्य के सौन्दर्यशास्त्र की तो जैसे इसमें अवहेलना ही कर दी गयी है। मेरा मानना है कि ये सभी इसकी ख़ूबियाँ हैं। पुरानी रचनाओं की अपेक्षा नवीन रचनाओं में इन सभी आयामों में परिवर्तन और परिमार्जन हो रहा है। जहाँ प्रारम्भिक दलित लेखक केवल प्रतिरोध और प्रतिक्रियावादी पक्ष की ओर ही क़लम चलाता है, नया लेखन अपनी उच्च स्तरीय विचारधारा से पाठकों का परिचय कराता है। नये सिद्धान्त और उन्हें स्पष्ट ढंग से पूरी दुनिया के सामने रखने का काम अंग्रेज़ी दलित साहित्य में अधिक हो रहा है। सूरज मिलिन्द येंगड़े की पुस्तक कास्ट मैटर्स की भाषा में ग़ुस्सा है। लेकिन यह बड़ी समझदारी से अपने पक्ष को रखती है। यह किताब राजनैतिक परिप्रेक्ष्य में नयी सैद्धान्तिक रणनीति की पेशकश करती है। यह पुस्तक अब मराठी में भी उपलब्ध है। 2017 में प्रकाशित सुजाता गिल्दा की आत्मकथात्मक शैली में लिखी पुस्तक ऐन्ट्स अमंग एलेफैंटस का भी जिक्र करना चाहूँगा। मैं मानता हूँ कि हम यहाँ हिन्दी दलित साहित्य की बात कर रहे हैं लेकिन हमें अलग-अलग मोर्चों पर हो रही घटनाओं को एक सूत्र में पिरोने की ज़रूरत है। बतौर रचनाकर्मी हमारा दायित्व है कि सभी ओर नज़र रखी जाये और नयी विचारधारा को अपनाया जाये। ऐसी पुस्तकों का हिन्दी

में अनुवाद करने का ज़िम्मा भी हमें अपने कन्धों पर लेना चाहिए जिससे हिन्दी के पाठक भी इसका लाभ उठा सकें।

दलित लेखन के समक्ष चुनौतियाँ

मैं यहाँ पर तीन चुनौतियों के बारे में बात करना चाहूँगा।

1. इतिहास और वर्तमान में प्रभावकों (इन्फुएनसेर्स) द्वारा उत्पन्न किये गये भ्रम
2. ईश्वरवाद और उससे जनित पाखण्ड
3. ब्राह्मणवादी प्रचार तन्त्र

1. इतिहास और वर्तमान में प्रभावकों (इन्फुएनसेर्स) द्वारा उत्पन्न किये गये भ्रम

लेखक एक व्यक्ति होता है वह जिस समाज में रहता है उसका प्रत्यक्ष और अप्रत्यक्ष प्रभाव उसपर लगातार पड़ता रहता है। लेखनी उठाकर शब्दों को लिखते ही दो चीज़ें उससे चिपक जाती हैं। वह चाहकर भी इन दोनों से अपना पीछा नहीं छुड़ा सकता। यह कहा जा सकता है कि ये दो चीज़ें ही उसकी मानसिकता को निर्देशित करती हैं जिससे रचना का स्वरूप निर्धारित होता है। ये दो चीज़ें हैं–इतिहास और वर्तमान।

हम सभी जानते हैं कि भारत का इतिहास कभी भी सही ढंग से नहीं लिखा गया। धर्मान्धिता और मिथकों को इतिहास में मिलाकर इतनी विरोधाभासी घटनाएँ पढ़ने को मिलती हैं कि भ्रम की स्थिति पैदा हो जाती है। इसी भ्रमित अवस्था में से कोई एक धारणा लेखक के मन में बस जाती है जो उसके लेखन में परिलक्षित होती है। आमतौर पर भारत में मान्यतावादी इतिहास प्रचलित है। यही इतिहास अधिकांश पाठ्यक्रमों में पढ़ाया जाता है। लेखक के मानस पटल पर वर्षों के अध्ययन से अंकित यह मान्यतावादी इतिहास उसकी रचनाओं में विकृति उत्पन्न करता है।

इससे इतर पुरातात्विक इतिहास है जो पुरातात्विक उत्खनन से प्राप्त प्रमाणों पर आधारित होता है। ऐसे इतिहास में भले ही घटनाओं की श्रृंखला टूटी हुई जान पड़ती है। किन्तु यही सत्य इतिहास होता है। "भारत में 850 ईसवी से पहले केवल समण संस्कृति का पालन करने वाले लोग रहा करते थे। निरीश्वरवाद और पंचशील के स्थान पर कल्पना युक्त कहानियों का सम्मिश्रण करते हुए आडम्बरयुक्त कर्मकाण्ड और पाखण्ड पूर्ण परम्परा जोड़ी गयी। पुस्तकों में लिखकर परम्पराओं और त्योहारों में परिवर्तन करके अपने लाभ के लिए उनका प्रयोग किया गया। यह सब उस काल के अवसरवादी लोगों ने किया।" यह अंश जिस पुस्तक से लिया गया है उसका

नाम है–लकीर का फकीर। इसके लेखक हैं–राजीव पटेल और संजय कुमार सिंह। इन्हीं लेखकों की जोड़ी की अन्य पुस्तक 'भ्रम का पुलिन्दा' में पाली भाषा के शब्दों को जिस प्रकार सवर्ण इतिहासकारों ने तोड़ा-मरोड़ा है उसपर पाठकों का ध्यान आकर्षित किया है। राजीव पटेल की अन्य पुस्तक 'बुद्धिजीवियों का षड्यन्त्र' में मध्यकालीन भारत में मुग़लों के साथ मिलकर उस समय के बुद्धिजीवियों ने समाज के बड़े वर्ग का शोषण किया–इस पर प्रमाणों सहित प्रकाश डाला गया है।

डॉ. राजेन्द्र प्रसाद सिंह ने अपनी पुस्तक 'भाषा का समाजशास्त्र' में सिद्ध किया है कि प्राकृत भाषा के प्रमाण सबसे प्राचीन हैं। उन्होंने यह भी बताया कि संस्कृत भाषा का आरम्भ 150 ईसवी में हुआ। उन्होंने प्रश्न खड़ा किया कि संस्कृत के आचार्यों ने मागधी प्राकृत भाषा के साथ दोयम दर्जे का व्यवहार किया।

इतिहास की एक अन्य धारणा भी विकसित हो रही है। यह है सबाल्टर्न इतिहास। यह इतिहास लेखन के लिए पुरातात्विक साक्ष्य और लोक जीवन में व्याप्त परम्पराओं का अध्ययन करने में विश्वास रखती है। इनका मानना है कि सदा से इतिहास लेखन का मुख्य विषय शासकों के आपसी युद्धों की कहानी रहा है। वर्तमान में उपलब्ध इतिहास आभिजात्य वर्ग का इतिहास है जिसमें आम जनता का ज़िक्र न के बराबर है। इसलिए शोषित वर्ग की दृष्टि से इतिहास का पुनर्मूल्यांकन करना चाहिए।

ये तो हुई इतिहास की बात। अब हम वर्तमान में उत्पन्न किये गये भ्रमों की चर्चा करेंगे।

सर्दी का मौसम शुरू हो गया है। सुबह के अख़बार में आपको बालों में होने वाली खुश्की को मिटाने वाले किसी तेल का विज्ञापन दिखाई देता है। आप उसपर ग़ौर नहीं करते और अपनी पसन्द का लेख पढ़ते हैं। टेलीविज़न पर आपके पसन्दीदा कार्यक्रम के बीच उसी तेल का विज्ञापन आकर चला जाता है। कोई बात नहीं। जैसे कुछ भी नहीं हुआ। सड़क पर चलते समय बहुत बड़े होर्डिंग पर उसी तेल का बड़ा सा फ़ोटो लगा है। आप एक अनमनी नज़र डालकर आगे बढ़ जाते हैं। मगर अब आपको भी लगने लगता है कि आपके सिर में खुश्की है। जब आप दुकान पर जाते हैं तो आपके सामने मुख्य स्थान पर वही तेल रखा गया होता है। तेल ख़रीद लेने के बाद भी आपको अहसास नहीं होता कि आपकी सोच को एक योजना या षड्यन्त्र के तहत अपने पक्ष में कर लिया गया है। (आजकल तेल के स्थान पर आपको एक सफ़ेद दाढ़ी वाला व्यक्ति सब ओर दिखाई दे रहा होगा।) उद्योगपतियों, सरकारों, साम्प्रदायिक बाबाओं और अन्य इंफ्लूएनसर द्वारा संचालित इन गिरोहों के द्वारा

आपके विचारों का रोज़ अपहरण किया जा रहा है। यह प्रयोग दैनिक उपभोग की वस्तुओं तक ही सीमित नहीं है बल्कि एक विशेष (जो वे आपसे करवाना चाहते हैं) पहनावा, रीतिरिवाज, धार्मिक विश्वास और राजनैतिक दृष्टिकोण अपनाने के लिए आपको बाध्य किया जाता है। एक व्यक्ति के तौर पर दलित रचनाकर्मी को इन सबके बीच रहते हुए भी इनके पार देखने की आँख विकसित करनी होगी। यह हमारा कर्तव्य है कि आसपास के वैचारिक वातावरण का विश्लेषण करके सटीक उत्तर खोजें और समय सीमा के अन्तर्गत पाठकों को इससे होने वाले ख़तरों से अवगत करायें।

2. ईश्वरवाद और उससे जनित पाखण्ड

दलित लेखन के समक्ष ईश्वरवाद को चुनौती के रूप में रखने में ईश्वर को मानने वालों को बड़ी आपत्ति हो सकती है। लेकिन मेरा विश्वास है कि कोई ईश्वर मौजूद नहीं है। संसार निर्माता, जन्मदाता, पालनकर्ता, सृष्टि का नियन्त्रक या सब कुछ देने वाला किसी भी रूप में थोड़ा-सा भी स्वीकार कर लेने पर उसके साथ मन्दिर, पूजा विधि, पाखण्ड, कर्मकाण्ड, स्वर्ग-नरक और धार्मिक यात्राओं का बाज़ार आरम्भ हो जाता है। इसलिए ईश्वर, अल्लाह, गॉड, यहोबा, परमपिता आदि कोई भी हो, उसे सिरे से ख़ारिज करना बहुत ज़रूरी है।

आदिम युग से क़बीले में अपने प्रथम पूर्वज को सबसे अधिक सम्मान देने की परम्परा थी। समाज में प्रकृति के प्रति आभार प्रकट किया जाता था। उपयोगी पशुओं और विशिष्ट पेड़ों के समक्ष और आसपास शारीरिक भंगिमाओं द्वारा स्तुति की जाती थी। क़बीले के लोगों में से कोई मुख्य व्यक्ति किन्हीं क्रियाओं द्वारा अपने भावों को प्रकट करता होगा। इसके लिए विभिन्न रीतियों (पशु बलि, अग्नि के चारों ओर नृत्य, अन्तर्मुखी होना) का चलन था। उस समय ईश्वर की कोई अवधारणा ही नहीं थी। समण संस्कृति में कोई ईश्वर नहीं था। बौद्ध पाण्डुलिपियों में भगवान बुद्ध से पूर्व 28 बुद्धों का वर्णन पाया जाता है। साँची और भरहुत स्तूपों में पत्थरों पर उत्कीर्ण सात पूर्व बुद्धों के नाम भी मिलते हैं। मेगस्थनीज़ ने अपनी पुस्तक इंडिका में भी पूर्व बुद्धों के स्तूपों के भ्रमण करने के बारे में लिखा है। इसका अर्थ यह है कि इस बात के पर्याप्त प्रमाण मौजूद हैं कि भगवान् बुद्ध के समय से 1500 वर्ष पूर्व से समण संस्कृति चली आ रही है। यह समय सिन्धु घाटी सभ्यता के काल तक चला जाता है। यह अनुमान लगाया जा सकता है कि मेलुहा (सिन्धु) सभ्यता में समण परम्परा

रही होगी। भगवान बुद्ध ने इस परम्परा को धम्म का नाम दिया और संघ के निर्माण द्वारा व्यवस्थित आकार में ढाला।

बुद्ध को भगवान कहकर सम्बोधित करने के सम्बन्ध में थोड़ी बात कर लें। भगवान का अर्थ कोई काल्पनिक ईश्वर–ब्रह्मा, विष्णु, महेश इत्यादि नहीं है। पाली भाषा से उत्पन्न इस शब्द का अर्थ अपने सभी नकारात्मक संवेगों को नष्ट कर देने वाले व्यक्ति के रूप में किया गया है।

ईश्वर की अवधारणा सारी सृष्टि को बनाने वाली इकाई के तौर पर की जाती है। कभी उसे निराकार, सर्व शक्तिमान, सृष्टि निर्माता, पालनकर्ता, और विध्वंस करने वाला माना जाता है तो कभी उसका व्यक्तिकरण करके मनुष्य जैसा बना लिया जाता है। इस काल्पनिक भगवान की उपासना हेतु विधियाँ बना ली जाती हैं जिन्हें सम्पन्न करने के लिए कोई व्यक्ति खड़ा हो जाता है और इस कार्य की एवज़ में धन या अन्य सामान की माँग करता है। काल्पनिक भगवान लोगों को पुरस्कार और दण्ड भी देता है इसलिए उसकी खुशामद करने के नये-नये तरीक़े खोजे जाते हैं। वास्तव में यह सबसे पुराने पूर्वज का ही बिगड़ा हुआ स्वरूप है। लेकिन यह केवल मान्यता ही है कि कोई प्रथम (पुरुष) अब भी उपस्थित है। इस पर प्रश्न करते ही कोई उत्तर नहीं मिल पाता है। इसलिए अन्य दलित विचारकों के इस विचार से मैं सहमत हूँ की दलित लेखन निरीश्वरवादी होना चाहिए।

3. ब्राह्मणवादी प्रचार तन्त्र

अपने वर्चस्व को बनाये रखने और अपने आप को सर्वश्रेष्ठ साबित करने के लिए ब्राह्मण वर्ग ने हर सम्भव प्रयास किये हैं। उन्होंने अपने इन प्रयासों को कभी विराम नहीं दिया है। वर्तमान परिप्रेक्ष्य में नैतिक दृष्टि से अनेक रूढ़िवादी विचारों की मृत्यु हो चुकी है। किन्तु फिर भी ब्राह्मण उच्चता बने रहने से अपना स्वार्थ पूर्ण होता है और लाभ मिलता है। इसलिए वर्ण-व्यवस्था वाले इन मरणासन्न विचारों को बचाये रखने के लिए झूठे तर्क आज भी प्रसारित किये जाते रहते हैं। उदाहरण के लिए तथाकथित बुद्धिजीवी बड़ी बेशर्मी से कहते हैं कि भारत में कभी जातियाँ थी ही नहीं। अंग्रेज़ी के कास्ट शब्द को जोड़कर वे सिद्ध करना चाहते हैं कि जातिवाद अंग्रेज़ों ने फैलाया। बहुजन वर्ग को अज्ञानी बनाये रखने और उनके अधिकारों पर ज़बरन क़ब्ज़ा करने के लिए सबसे बड़ा हथियार है–ईश्वर। ब्राह्मण ईश्वर का इस्तेमाल अपने आप को शीर्ष पर रखने के लिए करता है। जब एक ईश्वर से काम नहीं चलता तो अनेक देवता और अवतारों को बाज़ार में लाया जाता है।

जुआ खिलाने वाला व्यक्ति जीतने वाले के इनाम को बहुत बड़ा और अपनी फ़ीस के धन को छोटा करके पेश करता है। आम जनता के लालच को जगाये रखना ही जुए के व्यापारी का मुख्य लक्ष्य है। वह नित नये ढंग खोज कर लोगों को ललचाता है। इसलिए बड़े और भव्य मन्दिर बनाये जाते हैं। विशाल पण्डालों में बड़े -बड़े बैनर और चकाचौंध कर देने वाली रौशनी के बीच बाबाओं के प्रवचन किये जाते हैं। आपको ज़रा भी सन्देह नहीं होता कि इतना रुपया किसके लाभ के लिए ख़र्च किया जा रहा है? जिन लोगों में बिना परिश्रम किये अपनी मनोकामना पूरी कर लेने का लालच जगता है। वे इस धन्धे में फँस कर अपने श्रम से अर्जित की गयी पूँजी को गँवाते हैं। यह बात आपको समझ लेनी है कि जुआ खेलने वाला जीत या हार सकता है लेकिन हर हाल में सबसे अधिक लाभ जुएघर के मालिक का ही होता है।

दलित रचनाकारों के सामने यह चुनौती है कि पहले तो वह अपने आप को इस झूठे लालच से बचाये और बाद में अपने पाठकों को इन तथाकथित धार्मिक जुआरियों के जाल से बचाने के लिए अपनी रचनात्मक ऊर्जा का प्रयोग करे।

दलित लेखन में बदलाव की स्थिति

मैंने आपसे दलित लेखन के समक्ष चुनौतियों की बात की। दलित लेखन में बदलाव लाने के लिए लेखकों व रचनाकारों को इतिहास और वर्तमान में उत्पन्न किये गये परिदृश्य के बाहर छलाँग लगानी होगी। उसे अपने आप को इतना तर्कशील बनाना होगा कि वह एक ऐसा प्रश्नवाचक चिह्न बन जाये जिसका उत्तर समाज को दलित सिद्धान्तों के रूप में देने को बाध्य किया जा सके। कहावत है कि काँटे से काँटा निकलता है। इसी प्रकार विचार द्वारा ही विचार को जीता जा सकता है बशर्ते नवीन विचार तर्क की दृष्टि से उचित होना चाहिए। दलित लेखन केवल समाज की रूढ़ियों का विरोध करने वाला साहित्य बन कर रह जाये। यह सही नहीं है। उसे विस्तृत और व्यापक बनने के लिए भरसक प्रयासों की आवश्यकता है। बुद्ध की शिक्षाओं के प्रकाश में इतिहास, संस्कृति, वर्तमान में किये जाने वाले क्रियाकलाप और मानव संवेदना के सभी विषयों पर दलित रचनाकारों की लेखनी चलनी चाहिए। बतौर संगठन हमारा भी यह दायित्व है कि हम अधिक से अधिक लोगों को साहित्यिक, दृश्य एवं प्रदर्शन कलाओं के माध्यम से समाज को सही दिशा की ओर अग्रसर करें।

कोई पाठक पुस्तक को ख़रीदने या पढ़ने योग्य तब समझता है जब वह उसके संकलित ज्ञान में वृद्धि करे। इस तरह वह अपनी पसन्द के विषय की पुस्तक को

चुनता है। साहित्य पाठकों के मनोरंजन की आवश्यकता को भी पूरा करता है। दलित साहित्य मनोरंजन के साथ-साथ दलितों की चेतना को जगाने का काम करता है। दलित साहित्य भारतीयता को नये जातिविहीन रूप में समझने की दिशा तय करता है। जिस गति से सृजन किया जा रहा है वह दिन दूर नहीं जब दलित लेखन की विचारधारा सवर्णों को भी आन्दोलित करेगी। जब दलित साहित्य की तर्कशीलता उनके मानस पर जमे रूढ़िवादी विचारों से बने खोल को तोड़ने में सक्षम होगी।

एक समय था जब माना जाता था कि पृथ्वी सारे यूनिवर्स (ब्रह्माण्ड शब्द पर मुझे आपत्ति है।) के केन्द्र में है। सूरज पृथ्वी के चारों ओर घूमता है और इसीलिए सूर्योदय और सूर्यास्त होता है। आज सब जानते हैं कि यह बात ग़लत है फिर भी इन दोनों शब्दों का प्रयोग किया जा रहा है। इसी प्रकार लम्बे समय से चली आ रही मान्यताएँ झूठ होते हुए भी पुरानी आदत की वजह से कुछ समय तक चलती रहती हैं। लेकिन इसका अन्त होगा और दलित रचनाओं के कारण सवर्ण समाज मानवता की ओर झुकने के लिए बाध्य होगा। दलित साहित्य हिन्दी साहित्य के उत्कर्ष में महत्त्वपूर्ण योगदान दे रहा है अत: यह हाशिये का साहित्य नहीं रहा और मुख्यधारा का साहित्य हो गया है। यह सही है कि दलित साहित्य जिन सिद्धान्तों के अनुसार चल रहा है वह इतना संकीर्ण नहीं है कि जो केवल दलितों के हितो की रक्षा करता है वरन इसका स्वरूप इतना व्यापक है कि यह भारतीय समाज के सभी वर्गों के समानुपातिक विकास की चर्चा करता है।

□□